学校拓展性课程开发，为你提供一个最完整的样本……

微型课程

多维设计与套餐实施

毛伟琴 徐建立 编著

- 全面解读 顶层设计
- 自由点击 课程实例

浙江工商大学出版社
ZHEJIANG GONGSHANG UNIVERSITY PRESS

图书在版编目(CIP)数据

微型课程：多维设计与套餐实施 / 毛伟琴，徐建立编著. —杭州：浙江工商大学出版社，2016.1
ISBN 978-7-5178-1435-1

Ⅰ.①微… Ⅱ.①毛… ②徐… Ⅲ.①课程改革—教学研究—小学 Ⅳ.①G622.3

中国版本图书馆 CIP 数据核字(2015)第 297890 号

微型课程

多维设计与套餐实施

毛伟琴　徐建立 编著

责任编辑　周敏燕　林旭文
封面设计　林朦朦
责任印制　包建辉
出版发行　浙江工商大学出版社
（杭州市教工路 198 号　邮政编码 310012）
（E-mail:zjgsupress@163.com）
（网址:http://www.zjgsupress.com）
电话:0571-88904980,88831806(传真)
排　　版　杭州朝曦图文设计有限公司
印　　刷　杭州五象印务有限公司
开　　本　710mm×1000mm　1/16
印　　张　26
字　　数　495 千
版 印 次　2016 年 1 月第 1 版　2016 年 1 月第 1 次印刷
书　　号　ISBN 978-7-5178-1435-1
定　　价　49.80 元

浙江工商大学出版社营销部邮购电话　0571-88904970

江山市中山小学“微型课程”开发与实施
领导小组名单

组　长： 毛伟琴

副组长： 徐建立

组　员：（以姓氏笔画为序）

毛水菊　朱玲娟　余科敏　范光富

胡玉荣　姜云燕　徐秀娟

前 言

这本书的问世是个偶然。

一所百年老校于2012年12月决定探索校本课程开发与实施，为此申报了一个课题，初衷是为了开展综合实践活动课程，结果因为缺乏顶层设计而不了了之。2013年12月，学校从本校办学理念出发，综合教师能力、学生兴趣、学校场地、家长及社区资源等各因素，进行精心的顶层设计和过程管理，实施后取得良好成效。

这所学校叫江山市中山小学，2013年7月我调入此校任校长。

2015年3月30日，浙江省教育厅下发了《浙江省教育厅关于深化义务教育课程改革的指导意见》，其中"开发与培育每一位学生的学习潜能和特长""拓展性课程可分为知识拓展、体艺特长、实践活动等三类""突出拓展性课程的兴趣性、活动性、层次性和选择性，满足学生的个性化学习需求"等内容与我校校本课程内容相符。2015年6月18日，江山市教育局在我校召开课改现场会，全校50多门微型课程对全市各学校参会人员开放。6月26日，学校受邀在衢州市深化课改培训会及动员会上做经验介绍，得到广泛好评。

邻县市的校长朋友对我说："你都已经公开介绍过了，就把那些资料的电子文档都发给我们这些还没开始做的学校参考参考吧。"

真要发给别的学校供参考用，那要发的资料确实有点多。要不把近三年开发的案例(包括51门微型课程的纲要及课时活动设计)汇编成册？当我把《课程与教学论》《校本课程论发展与创新》《校本课程开发的实践与思考》等书发给课题组成员兼各大类项目组长以供暑期学习的时候，大家一致决定：2015年暑假，在各门微型课程实施两轮之后，进行汇总、整理、反思和提炼，以期下一个学年得到改进，也给其他学校提供一个完整的样本。

整理工作，分学校顶层设计介绍和各门微型课程实例两部分。顶层设计部分由我和教科室主任负责，对各项资料进行统整与诠释；各大类微型课程的内在体系、开发注意事项以及各门微型课程的介绍由各大类项目组长负责。因为各项资料原本就有，初稿很快准备停当。于是我们尝试性地把"书名、内容简介和目录"发给浙江工商大学出版社，出版社竟然同意出版了。

出书，这不就是一个偶然吗？

这本书可以为学校管理层提供一个怎样的顶层设计样本？我们的创造性又在哪里呢？可以为一线教师提供多少微型课程的具体范例？我们开始重新审视已经编好的“初稿”，站在学校管理层和一线教师的立场，我们一次次拷问自己，我们到底能带给读者什么？

第一个关键词：**微型课程**。我校的每门微型课程一般为7课时，每课时时长为70分钟，在每周五下午实施。

第二个关键词：**多维设计**。课程内容以人为中心，从人与自然、人与自我、人与社会、人与学科、人与生活五大关系出发，分五个维度设计。每个维度，根据年段要求，再进一步划分相关主题，同时考虑各年段的匹配性，从而形成微型课程群。学校对照五个维度把所有微型课程归并为相应的五大类，即学科拓展类、休闲家政类、自然环保类、基地服务类、身心健康类，选取学生喜欢的内容，为学生全面和谐发展提供全新的设计。

第三个关键词：**项目开发**。依据微型课程开发的五个维度，分别设置五个项目组，隶属学校课程开发领导小组，直接对学校课程领导开发小组负责。在大项目组内设项目组长、首席教师一名或若干名。五大项目组工作任务边界清晰、责任到人。

第四个关键词：**套餐实施**。学校微型课程五大类开发完毕之后，通过套餐搭配来实施。学生一学年选一次课，选的是由4门微型课程组合成的套餐课程。考虑本校实际和学生年段特点，走班选课并不一刀切，部分年级部分学生走班，部分年级全部走班，教师也走班。排课管理权归年级组，套餐课程由年级组长来排课，上、下学期各安排两门微型课程。

第五个关键词：**实例丰富**。30多个微型课程纲要，近百个教学活动设计，每个大类至少有一门微型课程列出完整7课时的教学活动设计。

上篇5章内容从操作层面论述微型课程顶层设计理念，下篇各大类实例中穿插“开发概况”和“开发一得”，使开发与实施过程清晰可见。

一些学校校长与一线教师来访时都会问：你们学校为什么会在2013年就开始架设校本课程体系？你们的微型课程为什么定7课时时长？这些严谨的课程纲要编写和教学活动设计工作，是何时完成的？学校率先开始周五选课走班，老师们愿意吗？

要回答这些问题，就不能不介绍一下我们学校。中山小学是一所百年老校，“主动发展”的教育特色是近三十年来不变的办学追求，“不让一名学生掉队，保障每个学生都得到高质量的教学；不让一名教师掉队，促进每一位教师不断成长”是每一任校长办学的责任与使命。学校曾获浙江省教科研先进集体，多年来一直是衢州市教科研先进学校，良好的教科研氛围是教师素养提升的摇篮。“敬业爱生、思想独立、轻负高质、自成风格”的教师发展目标激励着全校教师一起努力。打破以视听为主的学习模式，突出动手、操作、实践元素，发展学生综合运用知识的能力，促进自己教学范式的转型，提升自己的课程创造力，这是教师努力的目标。

辛苦是不言而喻的，我们大家一起走过惆怅，走过2013寒假……经过反反复复的思考，我们对开展周五走班选课态度坚定：一定要坚持下去。那个寒假，我已经构思好了顶层设计的框架。开学以后，经过一个学期的严密论证、系列培训、教师的双向选择，7月完成准备工作，8月开始课程纲要的撰写和教学活动的设计，9月开学前完成全部工作，10月开始实施。在第一轮实施过程中，我们根据学生的实际情况对部分年级的排课进行灵活调整。在第二轮的实施中，我们对一些教学内容做了难易程度上的改变。

2015学年开始，当很多学校在为拓展性课程开发伤神的时候，我们已经进入第二个学年的实施，每一位教师都从容地实践着属于自己的拓展性课程，不断完善微型课程的开发与实施工作。部分教师开发的“英姿飒爽小交警”“走进绿色军营”“我的一周健康食谱”“冬天的校园”入编浙江省综合实践活动教材，其中“英姿飒爽小交警”获得浙江省综合实践活动说导比赛一等奖。

让教师拥有自己的课程，让学生找到自己的世界，让学校真正属于教师和学生，这是我的目标。百年老校中山小学的肥沃土壤培养了我和所有同事的探索精神，就像我去年在学校“中小专业精进之家”QQ群上说的：我们展示自己最真实的探索与思考——甘苦你我心知。以此和本书中所有的作者——我亲爱的同事们共勉！

从这个意义上来说，这本书的问世又是个必然。

毛伟琴

2015年12月10日

目　录

上　篇　学校微型课程开发实施顶层设计

全面解读“理念提炼——多维设计——项目开发——套餐实施——动态评估”的一站式顶层设计。

第一章　学校微型课程开发与实施的核心理念

学校办学的核心理念是微型课程开发与实施的逻辑起点。

第二章　学校微型课程开发与实施的设计体系

进行多维设计，确立开发版图。

第三章　学校微型课程开发与实施的项目范式

“在当今社会一切都是项目，一切也将成为项目。”

数学学科拓展类微型课程突出以学生"学"为中心,让孩子们在游戏活动、动手实践、交流反思中获得直接的数学活动经验,激发浓厚的学习兴趣,满足个性化学习需求。

篮球场上,小运动员们尽显矫健英姿;舞蹈房里,小舞者们随着美妙的音乐翩翩起舞;科技场地里,未来的小科学家们积极探索创新,领略科学的奥妙。孩子们尽情地展现自己的特长,快乐地徜徉在体艺、科技的知识海洋中,无限张扬自我个性。

上　篇

学校微型课程开发实施顶层设计

全面解读“理念提炼——多维设计——项目开发——套餐实施——动态评估”的一站式顶层设计。

“微型课程”由美国爱荷华大学附属学校于1960年首先开创，20世纪70年代已出现在美国教育文献中，20世纪80年代末90年代初引入我国。微型课程的概念界定标准不一，本文倾向于田秋华在《微型课程及其开发策略》一文中对微型课程的界定：微型课程是基于学校资源、教师能力与学生兴趣，以主题模块组织起来的相对独立与完整的小规模课程。

微型课程被认为是校本课程的一种新形式。这种校本模式的微型课程具有“时间短、规模小、内容精炼、实施灵活、内容鲜活”[①]等特点，可以降低教师课程开发的难度，在当前深化课改的进程中成为教师课程权力实现的重要路径。对于学生而言，校本模式的微型课程不仅能弥补国家课程和地方课程的不足，还能发挥学生的个性和特长，适应本校学生的需要和差异性。“以学为本”的课程使命可得以彰显，课程按需而设的理念也可得以落实。

基于学生需求的校本模式的微型课程充满了生机与活力，可以赋予学校与教师极大的课程设计权，但微型课程的多元化育人功能也决定了微型课程的建设应该是系统工程。课程的基本功能是育人，是在一定育人目标的引导下，由基本文化成果及学习活动方式组成的用以促进学习者发展的媒介。学校微型课程开发过程中纯粹的需求导向容易出现零散性、随意性、盲目性、无序性、低效性等问题，走进数量化、狭隘化、割裂化的误区，从而失去特定的教育价值。就教师来说，对学生需求了然于胸和课时短且灵活让课程开发门槛大大降低，却仍需要遵循目标拟定、纲要编制、评价反馈等流程。因此，教师培训、需求调查、资源开发、课程申报、课程审议、课程公布、学生选课、编班排课、走班上课、跟踪评价、成果展示、反思改进等等，都需要学校做微型课程开发的顶层设计，将诸多问题简明化、框架化、流程化，有效引导学校微型课程建设步入健康的发展轨道。

---

① 袁志芬.微型课程概念辨析[J].教学与管理，2014(6):2.

中山小学的微型课程开发与实施工作于 2012 年 12 月启动，2013 年 3 月开始实施。学校规定每周五下午一节大课(两节 35 分钟的课，本书中所有的一课时都指这种大课)为全校微型课程统一教学时间。内容上以综合实践活动为主，由两两教师根据自身的兴趣特长自由组合，进行微型课程开发，先后开发开设了 60 多门课程，促进了微型课程在学校层面的常态化实施。学校有 6 个年级，48 个班级，2000 多名学生。由于存在准备时间过短、学生需求的调查不够充分、走班选课一刀切、课程申报审议及课程纲要编制工作的缺失等问题，微型课程的开发与设置表现出极大的随意性，课程质量得不到保障，教师未能获得课程开发的成就感，学生没有得到实质性发展，校本课程开发出现了为开设而开设的尴尬局面。这段经历是失败的教训，也是宝贵的学习资源，让老师们更加深刻地认识到：学校微型课程建设呼唤科学的“顶层设计”。

2013 年 12 月，学校正式启动了微型课程开发的顶层设计工作。从学校办学的价值观出发，从已经出现的问题入手，条分缕析，创造性地提出了多维设计与套餐实施的策略，在完成学校微型课程建设方案后进入开发实施的精细化管理过程。如今成效显著，教师拥有自己开发的微型课程，专业素养得到提升，学生的特长得到发展，校园学习生活的质量得到提高，百年学校的内涵得以扩展，在社会上产生广泛的影响。

第一章 学校微型课程开发与实施的核心理念

学校办学的核心理念是微型课程开发与实施的逻辑起点。

顶层设计的精髓在于框架设计，保证从宏观、中观到微观体现核心价值。学校微型课程开发与实施的顶层设计要体现的核心价值是学校办学的核心价值观，即学校办学的核心理念是微型课程开发与实施的逻辑起点。

第一节 学校办学思想回顾

中山小学创办于1912年，是一所百年老校。学校秉承"相信自己行，努力求成功"的校训，以"爱生、勤勉、协作、高效"为教风，以"自信、善思、乐学、创新"为学风，以"敬业爱生、思想独立、轻负高质、自成风格"为教师发展目标，以"积极主动、健康快乐、富有教养"为学生发展目标。学校把"积极主动"诠释为培育学生强烈的好奇心、强大的创造力和自信心。学校先后荣获全国红旗大队、联合国教科文组织EPD项目实验学校、浙江省科研兴校两百强学校、省教育科研先进集体、省体育特色学校、省课外阅读先进集体、素质教育百校工程实施单位、陶行知研究会实验学校、衢州市名校、数字化校园等荣誉称号，是一所区域内的品牌学校。

近20年来，学校努力构建了师生主动发展教育模式，即学生课堂自主探究模式、校内自主管理模式、课外自主拓展模式和唤醒教师专业成长意识的校本研修模式，形成了五大亮点，即小交警、个性化班级、科技教育、书香阅读和科研先导。其中研究学生课堂自主探究模式的文章——《小学语文"五自一五导"教学模式》于1998年被刊登在《中国教育报》上，1999年获得衢州市重点课题成果一等奖，并在衢州地区作为优秀课题成果加以推广，引起较大的关注，获得很高的评价。主动发展的教育特色也得以沉淀与继承，对学校的发展有着长远的影响。

2003年，学校积极投入到基础教育课程改革中。促进每位学生的发展是课改的要求，也与学校的办学理想相吻合。学校更加明确地提出要矢志不渝地推行"学校教育要为人的终生发展，为人成为一个幸福的人服务"的教育理念。2007年，学校指出，要培养“主动发展”的小学生，就是要培养“积极主动、健康快乐、富有教养”的小学生。学校认为人们在童年时期拥有强烈的好奇心、强大的创造力和自信心，健康快乐，富有教养的人，才会在将来成为一个幸福的人。关于“成为幸福的人”，苏霍姆林斯基在《帕夫雷什中学》里是这样阐释的：

> 学校教育的理想是培养全面和谐发展的人，社会进步的积极参与者。全面和谐的发展，意味着劳动与人在各类活动中的丰富精神的统一，意味着人在品行上以及同他人相互关系上的道德纯洁，意味着体魄的完美、审美需求和趣味的丰富及社会和个人兴趣的多样。能力与需求的协调赋予人充实的精神生活，可以使他体会和感受其中的幸福。和谐的发展意味着人显示为：第一，是社会物质生产领域和精神生活领域中的创造者；第二，是物质和精神财富的享用者；第三，是有道德和文化素养的人，是人类文化财富的鉴赏者和细心的保护者；第四，是积极的社会活动者、公民；最后，是基于崇高道德的新家庭的建立者。①

这与《基础教育课程改革纲要》培养目标中提到的“应体现时代要求……具有初步的创新精神、实践能力、科学和人文素养以及环境意识；具有适应终身学习的基础知识、基本技能和方法；具有健壮的体魄和良好的心理素质，养成健康的审美情趣和生活方式，成为有理想、有道德、有文化、有纪律的一代新人”也完全相一致。

根据“全面和谐发展的人”的观点，2013 年 7 月开始，学校又提出要把苏霍姆林斯基在《帕夫雷什中学》里的三个教育信念作为办学的三条原则来坚守：要努力培育学生真诚的关切之情；要让学生掌握所有学科的深刻基础知识与发展一门学科或一门知识上的特殊兴趣——这是人的全面发展的重要条件；要引导学生突出三项爱好，即最喜爱的课外读物、最喜爱的学科、最喜爱的劳动创造项目。其中“要让学生掌握所有学科的深刻基础知识与发展一门学科或一门知识上的特殊兴趣”这一教育规律在学校课程多元体系中是否可以有所侧重：国家课程的功能可以倾向于实现“让学生掌握所有学科的深刻基础知识”，而校本课程范畴的微型课程建设的功能可以倾向于“发展一门学科或一门知识上的特殊兴趣”？答案是肯定的。两者并不是截然分开的，而是相互交融的。苏霍姆林斯基指出：“教育最重要的任务之一就是：不要让任何一颗心灵里的火药未被点燃，而要使一切天赋和才能都充分地发挥出来。”② 从这点来说，就更需要微型课程来实现这一功能：至少要努力让

---

① 苏霍姆林斯基. 帕夫雷什中学[M]. 赵玮，王义高，蔡兴文，等，译. 北京：教育科学出版社，1983：第 1 版前言 9.

② 苏霍姆林斯基. 给教师的建议[M]. 杜殿坤，编译. 2 版. 北京：教育科学出版社，1984：491.

学生在感兴趣的一门学科或某一领域发展自己的天赋所长，实现自己的尊严感、价值感与成就感，让学生成为一个特点鲜明的人，并能建构自己独特的生活方式。

第二节　核心理念提炼

学生“主动发展教育”得以实现的根本在于课程。因为学生主动发展需要载体，这个载体的根本就是合适的课程。微型课程不只要以量多取胜，更要以高质为目标。“为每一个孩子开发课程，开发和培育每一位孩子的潜能和特长”，成为微型课程开发的核心理念和宏伟愿景。

2013 年 12 月，学校在微型课程建设的顶层设计中确定目标为“培养全面和谐发展的人”，核心理念是“开发和培育每一位孩子的潜能和特长”，基本功能定位为“发展一门学科或某一个领域内的特殊兴趣”。

在教师层面上，“教师再也不是由专家编写的教科书的忠实执行者，而是与专家、学生及其家长、社会人士等一起共同建构新课程的合作者；教师再也不是一种只知‘教书’的匠人，而是拥有现代教育观念、懂得反思技术、善于合作的探究者。新一轮课程改革非常重视教师的课程参与，强调改变教师的课堂专业生活方式，并通过这种课程参与提升教师的课程意识，掌握课程开发的技术，促进教师的专业发展”[①]。由于课程综合化的需要，新课改重视教师之间的合作。教师间的合作比起单个人的努力更容易成就教师的特色。合作开发微型课程无疑是教师专业成长的一条好途径。

为了促进教师教学范式的转型，教师微型课程开发的内容倾向于综合实践活动，要加强课程内容与学生生活、现代社会及科技发展的联系，关注学生的学习兴趣和经验，追求综合化。在教师课程实施的过程中，要求打破以视听为主的学习模式，要特别强调体验和直接经验的获得，突出动手、操作与实践元素。

在顶层目标和核心理念的指导下，学校制定了《中山小学微型课程建设方案》。其中总目标具体表述为：

> 让每一门微型课程都渗透着学校办学的核心理念——“开发潜能、培育特长”，旨在使校本课程成为唤醒学生积极主动、独立自主的学习意识，激发学生由已知走向未知的学习兴趣，提升学生综合实践能力的学习

① 钟启泉，崔允漷，张华．为了中华民族的复兴 为了每位学生的发展［M］．上海：华东师范大学出版社，2001:419．

跑道。

让每一位学生经历并体验真实的自身生活和社会实际，使学生在“做中学”，在自己感兴趣的学科或某一领域中不断探索与发展，不断获得生命美感的体验，从而建立起生命与自我、生命与他人、生命与社会、生命与自然的和谐关系；并在这一关系中，实现学生发展过程中真、善、美的有机统一。

让每一位教师兼课程开发与课程研究工作于一身，进而在对“五大亮点”的校本教研、学科知识、教育环境等要素进行把握，并在对每位学生进行深入的学情分析的基础上，开发、设计、实施微型课程。这期间要增强教师的课程意识、提升教学能力，由此实现其专业发展。

在课程总目标的指导下，从认知与思维能力、操作与问题解决能力、交往与社会活动等维度制定了各个年级的目标。除此之外，方案还围绕核心理念对课程结构、课程实施、课程评价、课程管理等方面做了详细的规定。

只有明晰了学校微型课程开发与实施的核心理念，才能使众多的微型课程拥有一个活的灵魂，也才能让工作逐级推开，落到实处。

第三节 最新课改回应

随着 2014 年 9 月《国务院关于深化考试招生制度改革的实施意见》的正式发布，上海市、浙江省分别出台了高考综合改革试点方案，从 2014 年秋季新入学的高中一年级学生开始实施。新一轮考试招生制度改革特别明显地让人们看到传统的文理分科取消了，“计入总成绩的高中学业水平考试科目，由考生根据报考高校要求和自身特长，在思想政治、历史、地理、物理、化学、生物等科目中自主选择”，增加学生选择权是基本原则之一。“形成分类考试、综合评价、多元录取的考试招生模式，构建衔接沟通各级各类教育、认可多种学习成果的终身学习‘立交桥’是总目标中的内容之一。”“建立规范的学生综合素质档案，客观记录学生成长过程中的突出表现，注重社会责任感、创新精神和实践能力，主要包括学生思想品德、学业水平、身心健康、兴趣特长、社会实践等内容。”

2014 年秋季高一的学生立刻面临职业规划、专业选择的问题，在此基础上确定自己要选择或者必须选择的科目。此时，如果孩子有特别喜欢的科目或特别感兴趣的某一领域，就容易在科目中进行选择，也促进了其天赋所长的领域成为其职业的可能性。职业是自己喜欢做的事情，是自己天赋所长的领域，这无疑是幸福人生的重要条件。2015 年 3 月 30 日，浙江省教育厅下发的《浙江省教育厅关于深化义务教育课程改革的指导意见》中的指导思想是："遵循教育规律和学生成长规律，面向全体学生，改革育人模式，推进因材施教，保护和培养每一位学生的学习兴趣，充分调动每一位学生的学习积极性，开发和培育每一位学生的学习潜能和特长，让每一位学生愉快学习、幸福成长。"其中的"主要任务"部分指出：1. 完善课程结构。义务教育课程分为基础性课程和拓展性课程。基础性课程指国家和地方课程标准规定的统一学习内容；拓展性课程指学校提供给学生自主选择的学习内容。2. 开齐、开好两类课程。各地和学校要按规定开齐、开好基础性课程，确保每一位学生具备适应社会必需的思想道德素质、科学文化素质和健康素质。积极探索拓展性课程的开发、实施、评价和共享机制，体现地域和学校特色，突出拓展性课程的兴趣性、活动性、层次性和选择性，满足学生的个性化学习需求……

再回头看我校 2013 年 12 月的微型课程建设追求的核心理念，在某种程度上提前对接了新高考，契合了浙江省教育厅深化义务教育阶段课改的指导意见。为培养全面和谐的人，为开发和培育每一位学生的潜能和特长，我们提前出发了。

第二章 学校微型课程开发与实施的设计体系

进行多维设计，确立开发版图。

第一节 当前微型课程的教育价值新追求

一、新课改背景下微型课程的重新定位

课程哲学的基本问题是直接经验与间接经验的关系，在课程形态上则表现为经验课程与学科课程的关系。倡导课程向儿童经验和生活回归，追求课程的综合化是当前课程发展的共同趋势。微型课程作为校本课程开发层面的一个新元素，一种新范式，是以创造性自我探索、体验和表现为价值取向的。期望综合实践活动常态化是微型课程开发的直接动因。因此，开发的微型课程具有特定的内涵，至少特别强调实践、体验和操作性。

1. 微型课程开发是教师参与课程开发的练兵场

《基础教育课程改革纲要（试行）》指出："改变课程管理过于集中的状况，实行国家、地方、学校三级课程管理，增强课程对地方、学校及学生的适应性。""学校在执行国家课程和地方课程的同时，应视当地社会、经济发展的具体情况，结合本校的传统和优势、学生的兴趣和需要，开发或选用适合本校的课程。"国家课程、地方课程和校本课程，这种课程实施的三级管理体系，只是赋予学校和教师课程权力的可能性，从可能性到现实性，还有很长的一段路要走。实际上，对于这个自主权是什么样的、如何运用、权力有多大等等问题，很多学校也还很迷茫。校本课程开发现状乱象丛生也就不足为奇了。只有让学校和教师真正介入课程开发现场，才能落实这种权力，才能真正发生改变。很长一段时间，教师的课程开发只是看上去很美。或者说只有少数人享受到了这种美。对于大多数中小学教师来说，那只是传说。而微型课程因其固有的特点，可以让教师真正参与到开发中去，成为教师一展身手的好去处。因为微型课程在教师们看来，不像有些校本课程那样鸿篇巨制，便于教师将课程开发、教学实践和学生教育贯通，易于掌控。

2. 微型课程开发是促进教学范式转变的孵化基地，让教师走向"课程为王"

教师在原有的学科教学中形成的教学惰性，使得其要自觉转变教学范式相当困难。而微型课程的开发，特别是全校性的微型课程开发，使得微型课程不再是缺乏系统性指导的无意识行动，体现了微型课程开发的探究性、建构性和创造性。在这样的气场中，无论自愿的还是非自愿的，领头的抑或是亦步亦趋的，在学校顶层设计的指引下，有范例、有支架，有合作、有分工，基于教师自身的特长爱好和自我选择，所有的教师都闪亮登场，在微型课程开发这一练兵场上找到自己的角色和归属。因为促进学校层面的综合实践常态化是开发微型课程的直接动因，所以学校这次声势浩大的微型课程开发，其课程内容从以科学为主转向以生活为主，从注重间接经验的获得转向直接经验的吸收。这一重大转变，在内在逻辑上要求教师进行教学范式转型，从原来看重的视听方式转向以实践、操作、体验为主的学习方式。在我们看来，把新的教学方式嫁接到原有的教学内容上（当前很多学科教学方式变革收效甚微），远比依据自身开发的内容，采取新的教学方式（微型课程开发内容与实施方式具有内在一致性）困难得多。在微型课程开发实施过程中，教师作为课程开发者和课程实施者这两种身份很自然地得到统一，此时教师需要统一考量安排课程内容与实施方式。课程内容与实施方式的一致性是特别需要考虑的关键问题。基于这样的微型课程开发现场，课程开发者和实施者这两种身份得以和谐统整，很自然地促进了教学范式的转型，让教师从"教学为王"华丽转身为"课程为王"。

3. 微型课程开发是儿童个性发展的放飞地

每个学生都有其独特的个性和才能，其个性与才能在学校的基础性课程教育中往往得不到突出的体现。这一限制与学校倡导的"学生主动发展教育"是相悖的。学生主动发展教育，就是要尽可能多地给学生提供发展的平台。"为每个孩子开发课程，开发和培育每一位孩子的潜能和特长"是我们的开发理念。

二、新课改背景下微型课程的价值彰显

基于以上定位，微型课程必然具有以下价值。

一是有利于满足学生的发展需求。新课改的实施，建构了国家课程、地方课程和校本课程三级课程管理体系，表明了校本课程应有的地位和独特的存在价值。校本课程开发把学校推到课程改革的前沿，学校成了课程开发的主体。微型课程作为校本课程的一种样式，当然可以弥补国家课程开发的不足，完善学校的课程结构，更好地满足学生有差异的学习需求。微型课程因其短、精、小，可以迅速回应社会及知识的变迁，直面学生的现实世界。国家课程无法顾及教育现场的这一缺陷，恰恰可以由微型课程来弥补。实际上，面向教育现场，学校作为

直接面对学生的机构，最有条件解决这一问题。解决的主要手段之一便是微型课程的开发实施。“为每个孩子开发课程”的微型课程开发理念是满足孩子差异化学习需求的最好诠释。

二是有利于教师的专业朝新课改需要的方向发展。多年来，教师已经习惯了讲述别人让自己讲述的内容，关注的始终都是“怎么教”。至于“教什么”，潜意识中已不属于自己的管辖范围，造成“课程意识”的缺乏。现在要教师承担其认为并不是工作范围之内的职责，与之直接冲突的就是教师的惰性思维方式。因此，改变难以发生。微型课程因其开发难度的降低，能被广大教师所接受。不难发现，多年课改占主导地位的自上而下的课程开发，其实很难被广大教师真正接受。只有以自下而上的课程开发促使教师的参与才是可行的。而微型课程开发是从学校的实际出发的，这种草根性特色易被教师接纳。教师进入微型课程开发现场，这种具有课程开发实质性的现场足以促进教师形象的重新定位：从单一的教书匠变为教学专家＋课程开发者。这个时候，改变才真正发生。课程的种子开始植入教师的灵魂。当教师愿意而非被迫进行课程开发的时候，课程开发才会成为真正的课程开发。

三是有利于形成学校特色。校本课程开发强调学校利用自身的资源，自主规划，自我负责，从而有助于特色的形成。学校特色的形成是一个长期积淀的过程，也需要构建一个平台，寻找到一个突破点。微型课程就是一个很好的突破点。当前也有不少学校和教师对校本课程的功能价值持怀疑的态度。之所以这样，很多时候是受到校本课程开发过程中存在的种种乱象的扰乱，雾里看花，难辨真假。比如，随波逐流式——被迫应对新形势，响应国家课程开发口号；门面工程式——编个教材，放架子上看看，应付检查。凡此种种，怎能有正能量释放？如果校本课程开发真正能够体现“校本”，立足于学校发展的内在需要和学生的真实需求，做实校本课程的开发过程，久而久之，校本课程开发就成了促进学校特色发展的强大利器。其实，校本课程和学校特色是相辅相成的，校本课程是体现学校特色的重要窗口，而校本课程也只有依托并融入学校的文化特色，才更有生命力。

四是有利于校本课程开发层次的提高。微型课程虽然短、精、小，但借助它基本可以达到课程新编层次。校本课程开发大致有四种样式，即选用、改编、拓展与新编。新编是参与程度最高的校本课程开发类型。纵观我们学校开发的微型课程，大多属于新编层次。新编是创造性地开发全新的课程或课程单元。这样的新编，有助于实现课程在广度与深度上的全面发展，有利于促进学校课程的变革。

五是优化学校课程结构。课程是促进学生主动发展的主要载体。由于微型课程的开发，使得学校课程结构更合理。从时段看，国家开发的长期课程和学校开发的短期课程可以有效互补。从开发内容看，各有侧重。国家课程注重系统的间接经验的学习，重点关注科学世界；微型课程则注重直接经验的获得，面向的是学生鲜活的生活世界。从学习对象看，国家课程面向具有共性的群体，而微型课程则照顾学习者差异化的学习需求。国家课程和校本课程共同建构了学生主动发展的平台。

基于学校的办学理念和理想追求，以及对微型课程的重新定位，选择微型课程开发作为校本课程开发的新路径，其意义也就不言而喻了。

第二节 微型课程开发的设计框架

单个的微型课程并不是什么新生事物，其开发也有比较成熟的路径。但是就全校性的整体开发而言，如果缺少一个设计框架，则很难达到预期的效果。微型课程的总体规划是一所学校微型课程开发实施的宏观规划、行动指南，是微型课程开发实施有序运行、有效建构的重要保证。微型课程从单一的、孤立式的开发转型为全校性、整体联动的开发，顶层设计的强大力量得以彰显。

一、微型课程开发设计三大原则

一是针对性原则。学校在设计微型课程的过程中要注意从学校的实际和办学特色出发，从学生的兴趣、爱好和年龄特点出发，从教师的特长、爱好出发，提高微型课程的品位。针对性原则由微型课程的基本内涵所决定。因为微型课程是基于学校资源、教师能力与学生兴趣，以主题模块组织起来的相对独立与完整的小规模课程。

二是趣味性原则。微型课程要符合学生的知识水平和经验层次，还要尽可能提供趣味性强的内容和活动，激发学生的学习兴趣和学习动机，通过实践、体验、操作、探究等，促使学生拓展思维，开阔视野，培育精神和实践能力。微型课程内容直接指向学生真实的生活世界，需要提供“以儿童的眼光”良好处理人与自我、人与社会、人与生活、人与自然、人与学科（知识）等方面关系的趣味化的学习经验。

三是多样性原则。学生的主动发展，取决于学校能在多大程度上给学生提供选择余地，选择的余地越大，满足学生多样化发展的可能性越大。我们的微型课程“为每个孩子设计课程”的核心理念决定了多样性是必不可少的原则。

基于这三大原则，下面拟从内容和方法两个维度探讨全校性、群体性微型课程的设计框架。

二、微型课程开发的内容设计框架

1. 来自校本课程分类的启发

微型课程自问世以来，并没有得到多大的关注。在人们的潜意识中，微型课程只是简单地从微小的角度界定其内涵。实施新课程以后，校本课程开发渐渐成为热门，人们又开始重新关注微型课程在提高教师课程意识和课程能力上的重要性，微型课程才逐渐成为校本课程开发的焦点。微型课程从单一的、孤立式的开发到全校性、整体联动的开发，这一步对于微型课程自身的发展来说具有里程碑式的意义。从此，微型课程的世界立刻宽广了许多，微型课程的许多特质开始浮现出来。比如，微型课程一个重要特质就是非常切合"为每个孩子开发课程"的理念。微型课程改变了课程设计的路向，从课程面向"大一统"的群体设计走向服务于差异化个体的个别化设计，"私人定制"成为课程设计最美好的愿景。微型课程全校性的联动整体开发，随之而来的是如何规划开发内容，这是微型课程开发顶层设计在确定开发的核心理念之后，必须解决的首要问题。

微型课程分类设计源于校本课程的分类启发。校本课程分类大致有以下几种较大的影响。

从大类看，校本课程分为两类：一是基础型必修课程，使用统编教材，采取班级授课制。二是个性拓展型课程，学校自主开发开设，学生自主选择。从这一分类看，校本课程包括两层意思，一是国家课程、地方课程的校本化实施，实质是对已有课程的创造性实施，严格意义上不属于课程开发。二是课程的校本化开发，创造新的课程形态。微型课程开发属于第二类。这种分法过于笼统，对微型课程开发内容如何划分没有多大参考意义。

张广利在《校本课程开发的实践与思考》中讲到校内选修课程时提到内容涉及人文素养、科学素养、身心健康、生活技能、艺术审美、学科拓展六个方面。① 在《校本课程开发内容框架的确定》一节中，提出其内容涉及三个方面：一是从满足学生走进生活、走进社会出发所开发的社会实践类课程；二是基于学生潜质特点，满足学生个性需求，挖掘特长潜能开发的特长培养类课程；三是基于学生智力类型、学习方式、学习品质所开发的课程。②

这些分法都不适合微型课程开发内容的划分，不利于后续的套餐编排实施：类型太少，不适合套餐搭配；内容交叉不利于搭配合理化，不利于项目范式开发；开发内容边界不清，项目组间要引起开发资源上的冲突。因此，要探索适合项目开发、套餐实施的内容设计体系。

---

① 张广利. 校本课程开发的实践与思考[M]. 福州：福建教育出版社，2013：28.
② 张广利. 校本课程开发的实践与思考[M]. 福州：福建教育出版社，2013：50.

2. 微型课程内容多维设计的提出

我们学校倡导实施的"学生主动发展教育"，其核心理念是以人为本，以学生为中心，以主动发展为中心。在我们看来，一个人的成长发展离不开五个方面的关系。或者说，一个人如果能够很好地处理这五个关系的话，那么他就处于良好的发展状态中。这五个关系就是人与学科、人与自然、人与社会、人与生活、人与自身的关系。马斯洛和罗杰斯都认为教育的目的是培养"自我实现"的人。这种"自我实现"的人格包括两种特征：一方面具有整体性，即个体不仅在身体、精神、理智、情感、认知和意志等方面达到内部有机统一，而且在协调内外部世界的关系时也能达到和谐一致；另一方面具有创造性，即个体创造性地做任何事情的态度和倾向，表现出享受变革乐趣的性格，以及灵活应对环境突变的能力。[①] 通过提供五个方面有机统一的学习经验，促进学生整体的发展，主动的发展，最终成为"完整的""自我实现"的人。

中山小学微型课程建设根据这五个关系确定开发框架。如图：

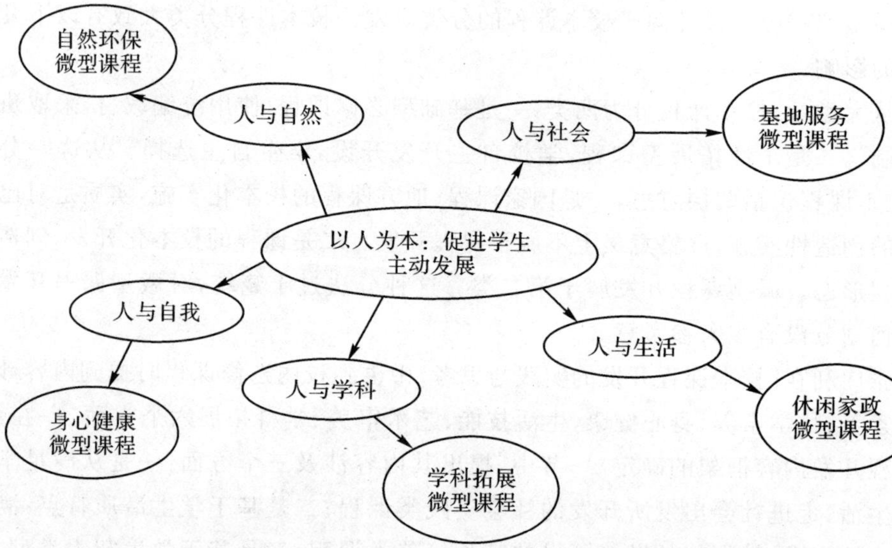

① 王啸天. 论当代西方人本主义课程观对传统课程理论的超越[J]. 南通大学学报(教育科学版)，2009(12)：85—87.

根据这个框架确定各类的总体目标、学习任务、学习活动等，为两两教师组合开发某个具体的微型课程提供支架。

主题来源	人与学科	人与自然	人与社会	人与生活	人与自身
课程类别	学科拓展类	自然环保类	基地服务类	休闲家政类	身心健康类
目标侧重	不仅仅获取学科知识，重要的是在广泛的学科背景下理解主题，学习运用。	成为自然的呵护者，而不是自然的征服者，人与自然和谐相处。	学会处世，服务社会，服务他人。	学会生活，学会闲暇管理，丰富生活内容，尝试有教养的生活，让生活更美好。	从身体和心理两方面去探索与学习，认识生命、尊重生命、发现自我、提升自我。
学习任务	需要综合考虑若干相关知识，在广泛的学科背景下开展学习。	主要涉及与人类生活息息相关的自然现象与问题，需要综合考虑多学科所学内容。	主要涉及亲社会行为训练，需要综合考虑多学科所学内容。	主要涉及生活技能训练，需要综合考虑多学科所学内容。	主要涉及生理与心理发展的问题，需要结合学生对自我身心发展的关注与接纳。
学习活动	情景化、表演化学习合作探究。	参观、考察、情景化学习。	实地实践、交流讨论。	活动操作、模拟实践。	游戏化、角色扮演、内心体验。

3. 多维设计的特点及意义

微型课程从五个维度进行分类，究竟有何意义呢？只有对此有所了解，才能自觉运用这一分类方法所提供的信息。

(1)确立微型课程的开发版图

微型课程内容的开发是微型课程开发的关键，它直接体现了微型课程开发的理念和目标。分类便于统筹兼顾，有利于形成明确的体系。

(2)实现有序化开发

以人为中心，从人与自然、人与自我等关系出发，确立五个维度。每个维度上，根据年段要求，再进一步划分相关主题，同时考虑各年段的匹配性，从而形成微型课程群。所谓微型课程群是指把相关因素或者属性相同的微型课程建构成一个群体，在总体目标指导下，实施统一开发与管理，有利于形成纵向一体化，横向多元化的开发格局，避免课程雷同化，合理开发使用课程资源。

(3)为微型课程实施采取套餐搭配方式奠定基础

在展开全校性微型课程开发顶层设计的时候，就考虑到微型课程的实施问题。每周五下午的一节大课(即 1 课时，相当于 2 节 35 分钟的课)是全校统一实施微型课程的标准时间，为了便于操作，又把一个微型课程的实施内容基本确定为 7 个半天(7 节大课即 7 课时)，一个学期除去假期、学校的临时安排，大概可以保证 14 次完整的实施。这样一来，一个班一个学期需要两个微型课程方能完成规定的实施时间，一个学年分上、下学期就需要四个微型课程。也就是说，微型课程需要搭配实施。如何搭配呢？是不是随便拼凑几个微型课程就了事，还是有更科学合理的搭配？五个维度上的不同内容开发就为课程的合理搭配奠定了基础。一个套餐内的微型课程就是这五个维度上微型课程的不同组合。避免了同一维度中的微型课程同质化的搭配。

(4)分维度设计，有助于强化课程管理

校本课程管理一直是校本课程开发过程中的弱项。分维度设计内容使开发版图清晰化，同样也有利于课程管理思路的清晰化。刚开始，由于校本课程数量有限，有人认为几乎不需要什么管理，可一旦一个学校的校本课程达到一定数量，管理好、使用好这些校本课程就成为一个难题。目前我们学校开发的微型课程已经达到50多个，创新管理也就势在必行了。所幸，分类多维设计为分类管理提供了极好的启发，使得课程管理快捷化。同时，在课程管理的实际操作中，结合微型课程开发过程中各个时间段的重要内容进行管理，就形成了横纵交错的管理网络。

校本课程开发一直在低位运行，一个重要原因是误解了“校本”的含义，简单地认为学校有什么资源就开发什么样的课程，喜欢什么课程就开设什么课程，校本课程开发缺少顶层设计。全校性的微型课程开发，其顶层设计与规划的价值在于按照学生主动发展的素养体系来建构，以及从人本出发，满足学生良好处理人与学科(知识)、人与社会、人与自然、人与生活、人与自身的关系所需要的能力、情感、意志品质等要求，从而全方位给学生主动发展带来可供选择的多种可能性的教育影响。从顶层设计的高度来理解和观照，才能把握微型课程开发内容多维设计的真正旨趣。反过来，也恰恰说明了微型课程开发内容与路径的合理设计是学校顶层设计的重头戏。

三、微型课程开发的方法设计框架

微型课程作为校本课程的一个样式，学校是孕育其成长的最佳土壤。每个学校都有自己独特的文化特征，任何成功的经验背后都有促使其成功的土壤。从学校办学理念和办学特色出发建构的微型课程，必然会烙上学校特色的印记。学校如果全盘照搬他人的开发经验和成果，是在砸自己的脚。学校在找到适宜的切入点后，可以从参与的主体、课程开发的目标、课程开发的类型、课程开发的具体活动方式、可利用的资源、实施的时间与方法、可选的课程内容等诸多方面来综合考虑开发的形式和方法。根据微型课程的特点，目前采用最多，普遍适用的是主题设计。

1. 主题设计

“主题”的内涵和外延丰富，涉及的领域广泛，在不同学科和领域有不同的含义，在课程领域中“主题”一词有其特殊含义。吉姆·比恩把“主题”看作课程的组织中心。顾小清认为主题构成学习的基本内容，学习者围绕主题展开一系列的学习活动。以主题为中心组织课程内容，即选取和确定一定主题，并将与该主题相关的内容组织起来。[①] 显然，这种课程内容的组织方式及分科课程的内容与纯粹以逻辑关系或价值关系为依据组织课程内容的方式有显著区别，这意味着通过这种形式组织的课程内容将是综合的。这与微型课程的内涵特点是匹配的。基于主题的内容选择与组织，并不是制造出一个无所不包的“大杂烩”，而是要在一定逻辑关系或价值关系中组织课程内容。微型课程的主题设计来源于社会、日常生活和学生本身，学习内容的组织多以围绕主题的探究事实和信息的活动为主，还原了被学科切割的世界的本来面目。这恰恰是微型课程特有的优势。真实世界的知识总是相互连接的，分裂的学科体系有利于学生整体思维能力的发展。因此，主题化单元是微型课程开发实施的组织形式和主导方式。

如果微型课程组织过程中缺少主题意识，把不同的课程领域的内容勉强拼凑在一起，那只是“大杂烩”，不是真正的统整。从某种意义上说，主题是微型课程的灵魂。如何高质量地设计一个主题呢？

主题设计的基本流程是：主题目标——主题单元——单元内容——主题活动设计——主题评价。

主题目标是主题设计的首要任务。在微型课程开发确定主题的时候，要考虑主题的价值。可用“问问题”的方式展开：为什么要确立这个主题？这个主题的独特的教育价值体现在什么地方？这些价值有哪些方面是已有的国家课程所不能体现的？确定主题之后，根据主题进行细化，分解出相应的主题单元，形成主题单元序列。确定了主题单元序列，微型课程内容的基本雏形就形成了。单元内容是指根据单元序列，选择典型的学习内容。学习内容除了预设外，还要考虑充实生成性内容。主题活动设计是指根据规定的学习时间及学习内容的分配，进行主题学习活动设计。这是主题从设计走向实施的关键环节，直接影响主题目标的达成度和内容选择的可行性。主题评价是保证微型课程品质的重要关口。虽然主题评价的方式多种多样，其核心还是要体现这样的价值取向：是否有利于学生主动发展，主题在促进学生主动发展的过程中是否有自身独特的价值体现。

---

① 顾小清.促进IT与跨学科课程整合的主题学习模式[J].电化教育研究，2003(3)：61—65.

2. 具体路径

路径选择	适宜内容	课程类别	课程示例
基于学习方式转型的主题设计	研究性学习主题	学科拓展类	创意实验
	合作性学习主题	基地服务类	快乐农场
	自主性学习主题	休闲家政类	巧手小玩家
	操作性学习主题	休闲家政类	恋上十字绣
	体验性学习主题	休闲家政类	舌尖上的享受
基于学校特色的主题设计	小交警学校基地	基地服务类	小交警模拟上岗考核
	科技教育特色	基地服务类	模型制作
		学科拓展类	创意实验
	书香特色	学科拓展类	绘本读创
			课本剧大舞台
			玩转小古文
			非连续性文本
			与数学家面对面
基于热点、趋势、前沿的主题设计	流行时尚	学科拓展类	啦啦操
基于学科拓展整合的主题设计	语文与民俗文化	学科拓展类	唱响童谣
	科学与美术	自然环保类	环境大描绘
	生活与美术	自然环保类	变废为宝
基于多元智能差异的主题设计	语言智能	学科拓展类	中山小学好舌头
	逻辑一数理智能	学科拓展类	校园中的数学
	空间智能	学科拓展类	智力七巧板
	身体一运动智能	体艺特长类	武术
	音乐智能	体艺特长类	葫芦丝
	人际关系智能	基地服务类	快乐农场
	自我认识智能	身心健康类	玩转心理游戏
	自然观察智能	自然环保类	植物标本
基于课程基地开发的主题设计	学校种植园	基地服务类	快乐农场

续　表

路径选择	适宜内容	课程类别	课程示例
基于问题解决的项目设计	完成一个作品	休闲家政类	恋上十字绣
		学科拓展类	课本剧大舞台
基于程序化方法的主题设计	游戏化学习	休闲家政类	玩转魔方
		学科拓展类	数独一二一
		学科拓展类	数学扑克游戏

3. 方法框架建构的特点及意义

一是多样化。基本上包括了目前微型课程开发的路径方法、基于内容特点的路径选择，易于教师掌握和满足学生个性化的需求。

二是模板化。提供模板化的地图，有利于教师在短时间内找到适合自己的路径方法，提高工作效率。

三是机动化。有所建议却不固化，给教师微型课程开发留有创新余地。

四是协同化。为综合运用多种路径进行开发提供想象空间。

内容多维与方法多维共同确立了学校层面的微型课程开发框架，为全体教师的微型课程开发确立了清晰的版图。

第三章　学校微型课程开发与实施的项目范式

"在当今社会，一切都是项目，一切也将成为项目。"

第一节　项目开发范式的产生背景

人与学科、人与生活、人与社会、人与自然、人与自我的五维设计体系建构承载着中山小学校本模式的微型课程建设的"全面和谐发展的人"的顶层目标。微型课程的基本功能是"发展一门学科或一门知识上的特殊兴趣"，核心理念是"开发和培育每一位孩子的潜能和特长"，两者要在开发与实施中得到充分践行。当然还包括教学范式的转型，要突出动手、操作、实践元素，努力让学生在实践中体验，在实践中成长。

中山小学2000多名学生，不可能像发达国家的一些贵族学校一样完全根据学生的兴趣需求安排课程。为了"开发和培育每一位孩子的潜能和特长"，学校的实施方法是：有某种兴趣需求的学生达10人或15人就开班，师资不足就外聘。那么如何基于学校资源、教师能力与学生兴趣开发一定数量的微型课程，给学生提供尽可能多的选择？

一、学校从微型课程首轮粗放型开发与实施中出现的问题入手，寻找改革良方

2013年3月，由两两教师根据自身的兴趣特长自由组合，合作开发了60多门微型课程。在每周五下午由两个教师负责一个班的课程，一般情况下轮流上，每人上一个星期，一学期大概上了14周。到了2013年9月新学期，因为教师调动或任教年级变动又开始重新申报。10月，体育艺术类继续招生，其他教师们又在自己所教的年级两两合作开始上周五下午的微型课程。这一轮课时就达到了一学年28课时左右，相当于平时课节的56课时。从某种意义来说，已经快达到美术音乐类国家课程的课时数了。每个教师如果不隔周上，那么一学年内就要连上14课时，相当于一个教师上一个学期，即平常课时的28课时。这样长时段的课程开发

难度大,加上没能有效培训、辅导、管理课程申报、课程纲要编制、课时活动设计等工作,课程实施的质量完全得不到保障。教师们往往到周四才开始考虑明天的大课该上什么内容,四处搜集堆砌资源,看视频甚至成为课堂实施的主要板块,以致课堂实施过程失控。

新来的校长没有放弃周五下午的选修课程,反而态度坚定:周五选修课程要坚持下去。

二、学校管理层必须思考的六个问题和设想

其一,能否在每位老师工作量总课时数不变的情况下,从原来上一个班变成同样的课程上两个班,原来一学年 14 课时左右变成上学期这个班上 7 课时,下个学期到另一个班上 7 课时?这样,课时缩短,难度降低,可以围绕一个主题来构建 7 课时左右的微型课程。两个教师合作开发,直接的备课任务就成了 7 课时两个人分担了。

其二,能否让两位合作教师三年内承担的微型课程、招生对象的年级基本不变,两个人上同样的微型课程,每学年上两轮,根据学生的兴趣及时修正完善或淘汰后重新开发?学生走班教师也走班,在实施的时候保证一门微型课程 7 课时的连续性。三年后,教师所带学生的家长评选出学校的精品微型课程。保留精品课程,继续根据学生需求开设部分新的微型课程。当然过程中不受学生欢迎的课程也可以淘汰,或者课程中的内容也可以动态调整。

其三,选课走班能否尊重教学实际,不一刀切,比如一、二、六年级除体艺科技校队外不走班是否更合理?一年级尤其是上学期学生良好的班集体还在建设之中,各项礼仪常规还在养成训练之中。二年级的孩子正是品行、学习、礼仪各项习惯的巩固期。六年级学生相对学业压力大一些,到下学期有一定的烦躁情绪,走班不利于教学秩序的管理。

其四,聘请专家培训指导,严格执行课程开发的规范流程。2014 年暑期进行微型课程的备课工作,两位教师共 7 课时,共同确定课程内容、目标、课时计划,然后每人备三四节课,难度是否再度降低,有利于保证课程质量?甚至可以允许两个 3 课时或 4 课时的迷你课程组成一个 7 课时的微型课程。

其五,学生一学年选课一次,不再选一个过去 28 课时组成的一个微型课程,而是选由四个 7 课时的微型课程组成的组合课程,这样对于兴趣广泛的小学生来说是否更受欢迎?

其六,如果用微型课程组合来供学生选择,那么怎样来分类开发课程,如何科学把控每类微型课程一至六年级的纵向体系?所有横向组合的不同类课程,都有随年级递进的鲜明体系,这样本校的学生每上升一个年级就能选择到新的课程组合,并且与过去的知识技能形成梯度。

经过学校中层以上领导的反复论证，一致肯定了提出的问题与改革设想及微型课程的创新价值。最终学校决定：综合学校学生数近 2400 名、教师人数 110 名左右和学校场地等因素，周五下午微型课程实施的整个运转框架分两个层面。首先，跨年级招生的其他学科拓展类“体艺加科技”校队，开设 20 门左右课程，每班 15～40 人（须招收近 600 名学生），全部单独设置，一学年 28 课时，两位老师负责一门课程，师资不足就外聘，场地不够，个别课程就外借场地。其次，面向剩下的学生（近 1800 名左右学生，一、二、六年级 24 个班不变，三至五年级编成 18 个班，共 42 个班，平均每班 42 人左右），开设 30 门左右微型课程。两位老师负责一门微型课程，7 课时左右，4 门课程组合成 1 个套餐课程，一学年等同校队 28 课时。三至五年级以年级为单位，跨班组合，每个年级至少开设 6 个班，设计 6 个套餐供学生选择。这样，学生选择了一个套餐，一学年可享受 4 门微型课程的学习内容。一、二、六年级不走班，“体艺加科技”校队招去部分学生，剩下的原班级学生一学年也享受 4 门微型课程。另外两位教师所负责的这门课程及招生年级原则上三年不变，每学年进行评价反馈，或淘汰重新开发或修改完善并上交课程纲要、课时活动设计、课件及资源包。这样既可以筛选形成受学生欢迎的品牌课程，又能解决教师变动时新来教师依然可以执行这门课程的问题。

基于上面的决定，中山小学其他学科拓展类“体艺加科技”20 门左右校本微型课程自然形成了一个大类。面向剩下的学生的 30 门左右微型课程从五个维度设计，分别形成五个大类。每个大类要保证一至六年级的纵向体系，每个大类的开发者就是一个教师团队，两两组合的协调、课程开发质量进度的把控、相关资源的整合等可以预见的工作在客观上就决定了要用项目组来管理微型课程的开发与实施，一个大类就是一个项目组。五维度大类和校队一个大类至少需要六个项目组，服务于学校微型课程建设的顶层目标与核心理念。

第二节　项目开发范式的组织建构

“在当今社会一切都是项目，一切也将成为项目。”项目离我们是那么的遥远，又是那么的接近，似乎很熟悉，却又很陌生。什么是项目呢？项目是一个组织为实现自己的既定目标，在一定的时间、人员和其他资源的约束条件下所开展的一种有一定独特性的、一次性的工作。[①]

全校性统一规划实施的微型课程开发工作，其复杂程度可想而知。任务重，参

① 吴新波，Brian Xue. 项目管理与实践[M]. 北京：经济管理出版社，2009：5.

与人员多，可以说是一项大工程。基于微型课程开发内容方法上的多维设计，采取什么样的方式进行开发最合适？这是需要重点解决的又一个问题。我们认为，经过实践操作，项目开发范式可以说是最优化的匹配方式。

全校性微型课程开发的复杂性让我们把目光锁定项目开发范式。任何事情的成功都需要组织保障。由于项目本身的特殊性，需要相应的项目组织作为项目实现的保障。项目组织是指为完成特定的项目任务而建立起来的，从事项目具体工作的组织。

一、一个成功的项目组织团队需要什么？

1. 每个成员具有必要的知识、经验、技能并明白该做什么。2. 有一个高效的、有影响力的团队领袖。3. 有一套工作程序和相应的评判标准。4. 有一个专业化但轻松的工作氛围。

二、微型课程开发项目组的建构设计

首先，依据微型课程开发的五个内容维度，分别设置五个项目组，即学科拓展项目组、休闲家政项目组、基地服务项目组、自然环保项目组、身心健康项目组，各个项目组隶属学校课程开发领导小组，直接向学校课程领导开发小组负责。从全校看，采用的是多项目并列的管理方式。在各个项目组再划分设置最基本的项目组，即具体到每个微型课程开发的项目组。这个层次的项目组，由两位教师组成，就是说两位教师负责一个微型课程的开发实施。学科拓展项目组因工作量大，下设三个项目组，即语文拓展项目组、数学拓展项目组和其他拓展项目组。

其次，在项目组内设项目组长一名，通常由学校中层以上的教师担任，再设开发首席教师一名，通常由在所开发的微型课程方面有特长的教师担任。组成项目团队的除了项目组长和首席教师外，还有其他参与微型课程开发的教师。项目组长是项目组织的关键。选好项目组长是项目组织工作的重要任务。项目组长的管理素质、组织沟通能力、知识结构、经验水平、领导艺术、责任心等都直接影响到项目完成与否。项目组长首先是领导者和决策者。其次是项目的主要设计者和分析师。第三是项目的组织者和合作者。第四是项目进展的调控者。项目组长由中层以上学校领导担当，有助于指令下达，形成组织凝聚力，统一指挥，避免推诿扯皮。项目组设置首席教师，既能提高项目组的工作效率，又体现专业化的要求。微型课程开发毕竟不等同于教师平常的教育教学工作，其专业水平的要求更高。首席教师是本项目组的专业指导人员，是项目组中一核心力量。

由项目组长、首席教师、参与开发实施的其他教师所组成的项目团队并不是松散的组合，而是由一组相互联系的同心协力地进行工作，实现项目目标的教师构成的组织。如果简单地把一组教师调集到一个项目中工作，并不一定能形成团队。所以团队的组建需要双向选择。依照教师的意愿组建五大项目组。学校先出台微型课程多维设计框架，然后把微型课程多维开发框架表给教师，作为意愿申报的参考，让教师自主衡量并选择参与哪一维度上的微型课程开发工作。因此，微型课程开发项目团队从微型课程项目申报就开始组建了。然后基本经历五个阶段，即组建阶段、磨合阶段、正规阶段、成效阶段和解散阶段，最终成长为一个优秀团队。这些团队以五大项目组为建制，完全打乱了原有的年级组和教研组建制。这是一个全新的团队组合。为了让这些团队能够更优秀，我们进行这样的团队角色设置。

五大项目组，工作任务边界清晰。项目组内沟通顺畅，能够有效解决冲突，比如开发内容设置中的冲突与调整。项目组之间可以相互学习交流开发经验。这样的项目开发，任务清晰，责任到人。既有分工，也有合作。多头任务同时进行，有条不紊。所有参与开发的教师依据自身的特点和学校的微型课程开发总目标，都能够投入实质性的开发工作。

三、实施的保障措施

其一，编制项目时间进度表。运用项目时间进度表可以有效管理微型课程开发的关键时间节点和关键路径。其二，设置问题清单。运用问题清单来推进问题解决。问题清单记录整个开发过程中遇到的问题，并进行原因分析、对策设想，根据开发进展情况不断更新问题清单，问题清单的更新过程就是一个个问题得以解决的过程。其三，编制项目定期总结汇报表。通过阶段性总结，学校课程领导小组随时掌握各项目组的工作进展，便于整体协调。

第三节　项目开发范式的实际操作

依托项目开发范式，学校的微型课程开发与实施工作进入实质性阶段。

第一阶段：培训学习酝酿选题阶段（2014. 6. 4—2014. 6. 30）

学校邀请李志超博士做了“基于体验的综合实践活动的设计与实施”的讲座，对选题之类做了列举，对综合实践类微型课程实施的组织和课程评价等方面与教师们做了互动交流。

学校教科室组织大家学习了学校制定的《中山小学微型课程方案》《中山小学微型课程操作指南》《中山小学微型课程评价表》《中山小学微型课程委员会章程》，明确指导理念、课程总目标及各年级目标、课程实施的具体办法、课程评价及课程管理办法，领会学校微型课程的显著特色是充分体现学生个性特长发展的需要和教师的专业特长，推动学校的可持续发展的。

教科室组织大家学习《中山小学微型课程纲要撰写说明》，解读商议课程纲要的编制，同时提供了众多优秀的校本课程纲要编写的实例，供大家学习参考。

第二阶段：自主选题成立项目组阶段（2014.7.1—2014.7.3）

学校对照五个维度，把所有微型课程归并为相应的五大类进行设计，即学科拓展类、休闲家政类、自然环保类、基地服务类、身心健康类，选取学生喜欢的内容作为微型课程，为学生全面的和谐的主动的发展提供全新的设计。其中，学科拓展类把语文数学英语学科拓展类作为组合的微型课程，把体育、音乐、美术、科学、信息学科 5 门学科单独设置，作为面向全校不同年级招生的“体艺加科技”校队，不参与组合套餐排课。

一、二、六年级不走班，四门组合的套餐微型课程是：拓展类语文学科＋拓展类数学学科＋拓展类英语学科＋休闲家政。三、四、五年级为拓展类语文学科、拓展类数学学科、休闲家政类、自然环保类、基地服务类、身心健康类六类中任意四类的组合套餐。

学校下发三至五年级的《学生问卷调查表》，询问学生：你最想学什么？你对什么或哪方面最感兴趣？你希望学校周五为你开设怎样的学习课程？随后，我们在问卷调查的基础上确定了体艺校队 20 门课程的教师名单和一、二、六年级的语文、数学、英语学科拓展类教师人员，剩下排在三、四、五年级的教师根据学校下发的五大类意向表，每位教师可自主申报两项，双向选择，排出各大类人员之后组成开发小组。（具体见意向表）

中山小学周五综合实践活动微型课程开发实施意向表(三至五年级)

门类	开发方向	预设目标	内容示例	备注
A 学科拓展类 (一)	语文学科方向	拓宽学科视野并应用提升	表演类:课本剧、你演我猜(猜词语)、歌谣、连环画 鉴赏类:名著解读、妙联欣赏、江郎山诗文 创作类:童话创作、歌谣(儿童诗)、对对子 演讲类:节目主持、演讲、诵读、即兴辩论 古文类:小古文、历史故事、成语典故	
B 休闲家政类	美化生活方向	美化生活,提升生活情趣	美化环境:插花艺术、居室装饰、家具摆放 舌尖享受:水果拼盘、点心(甜品、饮料)、节日小吃(粽子、清明粿、麻糍)、甜酒 休闲娱乐:棋类、衣着打扮、十字绣、小制作 生活礼仪:赴宴礼仪、做客礼仪、请求帮助礼仪	1. 基地服务类由基地类和社区服务实践类组成。 2. 每类课程不少于7学时(周五下午为1学时),以主题形式呈现。 3. 以项目组形式,通过合作进行开发,实行首席项目组组长负责制度。 4. 6个班套餐示例: (1)班 ABCD (2)班 CDEF (3)班 EFAB (以上三个班每门课授课为同一个教师) (4)FABD (5)BDCE (6)CEFA (视情况需要还有其他搭配方案)
C 自然环保类	与自然和谐共处方向	和谐共处,提升环保能力	垃圾处理系列:分类、分装 利用水资源系列:保护水源、碗窑水库考察 动物系列:小动物饲养、市场野生动物调查 花木系列:种植、公园植物分类调查 废物利用:挂历纸、酒瓶盖	
D 学科拓展类 (二)	数学学科方向	拓宽学科视野并应用提升	数学史:数学家故事、古典解法 生活化:生活中的鸡兔同笼、巧量树高 数学思想应用拓展:数形转化(以图解题)、化归、可逆、代换 智力游戏:扑克牌中的数学	
E 基地服务类	社区服务实践和基地教育方向	借助社区和各类基地,服务社区,服务他人,增进沟通和协调,培养亲社会行为	学校种植园:蔬菜种植、堆肥制作、病虫防治、土壤改善 博物馆:江山风土人情、自然、历史 污水处理:水厂、气象站、消防队、公园 敬老院服务:卫生、演出、讲故事 社区:宣传、黑板报、绿地养护、打扫卫生、领养花木	
F 身心健康类	自我认识方向	了解认识自我,调节自我,接纳自我,身心健康	身体发展:青春期、换牙齿、生老病死(生命教育)、身体构造、健康小常识(如指甲看健康) 心理发展:心理咨询、常见问题解答、学习策略 自救自护:一般护理、按摩、急救、自救、逃生	

说明：1. 一、二、六年级学生不走班，计划每个年级开设 8 个班（校队抽出一部分），16 位教师。每个班开设四个微课程。具体安排如下。一、二年级：语文学科拓展（2）＋数学学科拓展（1）＋家政（1）。语文如生活中识字创意剪贴、绘本读创、现代儿童诗、四季主题古诗、讲故事等；数学如我会编数学故事、24 点游戏、模拟购物等；家政类参考学校的《好习惯养成手册》、省地市地方课程选择内容。六年级：语文学科拓展（2）＋数学学科拓展（1）＋英语学科拓展（1）。语文建议选择"我学小古文""非连续性文本"两类；数学建议选择扑克牌游戏；英语建议选择英文小幽默阅读或其他。2. 三至五年级学生在本年级走班进行，周五综合实践活动除校队外，微型课程（授课内容）实施套餐设计，每个班（每年级各开 6 个班）一学年的学习内容将由四个门类的微型课程组成。为便于套餐搭配，所有开发的微型课程按照六个门类设计。

安排三至五年级的相关教师仔细阅读前文，填写下表，交给教科室，学校经过组合修正并最终确定个人的类别和年级。然后项目组长召集商议，在暑期放假离校前最终定下各人的课程名称。

（两个志愿的"门类"与"年级"都不能重复） 教师姓名：________ 原任教学科：________ 你的第一志愿是（选择大门类）：______ 拟教年级（三至五年级中选择）：______ 你的第二志愿是（选择大门类）：______ 拟教年级（三至五年级中选择）：______

第三阶段：项目组开发定题阶段（2014. 7. 4—2014. 8. 1）

根据上报意愿，以最大限度地满足教师意愿为标准，整理好每个大类的教师名单，确定好项目组长和首席教师，项目组负责制正式开始运转。

江山市中山小学非"体艺加科技"校队的综合实践微型课程开发人员和类别安排总表

门类＼教师	项目组长	一年级（不走班，共 8 个班）	二年级（不走班，共 8 个班）	三年级（走班，共 6 个班）	四年级（走班，共 6 个班）	五年级（走班，共 6 个班）	六年级（不走班，共 8 个班）
A 学科拓展类（语）	★朱玲娟	☆周爱萍 姜慧芳 毛江文 语新教师 1 徐伟娟 姜美琪 徐水芳 毛玲燕	王向伟 祝小慧 毛海眯 虞贤慧 赵建仙 郑群燕 徐　倩 龚　燕	周琦玉 毛爱芬	☆毛晓霞 姜飞燕	★朱玲娟 陆俊勍	☆邱云燕 杨苏娟 李　真 徐金芳 叶小娟 王　飞 陆慧琴 毛小琴
B 休闲家政类	★徐秀娟	戴良仙 徐彩萍 朱　蕾 语新教师 2	郑鸣远 姜玲敏 万　秀 语新教师 3	★徐秀娟 姜兰芳	胡玉荣 徐伟华	☆周　芬 周金荣	
C 自然环保类	★姜云燕			周东华 ★姜云燕	陈何军 周　雷	☆张丽平 吴拥军	

续 表

门类＼教师	项目组长	一年级（不走班，共8个班）	二年级（不走班，共8个班）	三年级（走班，共6个班）	四年级（走班，共6个班）	五年级（走班，共6个班）	六年级（不走班，共8个班）
D学科拓展类（数）	★范光富	☆朱柳英 毛秋芬 金江爱 刘　莉	毛玉燕 姜　娟 吴荷仙 莫　婉	★范光富 严子新	王　燕 谢杨慧	☆陈小霞 王云凤	☆徐　忠 刘水荷 鲁水花 毛善英
E基地服务类	★徐建立			★徐建立 祝惠慧	廖小荣 朱小琦	☆沈丽萍 徐建青	
F身心健康类	★毛水菊			★毛水菊 毛志勇	☆柴李萍 蒋丽霞	林　燕 毛香芬	
G学科拓展类（英）		☆王　燕　姜飞霞　郑玉珍　邵文爱					

说明：1.三至五年级人员中预备人选×××、×××及其他支教教师、后勤人员等未排上的，将根据实际需要替补协助，比如打算增加的部分校队项目还在商谈中，现在无法排定。2.三至五年级人员的安排在尽力满足大家申报意向的基础上做出了调整。3.带"★"的为本类项目组长，带"☆"的为本类首席教师。其中A类一、二、六年级各1位，三至五年级1位，共4位；B类一、二年级1位，三至五年级1位，共2位；D类一、二年级1位，三至五年级1位，六年级1位，共3位；C，E，F，G类均设1位。4.各大类项目组长和首席教师的工作事务及职责另行通知。（表格设计者：毛伟琴）

人员组成公布之后，项目组长负责组织大家根据学校微型课程的功能定位及教学方式转型的需要、学生兴趣、教师自身专长或兴趣点，讨论商议相关内容，确定一至六年级纵向的内容体系。布置大家寻找相关资料，汇总商议，确定本项目组各年级最终的目标和内容选择。

在这一工作环节中，学校根据本校教师教学现状，决定在微型课程的开发与实施中，特别关注《基础教育课程改革纲要（试行）》中提出的六个具体目标中的这三个目标：(1)改变课程过于注重知识传授的倾向，强调形成积极主动的学习态度，使获得基础知识与基本技能的过程同时成为学会学习和形成正确价值观的过程。(2)改变课程内容"难、繁、偏、旧"和过于注重书本知识的现状，加强课程内容与学生生活以及现代社会和科技发展的联系，关注学生的学习兴趣和经验，精选终身学习必备的基础知识和技能。(3)改变课程实施过于强调接受学习、死记硬背、机械训练的现状，倡导学生主动参与、乐于探究、勤于动手，培养学生搜集和处理信息的能力、获取新知识的能力、分析和解决问题的能力以及交流与合作的能力。

全校的微型课程内容和体例概况如下：

江山市中山小学周五微型课程各大类一览表

年级	语数英拓展类 项目组长 朱玲娟 范光富		休闲家政 项目组长 徐秀娟	自然环保 项目组长 姜云燕	基地服务 项目组长 徐建立	身心健康 项目组长 毛水菊	其他拓展类 项目组长 余科敏
一	综 02A01 唱响 童谣	综 02D01 智力 七巧板	综 03B01 生活 小达人				综 01 01 动画设计与制作 02 模型制作 03 创意实验 04 绘画创想 05 合　唱 06 舞　蹈 07 口风琴 08 男子篮球 09 女子篮球 10 乒乓球 1 11 乒乓球 2 12 田　径 13 武　术 14 艺　术 15 舞蹈 1 16 舞蹈 2 17 葫芦丝 18 吉　他 19 摄　影 20 小交警 21 啦啦操
	A02 趣味 识字						
二	A03 绘本 读创	D02 数独 游戏	B02 巧手 小玩家 （小制作）				
	A04 趣味 横生玩 成语						
三	A05 童话 梦工厂	D03 校园 中的数学	B03 玩 转魔方	综 04C01 环境大描绘	综 05E01 快乐农场 （初级）	综 06F01 小眼睛 看安全	
四	A06 课本 剧	D04 数学 大本营	B04 舌尖 上的享受	C02 变废为宝	E02 快乐农场 （中级）	F02 小游戏 大氧吧	
五	A07 中小 好舌头	D05 与 数学家 面对面	B05 恋上 十字绣	C03 植物 标本	E03 快乐农场 （高级）	F03 小身体 大秘密	
六	A08 玩转 小古文	D06 数学 扑克游戏 综 02G01 中西节日 对对碰 （英语）					
	A09 非连 续性文本						

说明：课程序列号用“综”字带头是为了提醒老师们在微型课程实施中重视综合性、体验性、实践性。

第四阶段：项目组纲要编制和课时活动设计阶段（2014.8.2—2014.8.20）

课程纲要的编写是体现顶层设计理念的重要方式。课程纲要是学校微型课程的规划蓝图，能反映出课程的核心要素、关键素材及组织机构。课程纲要的主题部分是课时计划，能指导该课程以后有计划、有步骤地展开。课程纲要可以在很大程度上反映出本门课程的质量。在不主张校本课程教材化、僵固化的情况下，课程纲要显得非常重要，有了纲要，能有效避免教学的随意性与无序性，保证课程质量。

校长室下发《中山小学微型课程纲要》和《中山小学微型课程教学（活动）设计单》，由项目组长和首席教师完成后经过教科室和校长室初步审阅修改后，提交到学校“中小专业精进之家”QQ群供组员参考学习。所有微型课程的课程纲要编写合格后才能进入课时教学活动设计阶段，依然先是项目组长和首席教师，然后是组员，在预定日期以项目组为单位交给分管教学的副校长打包给浙师大李博士，阅后与学校课程委员会一同会商，下旬校长主持项目组组长和首席开发教师参加的交流碰头会，主要任务是反馈交流微型课程纲要和具体的某一课时活动设计中存在的问题，然后由项目组长组织大家修改，流程依然是：项目组长和首席教师先通过，然后由他们指导组员修改到满意为止。

《关于2014暑期“微型课程开发”建议》中除规定了相关日期进程外，特别强调了以儿童为本的教学管理：①在具体实施教学的过程中，一定努力不要上成纯粹是老师讲学生听的课，要启发引导学生主动探索，学习分工合作，在分工合作中学会沟通交流。要努力分成小组来管理和实施教学，尽可能设计良好的激励措施如比赛积分、奖状鼓励等。儿童生活在三个世界中：现实的世界、理想的世界、虚拟化的世界。三个世界中儿童的学习方式、生活状态、价值取向是不同的。在活动实施中，希望良好的策略能给予孩子和谐的心理状态，多发现孩子的长处，多些耐心给孩子表现的机会，多些记录以鼓励天赋所长的发挥或者是一个珍贵的进步。让孩子成为探索者、游戏者、梦想者。儿童欢迎的是那种与他们平视又随时能够站起来，展示成人强大力量和多彩而厚重的成人世界的那种教师。希望在周五的综合实践集体里，孩子们依然能拥有归属感，遇上他们喜欢的教师，一年后他偷偷地过来跟老师说：他甚至愿意降一个年级，再一次来到这个班里……②针对“体艺加科技”校队：建议教师能花点儿时间组织学生分工负责，为自己的团队做宣传设计、小比赛的入场握手仪式设计、出场凝心聚力手势或其他动作设计、啦啦队的经典表演设计、赛后颁奖感言个性化设计等，然后师生一起交流做些训练，这样有一天中山小学的团队一站出来，展示出的风貌就不一般了。教师可以参照学校的校训（“相信自己行，努力求成功”），学风（“自信、善思、乐学、创新”）及学生发展目标（“积极主动、健康快乐、富有教养”）等而有所思考，甚至还可以选首歌作为这个队的队歌。让师生的同行，同伴的友谊、支持和尊重成为一种精神寄托，养成遵守规则、承担责任、团结协作、服从大局、完成任务等重要品质。③要关注自己微型课程实施评价表、问卷表、访谈记录等的设计与搜集，以备改进和研究之用。

下面是课程纲要和每课时活动设计单：

江山市中山小学微型课程纲要

<table>
<tr><td>课程名称</td><td colspan="7">授课教师：</td></tr>
<tr><td>课程编号</td><td colspan="7">组别________ 课程序列号________</td></tr>
<tr><td>课程简介</td><td colspan="7"></td></tr>
<tr><td>总学时数</td><td></td><td>学分</td><td></td><td>适合对象</td><td></td><td>限制人数</td><td></td></tr>
<tr><td>教学方式</td><td colspan="7"></td></tr>
<tr><td>考查方式</td><td colspan="7"></td></tr>
<tr><td>申请人专业、特长、兴趣及其他爱好</td><td colspan="7"></td></tr>
<tr><td>课程开设背景</td><td colspan="7"></td></tr>
<tr><td>课程开发的意义</td><td colspan="7"></td></tr>
<tr><td>课程目标</td><td colspan="7"></td></tr>
<tr><td>教学所需材料与设备</td><td colspan="7"></td></tr>
<tr><td>内容概述</td><td colspan="7"></td></tr>
<tr><td>课程计划</td><td colspan="7">第 1 课时
第 2 课时
第 3 课时
第 4 课时
第 5 课时
第 6 课时
第 7 课时
……</td></tr>
<tr><td>学校课程委员会审核意见</td><td colspan="7"></td></tr>
<tr><td>课程评价</td><td colspan="7"></td></tr>
</table>

项目组别______ 课程序列号______ 课程名称______

微型课程教学(活动)设计单

<table>
<tr><td>设计(授课)者</td><td>本课程首席教师：
授课者：</td><td>实施年级
班级组
及人数</td><td colspan="2">共(　　)人</td></tr>
<tr><td>教学(活动)
主题或课题</td><td></td><td>课时序列、设计者及具体时间</td><td colspan="2">第(　　)课时
本课时设计者：
授课时间：　年　月　日</td></tr>
<tr><td>教学(活动)目标</td><td colspan="4"></td></tr>
<tr><td>教学(活动)内容</td><td colspan="4"></td></tr>
<tr><td rowspan="2">课(活动)前准备</td><td>教师</td><td colspan="3"></td></tr>
<tr><td>学生</td><td colspan="3"></td></tr>
<tr><td>教学(活动)过程</td><td colspan="3"></td><td>设计微调</td></tr>
<tr><td>教学(活动)收获与评价(手段策略记录说明)</td><td colspan="4"></td></tr>
<tr><td>教与学的活动反思</td><td colspan="4"></td></tr>
<tr><td>备注</td><td colspan="4">1. 含 PPT 的课件、学习(活动)单　2. 要搜集整理的作品或成果</td></tr>
</table>

第五阶段：项目组纲要、设计及课件资源包初步完善阶段(2014.8—2014.9)

学校微型课程委员会与所邀专家对每个项目组的内容体例、每个微型课程纲要及抽取的其中1课时的活动设计进行评价反馈。项目组长组织大家一起学习，进行修改。总体反馈情况如下：

1. 课程目标要明确，课程计划要详细。

2. 上课前要清楚哪些学生已经学过相应的知识，哪些学生没有学过。特别是随着现在生活条件的改善，家长早在孩子入学前，就把孩子送入各种辅导班，因此孩子们无形中会形成差异。请老师们一定要注意这个问题。

3. 综合实践活动课是开放的、趣味的、发挥学生个性的，因此老师们可以加入娱乐因素，可以加入生活常识，使孩子在乐中学，在做中学。

4. 相对其他组，语文组老师设计的课程纲要不理想的较多，特向老师们推荐同是语文组的朱玲娟、陆俊勍老师的课程“中小好舌头”，该课程设计条理清晰，富有逻辑。

5. 数学组的老师采取纵向年级层层递进的方式，这种整体备课推进的方式，同样也值得其他的学科组的老师们学习。

微型课程纲要和活动设计的修改基本完毕之后，开始完成相关的课件、资源包。学校下发档案袋，外贴《微型课程开发实施资料明细表》。1. 在电脑上建电子文件夹，内载所有资料。2. 平日搜集的文本或实物资料放进这个档案袋，包括学生的作品。3. 寻找资源。比如语文课程资源包括课堂教学资源和课外学习资源：教科书、相关配套阅读材料、其他图书、报刊、工具书、教学挂图，电影、电视、广播、网络，报告会、演讲会、辩论会、研讨会、戏剧表演，生产劳动与社会实践场所，图书馆、博物馆、纪念馆、展览馆，布告栏、报廊、各种标牌广告，等等。自然风光、文化遗产、风俗民情、方言土语、国内外的重要事件、日常生活的话题等也都可以成为语文课程的资源。

江山市中山小学微型课程开发实施资料明细表

教师姓名		课程名称	
资料清单			备注
1. 教师微型课程开发实施意向表			
2. 微型课程开发计划			
3. 微型课程纲要(申报表)			
4. 课程开发参考资料			
5. 微型课程开发所需资料审批表			
6. 教学设计(活动方案)			
7. 教学(活动)反思			
8. 课例(活动案例)			
9. 课程开发实施小结			
10. 微型课程实施评价表(问卷、访谈记录)			
11. 其他			

第六阶段：项目组一轮实施后调整阶段(2014. 10—)

一个主题课程 7 课时执教完之后，整个项目组的老师会交流商议遇到的各方面的问题，寻找解决问题的办法，搜集第一轮实施中的学生成果、问卷等以作为下一轮实施可使用的资源。比如一些项目组的教学目标会做调整，甚至内容会进行删减或增加新内容，一二六年级的连续 7 课时也会根据国家课程相关内容的教学需要做出适当的调整，有时会改变某一门微型课程的连续性。

在学年结束的时候，项目组长会召集首席教师和每一门微型课程开发教师中善于思考的老师商议大类里的体系是否需要改变，每一门微型课程学生问卷的受欢迎程度、内容的取舍调整，表决哪些微型课程必须淘汰以及该如何重新选题。同时，搜集好所有修改完善或重新开发的课程纲要、课时活动设计、课件及资源包，上交学校教科室，以供新学年本项目组或新进教师使用。

项目组实施的好处在于形成“教学共同体”，共同面对教师在教学中遇到的迷惑，发挥集体的智慧，大家携手帮助有困难的教师一起来解决问题。在开发实施过程中，教师们相互协同、合作学习，勇于创新，有了集体的智慧，教学会更加从容、大胆，取得良好的实际效果。学生们在快乐的周五下午学习丰富的微型课程，慢慢发现这并不是“玩”的课程。孩子的学习潜能被激发，情操得到陶冶，兴趣爱好得以培养，动手动脑能力增强了，更乐于发现学习的奥妙了。面对童年，我们不知道哪朵云彩会落雨，于是就在空中多布一些云朵。

第四章 学校微型课程开发与实施的套餐搭配

课程套餐实施，选课学生自主，排课年级统筹。

学校微型课程五大类开发完毕之后，搭配套餐来实施，是本校的又一执行特点。在做五维设计和项目实施之前已经考虑到相关的组合问题，因为都需要组合成28课时，根据学生年龄特点和年段特征，根据学科教师人数做了整体筹划。

第一节 套餐组合解读

江山市中山小学周五微型课程套餐搭配一览表

<table>
<tr><th>年级</th><th colspan="2">语数英拓展类
项目组长
朱玲娟　范光富</th><th>休闲家政
项目组长
徐秀娟</th><th>自然环保
项目组长
姜云燕</th><th>基地服务
项目组长
徐建立</th><th>身心健康
项目组长
毛水菊</th><th>其他拓展类
项目组长
余科敏</th></tr>
<tr><td rowspan="2">一</td><td>综 02A01
唱响
童谣</td><td rowspan="2">综 02D01
智力
七巧板</td><td rowspan="2">综 03B01
生活
小达人</td><td></td><td></td><td></td><td rowspan="8">综 01
01 动画设计与制作
02 模型制作
03 创意实验
04 绘画创想
05 合　唱
06 舞　蹈
07 口风琴
08 男子篮球
09 女子篮球
10 乒乓球 1
11 乒乓球 2
12 田　径
13 武　术
14 艺　术
15 舞蹈 1
16 舞蹈 2
17 葫芦丝
18 吉　他
19 摄　影
20 小交警
21 啦啦操</td></tr>
<tr><td>02 趣味
识字</td><td></td><td></td><td></td></tr>
<tr><td rowspan="2">二</td><td>03 绘本
读创</td><td rowspan="2">02
数独
游戏</td><td rowspan="2">02 巧手
小玩家
（小制作）</td><td></td><td></td><td></td></tr>
<tr><td>04 趣味横
生玩成语</td><td></td><td></td><td></td></tr>
<tr><td rowspan="2">三</td><td>A05 童话
梦工厂</td><td>D03 校园
中的数学</td><td>B03 玩
转魔方</td><td>综 04C01
环境大描绘</td><td>综 05E01
快乐农场
（初级）</td><td>综 06F01
小眼睛
看安全</td></tr>
<tr><td colspan="6">套餐 1ABCD　套餐 2CDEF　套餐 3EFAB　选课走班（每个套餐开 2 个班）</td></tr>
<tr><td rowspan="2">四</td><td>A06 课本
剧大舞台</td><td>D04 数学
大本营</td><td>B04 舌尖
上的享受</td><td>C02 变
废为宝</td><td>E02 快乐
农场（中级）</td><td>F02 小游
戏大氧吧</td></tr>
<tr><td colspan="6">套餐 1ABCD　套餐 2CDEF　套餐 3EFAB　选课走班（每个套餐开 2 个班）</td></tr>
</table>

续 表

年级	语数英拓展类 项目组长 朱玲娟　范光富		休闲家政 项目组长 徐秀娟	自然环保 项目组长 姜云燕	基地服务 项目组长 徐建立	身心健康 项目组长 毛水菊	其他拓展类 项目组长 余科敏
五	A07 中小好舌头	D05 与数学家面对面	B05 恋上十字绣	C03 植物标本	E03 快乐农场 （高级）	F03 小身体 大秘密	
	套餐 1ABCD　套餐 2CDEF　套餐 3EFAB　选课走班（每个套餐开 2 个班）						
六	A08 玩转小古文	D06 数学扑克游戏 综 02G01 中西节日对对碰（英语）					
	A09 非连续性文本						

在上面的一览表中，一、二年级有两个语文学科拓展类微型课程和一个数学拓展类课程，一个休闲家政类课程。这样的设置意在让学生掌握生活技能，在动手过程中提升智慧。六年级也同样，非连续性文本、小古文、数学扑克游戏、中西节日对对碰，以全部的学科拓展类组成，在教学实施上提出要求，比如数学扑克牌其实非常综合，要明晰数学知识，要设计绘图，要设计规则，集数学理解、美术学科、手工制作等一体，锻炼学生的综合能力。非连续性文本除了搜集生活中各类非连续性文本之外，有时候会去商场、车站学习应用非连续性文本，如根据示意图迅速找到安全出口或相关的专柜等。一、二年级在同一幢楼，可以统一安排中间休息 10 分钟，在 30 分钟的课中间，要求安排课中操。

三、四、五年级的套餐搭配如上，最终学校接纳德育处的建议：把走班管理的难度适当下降，把原本的 6 个套餐组合换成了 3 个套餐组合，每个套餐各招两个班。这样，学校三、四、五年级每个楼层原来各四个班，除了被体艺科技校队选走的同学之外，每个楼层最终设 3 个班，可以从 3 个套餐中选择一个套餐组合去参加，即楼上楼下各 3 个套餐选班，每个年级总共还是 6 个套餐组合课程班。国外很多优秀的学校如果资源足够丰富，为了让每个孩子能学到自己喜欢的项目，可以尽情选择，达到一定人数就开班。我们很难做到让每个孩子实现最大的自由选择度，但套餐课程的结果是多样化的。不少孩子特别喜欢其中的一两个微型课程，但去学了之后也可能因为种种原因不是特别喜欢，反倒爱上了原来不是特别喜欢的微型课程。至少目前有此种情况出现，“体艺加科技”校队觉得难上，在技能训练方面上下学期保证了连续性，但孩子们有时也会流露出厌倦情绪。有些孩子表示下个学年一定要去教室里学习组合套餐课程，教室里的微型课程有好几门更有趣。不少体艺校队的老师一方面为了稳定尖子生的兴趣而努力，一方面也准备在自己的 28 课时里进行变化，嵌入更微型的课程以吸引学生。

第二节　套餐组合选课操作流程

当学校“体艺加科技”校队老师们把“招生海报”发到相关的年级班级，并且亲自到各班邀请学科得意门生或爱好者来参加时，学生往往还会与父母商量，经过一番双向选择，一周之内，校队的学员名单公布，反馈给各个班主任。

三至五年级各班，在校队招生结束后，面向剩下的本班学生：下发本年级套餐组合课程选课表给学生选课——8 个班主任根据学生的第一志愿和第二志愿进行统筹调剂——公布本班学生选课结果——正式开班上课。因为套餐组合选课具有的多样性，学生万一没能选上第一志愿在接受调剂的时候往往容易接受，毕竟在四门套餐课程组合里，至少不会出现四门微型课程都是学生坚决拒绝的情况。

一、中山小学三年级周五微型课程套餐选课表

1. 本年级周五微型课程简介

课程编号	课程名称	授课教师	课程简介
02A05	七彩童话剧	周琦玉 毛爱芬	当我们细数童年的欢乐时，总能发现有这样一些身影：白雪公主、丑小鸭、匹诺曹……能和这些经典童话偶像零距离接触，是每个孩子梦寐以求的事情。在这里，我们将被誉为“人类智慧的结晶”的童话剧引进我们的课堂；在这里，我们展示个性与精彩；我们将童话剧以生动活泼的形式展现在大家面前，让学生在快乐演绎中放飞童心……
03B04	玩转魔方	胡玉荣 徐伟华	你想让自己变得更聪明吗？你希望丰富自己的空间想象力吗？你想培养自己的耐力、毅力，增强自己的记忆力吗？那就来“玩转魔方”吧！玩转魔方，能让你的手指更灵活，脑袋瓜更聪明，注意力更集中，能让你变得更自信、更开朗，结识到更多的好朋友！来吧来吧，加入“玩转魔方”吧，让我们一起玩转魔方！
04C01	环境大描绘	周东华 姜云燕	从潺潺的小溪到烟波浩渺的海洋，从繁密的树木到一望无垠的草原，从广袤的土地到雄伟壮丽的山川，从北京的故宫到迪拜的风中烛火大厦……带你一路领略鬼斧神工般的美妙。面对土地沙化、森林锐减、水土流失、海洋污染……环境的变化又让你不能沉默。那么孩子，赶快报名吧，挥起手中的画笔，来个“环境大描绘”！
02D03	校园中的数学	范光富 严子新	小朋友，当你站在学校操场时，你知道学校的食堂在哪个方向吗？当你看到校园内彩旗飘飘时，你想过这里有数学问题吗？你想知道篮球场的一周有多长吗，想不想用你的脚亲自测量一下？不要犹豫，请赶快报名，让我们一起来研究“校园中的数学”吧！

续 表

课程编号	课程名称	授课教师	课程简介
05E01	快乐农场（初级）	徐建立 祝惠慧	令人着迷的"快乐农场"开始招募小小农场主啦！在这里，你的农场你做主！你可以在自己农场里开垦土地，种植各种蔬菜与瓜果，亲身体验从种子到果实的整个成长过程，感受"作物养成"带来的乐趣。小小农场主们，赶快到"快乐农场"，认领一块属于自己的有机无公害土地吧！
06F01	小眼睛看安全	毛水菊 毛志勇	同学们，你想学到识破坏人骗术的本领吗？你想知道溺水后怎么急救吗？你想知道如何防止火灾的发生吗？你想学到意外受伤后的救护本领吗？你想做一个健康快乐的自己吗？那就请加入我们的社团吧，我们将带你在游戏中畅游，在活动中实践，在表演中体验，让你收获多多，快乐多多。

2. 本年级周五微型课程选课说明

对上面介绍的6门微型课程进行套餐设计，每4门课程组成一个套餐。选择一个套餐，一学年就可以享受4门微型课程的学习。本学年将设计3个套餐，每个套餐开设2个班，课程组合见下表：

套餐名称	课程构成	学习场所	招收人数
套餐1	ABCD	三(1)教室　三(5)教室	40×2
套餐2	CDEF	三(2)教室　三(6)教室	40×2
套餐3	EFAB	三(3)教室　三(7)教室	40×2

3. 根据开课说明，希望你与家人协商，确定选课意向，学校将尽可能尊重你的意愿，在人数不均的情况下可能会做一些小调整

学生姓名__________　班级__________

第一意向：套餐（　　）第二意向：套餐（　　）家长签名：__________

二、中山小学四年级周五微型课程套餐选课表

1. 本年级周五微型课程简介

课程编号	课程名称	授课教师	课程简介
02A06	课本剧大舞台	毛晓霞 姜飞燕	从白雪公主到“之乎者也”，从中外名著到自编自导，原来名著也会说话，课本也会唱歌。在这里，我们让课本中的人物粉墨登场，不管是相隔万里，还是跨越千年；在这里，我们集情感、智慧于一瞬，展示个性与精彩……来吧，亲爱的同学们，让我们向大家展示一个个妙趣横生的故事，让我们用自己稚嫩而真诚的表演装点我们的童年！
03B06	舌尖上的享受	姜兰芳 徐秀娟	指尖上的奇迹，舌尖上的享受！白胖胖的馒头，香喷喷的饺子，美滋滋的粽子……传统面食，家乡小吃，尽在你手中玩转，那份美味定让你久久回味。还等什么呢？亲爱的同学们，让我们一起去探寻“吃货”的秘密吧——欢迎加入“舌尖上的享受”体验课程！
04C02	变废为宝	陈何军 吴拥军	你能点石成金吗？你能变废为宝吗？你能化腐朽为神奇吗？如果你希望有这种能力，就加入我们吧！寻找蕴藏在废物中的有用成分或其他功能，以开发利用为途径，让废物获得新的生机！来，让我们一起变废为宝吧！
02D04	数学大本营	王　燕 谢杨慧	同学们，数字 0—9 你们一定认识吧！但是你能用它来编码，成为解开奥妙的神探柯南吗？你知道很多诗歌中都有数字，而且诗歌中还有数学问题吗？欢迎你到数学大本营来探索奥秘。这里不仅有美妙的数学诗歌，还有数学谜语猜猜猜、数学对联、数学故事、数学童话串串烧哦！还犹豫什么呢？数学大本营张开双臂欢迎你！
05E02	快乐农场（中级）	廖小荣 朱小琦	令人着迷的“快乐农场”开始招募小小农场主啦！在这你就是一个小小农场主，可以在自己农场里开垦土地，种植各种蔬菜、瓜果，亲身体验从种子到果实的整个成长过程，感受“作物养成”带来的乐趣。小小农场主们，赶快到“快乐农场”，认领一块属于自己的有机无公害土地吧！
06F02	小游戏大氧吧	柴李萍 蒋丽霞	这是一门神奇的课程！“盲人”取球，绳子打结，圆球传递，骑马比慢，让你天天游戏，眼前一亮；才能测试，自我挑战，联想重组，谐音歌唱，令你信心倍增，记忆力猛涨；思维变换，拼图尝试，众人划桨，同舟共济，让你高效合作，不同凡响；角色扮演，情景再现，书包反背，亲情测量，教你学会感恩，顺畅沟通。来吧，给心情放个假，给心灵安个家。让我们一起分享心灵家园的阳光，共同感受心理健康的快乐！

2. 本年级周五微型课程选课说明

对上面介绍的6门微型课程进行套餐设计，每4门课程组成一个套餐。选择一个套餐，一学年就可以享受4门微型课程的学习。本学年将设计3个套餐，每个套餐开设2个班，课程组合见下表：

套餐名称	课程构成	学习场所	招收人数
套餐1	ABCD	四(1)教室　四(5)教室	40×2
套餐2	CDEF	四(2)教室　四(6)教室	40×2
套餐3	EFAB	四(3)教室　四(7)教室	40×2

3. 根据开课说明，希望你与家人协商，确定选课意向，学校将尽可能尊重你的意愿，在人数不均的情况下可能会做一些小调整

学生姓名＿＿＿＿＿＿＿＿　班级＿＿＿＿＿＿＿＿

第一意向：套餐（　　）　第二意向：套餐（　　）　家长签名：＿＿＿＿＿＿＿＿

三、中山小学五年级周五微型课程套餐选课表

1. 本年级周五微型课程简介

课程编号	课程名称	授课教师	课程简介
02A07	中小好舌头	朱玲娟 陆俊勋	好消息，好消息！“超级演说家”的大舞台搬到我们学校来了！你想成为中小最会说话的人吗？你想让自己的舌头像华少一样听话吗？不要犹豫，赶快来“中小好舌头”。在这里，有熟悉的同学陪你练，有宽松的环境供你学习，有广阔的平台给你施展。来吧，放开胆，说出口，秀出最自信的你！
03B08	生活小能人	周　芬 周金荣	在生活中我们会遇到各种各样的生活难题：衣服上沾上了难以去除的污渍；地板上又不小心洒上了难以清洗的油渍；一不留神钥匙又反锁在屋内；摔倒了，磕伤了，流血了……也许你会愁眉不展，无计可施。不如到“生活小能人”课堂来学些处理生活难题的小窍门，到时一定能派上用场的！
04C03	植物标本制作	张丽平 刘　琼	花开花落，叶繁叶枯，热爱大自然的你可曾发现藏在叶子里的秘密？它们形态各异，艳丽多彩……想留住这份独特的美丽吗？那么，请跟着我走出教室，投入校园的怀抱，寻找缤纷多彩的树叶，探寻大自然的奥秘。让我们动起手来，把一张张独特的树叶制作成精美的标本和书签。孩子们，让我们一起投入这留住美丽的行动吧！

续 表

课程编号	课程名称	授课教师	课程简介
02D05	与“数学家”面对面	陈小霞 王云凤	亲爱的同学们，听说过陈景润这个名字吗？听说过数学王国中的难题“哥德巴赫猜想”吗？大家对欧拉可能并不陌生吧？那么关于“小欧拉智改羊圈”的故事你熟悉吗？你肯定想了解数学家的一生，影片《美丽心灵》将带着你走进数学家约翰·纳什的生活……来，与数学家面对面，让我们一起分享数学家的有趣故事和伟大发现吧！
05E03	快乐农场	沈丽萍 徐建青	令人着迷的“快乐农场”开始招募小小农场主啦！在这你就是一个小小农场主，可以在自己农场里开垦土地，种植各种蔬菜、瓜果，亲身体验从种子到果实的整个成长过程，感受“作物养成”带来的乐趣。小小农场主们，赶快到“快乐农场”，认领一块属于自己的有机无公害土地吧！
06F03	小身体大秘密	林　燕 毛香芬	你想知道身体穴位的秘密吗？ 你想成为小小按摩师吗？ 你想知道垃圾食品是怎么来的吗？ 那就请来这儿吧，它将带你在游戏中畅游，在活动中实践，在表演中体验。心动不如行动，名额有限，有惊喜等着你噢！

2. 本年级周五微型课程选课说明

对上面介绍的6门微型课程进行套餐设计，每4门课程组成一个套餐。选择一个套餐，一学年就可以享受4门微型课程的学习。本学年将设计3个套餐，每个套餐开设2个班，课程组合见下表：

套餐名称	课程构成	学习场所	招收人数
套餐1	ABCD	五(1)教室　五(5)教室	40×2
套餐2	CDEF	五(2)教室　五(6)教室	40×2
套餐3	EFAB	五(3)教室　五(7)教室	40×2

3. 根据开课说明，希望你与家人协商，确定选课意向，学校将尽可能尊重你的意愿，在人数不均的情况下可能会做一些小调整

学生姓名＿＿＿＿＿＿＿＿　班级＿＿＿＿＿＿＿＿

第一意向：套餐(　　)　第二意向：套餐(　　)　家长签名：＿＿＿＿＿＿＿＿

一、二、六年级不选课，但同样向学生及家长预告周五课程。课程简介列举如下：

四、中山小学一年级周五微型课程简介

课程编号	课程名称	授课教师	课程简介
02A01	唱响童谣	周爱萍 姜慧芳 毛江文 凌达贝妮	童谣是一列长长的火车，上面坐着小猫、小狗、蝈蝈……童谣是圣诞老人的布袋，里面藏着笛子、糖果、布娃娃……童谣是一枝魔杖，点亮了我们七彩斑斓的童话世界，也让我们在快乐中学习做人的道理。让我牵着你的小手，一起唱响快乐的童谣，一起创编活泼明快的童谣，让美好的童谣伴着我们走过美好的童年！
02A02	趣味识字	徐伟娟 姜美琪 徐水芳 毛玲燕	你想认识更多的汉字，自由自在地遨游书海吗？轻松愉快地游戏，畅快淋漓地猜谜，别具匠心地 DIY……正等着你来体验呢。来“趣味识字”王国吧！在这里，你会发现：一个字就是一个故事，一个字就是一幅画，一个字就是一个谜，一个字就是一个生命。还在犹豫什么呢，赶快行动吧！
03B01	生活小达人	戴良仙 徐彩萍 吴　菲 童水燕	“小喜鹊，盖新房，小蜜蜂，采蜜糖，幸福的生活哪里来？要靠劳动来创造！”小朋友们，小小手儿动起来，跟着老师一起来，自己的事情自己做，热爱劳动最光荣；敬长辈，懂礼貌，家爱我，我爱校，好孩子，人人夸！加入我们吧，让我们一起争做生活小达人！
02D01	数学智力游戏	朱柳英 刘　莉 金江爱 毛秋芬	你认识七巧板吗？七巧板可以拼成花草树木，可以拼成狐狸、小狗等各种动物，还可以拼成飞机、坦克、游艇，可以拼成三角形、平行四边形……小小七巧板，变化千千万，玩中学，学中玩。来吧，七巧板会带给你不一样的世界！来吧，下一个七巧板大玩家就是你！

五、中山小学二年级周五微型课程简介

课程编号	课程名称	授课教师	课程简介
综 02A03	绘本读创	王向伟 祝小慧 毛海眯 虞贤慧	宝贝，让我轻轻拉着你的小手，一起推开绘本世界的大门：哇！童稚的图画，诗意中透着幽默的温情语言，别具匠心的故事创意……等待你的是一次又一次发现的惊喜。我们一边享受绘本阅读的快乐，一边启动你无敌的想象力，过一把小作家的隐，一本本由你创作的全新绘本即将横空出世……还等什么，我们一起出发吧！
综 02A04	妙趣横生玩成语	赵建仙 郑群燕 徐　倩 龚　燕	小朋友们，假如你走进这个神奇的世界，你将会和嫦娥一起去奔月，与精卫一同来填海，上天入海的同时又让你想象无敌；你可以坐上时空穿梭机，回古代看看滥竽充数的南郭先生、拔苗助长的农夫，开怀一笑的同时又让你受益匪浅……它就是妙趣横生的成语世界。快来听听、演演、猜猜、算算，等你来玩转成语世界噢！

续 表

课程编号	课程名称	授课教师	课程简介
综 02D02	数学智力游戏	毛玉燕 莫 婉 吴荷仙 姜 娟	数独，是一种以数字为表现形式，集益智、休闲于一体的脑力游戏。它，规则简单、容易理解，却因数字排列方式的不同而变幻莫测。它，威力无穷，既能够培养你的观察能力，也能全面锻炼你的逻辑思维能力和推理判断能力。亲爱的孩子，如果你想拥有一个“最强大脑”，那就加入我们“快乐数独一二一”的队伍吧！
综 03B02	巧手小玩家（小制作）	郑鸣远 姜玲敏 毛敏慧 邱佳瑜	亲爱的孩子们，纸板、水瓶等易找的弃物可以变成我们喜欢的东西吗？能，肯定能！老师来帮助你，简单的材料和工具，我们一起让它们变成美丽的作品。来，让废弃物开始变变变……让我们享受无穷乐趣！

六、中山小学六年级周五微型课程简介

课程编号	课程名称	授课教师	课程简介
02A08	玩转小古文	邱云燕 杨苏娟 李 真 徐金芳	你喜欢那些短短的、浅浅的，读起来很好玩，有意思的文言故事吗？杨氏之子的对答如流，司马光砸缸的机智大胆，郑人买履的迂腐死板……读读、想想、演演、猜猜，你会发现很多有趣的语言现象，感受到汉语言的优雅和精妙。这些经典篇章，读起来朗朗上口，说起来有板有眼，演起来意犹未尽，你会捧腹大笑，你会轻语沉吟，你会获得最纯正的语言启蒙，打下一生受用的中国文化的底子。
02A09	非连续性文本阅读	王 飞 毛小琴 叶小娟 陆慧琴	生活中你一定见过数据表格、图表和曲线图、图解文字、凭证单、说明书、广告、地图、清单、时刻表、目录，对不对？它们有个共同的名字：非连续性文本。它们有什么用？我们会用吗？读懂它们，我们才能做一个现代公民哦。来吧，我们一起来研究他们，发现其中的秘密，做出正确的分析判断。
02D06	数学扑克游戏	徐 忠 鲁水花 毛善英 刘水荷	亲爱的同学们，上课还能打扑克？对，你没看错！今天，这个机会来了！打“数学扑克”是同学们最喜欢的新型游戏，它以分数、小数、百分数、折扣四种形式呈现，每张牌的大小在 0 至 1 之间。让你一边尽情享受打牌乐趣，一边迅速提高数学能力。还等什么呢，期待你的加盟，游戏有你更精彩！忠哥恭候各位大驾光临！
02G01	中西节日对对碰	王 燕 郑玉珍 邵文爱 姜飞霞	你想知道国外的小朋友是怎么过节的吗？都有什么好吃好玩的呢？节日趣味多，看看卡通唱唱歌，玩玩游戏动动手，做做卡片写一写，你嗨我嗨热情高，中外节日趣味多，小学英语真容易！享受，体验，应用，敢说，能说，乐说；有参与就有快乐，有快乐就有收获，有收获才有超越！

第三节 以年级为主体的排课管理

不同类的微型课程在同一个年级实施，由本年级的年级组长来协调6门课程12位教师的排课，一、二、六年级允许实际情况有需要的时候上下学期有区别。每个年级，每个套餐的学员组成的班级，一个学年有四门微型课程，上下学期各两门微型课程，一前一后，保证一个主题7课时的连续性。对于教师来说，合作开发一门微型课程的两位老师，各自都会上个学期在这个套餐组合里上7课时，下个学期到另一个套餐组合里上7课时。

具体排课及走班样式三至五年级相同，以四年级为例：

四年级周五下午（套餐组合）微型课程安排表

班级（教室）	第一学期上（课程名称 授课教师）	第一学期下（课程名称 授课教师）	第二学期上（课程名称 授课教师）	第二学期下（课程名称 授课教师）
四(1) 套餐1	03B04 舌尖上的享受 姜兰芳	02A06 课本剧大舞台 毛晓霞	04C02 变废为宝 陈何军	02D04 数学大本营 王燕
四(2) 套餐2	02D04 数学大本营 王燕	04C02 变废为宝 陈何军	05E02 快乐农场（中级） 廖小荣	06F02 小游戏 大氧吧 柴李萍
四(3) 套餐3	05E02 快乐农场（中级） 廖小荣	06F02 小游戏 大氧吧 柴李萍	02A06 课本剧大舞台 毛晓霞	03B04 舌尖上的享受 姜兰芳
四(5) 套餐1	03B04 舌尖上的享受 徐秀娟	02A06 课本剧大舞台 姜飞燕	04C02 变废为宝 吴拥军	02D04 数学大本营 谢杨慧
四(6) 套餐2	02D04 数学大本营 谢杨慧	04C02 变废为宝 吴拥军	05E02 快乐农场（中级） 朱晓琦	06F02 小游戏 大氧吧 蒋丽霞
四(7) 套餐3	06F02 小游戏 大氧吧 蒋丽霞	05E02 快乐农场（中级） 朱晓琦	02A06 课本剧大舞台 姜飞燕	03B04 舌尖上的享受 徐秀娟

在学校微型课程的实施中，教学是展开，管理是保障。学校微型课程的运行需要合理的分工。德育处在开班之前会进行全校层面的“文明走班中小人”的倡议，也会举行班主任会议，要求对学生到别班室上课进行行为习惯教育。学校行政层面教导处安排专人在周五下午对各班进行点名，在结束后搜集各班班主任的反馈

情况。在微型课程的班级管理层面，学校要求：三、四、五年级的组合套餐里选班组成的班级，一定要统筹管理好这个班级，有一套相对稳定的班长或副班长值日机制，有比较一致的分组，或四人小组或六人小组。在具体活动中如果人手不够，要积极尝试聘请家长义工来帮助教学组织的管理。

一年下来，因为微型课程开发重视学生的兴趣点重视动手体验，颇受学生的欢迎，学生对周五下午微型课程的期待感甚为强烈，这在一定程度上使走班选课管理得以顺畅进行。微型课程实施中学生名单表设计如下：

项目组别＿＿＿＿＿＿　　课程序列号＿＿＿＿＿＿

授课教师：＿＿＿＿＿＿　上课地点＿＿＿＿＿＿　学生人数＿＿＿＿＿＿

＿＿＿＿＿＿（课程名称）微型课程学生名单

小组	姓名及来自班级		1	2	3	4	5	6	7	备注
	01									
	02									
	03									
	04									
	05									
	06									
	07									
	08									
	09									
	10									

说明：1. 此份名单同时兼作点名或情况记录表，如果有学生课上表现优秀，记录下来也可代点名（如学生的一句精彩发言或一张制作照片等）。　2. 三至五年级组合后的班级可以由组合套餐的老师共同来安排特别班长、副班长或科代表，可以考虑安排过程摄影记者、海报设计者、成果展示 PPT 制作者等；一、二、六年级若需要也可以这样做。此处小组以 4 人小组为例，具体人数根据教学需要而定。

第五章 学校微型课程开发与实施的动态跟进

管理评价，动态跟进。

第一节 校本课程开发实施管理评价存在的问题

一、校本课程开发管理评价众生相

相对于当前蓬勃开展的校本课程开发而言，其开发管理评价处于相对滞后的状态。多年来理论上的一些探索，提供的只是一些教条的宏观的管理样式，缺乏鲜活的操作经验。

1. 对校本课程管理评价重视不够

大多数学校都成立了校本课程开发领导小组，但存在形式化倾向，没有履行课程开发职责，校本课程没有进入实质性开发，当然也就谈不上真正的管理。也不排除一些学校在课程开发过程中持有功利思想，以及迫于形势被动开发，只是装装门面而已。

2. 对校本课程缺乏系统性管理评价

校本课程开发是一项庞大的系统工程。学校限于人力，当前比较重视课程开发项目的申报与课程纲要的撰写。课程纲要审核过关，便以为课程已创生，有所谓的成果可以拿给人家看了。另外比较重视课程开发的结果，结果指所谓的教材之类显性的纸质化的成果。如此，再无力、无暇，也不想兼顾其他。课程开发管理过程的“缺失”，很自然使广大开发教师在课程开发中只顾两头，轻视中间过程。

3. 对校本课程管理评价缺乏经验

校本课程管理评价基本套用课程的管理评价，没有考虑到校本课程自身的特点及参与管理的人员素质要求，实用经验缺乏。

4. 校本课程管理简单化倾向

校本课程开发周期相对于学校的其他事务来说比较长，等到秋后算总账，可能一年的开发时间已经浪费了，这种结果管理、终端管理，由于时间间隔跨度长，到最后即使发现问题也已于事无补。

二、校本课程开发管理评价存在问题原因分析

1. 校本课程价值定位偏离

过度依赖国家课程与地方课程，把校本课程当作可有可无的门面装饰，那么校本课程管理评价也就无所谓了。

2. 管理能力发展跟不上时代要求

课程开发一直被教师认为是“自留地”之外的事情。师范教育也没有这方面的专业培训，教师的专业成长一直重视教学的基本功培养，“怎样教好”才是王道。缺少课程研发能力发展的实践现场。校本课程管理能力因为管理对象的缺失当然不可能无中生成。管理素质低下是管理不善的主要原因。

3. 学校顶层设计不够

校本课程开发缺少顶层设计，整个流程中最容易被遗忘的环节就是课程的管理评价。

4. 校本课程管理评价内容不清

校本课程开发的浅层化、开发内容的窄化、开发环节的遗漏等导致管理评价内容不清晰、不健全、无序列。

凡此种种，我们不能都说是“管理”惹的祸。但对校本课程开发实施过程管理的不到位的确已经影响到校本课程开发的健康发展，影响到校本课程开发应有功能的发挥，更不必说让其功能最大化了。

总之，学校课程管理存在的缺陷，不足以支持微型课程的开发。而且，全校性的微型课程整体联动开发尚不成熟，目前属于创新性的探索阶段，对它的管理不仅要克服校本课程开发的共性问题，还要妥善处理自身突出的问题。因此，我们有理由对微型课程的管理评价给予足够的重视。

第二节　微型课程开发实施管理评价的动态跟进

全校性的微型课程开发管理贯穿微型课程开发、实施、评价的全过程，是微型课程品质的重要保障。

一、动态跟进管理评价的基础

全校性的教师全员参与的微型课程开发，包括项目开发和套餐实施，为了建构与之相匹配的管理评价体系，运用了动态跟进的管理评价方式。

(一)设置层级管理制度

第一层次，学校课程开发领导小组在整个学校层面进行管理。管理重点包括全校性微型课程开发的顶层设计、项目开发组的设置与操作、每个微型课程开发与实施、微型课程套餐编排与选课、课程开发进度等。

第二层次，项目开发组管理在整个项目开发层面进行管理。管理重点包括项目组内成员的团队协作、开发内容的划分与调整、微型课程主题的设计与确定，明确适合本项目开发课程的目标、评价、主要实施方式等，项目组各个微型课程的开发进展。

第三层次，教师个人开发管理。每个微型课程就是一个独立的项目开发组，由两位教师负责开发和实施。管理重点包括课程纲要的撰写、课程活动设计、对学生学习效果评价、开发进度、微型课程开发实施的修整与完善。

全校性的微型课程开发管理评价就依据以上三个层次立体化展开，这是最根本的制度保障。当然，我们也不排除社会、家长与学生参与管理评价。

(二)确立动态管理评价的价值取向

微型课程是以学校和教师为主体开发的课程，是学校依据本身的办学理念和教育理想自主开发的课程。这就决定了微型课程管理是以学校自主管理为主的管理。同时，微型课程评价必然更多的是一种学校内部的评价。

“为每个孩子设计课程”是我们全校性微型课程开发的核心理念。这一理念是基于学校全力倡导推进的学生主动发展教育形成的。学生主动发展教育从最初的三大板块设计，三大模式建构，即学生课堂自主探究模式、学生校内自主管理模式、学生课外自主拓展模式，重点探索活动方式、教学方式的转型，到今天的着力于课程层次的变革，这是深度实施学生主动发展教育的体现。因为课程才是教育的“心脏”，触及课程的变革才是学校教育变革的关键。“为每个孩子设计课程”让学生有差异地主动发展真正成为可能。这一核心开发理念决定了课程的最终价值是人文关怀，是为了学生更好的发展。这一价值取向也必须成为微型课程管理评价的坐标。这种价值取向的确立，意味着微型课程开发从少数学生的专利(如最初的所谓体艺特长类)走向全体学生的普享；意味着课程设计从关注群体共性走向追求个体差异。如果微型课程开发只照顾到少数精英群体，就不能真正满足全体学生的需要。全校性的微型课程从五个维度开发设计，就是真正面向全体学生的需要，同时也突破了微型课程原来只是作为拓展学生知识面或提高学科成绩的补充的定位局限。全校性开发的微型课程与国家课程、地方课程一起有机构成了学校的课程体系，促进学生发展的作用并无二致。但要去除校本课程作为国家课程、地方课程的附庸印象，提高微型课程开发品质是根本出路。由此，与多维设计、项目开发、套餐实施相匹配的动态管理评价便呼之欲出了。

(三)管理时段划分与管理点的设置

厘清微型课程开发过程管理的主要管理内容。微型课程开发实施过程时间长,只有合理划分时段,并在每个时段设置清晰的管理点位,才能让管理评价更有效。我们进行的全校性微型课程开发,以三年为一个开发周期,就是说三年内教师负责一个微型课程的开发与实施保持不变。如果不划分管理时段,很难做到管理到位。课程开发一般要素包括:需求评估、课程目标、课程内容、课程实施和课程评价。这也是课程开发过程中需要主要解决的问题。微型课程开发不管采取什么模式,其流程基本围绕这些要素展开。依据这些要素展开的基本流程并结合三年开发周期的设定,可划分如下时段进行管理:微型课程开发申请——微型课程开发设计——微型课程开发实施——微型课程开发完善。

每个时段的工作纷繁复杂,设置哪些管理点位呢?根据我们的管理实践,每个管理时段拟设置两个管理点。根据现有条件与利于抓实"实施",设置阶段性成果和阶段性活动资料两个管理点。设置这样两个管理点,旨在保证微型课程开发实施过程的真实开展和开发方向的准确性,体现微型课程开发的草根化的行动研究。开发过程即使出现偏差,也能及时调整。

各阶段的管理内容设置与操作见下表:

管理时段		管理点位		备注
		阶段成果	开发资料	
课程开发设计阶段	课程开发申报	课程开发申报表	前期准备活动图片、视频等	
	需求论证	调查问卷、访谈提纲等	调查报告(结果分析)	调查情况、活动图片、视频等
	课程纲要撰写	课程纲要文本	资料查阅、体会等	
课程开发实施阶段	活动设计	初稿(含学生学习单)		保证设计的原创
	活动设计实施	活动设计与实施反思案例	活动音像资料、听评课记录、学生作品、访谈	
	活动再设计与实施	活动设计与实施反思案例	活动音像资料、听评课记录、学生作品、访谈	对前期活动设计与实施的超越与提升

续 表

管理时段		管理点位		备注
		阶段成果	开发资料	
课程开发完善阶段	课程纲要修正版	需求分析	前后稿对比	
		课程目标		
		课程内容		
		课程实施		
		课程评价		
	活动设计完善版	完整稿，设计内容无遗漏	活动设计单中“设计微调”栏目有调整说明、调整具体内容等记录	
	课程开发整体反思	课时目标与课程目标的一致性	活动照片、案例	重点反思目标、内容、实施与评价主要环节之间的内在一致性
		课时内容分解的合理性		
		课程评价的过程性和发展性		
		课程实施的操作性、体验性、实践性、活动性倾向是否明显		

二、动态跟进管理评价的优化策略

根据管理时段划分与管理点位的设置，采取如下管理措施与策略。

(一)动态管理的优化策略

1.积分制管理：对微型课程开发实施过程的主要内容和重要环节按比例设定分值，根据完成的程度给予计分，即时呈现。也就是说微型课程开发过程直接影响到最终的获奖等级。

2.分时段管理：根据微型课程开发实施过程，合理划分时段，按时段进行管理，限定管理时长，每个时段进行独立管理，独立设置分值。做到步步为营。

3.档案资料的实体分类管理：“以档案形成的领域范畴为标准分类”。

4.即时更新反馈管理：充分发挥项目组管理优势，即时显现评价结果。

(二)动态评价的优化策略

校本课程评价作为校本课程开发的一个重要环节，如若不能深入到实践层面，校本课程的开发也就无法顺利进行。校本课程评价作为贯穿校本课程开发的重要环节,既是保证校本课程顺利开发的条件,也是提高校本课程开发质量的关键。但是,校本课程本身具有的开放性、生成性特点,增加了实践中实施评价的难度。全校性开发的微型课程,其复杂性更使得评价难度大大增加。在微型课程开发过程中,我们倡导的主要是以学校和教师为主的自我评价。评价分三个层次进行,即学校层面进行的评价,项目开发组层面的评价,教师开发个体层面的评价。通过微型课程开发评价,我们追求的是自我完善、自我提高、自我发展,"为每个孩子设计课程"的核心理念和由此衍生出来的这种价值取向,结合动态管理很自然地让我们采取以下主要评价方式。

1.过程性评价

微型课程的开发不是一次性完成的,是一个不断完善逐渐推进的过程,特别是我们坚守三年保持不变,两位教师负责开发完善一个微型课程的信诺。因此,微型课程评价相应的也是发展变化的,注重过程性的。过程性评价采取目标与过程并重的价值取向,是对微型课程开发的动机、过程和效果的三位一体的评价。

问题是微型课程是教师开发并实施的,受教师个体开发水平和意识的影响。教师对微型课程的评价往往只是阶段性的,评价内容也会有所疏漏,不是把评价贯穿于微型课程开发实施的全过程。因此,要让教师确立全程性的评价,也需要进行过程性评价。

2.发展性评价

发展性评价指的是在发展的整个过程中进行的,旨在促进被评价者不断发展的评价。发展性评价强调评价的目的是促进发展,着眼未来。突出评价的激励和调控功能,促进学生、教师、学校的不断发展。既然微型课程开发评价是学校内部的评价,学校进行课程评价的主要目的是进行课程诊断,其评价动力是自身完善的需要。通过评价来发现微型课程开发实施过程中的不足,为新一轮的开发实施提供借鉴。

发展性评价的功能主要体现在两个方面:对微型课程自身的促进作用和对微型课程的开发主体教师的促进作用。评价本质上是一种心理建构过程。评价要破除评价者与评价对象之间的对立关系,是促进评价者和评价对象双方交互作用、共同建构、统一观点的过程。评价结论是其交互作用的产物。

3.反思性评价

微型课程开发,学校和教师是开发主体,同时也是课程评价的主体。这样的评价自然带有反思的成分,因为它主要是促进工作的改进和课程产品品质的提升,而不是下个结论,做个总结评价。

反思性评价的内容涉及三个方面:一是微型课程本身,思考的主要内容是分析、评价微型课程实施效果以及影响课程实施的因素；二是学生的发展，关注学生兴趣的满足、知识的获得和各种能力的发展；三是教师自身的发展，关注教师自身的专业素质的提高。反思性评价，无论是在学校层面、项目组层面还是在教师个人层面，都有助于主动地从自身实践和自身经验中学到知识。

以这三种评价为主的评价贯穿微型课程开发的全过程。参看下列表格，探讨与微型课程开发实施各阶段的管理相对应的评价。

评价实施阶段	评价目的	评价内容与标准	评价方法	评价主体
微型课程开发申报	微型课程开发的价值认定	开发需求分析清晰性	书面鉴定 二层审议制	(1)项目开发组 (2)学校课程开发专家组
		开发价值的多元性		
		开发条件的支持性		
微型课程开发设计	促进学校和教师弄清楚微型课程开发背景，做好课程开发的需求分析，撰写课程开发方案，完成课程纲要	微型课程开发必要性和可行性分析	问卷调查访谈 书面鉴定 反思性评价	(1)个人 (2)项目开发组 (3)学校课程开发专家组
		设计微型课程的目标		
		设计微型课程的内容		
		课程纲要的撰写		
微型课程开发实施	掌握开发过程的进展情况和实施程度，及时发现微型课程开发实施中的问题，以便调整，保障开发进展顺利	开发进展情况	汇报、访谈、观察	(1)个人 (2)项目开发组 (3)学校课程开发专家组
		问题发现及整改		
		课程方案调整		
		开发环节完整性		
微型课程开发完善	了解成效、考察目标达成度、明确经验与教训，为后续开发提供借鉴	目标达成度	访谈、档案袋记录	(1)个人 (2)项目开发组 (3)学校课程开发专家组
		开发成效		
		经验教训		

我们只是对微型课程开发实施过程的动态跟进管理评价做了初步的探索，目的是想探索与微型课程多维设计、项目开发、套餐实施更匹配的评价体系，后续我们将做更深入的探索。

下篇

学校微型课程开发与实施的典型实例

实例集萃，自由点击，总有一个适合你。

第一章　学科拓展类微型课程

第一节　语文学科拓展类微型课程

语文学科拓展类微型课程，学习场景和知识呈现方式大“变脸”，带给学生完全不一样的感受。玩成语，玩古文，编课本剧，辩论赛；读读、画画、演演；在玩中学、在合作中学，其乐无穷，收获多多。

一、开发概况

（一）开发背景

长期以来，语文课程资源结构单一，教师对教材过分依赖，这严重影响了教师创造性的发挥与学生语文素养的提高。《语文课程标准（2011 年版）》指出：“教师应创造性地理解和使用教材，积极开发课程资源，沟通与其他学科之间的联系，沟通与生活的联系，扩大学生语文学习的视野，提高学生学习运用语文的积极性，从而丰富语文课程的内涵。”在这一理念的指引之下，语文教学向课外拓展延伸已经成为课堂教学的常态。但由于没有明确的教材与教参，教师在拓展的过程中往往比较随意，过程没有系统性。如何根据课标的语文培养要求在每个学段有目的、有步骤地开拓一些内容，让孩子们学有所得？

语文拓展类微型课程从人与学科的关系维度出发设计，是一种以主题或知识模块为特征而组织起来的、相对独立但又与整个语文学习有着极大关联的小规模课程。它基于学校语文教学资源、语文教师自身基础与能力、学生语文学习的实际需求与兴趣，既可以课堂教学的方式进行，也可以专题讲座、课题研究、自主学习、学科活动的形式进行，其目的是充当“课程补丁”和“能力补丁”，成为为学生“量身打造”的个性化课程，从而打通书本世界与生活世界，使整个课程体系更丰富，更灵活，促进学生语文素养的提高。

（二）开发目标

1. 积极开发拓展类微型课程，通过几轮实施，形成一批符合语文培养目标，受学生欢迎的语文学科拓展类精品课程。

2.通过一系列语文实践活动，培养学生学习语文的兴趣，增加学生的语言积累，培养学生丰富的想象力，提升学生的理解与表达能力，提高语文综合素养。

3.培养学生的合作意识与实践能力，发展学生的个性和特长，引导学生不断发现自己，体验语文学习的快乐。

4.引导学生用纯净的心灵去感受世界的真、善、美，通过微型课程的学习，欣赏美，创造美，形成正确的价值观和积极的人生态度。

(三)开发内容

个案序号	课程名称	课程内容简介
1	唱响童谣	引领孩子们进行儿歌童谣的欣赏与创作，并围绕儿歌童谣的欣赏与创作，开展童谣诵读、收集、赏析、传唱等一系列活动。
2	趣味识字	收集生活中的常用字，通过猜谜、游戏、分类、DIY等方式让学生更好更快地掌握识字的方法，提高识字的能力。
3	绘本读创	以绘本阅读为基点，通过师生共同细读绘本，探索绘本奥秘；小组合作读绘本，体验合作的乐趣；学生自主阅读绘本，享受阅读的快乐；自由创作绘本，体悟成功的快乐。
4	妙趣横生玩成语	1.学习来自神话传说、寓言故事、历史故事的成语。 2.学习含动物名称的成语、含人体名称的成语、含数字的成语、含颜色的成语、关于四季的成语。 3.学习ABAC、AABC等结构的成语，含比喻、夸张等手法的成语，最有趣的成语。 4.通过玩一玩成语游戏，讲一讲成语故事，用一用成语来巩固所学并指导如何学以致用。
5	七彩童话剧	1.观摩欣赏：精选一个童话剧视频供学生观摩欣赏，感受童话剧的特点，了解童话剧特殊的表演形式。 2.模仿表演：提供给学生所观摩的童话剧剧本，组织学生分组，确定角色，揣摩剧本中人物的动作、神态等。指导表演，进一步体会童话剧的表现形式。 3.自主表演：教师提供多个童话剧本供学生自主选择，自主讨论，角色选定，自由组合，分组排练，组织展演。
6	课本剧大舞台	1.内容再现式：以课文内容为依托，把课文的叙述和描写作为表演的根据，通过表演再现文中的人、事的本来面目。教学中，教师要求学生演一演课文内容。表演时，学生除了直接引用课文中的对话外，还需揣摩课文中人物的动作、神态等并将其表演出来。由于学生个性的差异，不同的学生会有不同的理解与表达。这保证了学生的自主性和创造性的发挥。 2.拓展延伸式：根据课文提供的情境进行拓展延伸，想象事物发展的逻辑结果，并用表演的形式加以表现。在拓展延伸式课本剧教学中，学生需要根据课文内容进行拓展延伸，亲自设计故事情节的发展、人物语言、动作、神态等。这有利于学生展现自我和培养创造力。

续 表

个案序号	课程名称	课程内容简介
7	中小好舌头	绕口令趣味竞赛激发学生“说”的兴趣；观看经典辩论视频感受“说”带来的精彩，明白“说”的要领；围绕一个观点通过具体事例或事实说清楚，学习有重点有条理地说；自如地综合运用各项技能，筛选各种信息为我所用，形成自己的观点，有条理地在众人面前陈述意见和建议；倾听他人的表达，能抓住要点进行有针对性的表达与反驳。
8	玩转小古文	包括古代笑话中选择的一部分文字浅显易懂的生活笑话，学生耳熟能详的寓言故事、神话故事、成语故事等，还有历史人物故事“王冕好学”“李广射虎”“程门立雪”等，历史故事“四面楚歌”“沛公至咸阳”“卧薪尝胆”“破釜沉舟”等，另还有中华经典名篇《老子》《孟子》《论语》等书的一些经典语段。
9	非连续性文本	1. 语文教材中延伸出来的文本。 比如写景类文章，像在学习《长城》《颐和园》等文章时，增补相应的导览图；再如说明性文章，像在学习《鲸》《太阳》这类文章时，可以配以图表、数据。 2. 整合其他课程中的非连续性文本。 根据语文教材中的单元学习主题，利用其他学科，如科学、数学学科中的一些图文材料、统计图等，两相结合学习。 3. 活用生活中的非连续性文本。 生活中，“非连续性文本”被广泛应用，这些资源可以被我们充分利用。说明书、旅游导览图、安装图等都是训练的好材料。

(四)开发体系

根据课标的理念和各个年段的阶段目标来设计各个年段的拓展内容。

低年级侧重于培养学生识字兴趣，丰富学生的词汇，为中高年级的创造与表达打基础，做准备，同时培养学生学习的兴趣。从这一目标出发，选择学生喜欢的语言形式，通过丰富多样的形式让学生在轻松的氛围中学习。

三至五年级的设计侧重于实现学生学习方式的转变，培养学生自主学习、合作学习、跨科学习的意识和能力。创造机会让学生自主参与语文实践活动，让学生在活动中参与体验，表达创见，从而使理解力、表现力得到综合发展，个体学习与合作学习能力得到综合发展。

六年级则主要指向阅读类型的拓展。小学阶段，小古文、非连续性文本等类型的阅读材料及阅读指导都比较欠缺，但这些文本的阅读能力对学生的发展却有着非常重要的作用，因而开设本课程，引导学生感受汉语言的优雅和精妙，以及语文学习与生活的密切关系。

除已经开发的9个课程，依据这样的体系还可以开发很多课程，如儿童诗、绕口令、主持等。

(五)实施策略

小组合作:将学生分成4人小组及8人大组,设正副组长,协助日常管理,实行小组积分制(从纪律、听课、发言、合作、作业、创新等方面进行积分)。

自主讨论:通过自主探究,小组讨论,让学生亲身体验学习的过程,获得直接经验,促进对书本学习的理解。

观摩赏析:通过师生共同观看绘本展演、课本剧、童话剧等,学生体会表演、表达的魅力和技巧;让学生现场观摩,拉近与教学内容的距离。

对比阅读:比较不同形式的文本,如童话剧本与童话故事,课本剧和课本,连续性文本和非连续性文本等,感受两者之间的差异,深刻理解文本的特色。

评定激励:鼓励孩子展现自我,发现学生在活动中的优点,给予充分肯定。创新奖励机制,让学生体验表达的快乐,并颁发喜报。

(六)开发难点及注意事项

如何把语文拓展类微型课程内容开发得丰厚些,实施形式更活泼些,使之成为学生喜欢的课程,发挥更大的教育功能?如何评价教师开发的微型校本课程,激发教师更大的科研积极性?怎样才能使微型校本课程成为促进学校文化建设的有效途径?特别是所开发的微型课程既能基于学科又能融入学校特色,还需兼顾学生的兴趣需要,要在这三者之间找到平衡,是本类微型课程开发的最大难点。

二、个案点击

个案1. “课本剧大舞台”微型课程

(设计者:毛晓霞、姜飞燕)

课程名称 课本剧大舞台

课程编号 类别:语文拓展类 序列号:综02**A**06

课程简介

语文课本剧为我们打开了一个新的活动天地。在这里,我们让教材中的人物粉墨登场,不管是相隔万里,还是跨越千年;在这里,我们集美好情感、精睿智慧于一瞬,展示个性与精彩;在这里,我们与作者进行心与心的对话,一起揣摩、创造、演绎……

适用年级 四年级

课程开设背景及意义

学生渴望得到他人的认同,需要一个实现自我价值、张扬个性的平台。特别是在新一轮课程改革不断深入，学生在教学活动中的主体地位进一步凸显的情况下，他们对语文教学活动中的课本剧表演表现出了浓厚的兴趣，参与能力进一步增强，表演水平进一步提高。学生表现欲的增强，知识面的拓展，加上教材中即将出现戏剧这一题材，为我们进行课本剧课程开发奠定了良好的基础。

课本剧是师生共同编写、排练的，以所学课文、学校生活为素材，通过创设情景，角色模拟，展示升华课文主题思想和故事情节，反映学校生活、学习的一种话剧表演形式。课本剧表演能培养学生的活动能力、组织能力、创造能力、口语表达能力和舞台表演能力，能帮助学生加深对课本、对生活的理解，增加与教材、社会的互动，多方位地汲取文化营养，进而提高学生的综合素质。它对于活跃班级文化生活、寓教于乐，培养学生的创新精神和参与能力，提高他们全面深刻地理解、掌握课文内容的能力，有着不可替代的作用。

课程目标

1.让学生通过深入探究文本，理解故事情节的发展，从人物语言、神态、动作中探究人物性格，并体会文中所表达思想感情，对知识的掌握提升到一个新的高度。

2.引导学生不断发现自己，体验成功的快乐，发展学生的个性和特长。

3.增强学生的合作意识，提高学生感受美、欣赏美、表现美、创造美的能力。

4.培养学生高尚的道德情操、健康的审美情趣，形成正确的价值观和积极的人生态度。

课程内容

1.内容再现式是以课文内容为依托，把课文的叙述和描写作为表演的根据，通过表演再现文中的人、事的本来面目。在教学中，教师要求学生演一演课文内容。在表演时，学生除了直接引用课文中的对话外，还需揣摩课文中人物的动作、神态等并将其表演出来。由于学生个性的差异，不同的学生会有不同的理解与表达。这保证了学生的自主性和创造性的发挥。

2.拓展延伸式是根据课文提供的情境进行拓展延伸，想象事物发展的逻辑结果，并用表演的形式加以表现。在拓展延伸式课本剧教学中，学生需要根据课文内容进行拓展延伸，亲自设计故事情节的发展、人物语言、动作、神态等。这有利于学生展现自我和培养创造力。

教学方式

1.观摩赏析：通过师生共同观看课本剧，学生体会舞台表演的魅力和技巧；让学生现场观摩，拉近与教学内容的距离。

2.小组合作：通过小组合作完成课本剧的角色刻画，并集体参与汇报展演。

3.自主讨论：通过小组讨论，让学生在自主探究的过程中，获得新知。

4.设置奖项:通过自我评价,生生评价,师生评价,给表现出色的学生颁发奖项。如最佳表演奖、最佳合作奖、最佳创意奖等。

评价方式

1.发展性评价:实现自我评价、小组评价、教师及家长评价以及实现自我反思一体化的学生活动表现评价体系,重点评价学生在参与过程中表现出来的态度、情感、合作意识等。采用表格随堂记录的方式。

2.学生成果评价:通过实践操作、作品鉴定、汇报演出等形式进行评价。

教学所需材料与设备

多媒体,相关视频,道具材料。

课程计划

第1课时:小组建设,认识课本剧

第2课时:范例引领,创编剧本

第3课时:练习功夫,排练剧目

第4课时:上台表演,鼓励创新

第5课时:小组合作,排练新剧

第6课时:汇报演出,组间评议

第7课时:课程小结,颁发奖项

第1课时活动设计

(设计者:姜飞燕、毛晓霞)

课　题　认识课本剧

教学(活动)时间　1课时

教学(活动)目标

1.筹建小组:根据兴趣爱好特长组成6个小组,如美术、手工、朗诵等,培养学员的协调性,发挥学员的主动性。

2.通过观看视频激发兴趣,认识课本剧,初步感受课本剧特点。

课(活动)前准备

教师:课本剧视频《西门豹》和《去年的树》。

学生:自我介绍。

教学(活动)过程设计

一、课前谈话

欢迎各位学员来到我们的"课本剧大舞台",因为有着相同的爱好、共同的兴趣，我们的相识更像是一种缘分！希望我们接下来的时间能够愉快地学习，彼此都能有收获！

二、自我介绍，筹建小组

1.请每位同学做简短的自我介绍，着重说清楚自己的兴趣、特长。

2.根据学生的介绍，教师做好每位学员发言的记录，重点关注兴趣与特长，为接下来的分组做好准备。比如，根据发言初步确定6位组长人选。

3.组长自荐，按照需要暂定6位，也可结合学员推荐和教师委派。挑选比较有胆量、讲述清楚者担任。学员之间熟悉后，也可轮流担当。

4.根据学员的特长，组长和组员间进行双向选择，确定每组成员，原则上每组都必备美术、手工、朗诵等方面"人才"。

5.各小组简单设计组名、口号等，并由组长带领，向全班同学宣布本组的组名、口号。

三、观看视频，激发兴趣

1.同学们看过课本剧或者表演过课本剧吗？今天，我们先来欣赏两个课本剧。视频播放《西门豹》和《去年的树》。

2.看了视频，回忆起课文内容了吗？说说视频和课文带给你的不同感受。

（学生：演员多用对话、动作形式来表现故事情节。）

3.教师归纳课本剧的特点

课本剧就是把课文中叙事性的文章改编为戏剧形式，以戏剧语言来表达文章主题，是以剧中人物的对话、独白、旁白和舞台指示组成的。

4.慢镜头切放，让学生认识何谓"对话""独白""旁白"和"舞台指示"。

5.小组内回顾有关课本剧的认识。

6.根据视频截断面，让各组猜猜分属"对话""独白""旁白"和"舞台指示"中的哪一种，从而加深印象。

7.猜对的小组可获得现场"配音"的机会，以此增加兴趣。

四、小结

关于课本剧，我们有了初步的感知。如果你们也想当一回演员过把瘾的话，下节课，我们将继续追随课本剧的步伐，亲眼瞧瞧是什么样的法宝，让和我们一样的学生娃们转身变成了荧幕中的"演员们"。

第2课时活动设计

（设计者：毛晓霞、姜飞燕）

课　题　创编剧本

教学（活动）时间　1课时

教学（活动）目标

1.通过对比课本剧文本与课文，初步了解剧本的格式与包含的因素，知道如何把叙述语言改编成人物对话，能进行简单的片段创作。

2.通过观摩表演、小组交流、合作探究等方法，引导学生不断发现自己，体验成功的快乐，发展学生的个性和特长。

教学（活动）内容

1.学习改编课本剧，重点学习如何将叙述性的语言改编成人物对话。

2.自主合作，编写剧本。各小组确定编写内容，进行人员分工，有序开展小组合作活动。

3.小组汇报，反馈交流。

课（活动）前准备

教师：准备视频《晏子使楚》；制作幻灯片；发放文本《晏子使楚》。

学生：创编课本剧。

教学（活动）过程设计

一、观看录像，引入情境

1.播放录像，思考：

（1）你觉得晏子是怎样一个人，楚王呢？

（2）你从哪里体会到的？（人物的语言、动作、神态）

2.同学们，刚才我们看了录像，这段录像我们书中的课文里也描绘到了，你能比较一下两者的关系吗？（录像中很多人物的对话、表情、动作等都是通过书上的一些叙述性的语言转化的；书上刻画的人物性格在录像中展现得淋漓尽致）

3.如果让你来演这个故事，你觉得需要做哪些准备？

师生探讨：

（1）将课文编写成剧本；

（2）根据实际情景可以准备些简单的服装、道具。

二、范例为引，学习改编

（一）了解“剧本”文体

1.（出示《晏子使楚》剧本中的一个片段）你发现剧本与一般课文的区别在哪儿？

交流：

① 有舞台设计说明，可以利用提示语加上表情或动作；

② 以人物语言推动情节的发展；

③ 文中的叙述性语言改编成人物的对话。

2.确定剧本构成部分。

剧本的语言包括“台词”和“舞台说明”两个方面。

台词：人物说的话，包括对话、独白、旁白。台词以课文中的人物语言为基础，对其进行了必要的调整、充实和完善，通俗自然，简练明确，口语化，适合舞台表演。剧本主要是通过台词推动情节发展，表现人物性格身份及思想感情。

独白：人物独自抒发个人情感和愿望时讲的话。

旁白：剧中的某个角色背着台上其他剧中人从旁侧对观众说的话，旁白可以串连情节或点明含义。

舞台说明：又叫舞台提示，是剧本里的一些说明性的语言。包括剧情发生的时间、地点、服装、道具、布景、人物的表情、动作、上下场等。这部分语言要简练、扼要、明确。一般出现在每一场的开头结尾和对话中间，用括号括起来。

几种常用的“舞台提示”的作用：

(1)舞台场景说明：可以交代故事发生的时间、地点及环境。

(2)服装、道具提示：可暗示人物的身份、性格、爱好等。

(3)情绪、动作提示：可辅助台词刻画人物，推动情节发展。

(二)学习改编

1.以《晏子使楚》第一幕剧本为例，学习如何将叙述性的语言改编成人物对话。

2.学生评议，交流将课本编写成剧本的注意点。

3.自主合作，编写《晏子使楚》第二幕剧本。

活动提醒：

(1)轻声读课文《晏子使楚》第四自然段，抓住人物的语言、动作、神态，进一步了解人物特点。

(2)小组内交流各自的体会。

(3)组员开始编写剧本(《晏子使楚》第二幕)。

三、个例展示，交流评议

1.交流汇报，反馈评议。

2.师生讨论评议部分剧本，重点指出创新和成功之处。

讨论要点：

(1)语言、动作是否体现人物性格;

(2)想象是否合理,有依据。

3. 组内评议,评选出最佳剧本。

四、课堂小结

同学们,这节课我们以课文为基础,通过读和想象编写了《晏子使楚》的第二幕剧本。下节课,我们将成为小演员,用我们自己编的剧本来演一演。

第3课时活动设计

(设计者:毛晓霞、姜飞燕)

课　题　小演员练功夫

教学(活动)时间　1课时

教学(活动)目标

1. 通过语感训练,帮助学生揣摩人物心理,正确把握人物形象。

2. 通过动作训练,学生可以理解什么是动作的虚化,较为熟练地掌握常见虚化动作,为课本剧表演奠定基础。

3. 增强学生的合作意识,提高学生感受美、欣赏美、表现美、创造美的能力。

教学(活动)内容

人物对白练习;人物动作练习。

课(活动)前准备

教师:制作幻灯片;批阅学生上节课创编的课本剧剧本。

学生:了解故事背景;了解故事中的人物。

教学(活动)过程设计

一、谈话导入

上节课,我们一起创编了精彩的课本剧剧本。这节课,我们将继续追随"课本剧"的步伐,亲眼瞧瞧是什么样的法宝,让和我们一样的学生娃们转身成为荧幕中的"演员们"吧。

二、练习人物对白

在课本剧表演中,人物对白作为主要表现手段,对推动故事情节发展,突出人物形象,表达故事思想起着至关重要的作用。它涉及语言的轻重、缓急、停顿、语气等等。因此,这节课的第一个任务就是练习人物对白。

出示一组人物对白:

楚王：(冷笑)难道齐国没人了吗？

晏子：(上前一步，严肃地)这是什么话？我国首都临淄住满了人。大伙儿甩一把汗，就是一阵雨；街上行人肩膀擦着肩膀，脚尖碰着脚跟。大王怎么说齐国没有人呢？

(一)读出“形”

1.你们知道括号里的字叫什么吗？

(舞台说明：提示说话人的动作、神情、心理活动，等等)

2.在舞台说明文字的提示下练习对话。

3.指名展示，同伴点评。

(二)读出“神”

1.看来你们在这些舞台说明文字的帮助下，已经能够初步地读出晏子的“形”了。但是真正要把这个人物演好，还必须走进人物的内心世界。请你们再来读一读，品一品他说的这两句话，你们觉得从他的台词当中还能品出什么来？

2.学生自己练读，读出人物的“神”。

教师可联系学生的回答，重点感受晏子的机智勇敢、能言善辩、热爱国家等品质。

(三)学生练习人物对白

下发剧本片段，学生分组练习人物对白，揣摩人物的心理、动作、神态，老师巡视指导，同伴做好点评。

三、人物动作训练

1.指名两组同学上台演剧本中的某一环节，其余学生点评。

点评内容：

(1)语言是否体现人物特点；

(2)人物动作是否合理(包括上场、退场等)。

2.动作练习。

教师讲解：动作的虚化。舞台特定的演出环境，决定了我们不可能把房子、马匹、运动场等都搬上舞台，相关的动作就必须通过虚拟处理表现出来，这就是动作的虚化。

学生尝试表演：小明搬起一块大石头放下来，蹚过河。

同学互评，鼓励创新。

四、各小组排练课本剧

学生根据剧本进行练习，教师巡回指导，鼓励创新。

五、总结点评

教师针对当天的演出环节和点评环节做简单总结、评价。

第4课时活动设计

（设计者：姜飞燕、毛晓霞）

课　题　小演员首演

教学（活动）时间　1课时

教学（活动）目标

1.培养学生的活动能力、组织能力、创编能力、口语表达能力和舞台表演能力，提高学生的综合素质。

2.引导学生不断发现自己，体验成功的快乐，发展学生的个性和特长。

3.增强学生的合作意识，提高学生感受美、欣赏美、表现美、创造美的能力。

教学（活动）内容

课本剧《晏子使楚》展示，点评。

课（活动）前准备

教师：确定小主持人选及培训，点评记录本。

学生：准备剧本演出需要的服装、道具、台词等。

教学（活动）过程设计

一、各组展示

1.小主持宣布“课本剧大舞台之展示活动——《晏子使楚》专场”现在开始。

2.各小组隆重登场，介绍本小组成员所饰演的角色，喊出本小组参演的口号，然后依次进行演出。

3.教师在旁做好协调工作，并针对每组做一些点评记录。

二、点评展示

1.小主持宣布“《晏子使楚》专场——你演我评”环节现在开始！

2.每一小组的演员轮流上台，接受其余五组的点评，其余五组从“创意、语言、服装、动作”等方面中至少选择一点进行评价，评价注意优缺点结合，既要给同学以鼓励，又要给同学以建议。

3.教师则做好学生点评记录，并做批注。

三、总结点评

1.教师针对当天的演出环节和点评环节做简单总结、评价，以表扬鼓励为主。

2.对当天某小组在“创意、语言、服装、动作”某一方面做得好的地方给予重点评价。

3.让学员谈谈本次活动的收获。

四、布置下节课任务

1.牛刀小试。今天我们都当了一回“演员”，过了把瘾。俗话说：“台上三分钟，台下十年功。”这么短的时间内，同学们有如此精彩的演出，已经让人很惊喜了！

2.想不想让自己的演技更高一筹？想不想让本小组的表演更吸引人？好的剧本是必不可少的！下节课带上你们各显神通收集到的好故事，展示你们小组的最佳创编实力！

第5课时活动设计

（设计者：姜飞燕、毛晓霞）

课　题　我的剧本我做主

教学（活动）时间　1课时

教学（活动）目标

1.培养学生对教材的理解、创编能力。

2.发挥学生的特长和个性，提升学生的创新能力、合作能力、协调能力。

3.体会合作与成功的意义。

教学（活动）内容

改编剧本，定角色，练习语言。

课（活动）前准备

教师：备用故事，指导方向。

学生：选定一个故事。

教学（活动）过程设计

一、明确任务

欢迎回到课本剧大舞台。这节课，我们的任务是创编剧本和角色分工。

二、创编剧本

1.请各小组汇报一下找到的精彩故事。

2.出示第2课时的剧本样本，再一次回忆剧本改编时要注意的方面。

3.各小组进行分工合作，对本小组的故事进行剧本改编工作。为节省时间可在原文中修改，课后再安排组员整理。

4.教师巡视指导，对遇到困难的小组进行指点。

5.读一读改编好的剧本，发现问题，组内修改。如此反复，及至确认，交给教师做最后审批。通过者即进入下一环节——角色分配与练习；未通过者，在教师的指导下进行再次修改，直至合格。

三、角色分配，练习语言

1. 组长做好分工工作：根据组员的特长、兴趣较为公平合理地安排角色，并注意组员的情绪，做好协调工作。

2. 按角色进行语言训练：理解文本，走进人物，揣摩作者的用意，尽可能地用语言、动作、神态表现人物的特点与心理。

3. 教师巡回观摩并给予建议。

4. 每组挑选一部分内容做语言展示，学员间互评。

四、道具及场景布置

1. 原则上，各学员根据自己的角色分得道具，有困难的组长协调安排。

2. 场景布置由组内成员通力完成，或由专人负责。

第6课时活动设计

（设计者：毛晓霞、姜飞燕）

课　题　我的舞台我闪亮

教学(活动)时间　1课时

教学(活动)目标

1. 在活动过程中，引导学生不断发现自己，体验成功的快乐，发展学生的个性和特长。

2. 通过课本剧表演，培养学生的活动能力、组织能力、创编能力、口语表达能力和舞台表演能力，提高学生的综合素质。

3. 增强学生的合作意识，提高学生感受美、欣赏美、表现美、创造美的能力。

课(活动)前准备

教师：确定小主持人选并进行培训；点评记录本。

学生：准备剧本演出需要的服装、道具、台词等。

教学(活动)过程设计

一、谈话导入，奠定基调

课本剧表演是个神奇的天地，在这里我们能让教材中的人物粉墨登场，不管是相隔万里，还是跨越千年；在这里，我们可以将美好与智慧尽情展现；在这里，我们能再次与作者进行心与心的对话。今天，就让我一起感受课本剧的魅力。

二、展示表演，师生点评

1. 各小组抽签决定上场顺序。

2. 评委组成。每一小组选取一名同学担任评委组成评委席，对每一个小组的表演情况进行打分，主要从人物语言的运用和动作表情的是否符合人物的性格等方面来考虑。标准见下表：

小组	剧本创作 20 分	反映完整故事情节 30 分	突出人物性格特点 30 分	道具形象逼真 10 分	形式多样 10 分	总得分
第一组						
第二组						
第三组						
第四组						

3. 一个小组表演完后，推荐一个评委来对表演进行点评，教师在一旁协助点评。

4. 全班同学评议，评出多种奖别，如最佳创意奖、最佳表演奖、服装最具特色奖、最默契奖等。每个奖都有评奖标准。

如“最佳表演奖”标准：

(1)正确理解课文内容，再现故事场景；

(2)入情入境，将人物形象逼真展现。

三、总结经验，提高技能

刚才我们欣赏了各个小组的精彩演出，每个同学也都如愿体验了“演员”的角色，你能说说在表演课本剧上有什么收获吗？讨论交流：

1. 怎样才能够把人物演活？

2. 如何有效运用道具增强演出的现场感？

四、课堂总结

课文人物形象栩栩如生，同学们表演得也惟妙惟肖。在浩如烟海的文学、历史名著中，还有许多栩栩如生的人物、引人入胜的故事，等着我们去感受，去细细品味。

第7课时活动设计

（设计者：毛晓霞、姜飞燕）

课　题　我的收获

教学(活动)时间　1课时

教学(活动)目标

1. 通过活动，进一步提高学生的组织能力、创造能力、口语表达能力和舞台表演能力。

2. 培养学生高尚的道德情操和健康的审美情趣，形成正确的价值观和积极的人生观。

教学(活动)内容

1. 各小组将精彩花絮制作成幻灯片并配以文字，进行个性化总结陈述。

2. 颁发各种奖项。

课(活动)前准备

教师：书写各类奖状。

学生：将上节课的精彩画面制作成幻灯片并配以文字，准备进行个性化总结陈述。

教学(活动)过程设计

一、谈话导入

不知不觉，我们的“课本剧大舞台”课程已接近尾声，在一起学习，一起创造，一起表演的日子里，我们留下了一路思考，一路前行的足迹。上节课的表演更是给我们留下了美好、深刻的印象。今天，让我们一起重温咱们一路走来的精彩瞬间。

二、课程总结展示

（一）小组准备

1. 请各小组打开事先做好的活动照片PPT，给幻灯片配上文字，待会儿我们将进行个性化陈述。

2. 各小组看本组的活动照片，小组内准备。（注意分工合作，协调有序）

3. 教师巡视指导。

（二）小组展示

1. 各小组长带上助手，上台做陈述。

2. 活动体会交流。

看着一路走来的照片，看着一张张开心的笑脸，我相信这是一段愉快而又特殊的学习之旅，在本课程的学习过程中，你又有什么样的体会呢？和你小组的成员说一说。

（出示）

“课本剧大舞台”的课程就要结束了，____

____

____

（体会包括：表演过程中的心理；处理类似问题的经验；从别人身上学习的长处；如何与同学合作交流，保持默契……）

三、活动总结，颁发奖项

1. 颁发奖项：最佳表演奖、最佳评论员、最佳编剧奖等。

2. 获奖的同学拍照留念。

【实践反思】

学生成长新舞台
——“课本剧大舞台”片断教学反思

毛晓霞

一、课程背景

将课文改编为剧本，再组织学生排演，这不仅是课堂表演的一种形式，而且已成为取材于语文课本，并为语文教学服务和丰富校园文化的一种新型语文实践活动。它集舞蹈、音乐、文学、绘画、表演于一体，通过学生的再次创作和演员的创造性表演，将课文中的文学艺术形象地展现在舞台上。

小学生好玩爱动，具有较强烈的表演欲和潜在的表演天赋。因此，我们开设了“课本剧大舞台”这门课程。它对于丰富班级文化生活，寓教于乐，培养学生的创新精神和参与能力，促进他们全面深刻地理解、掌握课文内容，有着不可替代的作用。

二、本课内容

1. 教学内容。

第3课时练习人物对白和动作。本节课主要通过练习人物的语言和动作，感受课本剧表演的基本特点，指导学生排练课本剧。

2. 教学重点、难点。

教学重点：通过语言、动作练习，正确把握人物形象，为课本剧表演奠定基础。

教学难点：增强学生的合作意识，提高学生感受美、欣赏美、表现美、创造美的能力。

三、片段实录

各小组表演《晏子使楚》的第一幕：晏子进城。

教师：同学们的表演练习都很不错，哪个小组的同学愿意先展示一下？

（一小组同学兴奋地上前表演。侍卫的盛气凌人与晏子的沉着机智形成鲜明的对比。由一个男孩扮演"城门"，另一个男生扮演"马"，被晏子牵着走。整个过程嬉笑一片。）

教师：你们觉得他们演得怎么样？

学生1：晏子说话的语气可以不紧不慢，这样更能体现他的机智勇敢。

学生2：我觉得他们很有创意，侍卫回去报信的环节，加了"报——"，很有意思，而且和剧本相比多了一些内容，如大臣和楚王的一些对话。

教师：你有一双会发现的眼睛。是的，我们可以根据需要，将情节进行适当的增减，这是排练课本剧常用的方法。

教师：感谢这一小组同学的精彩表演，请关注他们的动作，你们有什么想说的？

学生3：一个同学扮演"大门"是可以的。但是，用"胯下"表示"小门"感觉很不雅观，这是对人的一种侮辱。

教师：你很有审美能力。我们的表演要体现一种"文明的美"，那你有什么建议吗？

（学生拉了一个同伙，两人一侧手臂平伸搭成一小门。随后其他小组也纷纷表达自己的看法，有的干脆上台展示自己小组的智慧，有的现场做了改动。）

此环节，教师鼓励大胆创新，但不可过分，破坏整体氛围。

学生4：我觉得"马"可以虚化，只要做出手牵着马的动作就可以了。

学生5：我也这么觉得，这样更能体现出主要人物晏子的从容不迫，镇定自如。再说，同学来演马，演得又不像，还不如虚化。

（同学们基本赞成只要做出牵马的动作就可以。）

教师：看来同学们已经初步掌握了课本剧在动作上的要求：与情境相吻合；与人物性格、身份相吻合。记住，动作是为了更好地为情节服务，体现人物。

（各小组继续练习）

四、专题反思

课本剧表演让学生的参与热情空前高涨，这一学习过程是"引导——创造"的过程。在编剧、导演、演出等过程中，学生是学习、发现的主人，教师只是在一旁的引导者，带着学生收获一路学习的感受。

1.鼓励创新，适当引导。

课本剧编演是一种实践性很强的活动，有力地促进了学生知识的丰富和能力的全面发展。编演课本剧同时又是一种创造性活动，改编是一种创造，表演更是一种创造。“一千个观众就有一千个哈姆雷特”，每个学生都有自己独特的体会。教师要尊重学生的体验。

根据经验主义对儿童行为的研究，以往社会活动的“经验”积淀是儿童继续行为的参照和指示，而儿童所积累的经验并不都具有积极教育意义。所以，我们不能忽视教师的指导作用，教师的介入引导和辅助应适时、到位。当活动过程中出现突发生成点时，或当活动进行到关键时刻，老师要注意抓住机会，加以生发，推波助澜，促成动态生成，辅以必要的技能指导。

(1)适当增减。无论是人物对话还是舞台说明，只要不离开课文主题即可。如为了体现晏子机智地回答魏王为难的问题，可让晏子创造新回答，以增强课本剧的可观性与艺术性，避免照抄课文或无话可说的情况。也可联系其他课中学到的有关知识，加以充实。如可利用音乐课中学过的歌曲，将歌曲加入到课本剧中来。

(2)适当夸张。课文里一些能突出人物性格的对话与动作，要在剧本中加以渲染，突出其作用。如为了体现魏王的傲慢，可做出夸张的骄傲神情，与晏子的从容镇定、不卑不亢、机智勇敢形成强烈的反差，让人物形象更加鲜明。

2.关注过程，重视体验。

课本剧排练的最终目的不是为了最后的展示，而是培养学生的探究能力和创造性思维。尽管在外人看来，有的排演可能颇显粗糙稚拙，但只要过程具有合理性，只要在过程中有所领会和体验，教师就要给予肯定，从而鼓励学生创新。从此意义上讲，过程大于结果。

个案2. “中小好舌头”微型课程

（设计者：朱玲娟、陆俊勍）

课程名称 中小好舌头

课程编号 类别：语文拓展类 序列号：综02**A**07

课程简介

小学阶段是少儿语言表达习惯开始形成的关键期。“中小好舌头”这门课程通过课堂上普通话、绕口令、贯口、诗歌朗诵、微演讲、小辩论赛等练习，培养学生乐于表现自己的良好习惯，提高学生的语言组织能力、表达能力和上台表现能力，增强学生的自信心。

适用年级 五年级

课程开设背景及意义

义务教育阶段的语文课程，应使学生初步学会运用祖国语言文字进行交流沟通，这种交流和沟通应包括书面和口头两种方式。随着社会的发展，“说”的能力在社会生活、工作等方面愈来愈重要，人们通过语言表达心声、增进理解、建立友谊、实现共赢。因此可以说，一个学生只有具备良好的“说话”素质，才能适应未来的社会生活。

但从实际教学来看，当下语文老师教学的重点都落在学生应试能力的培养上，即重视学生书面表达能力，忽视口头语言，忽视听和说的训练。这方面训练的缺失，使学生口头表达能力的发展受到阻碍，还会影响学生待人处事、临场应变和传情达意方面的能力。

《语文课程标准(2011 年版)》对小学生的口头表达能力提出的要求是：具有日常口语交际的基本能力，学会倾听、表达与交流，初步学会运用口头语言文明地进行人际沟通和社会交往。五、六年级的年段目标为：能积极参加讨论，敢于发表自己的意见；听人说话认真、耐心，能抓住要点，表达有条理，语气、语调适当；能根据对象和场合，稍做准备，做简单的发言。我们的学生离这样的要求还有很远一段距离。鉴于此，开设此课程。

课程目标

1. 提高学生的口头表达能力。使学生在实际的演练中学会倾听、表达与交流；能积极参加讨论，敢于发表自己的意见；能抓住要点，有中心、有根据、有条理地表达自己的看法，语气、语调适当，有一定的说服力。

2. 开拓学生思维，提高学生思辨能力。通过观点交流与碰撞，引导学生关注身边的大事小事，遇事会思考，能依据一定的材料形成自己的观点，并能恰当地用口头语言表达自己的思想、观点、意见、建议。

3. 在准备的过程中提高学生查找资料、筛选信息的能力及统筹分析的能力。

4. 在参加活动的过程中培养学生团结协作的品质，使其乐于、善于与同学、老师交流沟通。

课程内容

绕口令趣味竞赛，激发学生“说”的兴趣；观看经典辩论视频，感受“说”带来的精彩，明白“说”的要领；围绕一个观点，通过具体事例或事实说清楚，学习有重点有条理地说；自如综合运用各项技能，筛选各种信息为我所用，形成自己的观点，有条理地在众人面前陈述意见和建议；倾听他人的表达，能抓住要点，进行有针对性的对话。

教学方式

1. 积极倡导自主、合作的学习方式。将学生分成 4 人小组及 8 人大组，设正、副组长，协助日常管理。

2. 爱护和激发学生表达的欲望，创设一种氛围：敢讲比会讲更重要。

3. 采用“参与训练式”教学。以小组为单位开展实战演练，在课堂中尽可能给学生提供在众人面前说话的机会。

4. 鼓励孩子展现自我，发现学生在活动中的优点，给予充分肯定。创新奖励机制，让学生体验表达的快乐。

评价方式

1. 观察各次活动中学生的表现，重点观察学生参与的态度、合作的意识。

2. 通过绕口令 PK、观点微演讲、小组辩论赛、班级辩论赛，评选演讲之星、最佳小组、最佳辩手、最机智辩手等。

教学需要（设备等）

多媒体、相关视频。

课程计划

第 1 课时：“中小好舌头”之热身：自我介绍

第 2 课时：“中小好舌头”之快舌 PK：绕口令

第 3 课时：“中小好舌头”之微演讲（一）

他山之石：我们喜欢怎样的父母

第 4 课时：“中小好舌头”之微演讲（二）

实战：我们喜欢怎样的老师

第 5 课时：“中小好舌头”之辩论初体验（一）

他山之石：“金钱是万能的”对抗“金钱不是万能的”

第 6 课时：“中小好舌头”之辩论初体验（二）

小组实战：自主模拟

第 7 课时：“中小好舌头”之辩论赛

实战：“生活中需要善意的谎言”对抗“生活中不需要善意的谎言”

第 1 课时活动设计

（设计者：朱玲娟、陆俊勍）

课　题　“中小好舌头”之热身：自我介绍

教学（活动）时间　1 课时

教学（活动）目标

1. 通过讲智慧口才故事、观看华少获封“中国好舌头”的视频及网友的挑战视频，感受好舌头之魅力，激起练就“好舌头”的愿望。

2.借助游戏来介绍自己，介绍他人，消除心理隔阂，促进学生之间的了解，感受到开口说话的乐趣。

教学(活动)内容

1.交流中外历史上的智慧口才故事。

2.链接观看华少获封“中国好舌头”视频，感受好舌头之魅力。

3.观看网友争练“好舌头”视频。

4.游戏中自我介绍。

课(活动)前准备

教师：1.准备华少快速播报广告的视频及网友挑战视频；

2.将桌椅往教室两边靠，中间留出空地；

3.准备一个任务箱，箱中放置事先制作好的任务卡；

4.学生以班为单位分排就座，分出4人小组。

教学(活动)过程设计

一、交流历史典故，初识口才之重要

1.亲爱的同学们，欢迎你们来到“中小好舌头”大本营。我是你们的学习伙伴朱老师，非常高兴可以和你们一起度过7个愉快的周五下午！

我们这个活动的名称叫“中小好舌头”。可想而知，在座的各位都是来练口才的。说到口才，就会想起这样一句话：“三寸不烂之舌，强于百万之师。”这句话告诉我们什么？

2.你们知道历史上有哪些智慧口才故事，能跟大伙儿交流交流吗？

3.学生交流完毕，教师与学生分享几个古今中外名人的智慧典故。

4.小结：这些典故就是“三寸不烂之舌，强于百万之师”的最好证明，真是拥有一副好口才，走遍天下都不怕啊！

二、观看热门视频，感受好舌头之魅力

1.华少获封“中国好舌头”。

在历史上，像故事中那样的口才奇人是不胜枚举的，但要说当下拥有最令人叫绝的口才的人就非他莫属了。是谁呢？我先问问你们，知道《中国好声音》的请举手。知道“中国好舌头”的请举手？

(1)观看视频一。

浙江卫视《中国好声音》掀起收视狂潮，主持人华少露脸次数不多，但是他在节目中间的一段神速广告播送却让观众大为惊叹，超快语速让网友膜拜。有网友统计，华少用47秒念完长达350字的广告词，其中提了至少4条广告，报了6个网站，且不卡壳、不出错、不含糊，为此华少也获封“中国好舌头”。

(2)观看视频二。

2012 年 8 月 17 日，华少在微博上再次用神一样的语速录制视频，为香港保钓人士呐喊助威。此次华少 38 秒钟念完 385 个字，刷新此前录制《中国好声音》时创下的纪录。华少以实际行动告诉大家，拥有好口才不是梦，追求极限语速，没有最快，只有更快。

2. 网友争练“好舌头”。

华少的这段广告“贯口”被网友们竞相挑战，成了当下最红的网络热点之一。不少网友以他“卖凉茶”的广告词为范本，练起了“咬舌头，不咬舌头”极限语速自测游戏……你看这位重庆妹子，不仅用普通话挑战，她还能用方言来说呢！

三、游戏中认识彼此，开口说话很容易

1. 你们想不想也来练一练自己的舌头？

这种“逆天”的语速，普通人能做到么？想要在短时间内练到华少这个速度恐怕有点难，但是老师想告诉你们：只要掌握窍门，经过一段时间的练习，相信你们的舌头一定会更听话，练就“中小好舌头”没问题！

2. 我们来自五年级各个班，除本班同学外，与其他人互不了解。既然这样，我们就从介绍自己开始我们的好舌头训练之旅，好吗？

我有一个能帮助大家快速认识彼此的小游戏，想不想试试？

3. 了解游戏规则。

第一步：围成两个同心圆。

外圈：1，2 排同学按所坐位置顺序，手拉手围成一个较大圆圈，正面朝内。内圈：3，4 排同学按所坐位置顺序，手拉手围成一个较小圆圈，正面朝外。

第二步：音乐响起，两个圈成反方向走动。

内圈同学按顺时针方向走动，步伐稍慢稍小一些；外圈同学按逆时针方向走动，步伐稍快稍大一些。

第三步：音乐停止，面对面的两位同学开始互相自我介绍。音乐没有再次响起，介绍就要继续。介绍中包含的信息越多越好，可以是姓名、班级、性格、爱好、特长、家庭、心情、有关自己的故事等等。（如停止走动时，内外圈同学没有面对面，可以向离你最近的同学介绍自己。）

第四步：游戏结束，回到自己的位置。随机抽取几位同学，让他们向大家介绍刚认识的至少 3 位新同学。不能做出介绍或介绍信息太少的同学需从任务箱中抽取一张任务卡，完成上面所写的任务。

4. 准备一个与众不同的自我介绍。

5. 游戏开始。教师根据情况，适时调整音乐播放的时间和次数，尽量让所有学生都有面对面介绍的机会。

6.走圈结束,点兵开始。教师随机抽取部分同学,请他们向大家介绍刚才认识的3位其他班的新同学。不过关者从任务箱中抽取任务卡,完成相应任务。

(任务内容:演唱一首你最擅长的歌曲;模仿3种你擅长的动物叫声;讲述最近发生的一件让你高兴的事情……)

7.小结:同学们,不知不觉中,你们不仅向别人介绍了自己,还为大家介绍了让你印象深刻的新同学。你看,其实向你不认识的人开口说话没那么难,当着众人的面表现自己也没那么难。而且,你们的欢声笑语告诉我,这个过程还很快乐,对不对?

俗话说:"不是一家人,不进一个门。"既然来到同一个班,咱们就是一家人。以后在自家人面前说话,不必拘泥,不必紧张,不必怕被笑话。就像今天这样,大大方方地表现自己,勇敢大声地说出想说的话,好吗?好,带着你的欢乐和勇气下课!

第2课时活动设计

(设计者:朱玲娟、陆俊勍)

课　题　"中小好舌头"之快舌PK:绕口令

教学(活动)时间　1课时

教学(活动)目标

1.通过观看相声表演视频,让学生认识到练习绕口令对于提升口才的重要性,产生练习绕口令的强烈愿望。

2.通过初步练习绕口令,让学生大致了解绕口令,并在多种形式的比赛中得到锻炼,提高语言表达的灵活度。

教学(活动)内容

1.观看相声视频,感受绕口令的魅力。

2.绕口令初步练习,掌握窍门。

3.组内冲关,班级PK。

4.评选"中小好舌头"之"快舌"。

课(活动)前准备

教师:准备相声视频;红、绿两色的牌子;绕口令集锦资料;抽签号及放抽签号的盒子。

教学(活动)过程设计

一、观看相声视频

1. 同学们，我们又相约在周五了。第二次见面，我给大家带来一个相声段子，我们来看看，放松一下。

播放相声视频《绕口令》。http://tv.sohu.com/20140519/n399760943.shtml

这段相声中最精彩，博得掌声最多的当属绕口令！

2. 说到绕口令，你们都很熟悉。对于它的概念，《现代汉语词典》上是这么定义的："绕口令是民间语言游戏，将声母、韵母或声调极易混同的字，组成反复、重叠、绕口、拗口的句子，要求一口气急速念出，说快了读音容易发生错误。"看来要练就华少那样的"好舌头"，绕口令练习是必不可少的。很多演员、播音员、主持人都把绕口令作为必练的基本功之一，通过绕口令来训练"嘴上功夫"。

今天这节课，我们就来练练绕口令，看看谁的舌头最听话。

二、绕口令初步练习

1. 我们先来挑战第一关，这是一级绕口令中的两则，看看哪些同学能挑战成功。

(1)大兔子，大肚子，大肚子的大兔子，要咬大兔子的大肚子。

(2)老姥姥老问姥姥老不老，姥姥老问老姥姥小不小。

2. 学生选择一则自由练习、展示，其他同学评价。

3. 请练得好的同学谈谈心得：你能把这绕口令说得这么清楚，这么顺溜，有什么窍门吗？

4. 教师小结：想要把绕口令说得好，不能单方面求快，一开始可以慢一点，从慢到快，循序渐进，但必须做到吐字清晰，发音准确。

三、绕口令大 PK

1. 小组 PK。

这儿有 6 则二级绕口令，请组长分发到每位同学手上，等会儿我们要来一场小组 PK 赛。PK 规则如下：

(1)10 分钟时间准备，音乐响起，准备时间结束。

(2)4 人小组组长桌上的抽签盒中有代表 6 则绕口令的序号，4 个同学依次抽取一个序号，读相应的绕口令。要求：口齿清楚，有一定速度。不过关者淘汰，过关者进入下一轮比赛。

(3)若组内有多名过关者，再次抽取 1—6 号绕口令内容，再次进行比赛，直至产生小组第一名。胜出者为班级前十强。

四人小组组长组织本组同学有序参加小组冲关赛，决出小组第一名。教师巡视观察，适时指导。

2. 班级 PK。

小组胜出的同学参加班级终极 PK，内容、规则如下：

(1)三至九级内容，5 分钟时间准备。

初入江湖：化肥会挥发。

小有名气：黑化肥发灰，灰化肥发黑。

名动一方：黑化肥发灰会挥发，灰化肥挥发会发黑。

天下闻名：黑化肥挥发发灰会花飞，灰化肥挥发发黑会飞花。

一代宗师：黑灰化肥会挥发发灰黑讳为花飞，灰黑化肥会挥发发黑灰为讳飞花。

超凡入圣：黑灰化肥灰会挥发发灰黑讳为黑灰花会飞，灰黑化肥灰会挥发发黑灰为讳飞花化为灰。

天外飞仙：黑化黑灰化肥灰会挥发发灰黑讳为黑灰花会回飞，灰化灰黑化肥灰会挥发发黑灰为讳飞花回化为灰。

(2)推选产生三位倾听得最认真的同学担任评委，举牌决定选手去留。(绿牌表示“留下”，红牌表示“出局”)

(3)根据吐字、速度从十强选手中决出“班级快舌头”之冠军、亚军、季军。

规则都清楚了吗？想要在这场与绕口令的较量中夺魁的同学，就赶紧行动起来吧！

选手逐级晋升，十位同学依次读三级绕口令，过关留下，没过关淘汰。留下者再读四级绕口令，依次晋级。

四、为优胜者颁奖

1. 为班级快舌十强及冠军、亚军、季军颁发奖状。

2. 轰轰烈烈的绕口令 PK 赛落下了帷幕。在这个充满欢乐的比赛过程中，你可有什么收获？

3. 教师小结：要练好口才并非一朝一夕之事，得坚持不懈地努力才行。这节课后，如果你能每天抽点时间练练绕口令，我相信，成为第二个华少绝对不是梦！

第3课时活动设计

（设计者：朱玲娟、陆俊勍）

课　题　“中小好舌头”之微演讲（一）

教学（活动）时间　1课时

教学（活动）目标

1. 通过观看视频及讨论交流，明白如何讲清自己的观点。

2. 通过师生合作，共同完成一个观点阐述，获得直观的感受，明白如何先摆观点再举实例来佐证以及如何筛选事例。

教学（活动）内容

1. 了解何谓演讲。

2. 观看杨心龙演讲视频《我们喜欢怎样的父母》，讨论如何围绕一个观点来阐述（摆观点，讲论据）。

3. 给出演讲主题“功夫不负有心人”，师生讨论，如何讲好观点。

4. 小组合作讨论，整理好一篇演讲稿，推选代表上台演讲。

课（活动）前准备

教师：准备《我们喜欢怎样的父母》演讲视频；搜集关于“功夫不负有心人”的名言警句、事例，供学生选择；抽签号及放抽签号的盒子。

学生：准备主题为“我喜欢怎样的老师”的微演讲，课后查找资料，形成演讲稿，进行训练。

教学（活动）过程设计

一、观看视频，导入

1. 同学们，最近安徽卫视有一档节目特别火，名为《超级演说家》，哪些同学看过？

2. 很遗憾，我们班关注这个节目的人不是很多。老师从这档节目中截取了几个镜头，我们先一睹为快。

3. 观看截取的视频。

二、讨论，明确任务

1. 说说你观看之后的感受。

2. 为什么他们的演讲具有如此大的魅力呢？原因有很多，比如说他们的语言很有感染力，体态语非常丰富，投入真情实感，打动人心等。当然演讲是门大学问，并非三言两语就能讲明白。但有一点很关键：演讲一定要讲清自己的观点，让人听过之后，了然于心。今天这节课，我们重点学习如何围绕一点来讲清自己的观点。

三、讨论：如何讲清自己的观点

1. 关于这一点，相信与我们同龄的杨心龙同学的演讲会让你有所启发。

观看《超级演说家》中杨心龙的《我们喜欢怎样的父母》演讲视频。

2. 小组讨论，汇报交流：

(1)刚才杨心龙同学想讲清一个什么观点？(我们喜欢怎样的父母。)

(2)他特别喜欢怎样的父母，你听清楚了吗？

(一是能读懂孩子的父母；二是能与孩子沟通的父母。)

小结：讲了自己喜欢的父母两个方面的特点，很有层次。

(3)你觉得他的演讲中哪些地方讲得特别好，给你留下了深刻的印象？

(先讲清自己喜欢的是怎样的父母，接着举例来说明自己的想法；在演讲中运用名言警句；将母亲与父亲对待同一个问题的态度进行对比等。)

3. 对学生的发言做总结，主要引导学生达成共识。

看来要讲清观点，要让别人认同自己的观点，有两点很关键。一是要有层次地讲，从几个方面证明自己的观点。为了说明观点，可以引用名人的话、警句等，使观点更具说服力。二是要用具体的事例(或正反面事例形成对比)来证明，使观点更具有感染力，让听众产生共鸣。

四、实训：共同讨论讲清一个观点

1. 教师出示论点"功夫不负有心人"。你的脑海中积累了哪些关于这方面的名言警句？可以举哪些正面例子？可有反面例子相辅？(教师可事先准备部分名言警句及实例，打印成稿，供学生阅读、选择。)

2. 小组讨论、交流。

3. 小组合作，将论点、论据组合成一篇三段式的微型演讲稿(亮出观点、引用事例、结尾有力)。

4. 小组推选代表上台演讲(因时间紧，可带稿讲)，台下同学认真倾听，并就稿子有没有讲清观点进行评价。

5. 投票评选"最佳演讲稿"，为其小组颁发奖状。

五、布置任务

运用今天所学，小组合作，以"我喜欢怎样的老师"为题，搜集相关素材，拟好初稿，试着讲清自己的观点。

第4课时活动设计

（设计者：陆俊勍、朱玲娟）

课　题　“中小好舌头”之微演讲（二）

教学（活动）时间　1课时

教学（活动）目标

1.以各种形式开展实战演练，给每位学生提供在众人面前说话的机会，要求人人敢讲。

2.通过借鉴、模仿、合作，学会讲清自己的一个观点。

教学（活动）内容

围绕“我喜欢怎样的老师”这一主题开展演讲。学生之间互助合作，修改稿子，完善演讲稿，再进行演讲。

课（活动）前准备

教师：击鼓传花所需道具；将事先设计好的打分表分发到各个小组。

学生：上网搜索资料，准备演讲稿。

教学（活动）过程设计

一、温故导入，交代任务

1.同学们，一晃一个星期又过去了。上堂课我们学习了怎样讲清自己的一个观点，还记得把一个观点讲清、讲好有什么好方法吗？

2.学生交流。

3.上周五我们观看学习了杨心龙同学的演讲《我喜欢怎样的父母》，课后同学们围绕“我们喜欢怎样的老师”进行了准备，不知你们完成得怎么样了？今天我们就要来真刀实枪地操练一把，讲一讲你喜欢的老师是怎么样的。

二、讲观点：我喜欢的老师的特点

1.同学们，你们喜欢怎样的老师，能和大家交流一下吗？请你先用简单的两三句话来说一说你喜欢怎样的老师。

2.指名交流，学生将能代表自己观点的关键词写到黑板上。

如：幽默、温柔、知识渊博、公平、关爱学生、能和学生做朋友、教学方式新颖、上课生动有趣……

3.总结：刚才同学们大胆地表达了自己的观点，显然是经过了仔细思考的。刚才你们说的这些，比如：

(1)“我喜欢有幽默细胞的老师,上起课来生动有趣,一堂课一下子就过去了。”

(2)“我喜欢对待学生公平、公正的老师,谁有错就批评谁,谁进步了就表扬谁,这样的老师我们从心底里佩服。”

(3)“我喜欢关爱学生的老师,如果老师关心我,我在学校里就什么也不怕了,遇到什么事都可以找老师商量,就像在家里一样。”

有的同学说了喜欢的老师的一个特点,有的同学说了两个特点。这些其实就是你今天要表达的观点!

三、摆事实:小组讨论来完善

1.你们为什么喜欢幽默、温柔、公平的老师?可有具体的事实,让人一听就觉得这样的老师,确实令人喜欢?

2.俗话说:“三个臭皮匠,顶个诸葛亮。”一个人的力量毕竟有限,接下来就请持相同观点的同学组成一个小组(如果持相同观点的人太多,可自行组成多个小组),先在小组里讲一讲你为什么喜欢这样的老师。请小伙伴听一听,你把观点讲清楚了没有。如果你觉得别人比你讲得好,可以学习伙伴的优点,对自己的演讲进行修改。由于时间关系,每人讲一个观点就可以。相信集体的力量一定可以给你带来思维的碰撞,让你萌生出更好的创意!

3.持同一观点的小伙伴围坐在一起,互相讲一讲自己准备的材料,互相交流、讨论、学习。

合作学习要求按顺序讲,其他同学认真听,并思考:你觉得他的材料当中哪些是能够有力证明观点的?他的稿子中哪些句子写得特别好?你认为他的演讲稿有什么地方需要改一改,怎么改?

4.在集体讨论中擦出智慧的火花,取众人之所长,听他人之意见,及时修改、完善自己的演讲稿。

四、实战:两分钟微演讲

1.拟定演讲稿后,熟读稿子,最好做到半脱稿。

2.哪些同学愿意上来给大家展示一下?请同学上台演讲。师生共同评价:他想表达一个什么观点?你觉得他把观点讲清了吗?你觉得他哪些地方讲得特别好?

3.为了让更多的同学有参与展示的机会,本轮实战比赛以击鼓传花的方式来选取演讲者,人数为10人左右。评委由刚才上台展示的三位同学来担任。最后我们将根据评委的打分决出今天的“演讲之星”若干名。

4.击鼓传花,演讲展示。

5.评选“演讲之星”,并颁发喜报。

第5课时活动设计

（设计者：陆俊勍、朱玲娟）

课　题　“中小好舌头”之辩论初体验（一）

教学（活动）时间　1课时

教学（活动）目标

1.通过观摩国际大专辩论赛视频，感受辩论的魅力。

2.了解辩论赛规则、流程及每个选手角色定位，初步感知辩论的基本特点。

3.通过指导，学生可以初步了解如何围绕辩题准备材料。

教学（活动）内容

观看辩论赛视频《金钱是否为万恶之源》，讨论：一场辩论赛有哪些程序，每个辩手的任务是什么？并围绕一个辩题准备材料。

课（活动）前准备

教师：2001年国际大专辩论赛大决赛视频《金钱是不是万恶之源》；用来确定辩题正反方的抽签盒。

教学（活动）过程设计

一、激趣导入，明确任务

1.同学们，“一人之辩，重于九鼎之宝，三寸之舌，强于百万之师”，你看，从战国的苏秦到三国诸葛亮的舌战群儒，从周恩来总理在外交场合有理有节的陈词到许廷芳律师在法庭上义正词严的辩护……这充满力量和智慧的口才，无人不折服，无人不羡慕。

2.我们当初来到这儿，不就是为了让自己有朝一日也能如此伶牙俐齿，能言善辩吗？那咱们就要学会“辩”。今天这节课我们就朝这个目标再迈进一步，辩论可不是一件简单的事，在进行正式辩论之前，我们先来观摩一场具有国际水准的辩论赛，近距离地了解一下辩论赛的流程和规则。

二、观摩视频，初识辩论赛

1.这场辩论赛是2001年国际大专辩论赛大决赛，辩题为“金钱是不是万恶之源”，堪称辩论赛中的经典。希望同学们在目睹辩手风采的同时，能不忘提笔记一记，辩论赛的流程及规则是什么样的，这些辩手的发言有什么特点。

2.播放辩论赛视频《金钱是万恶之源》。

网站链接 http://www.iqiyi.com/w_19rsgn9utx.html

3.这么精彩的辩论赛，看起来真是赏心悦目啊！好了，谁能跟我说说这场辩论赛的基本流程及规则是什么样的？

交流汇报，教师引导归纳罗列（板书）：

(1)正方一辩开篇立论，亮出正方观点，时间为3分钟；

反方一辩破题立论，亮出反方观点，时间为3分钟。

(2)正方二辩进一步阐述，时间为3分钟；

反方二辩进一步阐述，时间为3分钟。

(3)正方三辩进一步补充，时间为3分钟；

反方三辩进一步补充，时间为3分钟。

(4)自由辩论阶段，双方四位辩手轮流发言，由正方先开始，每队总共用时为5分钟。

(5)反方四辩总结陈词，时间为4分钟；

正方四辩总结陈词，时间为4分钟。

4.同学们，请你再回忆一下，这场辩论赛给你留下什么样的印象？这些辩手的发言有什么特点？

交流汇报，教师引导方向：

(1)每位辩手发言时均紧紧围绕本方观点展开阐述，层次分明，逻辑性强，一般都是分几点展开论述。例：

《圣经》中“失乐园”的故事和中国先贤孟子的教诲都说明了人之为恶并非本性使然，而是外在的诱惑使人迷失了自己的良知。那么，外在诱惑如此之多，为什么偏偏是钱成为万恶之源呢？

第一……

第二……

第三……

(2)正反双方辩手的发言都是针锋相对的，但是也很尊重对方辩手，十分有礼貌。例：

反方一辩：谢谢主席。大家晚上好。《辞海》这本书就告诉我们，所谓的万恶之源就是一切恶的根源……

正方二辩：谢谢主席。大家好。对方同学有四大问题，可惜一个前提错了。他们告诉我说，《辞海》中，“万”是一切。可是我方也查过《辞海》，无论是《辞海》《辞源》，还是《说文解字》，“万”从来就没有一切的意思。对方同学用的是不是盗版呢？不过盗版也是钱造的恶呀！对方同学，我们再举一个例子，我们说一个人经历了千辛万苦，是不是说他要经历一切的苦呢？那这个人肯定不是男人，因为男人再苦也没有受过女人生孩子的苦；不过他也肯定不是女人，因为女人再苦，也没有受过男人怕老婆的苦。“万”是一切吗？

(3)辩手们常常引用名言警句、俗语、歇后语、具体事例、真实数据、概念来佐证自己的观点，更有说服力。

例：名言警句、俗语、歇后语、诗句

①袁丁：在中国的传统社会中，一个满腹道德文章的读书人，其最高理想却也不外乎“学成文武艺，货与帝王家”。这已经是赤裸裸地把人生看作一场金钱的交易了。因而才会有“三年清知府，十万雪花银”的说法。当金钱的魔力使人把羞耻之心和报国之志都抛诸脑后的时候，我们还能说钱不是万恶之源吗？

②袁丁：古人云：“以史为鉴，可以知兴衰。”面对着东西方的历史，我们不禁要问：金钱，究竟有多少罪恶由你而生，究竟有多少盛世由你而亡？谢谢大家。

③余磊：对方二辩告诉大家，“万万不可”表明的是一切的意思。您搞错了。“万万不可”的“万”字是一个副词，我们今天说的“万恶之源”的“万”字是一个形容词。您用副词和形容词来做类比，是不是叫作“牛头不对马嘴”呢？

④余磊：原始社会到底有没有恶，伦理学上有争议。但是没有争议的是什么呢？是钱产生之后，恶的种类，恶的形式是一日千里，突飞猛进，犹如“黄河之水滔滔来，奔流到海不复还”！

⑤周玄毅：今天我方只需要证明，钱产生了这个世界上种类繁复、数量极多的罪恶，我方的观点就可以得到证明。而对方同学今天告诉大家，我方要证明钱产生了世界上一切的、微小的、琐碎的、细微的罪恶。这是不是有一点“纸糊的月亮当太阳——偷天换日”的嫌疑呢？

例：具体事例、真实数据

①陈勋亮：如果钱是万恶之源，为什么有人会用万恶之源来行善呢？陈六水先生创办了南大，而我们看各地的华人也在华东大水灾的时候慷慨解囊。如果钱是万恶之源的话，那么到底这个恶源如何结出善行呢？

②袁丁：想当年，罗马帝国雄踞一方，征服给帝国带来了荣耀，也带来了源源不断的财富。但是很快，原本纯朴的罗马人就拜倒在金钱的脚下，沉迷于声色犬马之中，而帝国终于也在这种腐朽和堕落中分崩离析。

③陈锦添：1995 年，东京地铁站发生了毒气事件，结果造成了 12 人死亡，5500 人进入医院治疗。我们更要看到，十字军东征的时候，不只是成年人受伤害，很多无辜的、手无寸铁的妇人和小孩躲在教堂里面，结果也被活活地烧死。

(4)风趣幽默可以使语言生动，有让听众在轻松中接受你的观点的功效。巧用反语，正话反说也有同样的功效。

(5)辩手们的有声语言和体态语言都很丰富，小到语音、语调、眼神，大到表情、手势、站姿，都十分得体却又有张力。

三、实战:围绕辩题准备材料

1.同学们,你们不仅看得认真,听得仔细,还深入思考,总结得特别好。我知道,你们对何为辩论赛已经有了一定的认识。

2.既然你们已经入门了,要不我们就准备准备,来场辩论赛?要在辩论赛中有出色的表现,有一点很关键,那就是在赛前做好充分的功课。刚才我们看到每位辩手对所讲内容都信手拈来,可见对所准备的资料已烂熟于心,赛前一定做了大量的准备工作。

3.我为你们精心挑选的辩题是"生活中是否需要善意的谎言"。

你觉得正反双方分别可以准备哪些材料呢?在学生广泛交流的基础上形成建议,做成温馨小贴士。

◆温馨小贴士:

正方:

(1)可搜集课外书或是电视上看到的关于善意的谎言的真实事例,一定要选择那种打动人的,能引发听众共鸣的事例。

(2)想一想你身边有没有这样的事例?

(3)你有没有这样的亲身体验?

反方:

(1)可搜集关于诚信的名言、俗语,最好包括古今中外,这样会更有代表性。

(2)可搜集课外书或是电视上看到的关于诚信的真实事例,如果选用名人的事例,也许会更有说服力。

(3)可以从正反两方面进行论述:诚信的人……不守诚信的人……

4.以四人小组为单位,组成一支辩队。由组长统筹,确定本组队员的辩论顺序,并为自己的队伍取一个名字。抽签决定哪些队伍为正方,哪些队伍为反方。

5.课后,针对自己抽到的观点及辩手位置,搜集大量资料(俗语、名言、书籍、新闻、数据、真实具体的事例),整理成稿。准备两两小组之间的对抗赛。

第6课时活动设计

(设计者:陆俊勍、朱玲娟)

课　题　"中小好舌头"之辩论初体验(二)

教学(活动)时间　1课时

教学(活动)目标

1.通过观摩辩论片断,学生可以学习掌握一些基本的辩论技巧。

2.小组辩论活动让每个孩子都有机会张口,可以锻炼学生的口头表达能力,培养学生的思辨能力，让学生学会从不同的角度看问题。

教学（活动）内容

观摩辩论片断，学习辩论技巧；同辩位辩手共享资料，再次完善辩论稿。两两小组进行对抗辩论赛，产生终极辩论赛选手。

课（活动）前准备

教师：剪接辩论片断；事先设计好评分表，并录入五组比赛双方的队名、辩手姓名；事先询问、翻阅学生所准备的资料、稿子，了解学生备战情况。

学生：确定小组成员辩手辩位，取好队名；根据抽取的辩题后分头收集相关资料，形成辩稿，自行进行练习。

教学（活动）过程设计

一、激趣导入

同学们，辩论赛，辩论赛，核心是个"辩"字（板书：辩）。你看，这个"辩"，两边各有一个"辛"，这说明双方的辩手都是势均力敌，每一方都有自己的论点和论据，双方的观点都不能完全主观地评判谁对谁错，二者都有道理；中间一个"言"，双方的辩手就凭借自己的能言善辩，凭借自己的思维能力，争取这场辩论赛的胜利。

看得出来，你们都想在这场辩论赛中好好表现一番，有些同学已经跃跃欲试了。但是，我想说，要想"辩"，得知道"何为辩"，同样，要想"辩好"，得知道"怎么辩"才行。

二、学习讨论辩论常见技巧

1. 要想辩好，得先做好充分的准备，准备得越充分，在辩论赛中就越能做到得心应手，游刃有余。刚才，我已经看过同学们自己准备的辩论稿和辩论材料了，确实花了不少工夫。

2. 要辩得出色，还得学点辩论技巧。相信你准备好的材料再加上那么一点辩论技巧，你就一定能够在这场辩论赛中脱颖而出。

3. 观看辩论赛片断，学生交流讨论，教师引导归纳辩论方法和技巧：

◆正反方一辩

（1）语气坚定、态度坚决阐述己方观点。

（2）自信大方地运用体态语，如眼神、手势等肢体语言。

（3）语言组织：掌握辩论常用结构，先说出观点，后分论点有条理地进行论证，可使用"第一、第二、第三""其一、其二、其三""首先、其次、再次、最后"等顺序连接词。

◆正反方二、三辩及自由辩论

（1）先有针对性地反驳前面发言的对方辩手辩论，再陈述己方观点。

(2)注意倾听,抓住对方失误、矛盾之处,穷追猛打,积极反驳。

(3)面对对方的问题,要灵活应变,变被动为主动。实在不能应付,可避而不谈,反问对方。

(4)运用一些经典辩论语录:

主席,各位评委,大家好,下面由我来陈述我方观点……

请问对方辩友,你对……是怎么看的?

谢谢对方辩友,你刚才所列举的事例正好证明我方观点。

如果你认为……是这样的,那请你解释我方以下四个问题:……

再次请对方辩友正面回答……这个问题。

像对方辩友这样以偏概全的推论,大家可以接受吗?

对方辩友的逻辑很有趣,犯了一个很明显的错误……

◆正反方四辩

(1)总结陈词包括对对方所有漏洞的总结和对己方观点的升华。

(2)四辩需要把本方论点重复一遍,加以强调,也可以用一连串气势磅礴的排比结束,达到震撼人心的效果。

4.经典就是经典,能揣摩出这么多的智慧。如果能把这些辩论技巧用到我们手中的辩论稿上,那咱们的表现一定能让人刮目相看。

三、学习他人长处,再次修改自己的辩稿

1.他山之石可以攻玉,这个真理我们已经实践过很多次了。下面,请正反方5个同辩位的选手坐到一起,交流自己找到的各种材料、自己的辩论思路,讨论一下你们所在辩位的辩稿要如何修改会更好。

2.教师提供辩论赛经典语录集锦,在大屏幕滚动展示,为学生提供语言素材。

3.辩论稿基本完善好后,学生回到自己的座位,开始练习,模拟辩论,尝试记忆,最好能够半脱稿。

四、小组对抗辩论赛

1.现在理论上来说,你们对于"何为辩""怎么辩"的领悟是更深一层了,光说不练嘴把式,下面咱们就真刀真枪地练一练,好不好?

2.别急别急,还有一个问题呢,没有主席怎么办?

3.好,就请每组的组长主持大局吧!我宣布,小组对抗辩论赛,现在开始!

正反两支小组选择校园里的一个地方,对抗辩论赛开始,教师巡视,适时给予指导,把握方向,并指出应注意的问题。例如:自信大方,从容不迫;全神贯注,进入状态;不要默认对方的观点;在交锋点上辩论,抓住分歧点来辩论,不要偏离自己的主题;文明礼貌,尊重辩友;等等。

五、评选优秀辩论队

1. 老师根据为每支队伍所打的分数，结合每队辩论前课堂上的表现，评选“最认真辩论队”“最团结辩论队”和“最具风采辩论队”，为其颁奖，以资鼓励。

2. 主要由学生推选，结合教师所察，每组队伍推选出两名优秀辩手，共十名。

3. 根据自己意愿，结合教师意见，其中一名担任下节课的终极辩论赛的主席，一名担任下节课的终极辩论赛的主评委官，其他八名同学为下节课的终极辩论赛的辩手。

4. 由学生推举，结合教师意见选出 4 名在本门课程学习中认真的同学担任终极辩论赛的评委。

六、布置任务

1. 八位辩手抽取辩队及辩手位置，可共享未入选的同辩位同学的资料，课后花时间好好准备，熟记辩稿，尽量做到脱稿。

2. 其他同学也有参与终极辩论赛机会，可作为自由辩手参与到自由辩论环节中，课后也要用心准备。

第 7 课时活动设计

（设计者：陆俊勍、朱玲娟）

课　题　“中小好舌头”之终极辩论赛

教学(活动)时间　1 课时

教学(活动)目标

1. 通过开展正式辩论赛，锻炼学生的心理素质，提高辩论能力，提升应变能力，养成耐心倾听、尊重他人发言的习惯。

2. 设置自由辩论环节可全员参与的机制，让更多的学生拥有当众说话的机会，敢于发表自己的见解，展示自己的风采。

3. 以辩论的形式，让学生对“生活中是否需要善意的谎言”有正确、全面、客观的认识。

教学(活动)内容

围绕“生活中是否需要善意的谎言”展开辩论，并进行反馈评价。

课(活动)前准备

教师：中途了解八位辩手的准备情况，给予相应指导，审核其辩论稿；对推选出来的主席进行主持培训；设计好评分表，对四位评委进行打分指导培训；推好课桌椅，中间留八位辩手位置，评委坐在教室后方，其他同学根据所持观点坐到教室两侧。

学生：八位辩手熟悉辩论稿，自行练习；主席接受相关训练；评委了解相关评分要求。

教学（活动）过程设计

一、开场导入

1. 经过一次又一次的理论学习，一轮又一轮的实战演练，我们终于迎来了今天这场“中小好舌头”收官之战——终极辩论大PK。

2. 我们都知道，辩论比赛取胜的关键并不在于观点的正确，而是在于参赛选手能利用有力的材料证明自己的观点。在今天这场战役中，哪支队伍能够赢得最后的胜利，哪位辩手能让我们印象最为深刻呢？我们将拭目以待。

3. 下面把舞台交给我们的主席、参赛的两支队伍和在座的两个后援团。

二、终极辩论进行时（本环节以实录片断的方式进行）

尊敬的老师，亲爱的同学们，大家好！马上就要举行的是“中小好舌头”的终极辩论赛，我是×××，很荣幸担任本次辩论赛的主席。

首先，请允许我介绍本次辩论赛的参赛双方：在我左手边的是正方代表，他们的立场是________，他们的辩手是________。在我右手边的是反方代表，他们的立场是________，他们的辩手是________。

今天到场还有各个班的同学们，他们已坐在各自所支持的阵营后面，让我们以热烈的掌声对辩手和同学们的到来表示欢迎！

今天的辩题是“生活中是否需要善意的谎言”，到底谁是谁非呢？想必在场的各位都跃跃欲试了。那咱们话不多说，赶紧进入本次辩论赛的第一环节，立论陈词，看双方如何摆开阵势。

1. 首先由正方一辩发言，时间为三分钟，计时开始。

正方一辩：

主席，评委，对方辩友，大家好！“谎言”之所以称为“谎言”，是因为它是虚假的、不真实的、骗人的话语。一个人如果经常有谎言流于口中，从而去哄骗他人，久而久之，他便会失去人们的信任。就如同《撒谎的孩子》一文中的那个孩子一样，每天都喊“狼来了”以寻求刺激、开心，而当狼真的来时，他只有一个人独立去面对，去承受，再怎么喊叫也无济于事，不会有人再来帮助他。因为，可能来帮助他的人已经习惯了他的喊叫，以为又是他在“逗你玩”呢，可见，谎言是有悖于正确的社会价值观的。

但是今天，我们谈到的“谎言”，还有个定语——善意的，加上了这个限定词后，谎言的本质也就发生了根本的改变。下面我将从以下四个方面来阐述我方观点：

第一，善意的谎言是出于善良的动机，以维护他人利益为目的和出发点。出于美好愿望的谎言，是人生的滋养品，也是信念的原动力。它让人从心里燃起希望之火，确信世界上有爱、有信任、有感动，因而找到更多笑对生活的理由。善意的谎言，是赋予人性的灵性，体现着情感的细腻和思想的成熟，促使人坚强执着，不由自主地去努力去争取，最后战胜脆弱，绝处逢生。生活中，我们经常能碰到一些善意而美丽的谎言，这些谎言构成了人生的另一种风景。它丰富了人们生活的情趣，使人们之间的关系更为和谐，生活更愉快和美满。当贫穷的母亲把仅有饭菜留给儿女，同时隐瞒了自己还饿着肚子的事实，难道您还要指责善良崇高的母爱"不诚信"吗？我们很多人都读过美国著名短篇小说家欧·亨利的作品《最后一片叶子》，每次我读的时候眼里总是潮湿湿的。当生病的姑娘舒曼望着凋零衰落的树叶而凄凉绝望时，充满爱心的画家用精心勾画的一片绿叶去装饰那棵干枯的生命之树，从而维持一段即将熄灭的生命之光。这难道不是谎言的极致吗？

第二，善意的谎言是一种处世的方式，是一种替人着想的品质的体现。一个身患绝症的病人的亲友总是用善意的谎言将他的病情说得很轻，鼓励他配合医生治疗，相信在座各位不会因此而指责他们不诚信吧？相反的是恶意的真实，一个俘虏在敌人的利诱下说出了己方的兵力部署，有人认为他诚信吗？对敌人的诚实就是对国家的背叛啊！广州脑科医院司法鉴定科主任说："说谎是人的一种本能，至于是否诚信，关键在于哪种谎言。"一句在不直接伤害追求者基础上表达拒绝爱意的谎言，一个不愿意使邀请者失望的、表达力不从心的谎言在人际交往中是不可或缺的。它使我们更游刃有余，处事不惊，而不像一颗多棱的坚石，划得别人头破血流，自己也遍体鳞伤。可见，人与人之间需要保护色和润滑剂。自打从伊甸园被逐出之时，人们就不再赤裸相向而是围上树皮、草叶了，不是吗？

第三，没有谎言的世界如同没有灰尘的地球，我敢说我们从小到大没有人没说过谎。是的，人人都说过谎，只是有的谎言是善意的，而有的谎言是恶意的！善意的谎言，它的出发点是好的，是不得不编造出来的谎言。请你想一想：我们长这么大，撒了多少善意的谎？有时可能是为了不让人家尴尬，有时可能是为了不让同学难受，有时可能是为了不让自己无地自容。比如说你上学时在校门口碰到了你的好朋友，她穿一了条新裙子，你并不觉得好看，但是她问你她今天穿的裙子好看吗，你能说你觉得很难看吗？所以，当环境和场合需要我们说一些善意的谎言时，我们不妨说两句违心的话，这样可能会取得意想不到的好效果。但这不是伪装，也不是虚伪，而是因为我们都是善良的人。当然，我方同意生活中需要善意的谎言并不等于我们提倡它，其关键在于度。谢谢！

2.感谢正方一辩的精彩发言，下面有请反方一辩，时间为三分钟，计时开始。

反方一辩：

好，谢谢主席！评委，对方辩友，大家好！

我们认为首先应从定义入手进行阐述，对于这点刚才对方辩友也承认了，善意的谎言就是不实事求是，说假话、虚话，夸大、掩盖、歪曲事实真相。光从本义上看，这就是违反了做人要讲诚信的基本原则，也与从小到大我们所受的教育相违背。但是对方辩友又说这“谎言”是加了个定语的，性质完全不一样了。好，我们就从“善意的谎言”这个词组的结构入手，进行细化分析。请在座的各位跟我读一遍：“善意的谎言”。发现没有，这明显是偏正短语，不管定语是什么，中心词只有一个，就是“谎言”，所以“善意的谎言”本质上就是“谎言”，对方辩手刚才可是犯了一个很严重的逻辑错误啊！

好，我继续阐述我方观点：

第一，善意的谎言其动机虽然为善意，但善意的谎言本身即是谎言，难道披着羊皮的狼就不是狼了吗？难道褪去了乞丐服穿上了华服，就不是乞丐了吗？不，当然是！所以，善意的谎言依然摆脱不了其谎言的本质，而谎言就意味着欺骗，欺骗是不讲诚信，不讲诚信就是有悖道德的。想我泱泱中华，自古崇尚诚信，从孔子的“人无信不立”到孟子的“诚者天之道也，思诚者人之道也”，从商鞅的“城门立木”到现代的《公民道德实施纲要》，无不体现着诚信即真诚实意，信守诺言，求真之意，摒弃谎言。正如胡锦涛在讲话中说的：“我们所要建设的社会主义和谐社会，应该是民主法治、公平正义、诚信友爱、充满活力、安定有序、人与自然和谐相处的社会。”

第二，请对方辩友多点理性，少点感性。对方坚持善意的谎言不违背诚信，是不是感性的思想掺杂得太多！在谎言前面加上“善意”二字，就想当然地认为它不再是谎言，认为其动机是善意的，这正是击中了人性的弱点。殊不知正因善意本身存在一定的不确定性，因而屡屡被一些“职业骗子”所利用，造成许多人被伤害，这是不争的事实。“谎言”本身是阴暗的，事物的好恶不由事物的目的去衡量，善意的谎言本身即是假话。所以请对方辩友睁开您的慧眼，看看善意的谎言的现实问题吧！不要“不识谎言真面目，只缘身在善意中”啊！

第三，善意的谎言是一种毒药。马克·吐温曾经说过这样一段话：“当你拿不定主意时，就说实话。它将令你的对手感到窘困，令你的朋友感到释然。”因此，心理学专家们的观点也是：不要轻易扯谎，哪怕是善意的谎言。现代心理学研究指出，善意的谎言分为两种：一是客体善意谎言，一是主体善意谎言。所谓客体善意谎言，是出发点完全为了对方利益的善意谎言，它较多陈述善意撒谎的客体情况，例如称赞一个智力低下的小孩，说他很聪明，让他得到自信心。这客体善意谎言破坏诚信比较隐蔽，是一种慢性毒药。但随着时间的推移，它会慢慢地腐蚀人们的诚信系统，不诚信的理念就会藏于他们的潜意识，而“为人家好”这句话就会成为破坏诚信的借口。而所谓主体善意谎言，是出发点包含维护或牟取自己利益的成分的善意谎言，它较多陈诉善意谎言的主体情况。例如有个小孩子上课没认真听讲，回家后他妈妈问他有没有认真听讲，但他不希望妈妈责备他，也不希望妈妈伤心，因此撒谎说认真听讲了。这主体善意谎言破坏诚信比较明显，是一种急性中毒。说了一个谎，就要用一千个谎来圆，哪怕是善意的谎言也是如此。

通过上述多方面的分析，我们认为无论谎言是否出于好的目的，必然会有碍诚信，所以，我们的生活不需要善意的谎言！

3.感谢反方一辩的精彩发言。通过前一个环节，双方辩手都明确阐述了自己的观点，接下来，请正方二辩做进一步阐述，时间为三分钟，计时开始。

正方二辩：

谢谢主席，大家好！刚才对方辩友借用了胡锦涛在讲话中说的一句话："我们所要建设的社会主义和谐社会，应该是民主法治、公平正义、诚信友爱、充满活力、安定有序、人与自然和谐相处的社会。"首先，大家注意到没有，"诚信友爱"这个短语中包含着两个词，诚信与友爱，这说明友爱与诚信是同样重要的！其次，请对方辩友先搞清楚我们今天辩论的前提。《现代汉语词典》解释"谎言"为不真实的话，在感情色彩上显然是中性的。出于不同目的说谎，将导致迥然相异的结果：一种出于损人利己的目的用狡猾奸诈的手段骗人，它是恶意欺诈，必然会导致社会道德的沦丧和秩序的混乱；另一种出于有利他人的目的把真实情况隐藏起来，它是善意隐瞒，将会让感情更融洽，社会更和谐。因此，善意隐瞒和恶意欺诈从动机到结果都有着天渊之别，不可混为一谈。善意的谎言作为一种正确而友善的处世方式，其动机、目的和结果无一不与"诚信"相一致。社会弘扬诚信的意义在于培养人的高尚道德情操，建立起人际间互信、互利的良性互动，而那些充满仁慈和恻隐之心的善意的谎言用样是为了使感情更融洽、生活更温馨、社会更和谐。"大学之道，止于至善"，出于同样的善意，二者之间便是密切统一的。米·露西·桑娜曾经说过："有时候，谎言很美丽，她的名字叫'善意的谎言'。"是的，善意的谎言是美丽的，由于我们所处的环境的特殊性，需要我们做出一点点改变，当我们为了他人的幸福和希望适度地扯一些小谎的时候，谎言即变为理解、尊重、宽容与爱。

如果对方辩友坚持认为生活不需要善意的谎言，那就请回答我以下三个问题：

当一位身患绝症的病人，被医生判了死刑时，他的父母、爱人、子女以及所有的亲人，都不会直接地告诉他"生命已无法挽救""最多还能在这个世界上活多久"之类的话。虽然这些都是实话，但是谁会那样残忍，如同法官宣判犯人死刑一样，对已经在病痛中的亲人以实情相告呢？这时，大家就会形成统一战线，闭口不谈实情，而以善意的谎言来使病人对治疗充满希望，让病人在一个平和的心态中度过余日。难道你会说这样善意的谎言不好吗？

当一个不谙世事的孩子，突然遭遇不幸，失去了自己的亲人，你该怎样向他说明自己的亲人到哪里去了呢。我们觉得最好的办法还是：暂时不要告诉他真实情况，只是说到很远的地方出差去了，或者是在国外学习工作之类的。待孩子懂事了，有了一定的承受能力的时候，再以实情相告，孩子也会理解亲人的做法，不会因为没有早知真情而生气的。难道你觉得这样善意的谎言是不对的吗？

当一个正在外地执行任务的军人的母亲病入膏肓，奄奄一息的时候，多么希望能见上儿子最后一面啊。但是，祖国需要他，儿子没办法回来，不能为老母亲尽一点孝心，照顾一下曾经为儿子操碎了心的母亲，他非常非常歉疚，也很惦念。而老母亲非常理解儿子，就告诉身边的亲人，自己走了以后不要告诉远方的儿子，要说病情已经稳定，不要让他分心，让他安心为国尽忠。难道你认为这样善意的谎言是错的吗？

4.有请反方二辩发言，时间为三分钟，计时开始……

5.有请正方三辩做进一步补充，时间为三分钟，计时开始……

6.有请反方三辩发言，时间为三分钟，计时开始……

（为使辩论会气氛活跃，主持人可以在辩论过程中相机插话，或评价，或激励，或引导，把辩论不断推向高潮，教师也可视情况参与。）

7.感谢双方辩手，双方辩手思维敏捷，针锋相对，看来都是有备而来。接下来，就让我们进入紧张的自由辩论环节。本环节，双方辩手轮流发言，总时间为5分钟，两主阵营后面的自由辩手也可参与，希望你们积极踊跃地为己队争光。自由辩论正式开始，先请正方辩手，计时开始。

正方：古语有云："大学之道在明明德，在亲民，在止于至善。"这不正是告诉我们做人学习的终极目标是"善"吗？请问对方辩友，你觉得生活中到底要不要"善"呢？

反方："善"当然要，但是得看是何种"善"，得看是在何种情况下。对方辩友都没有给出前提，叫我方如何回答你呢？

正方：对方辩友，既然你一开口就说"当然需要善"，又一直在告诉大家不可以有善意的谎言，你这不是出东门，往西拐——糊涂吗？

反方：一个身患癌症的老人接受治疗后情况仍很不乐观，而且疼痛难忍，吃不下，睡不着，每一秒都是煎熬，但他的家人一直说"会好的""已经好多了"，你觉得这种谎言对这个老人家来说是"善"吗？《刑警2010》里有一句话："魔鬼之路，可以是由善意铺成的。"一个有悖诚信的善意的谎言有可能会变成别人的魔鬼之路啊！

……

正方：莎士比亚曾经说过："在生活中，谎言可以让生活增添色彩！"从出发点和结果看各种各样的善意谎言，都是为了保护对方的情感，使对方心理健康和愉悦，是一种人文精神。如果开诚布公、直截了当是一种错误，我选择谎言；如果真情告白、坦率无忌是一种伤害，我选择谎言；如果是为己为人不再痛苦、不再忧伤，多点谎言又何妨？

反方：对方辩友目光太过感性，但过多的感性就能掩盖本该有的理性了吗？赵本山的小品有这么一句："小样，穿个马甲就不认识你了？"而今天怎么"谎言"加了个"善意"的外衣，您就认不出来了呢？

正方：善意的谎言与谎言是不同范畴的道德规范，不会发生矛盾，就像汽车不会撞上飞机一样。

反方：现在我们抛开马甲的问题不谈，请问对方辩友，你认为良性肿瘤对人体有害吗？

正方：既然是良性，就是没有的吧。

反方：真的没有吗？那我来告诉你，在医学上，良性肿瘤也是肿瘤的一种，它也是疾病，有害于人类的身体健康，对方辩友，你认同吗？

正方：从医学上是这样的吧。

反方：好，回到咱们今天的辩题，善意的谎言也是谎言的一种，它也是谎言，也是有悖于诚信的，难道对方辩友要否认吗？

正方：我不认同，善意的谎言不是恶意的谎言，就像鲸鱼不是鱼，鼠标不是鼠。

……

（自由辩论环节需主席适时调控，如若主席应付不来，教师要及时救场。）

8. 经过一番紧张的唇枪舌剑，让我们进入本次辩论赛的最后环节——总结陈词环节。

本环节由反方四辩先发言，再由正方四辩发言，时间各为四分钟。

有请正方四辩，计时开始……

有请反方四辩，计时开始……

9. 感谢双方辩手的精彩总结，到目前为止，本次辩论赛已告一段落。

三、优秀辩手评选进行时

1. 下面我们将进行本次辩论赛的相关评选，首先有请五位评委离席，对本场辩论赛进行评判。

2. 教师离场，与五位评委商讨评选，主席可趁此时间采访场上辩手和场下同学，聊聊此时的心情如何，觉得这场辩论赛怎么样。

3. 宣布优秀辩手：获得本次辩论赛最佳辩手的是________，获得个人最机智奖的辩手是________，获得个人最具勇气奖的辩手是________，有请陆老师给他们颁发奖状。

4. 下面，就是大家最关心的问题了，这场辩论赛事究竟哪队获胜呢？请老师为我们揭晓答案。

5.教师在揭晓获胜队伍之前,先对本场辩论赛、对双方辩手进行点评。

(1)可以指出哪些学生态度最积极,哪些学生提出的论据最有说服力,哪些学生应对最迅速,哪些学生语言最严密、表达最清楚,哪些学生最能发现对方的问题、反驳最有力,等等。

(2)还可指出本次辩论过程中存在的问题。

6.教师总结正反两方在辩论中的得与失后,宣布评判结果,为获胜队伍颁发“中小好舌头终极辩论赛冠军”奖状,为另一支队伍颁发“中小好舌头终极辩论赛亚军”奖状。

7.总结:生活中是否需要谎言,这真的很难界定。在平时生活中,老师希望你们拒绝谎言,拒绝虚伪,崇尚以诚相待,对人真情实意。可是在某些时候,人又需要一些善意的谎言来抚慰心灵。当然,这样的谎言是以善良为前提,以减少别人的痛苦为出发点的。所以,我希望今天走出这个教室,除了记得有关演讲与辩论的内容,还要记得做诚实不说谎的人,但也希望你们做一个有爱的人,如果是以爱为前提的,以良心为保障的,谎言也并非不可有。

【实践反思】

将舌尖上的快乐进行到底

——“中小好舌头”案例反思

陆俊勍

《小学语文新课程标准》指出:“要培养学生具有日常口语交际的基本能力,在各种交际活动中,学会倾听、表达与交流,初步学会文明地进行人际沟通和社会交往,发展合作精神。”但从我们实际教学来看,当下语文课堂上更侧重学生的应试能力的培养,对口语交际系统训练的忽视将会影响学生的语言组织能力、口头表达能力的发展,还会影响以后的待人处事、举止谈吐、临场应变和传情达意方面的能力和素养。“中小好舌头”作为语文类拓展综合实践活动课程,有针对性、有梯度地教授演讲与辩论,是语文课堂外口语交际教学的必要补充,更是学生课堂外口语交际训练的最好阵地。通过两轮的实践,这门课程已渐渐走向成熟,回头看看,觉得以下几点是值得肯定的:

其一,课堂教学形式多样化,激发了学生的兴趣。李吉林老师说过:“言语的发源地是具体的情境,在一定情境中产生语言的动机,提供语言的材料,从而促进语言的发展。”可见,宽松愉快的环境会使学生心情愉悦,乐于思考,敢于表达。本门课程与传统语文课堂口语交际教学最大的区别就是少传授,多探讨,少说教,多发现，寓知识于一系列活动之中。教师领着学生看视频、玩游戏来自我介绍、进行绕口令PK、举行演讲比赛、开展辩论会，创设了生动、活泼、有趣的交际环境，营造了和谐、民主、融洽的交际氛围，极大激发了学生的学习兴趣，使其萌生强烈的交流欲望，树立敢于当众说话的信心。学生从“要我说”到“我要说”，从“我要说”到“我会说”，真正印证了“兴趣是最好的老师”。

其二，拓宽了学生的知识面，丰富了学生的积累。“积跬步以致千里，汇溪流以成江海”是提高学生语文素养的重要途径之一。在准备绕口令PK、演讲比赛、辩论赛中，学生的内心都有一种取胜的欲望。为了让自己能够在各种比赛中掌握主动权，获得最终的胜利，他们会想方设法使自己占有丰富的资料，形成充足有力的论据，并且牢记于心。在比赛进行中，激烈的交战又使他们所掌握的知识在碰撞中得到了交融、整合。一环环、一轮轮的大小比赛，使学生不断地增长知识，开阔眼界。

其三，让每个学生都有说的机会，提高学生的能力。由于语文课程以掌握系统知识为主，即便现在也重视培养学生的口语交际能力了，但由于受学科教学时间的限制，学生也很少有机会真正放开“嘴巴”参与其中，一人说、众人听的情况居多。“中小好舌头”本着让每位学生都有机会当众说话的原则，致力于为学生搭建展示平台，通过绕口令、微演讲、辩论赛等系列学生喜爱的活动，让学生自己说、四人小组里交流着说、八人小组里探讨着说、全班同学面前展示着说，做到把课堂把时间还给学生，从“一个人说”变为“每一个人说”，让他们尽情“说个够”。当然，这“说”可是精心准备过的：课前学生已借助网络、书籍、电视、广播、报刊等媒介搜索收集了大量资料，进行了筛选、整合；课上学生学习经典文稿、互相交流，学会撰写演讲稿、辩论稿的方法，掌握演讲、辩论的基本技巧，同时，在交流探讨、互相学习的过程中又不断筛选资料、完善自己的文稿，还要加以适当练读，只为达到口头有声语言与体态无声语言的完美结合。这一步步的准备、打磨、完善、练习、展示的过程，不仅提高了学生的语言组织能力、口头表达能力，培养了学生乐于表达、善于倾听的良好习惯，还提高了学生的思辨能力、信息处理能力、与人合作的能力，增强了学生自信心和表现力。

当然，这门课程在执教过程中也存在一些问题，值得我们深思：

一是学生水平参差不齐，课堂效率有待提高。开设本门课程，旨在引导孩子在他人面前大胆地亮出自己的想法，得体地表达自己的观点，收获更多的自信和快乐。原本是以为上这课肯定热热闹闹，大家你一言我一语，但事实并非如此。仔细分析，可能有以下原因：学生水平参差不齐，口头表达能力、语言组织能力、逻辑思维的缜密性差距很大，个别孩子确实喜欢演讲与辩论，在大众面前说话的欲望强烈，机会总是被他们抓走了，而剩下的那些本来就不爱说话的孩子则更加安静；授课对象基数较大，课堂时间有限，课堂任务又吃紧，所以难以一一照顾到不爱说话的孩子，而如果照顾到这些沉默寡言的孩子，那些真正热爱这门课程孩子则收获不大。对此，我觉得开设这门课程时，可否实现双向选择？因为本门课程能否真正有效地开展与学生的口头表达能力、语言组织能力、逻辑思维能力息息相关。除了老师的引导，这些方面也是决定课堂效果的重要因素。

二是此门课程专业性较强，而实际课堂专业味道不足。国际大专辩论赛是高大上的专业辩论赛，虽然我们的孩子此前观看过、学习过、模仿过，但只能是形式像，精髓总是差了一点儿。究其原因，小学生的认知能力有限，加上没有经过专门的训练，学生之间的水平差异较大，语言严谨性欠佳，发言针对性不强，逻辑思辨能力不足。这些问题在自由辩论阶段比较突出，能够站起来针锋相对、博得众彩的总是那几个同学。如果这是一节语文课，这种辩论形式是符合课改要求的，是值得提倡的，可这是在综合实践课上，我们的目标是引领一些孩子慢慢走上更高层次的演讲与辩论的道路，要求应该更高，不管是对教师还是对学生都是如此。

故而，除了对学生进行选拔、培训外，教师也需要专业的培训，以具备精深的专业基础知识，过硬的专业技能，或者聘请专业的教师来授课，带领真正有兴趣、有能力的孩子走向他们所梦想的“口才”之路。

“路漫漫其修远兮，吾将上下而求索。”“中小好舌头”才刚刚起步，还有许多需要摸索和改进的地方，我们必将竭尽全力，为孩子成为理想中的“好舌头”而奋斗！

个案 3. “唱响童谣”微型课程

（设计者：周爱萍、毛江文、姜慧芳）

课程名称 唱响童谣

课程编号 类别：语文学科拓展类 序列号：综 02A01

课程简介

孩子：童谣像一列长长的火车，上面坐着小猫、小狗、蝈蝈……叽叽喳喳，躲躲藏藏和我追逐奔跑；童谣像圣诞老人的布袋，里面藏着笛子、糖果、布娃娃……蹦蹦跳跳，高高兴兴地跑进我们的心中；童谣像一枝魔杖，点亮了我们七彩斑斓的童话世界，也让我们在快乐中学习做人的道理。让我牵着你的小手，一起唱响快乐的童谣，一起创编活泼明快的童谣，让美好的童谣伴着我们走过美好的童年，让金灿灿的阳光洒满我们幼小的心田吧！还等什么，赶快启程吧！

适用年级 一年级

课程开设背景及意义

低年级学生刚从幼儿园进入小学，语言环境变了，要求提高了，从原来的以游戏为主转为以学习为主。孩子们一方面为进入小学高兴，充满欢喜、新奇之情，希望能早点自己读书，因为书中有那么多有趣的故事。另一方面，又有几分胆怯，特别是那些比较内向和受家庭呵护过多的学生，因能力有限，对文字世界还十分陌生，缺少良好的学习习惯。这阶段是基础，处理不好会打击学生对学习生活的积极性。于是我们根据低年级儿童活泼、天真，喜爱说话，但往往语言太快，语序乱，交往中不会运用礼貌语言，还有少数学生很羞涩，不善于与成人交往，不敢在众人面前说话等情况，经过认真思考和研究，决定开发"唱响童谣"课程。

童谣融合民俗性、教育性、趣味性、文学性、创造性、可读性于一体。它不受年龄限制，入门容易，初学者就可在童谣的创作中获得成功的喜悦，有利于促进学生个性的健康发展。同时，童谣创作过程的情趣性、实践性，表现内容的自由性和评价标准的多样性，能为学生提供最适宜的学习环境，有利于培养学生的创新精神和实践能力。我们认为，童谣教学所蕴含的这些积极的教育价值也正是校本课程所追求的，把健康向上、易学易唱的童谣引入到校本课程中，也是对学生思想道德教育的一种新探索和尝试。

课程目标

1. 指导学生学习、欣赏童谣，了解童谣的基本格式、题材选择及一般创作方法。

2. 在学生开始接触语言文字之初，利用生动有趣、文字浅显、结构整齐、朗朗上口、易于接受的童谣形式，培养其阅读兴趣，帮助其积累语言，发展朗读和口语能力，体验遣词造句。

3. 通过一系列言语实践活动引导学生用纯净的心灵去感受世界的真、善、美，用自己的双眼去看世界的纷繁陆离，通过童谣的学习，欣赏美，创造美。

4. 用童谣的形式记录丰富的童年生活，坚持学生的自主选择和主动探究，发展学生的实践能力，发展其对知识的综合运用和创新能力，为学生个性充分发展创造空间。

5. 通过学习童谣，提升学生的言语智慧，包括言语知觉、言语记忆、言语思维、言语情感、言语个性等素养。

课程内容

1. 儿歌童谣的欣赏与创作。

(1)欣赏：中外民间童谣、同龄伙伴创作的童谣、名作家为孩子们写的童谣。

(2)仿作：在欣赏的基础上仿作，融入自己的所见所闻、所思所感。

(3)创作：结合学习、生活、游戏进行创作。

2. 围绕儿歌童谣的欣赏与创作开展一系列活动。

(1)诵读童谣。以"每周一首童谣""每周一星"的形式，进行诵读展示交流。

(2)收集童谣。访问亲朋好友，了解不同时期、不同地域的童谣，搜集相关的民间童谣，感受不同地方的童谣风格。

(3)赏析童谣。利用网络资源进行传统童谣、新童谣及中外民间童谣的欣赏与评价，了解经典作家及其代表作。

(4)传唱童谣。通过相互交流，出作品集，诗配画、配乐朗诵，使学生品尝成功的喜悦，充分享受愉快的童年生活。

教学方式

1. 通过“说一说、唱一唱、跳一跳、演一演、书一书、画一画、剪一剪、评一评、玩一玩、用一用”等途径引导学生在“童谣”的传唱中感知美。

2. 同步进行“欣赏教学”与“创作教学”，在“赏”的启发下，有目的地指导学生进行“创”，其间，通过“仿”“借”“改”“配”这四种辅助性方法进行创作。

评价方式

1. 作品展示。开展多种形式的校内、校外学生作品展示，加强宣传和对学生进行鼓励。

2. 建立个人的成长记录袋。

(1)采用等级制记录学生学习儿歌童谣情况，教师、同学、家长参与评价。

(2)出作品集：每个阶段学生的优秀作品，获奖作品，喜报等。

3. 小评论：同学、老师及本人针对某一作品进行评价。

4. 期末评语：记录“家长说”“老师说”“同学说”“自己说”等方面的综合评价。

教学所需材料与设备

1. 快板(或响鼓)、橡皮筋、吸铁石、钓鱼竿。

2. A4 白纸。

课程计划

第 1 课时：江山话童谣

第 2 课时：游戏童谣

第 3 课时：游戏童谣

第 4 课时：问答童谣

第 5 课时：问答童谣

第 6 课时：快板童谣

第 7 课时：快板童谣

第4课时活动设计

（设计者：姜慧芳）

课　题　问答童谣

教学（活动）时间　1课时

教学（活动）目标

1. 在感知常见动物最基本外形特征的基础上，学问答童谣。

2. 尝试仿编问答童谣，感受创作童谣的乐趣。

3. 通过问答童谣了解生活中更多动物的特征。

教学（活动）内容

动物类问答童谣。

课前（活动前）准备

教师：收集常见动物的图片或视频，制作PPT；准备响鼓。

学生：上网搜索常见动物的名称、图片。

教学（活动）过程设计

一、激趣导入

（带学生去动物园参观以导入活动，激发学生参与活动的兴趣。）

教师：今天天气真好，让我们骑上小车去动物园看看吧！

（一起边做动作，听歌曲《骑小车》。）

骑小车

骑上我的小车，真呀真快乐。

小车招一招，脸上笑呵呵。

丁零零，丁零零，我来了！

丁零零，丁零零，我来了！

二、用PPT播放动物图片，以此感知常见动物最基本的外形特征

教师：动物园到了，我们好好参观吧！

（随着PPT的播放，教师用语言引导学生发现动物最基本的特征。如：谁来了？来了一只长耳朵的兔子，大尾巴的松鼠。）

三、学习按节奏朗诵童谣

1.（PPT播放至树林草地画面时，学生在小椅子上坐下。）

教师：动物园逛累了，让我们休息一下吧。小动物也都躲起来了，它们要和小

朋友玩个游戏。请你们想一想躲起来的是谁？要像老师朗诵的一样，有节奏地回答哦。

2.教师有节奏地朗诵歌词：小朋友，想一想，什么动物鼻子长？（引导学生说出：鼻子长，是大象，大象鼻子最最长。可让学生边说边用形体动作来表现大象。）用PPT演示大象的形象。以同样的方式引出白兔。

四、诵读童谣

1.教师出示完整的图谱，引导学生倾听童谣。

教师：有趣吗？我们也来念一念。

教师：哇，真厉害，你们自己来念一念。

2.这首儿歌，是以一问一答的方式来念的，所以它是问答童谣。

教师：现在我们来试试。老师问，你们回答，比比谁能干。

教师：你们可真厉害，现在你们来考考我。

教师：我们还可以跟自己的好朋友一起来念这首儿歌呢，一个人提问，一个人回答。（教师请一位小朋友合作念儿歌，辅助以身体动作。）

教师：你们想不想试一试，请找到你的好朋友站到中间的空地方来，一个人提问，一个人回答。比比谁的声音最响亮。

3.你们的表现真棒。我们现在来考考老师吧。

（让学生问，教师答。）

教师：现在老师问问小朋友，比比我们谁最能干。

4.分别由教师和学生、男孩和女孩采用问答形式练习诵读问答童谣。

5.分组，用快板为童谣打节奏，采用一问一答方式诵读。

五、尝试创编歌曲

教师：除了大象和小兔子外，你们觉得还有什么动物也很特别，可以编在我们的童谣里给大家猜？（引导学生回忆PPT中看到的动物形象，小朋友说出一种动物，PPT就演示出该动物的形象。请说出动物的小朋友，根据这个动物的特征编歌词，并演唱出来问大家。例：小朋友，想一想。什么动物脖子长？什么动物尾巴大？什么动物嘴巴尖？）然后大家集体边读边回答。

六、拓展

1.还有一些动物朋友只露出自己的尾巴。快去读一读，认一认它们是谁吧。

（问答歌）

谁的尾巴弯？谁的尾巴扁？谁的尾巴最好看？

公鸡尾巴弯，鸭子尾巴扁，孔雀尾巴最好看！

2. 学生自读。

3. 这也是一首“问答歌”，老师来考考你有没有读懂。

4. 和同桌合作朗诵。

5. 指名学生读，男女生对读。

6. 仿写问答歌，创编童谣。

小动物的耳朵也很有特点，你能认出他们来吗？

谁的耳朵尖？　　　　　　　　________。

谁的耳朵圆？　　　　　　　　________。

谁的耳朵遮着脸？　　　　　　________。

和同桌一起再编几句问答歌。

7. 不知不觉中，小朋友们都成了写童谣、说童谣的能手，真是太了不起了！

七、说童谣，玩游戏

1. 为了奖励大家，老师教大家一起玩个新游戏吧！

（教师示范，边说边做。）

手指歌

食指拇指碰一碰，
做只小鸡叽叽叽。
食指中指并并拢，
做把剪刀咔嚓嚓。
五个手指捏捏紧，
做把榔头咚咚咚。
两个小指钩一钩，
我们来做好朋友。
伸出手臂围个圈，
轻轻把你抱一抱。
伸出手掌挥一挥，
再见！

2. 学生自练。

3. 师生共同读《手指歌》。一边读，一边跟老师做动作。

4. 与同桌一起玩。

5. 集体玩。

八、小结

欢乐的时光总是那么短暂。在问答童谣的陪伴下，我们知道了这么多动物的特点，相信聪明的你们在生活中还能编出更多的问答童谣。编好后记得和大家分享哦。

个案4. “趣味识字”微型课程

（设计者：徐伟娟、徐水芳、毛玲燕、姜美琪）

课程名称 趣味识字

课程编号 类别：语文学科拓展类 序列号：综02A02

课程简介

亲爱的小朋友们，你们想认识更多的汉字，自由自在地遨游书海吗？就让我们手拉手走进识字王国吧！轻松愉快地游戏，畅快淋漓地猜谜，别具匠心地自己动手做(DIY)……正等着你来体验呢。在这里你会发现：一个字就是一个故事，一个字就是一幅画，一个字就是一个谜，一个字就是一个生命。你还在犹豫什么呢？赶快行动吧！

适用年级 一年级

课程开设背景及意义

21世纪，人类进入了全球化、信息化的时代，科学技术突飞猛进，社会信息日新月异。在新的时代，教育面临着新的挑战和选择。教育不仅要使学生成为有知识的人，会思考的人，最重要的是要使学生成为会学习、会探索的创造型人才。而学会学习的基础和核心就是阅读能力，只有学会阅读，才会吸收，有了吸收，才会有创造。要使学生能够尽早阅读，首先必须解决识字问题。“人生聪明识字始”，识字是小学语文阅读教学的起点，是语文启蒙教育的开端。

可是近年来的识字教学都是建立在教师“教”的基础之上的，没有真正从“学”的角度，从学生独立自主识字的目标去建构。为了摆脱以教师为中心、以传授知识为主的教学格局，充分调动学生识字的积极性，我们提出了识字教学应以学生为本，构建趣味识字教学的模式，培养学生自主识字的能力。

本课程从学生发展的角度思考建构。

1.识字是学习语文的基础。

《语文课程标准》指出：“识字是阅读和写作的基础。”学生只有认识一定量的字、词，才能理解书面材料，才能用书面语言表达自己的思想。因此，识字教学是语文教学重要的组成部分。识字教学的成功与否，直接影响语文教学的整体质量和效率。有研究表明：“小学生识字量与语文学业成绩在总体上存在较高程度的相关性”，“识字量可以简明地表示学生的语文水平，是反映学生水平的重要指标”。

2.识字对儿童智力发展起重要作用。

汉字是音、形、义的统一体，儿童要认识它，不仅要分别了解音、形、义各要素，还需建立音、形、义三者的统一联系。在识字过程中，儿童要进行一系列复杂的思维活动以及其他智力活动，比如观察、比较、想象、推理等。这些或分析或综合，或形象或抽象的思维活动，使识字过程成为训练、提升智力的过程。当今科学研究表明，汉字是一种"智能型文字"，认汉字具有开发大脑潜能的功能。

3. 识字能有效提升学生人文素养。

文字是民族的文字，汉文字包含着中华民族博大的文化内容和独特的文化心理，反映中华民族认识世界的方式。现代识字教学在继续重视民族文化教育的同时，更加重视激发学生的学习兴趣，培养学生自主学习和勇于创新的精神，使其形成健康的审美情感及高尚的人格，从而有效地提升学生的人文素养。

课程目标

1. 使学生喜欢学习汉字，有识字的愿望，初步感受汉字的形体美，初步培养其独立识字的能力。

2. 增强学生的合作意识，提高学生合作学习的能力。

3. 形成符合儿童发展需要的生活化的识字教学方法，让学生掌握汉字的规律，愉快地识字，具有较强的识字能力，为学生终身的生活、学习和工作打下基础。

课程内容

收集生活中的常用字，通过猜谜、游戏、分类、自己动手做(DIY)等方式让学生更好、更快地掌握识字的方法，提高识字能力。

教学方式

1. 通过猜谜识字、游戏识字、分类识字、生活识字等方式让学生兴趣盎然、轻松愉快地掌握生字。

2. 将学生分成四人小组，开展小组竞赛(从纪律、听课、发言、合作等方面进行评比)。

3. 收集平时的识字成果，制作"我的识字秀"。

4. 优秀作品巡回展示，并颁发喜报。

评价方式

1. 发展性评价：实现自我评价、小组评价、教师及家长评价为一体的学生活动表现评价体系，重点评价学生在参与过程中表现出来的态度、情感、合作意识等。采用表格随堂记录的方式。

2. 学生成果评价：通过"我的识字秀"等形式进行评价。

教学所需材料与设备

16 开素描纸(每位学生 10 张)，剪刀、双面胶、订书机(每位教师 1 份)。

课程计划

第1课时:课程启动

第2课时:游戏识字

第3课时:生活识字

第4课时:生活识字

第5课时:编猜字谜

第6课时:归类识字

第7课时:课程总结

第2课时活动设计

(设计者:徐水芳)

课　题　游戏识字

教学(活动)时间　1课时

教学(活动)目标

1. 通过游戏,学生可以进行互动交流,在游戏中学会汉字。

2. 运用游戏提高学生识字的兴趣,帮助学生巩固所学的生字,有效提高学生的识字效率。

3. 增强学生的合作意识,提高学生合作学习的能力。

教学(活动)内容

游戏识字:

1. 邮递员叔叔送信;

2. 抢椅子;

3. 边看边演。

课(活动)前准备

教师:相关的字卡、课件。

学生:"我的识字秀"本。

教学(活动)过程设计

一、课前谈话

孩子们,你们喜欢玩游戏吗? 为什么?

是啊! 玩游戏也能学到很多知识,今天我们也来玩几个游戏,在玩中学,在学中玩,好不好?

二、游戏识字

游戏一：邮递员叔叔送信

教师：老师这儿有许多信（字卡），想把它们送出去。谁愿意来当邮递员，帮我把信送出去呢？

游戏步骤：

(1)请一位小朋友扮演邮递员，学生诵《送信儿歌》，邮递员去送信。

(2)收到信的小朋友要上台，举起信，把信的内容大声地念出来。（如果念对了，老师也可以把“信”作为奖励送给他。如果念错了，要再请个小朋友来帮忙。）

游戏儿歌：

(1)《送信儿歌》

学生：丁零零，丁零零，邮递员阿姨（叔叔）来送信。

邮递员：小小信封送给你，请你念给大家听。

(2)《收信儿歌》

学生：对对对，就是“×××”，快收信。

学生：错错错，不是“×××”，谁收信？

游戏二：抢椅子

教师：孩子们，刚才我们当了一回邮递员，互相帮助把一封封信都送出去了，不管是送信人还是收信人都很快乐，而且还认识了汉字朋友，对吗？现在我们继续玩，继续学。

游戏步骤：

(1)教师将字卡贴在椅子背上，将椅子摆成圆圈。

(2)学生数量比椅子数量多一个，让学生站在椅子前面，听着音乐绕椅子走，音乐止，学生开始抢椅子。

(3)没抢到椅子的学生回到座位上，抢到椅子的学生念出自己椅子上的字卡，念对的继续做游戏，念错的回到座位上，游戏继续进行，最后一名学生获胜。

(4)每轮完一次，字卡就更换一次。

游戏三：边看边演

教师：小朋友们，抢椅子游戏抢得很痛快，恭喜×××成为“抢椅子大王”，恭喜×××成为“识字能手”。接下来让我们一起当一回小演员，各种动作你来演。

游戏步骤：

(1)老师事先准备若干写有动作的卡片，如笑、哭、跳、跑、走、拿书、拍手、打球、拉车、拔河等。

(2)游戏开始，学生全体起立，老师一张张出示卡片，学生看卡片上的字词做动作。

(3)做对的小组在黑板上加一颗星,做错的小组减一颗星,最后看看哪组得到的星星最多。

三、活动总结

教师:今天你们玩得痛快吗?学得轻松吗?有什么收获呢?是的,我们不仅玩了几个游戏,还交了不少汉字朋友,课后你也可以跟自己的爸爸妈妈或者好伙伴一起玩这些游戏,认识更多的汉字朋友。

四、作业布置

回家后,从生活中找到今天所交的汉字朋友,并剪贴在"我的识字秀"本中。

个案5. "绘本读创"微型课程

(设计者:王向伟)

课程名称 绘本读创

课程编号 类别:语文学科拓展类 序列号:综02A03

课程简介

绘本有童稚的图画,诗意中透着幽默的温情语言,别具匠心的故事创意……在绘本世界里,孩子们一边享受阅读的快乐,一边启动无敌的想象力,发挥无穷的创造力,过上一把小作家的瘾。瞧,一本本由孩子创作的全新绘本横空出世!孩子们在绘本世界里,一起读,一起笑,一起创作,度过了一段段动人的时光……

适用年级 二年级

课程开设背景及意义

绘本的迷人之处已经被时间证明,它是一种最适合儿童阅读的图书样式。大人们为孩子们创作绘本,目的就是给他们带来无穷的快乐。有了快乐,孩子们才有兴趣去感知和汲取书籍给予他们的营养。一年级时,孩子们就已经在阅读课上深深地喜欢上绘本,对故事内容产生浓厚兴趣。教师帮助学生识字,让他们感受到美好情感的陶冶。绘本中常预留许多想象的空间,让孩子们根据绘本的整体意境,对故事情节展开丰富的联想,设计书中人物的语言、动作。画面中的一些细枝末节也会让孩子产生丰富的联想,对故事进行扩充、延伸,为孩子提供了语言实践的机会。绘本中的语言大多短小、明快、富有诗意和韵味,是孩子们学习语言的好材料,是二年级孩子"依样画葫芦"的法宝之一。为了让孩子能深入领略绘本的魅力,我们开设了"绘本读创"这一综合实践活动课程。在课程中除了继续通过绘本阅读扩大识字量,将更关注引导孩子学习模仿绘本的语言,启动孩子无敌的想象力,借此从书中汲取灵感,自己来创作,供给孩子学习语文的动力及资源。本团队四位授课教师都是语文教师，具有一定的低段教学经验，亲和力强，能胜任这一课程的开发与实施。

课程目标

1. 在绘本读创中扩大学生的识字量和阅读量。

2. 在绘本读创中鼓励学生细心观察图画及空白点，激发想象力，能用语言表达自己观察和想象所得。

3. 在绘本品、猜、补、续、创中，充分享受阅读带来的乐趣，培养学生自主阅读的兴趣，并使其在阅读中受到美好情感的熏陶。

4. 在绘本读创中习得优质的语言，文雅的表达方法，并汲取灵感，与自己的生活相联系，进行自由创作，体验学习的乐趣。

5. 在绘本读创学习中学会小组合作交流，在合作中共同进步。

课程内容

本课程以绘本阅读为基点，通过师生共同品读绘本，探索绘本奥秘；小组合作读绘本，体验合作的乐趣；学生自主阅读绘本，享受阅读的快乐；自由创作绘本，体悟成功的喜悦。

教学方式

1. 课堂上，以有趣的绘本读物带路，通过品读绘本、猜猜情节、补充空白、续编故事、创作故事等方式来开展教学。

2. 将学生分成四人小组，实施小组积分制（从纪律、听课、发言、合作、作业、创新等方面进行积分）。

3. 建设绘本图书漂流站和阅读小银行，读完一本绘本，在银行存入一枚阅读章，可到老师处兑换不同的礼物。

4. 优秀作品巡回展示，并颁发喜报。

评价方式

1. 制作《小组积分记录表》，作为优秀合作小组评选考查依据。

2. 每次创编的作品，收集整理成册，参评创作之星等评选活动。

3. 在“我创・我演・我乐”中大胆展现自己的作品，并请同学现场点评和投票。

教学所需材料与设备

1. 适合二年级学生阅读的绘本书籍，一个图书漂流站。

2. 电子绘本。

3. 积分榜、积分存折、奖章、小礼物、喜报等。

课程计划

第 1 课时：走进绘本，分享绘本，创建绘本图书漂流站

第 2 课时：走进绘本，品读绘本，感悟绘本故事的秘妙

第 3 课时：走进绘本，猜读绘本，激发绘本创作的欲望

第 4 课时：走进绘本，补白绘本，初尝绘本创作的快乐

第 5 课时：模仿绘本，续编绘本，点燃绘本创作的火花

第 6 课时：小组分工合作，创编整本绘本，体验创作的乐趣

第 7 课时：分享自创绘本，评选优秀作品，享受成功的快乐

第 3 课时活动设计

（设计者：祝小慧）

课　题　《我爸爸》绘本导读

教学（活动）时间　1 课时

教学（活动）目标

1. 观察插图、阅读故事，引导并鼓励孩子展开丰富的想象，同时培养孩子们模仿说话的能力。

2. 反复读图，读故事，从中体会作者对爸爸的亲情之爱。

3. 联系实际生活并结合本节课所学，自己创作。

教学（活动）内容

听绘本、读绘本、想绘本、创绘本。

课（活动）前准备

教师：多媒体课件；《我爸爸》电子绘本。

学生：多方位观察、了解自己的爸爸；绘画工具。

教学（活动）过程设计

一、音乐导入，观察封面

1. 师：上课前，老师要和你们一起欣赏一首歌曲。（播放视频《世上只有妈妈好》）

2. 师：瞧，小朋友们都情不自禁地跟着哼起来了！世上真的只有妈妈好吗？（指生说，引出爸爸）（板书：爸爸）（学生读）

3. 师：今天，老师将带你们一起去认识一下——我爸爸。（补充课题）（学生读）

4.（课件出示封面）师：从封面上你了解到了一些什么信息？（书名、作者、译者、出版社）

5.（出示第一幅图）师：你看到了一个怎样的爸爸？（指生说）（课件出示）这是我爸爸，他真的很棒！师："我爸爸"到底棒在哪里呢？让我们一起走进《我爸爸》。

二、反复共读，走进故事

（一）教师导读

1.（课件出示5个连续的画面）追赶大野狼；跳过月亮；走高空绳索；和大力士摔跤；运动会上，跑步得第一。（指生说）“我爸爸”棒在哪儿？

（根据学生回答，找机会出示图片）

2.（课件出示图片1）

（1）师：谁来学一学爸爸的样子？（指生演）

（2）再来看看这只大野狼，怎么样？能用一个词来形容一下吗？（垂头丧气、灰溜溜）

（3）在你的印象中，大野狼是怎么样的呢？（指生说）

（4）师：再请你仔细看图，你还看到了什么？（门上的太阳、小红帽、三只小猪）

（5）师：这是个怎样的爸爸？谁来读一读？（课件出示）我爸爸什么都不怕，连坏蛋大野狼都不怕。

3.（课件出示图片2）

（1）师：爸爸在干什么？

（2）师：你看到了一个怎样的爸爸？谁来读一读？（课件出示）他可以从月亮上跳过去。

4.（课件出示图片3）

（1）师：爸爸除了可以从月亮上跳过去，他还敢干什么呢？

（2）（课件出示）还会走高空绳索（不会掉下去）。

5.（课件出示图片4）

（1）师：我爸爸的本事远不止这些，瞧！

（2）师：你看到了一个怎样的大力士？（白白胖胖、又高又壮、膀大腰圆……）你敢跟这样的大力士摔跤吗？

（3）但是——（课件出示）他敢跟大力士摔跤。（指生读）（惊讶、敬佩）

6.（课件出示图片5）

（1）师：爸爸还敢干什么？

（2）了解世界著名短跑健将卡尔·刘易斯。

（3）（课件出示）在运动会的比赛中，他轻轻松松就跑了第一名。

7.师：故事读到这儿，谁来说说我爸爸怎么样？（板书：勇敢）难怪作者感叹道——（课件出示）我爸爸真的很棒！（齐读）

（二）看图说话

1.（课件出示图片6）

（1）师：你看到了什么？你怎么知道这是爸爸的呢？（衣服没变）

(2)师：为什么把爸爸画成马呢？(课件出示)我爸爸吃得像马一样多。

2.(课件出示图片7)

(1)师：我爸爸又变成什么了？

(2)师：谁能猜猜，我为什么把爸爸画成鱼呢？(课件出示)游得像鱼一样快。

3.(课件将图片6、图片7一起出示)师：谁能用上“我爸爸像……一样……，也像……一样……”的句式来说一说。

4.(课件出示图片8、图片9)师：四人小组合作，试着替作者来说一说我爸爸。先单幅图说(我爸爸像……一样……)，再两幅图连起来说(我爸爸像……一样……，也像……一样……)

5.师：故事读到这儿，你又读到了一个怎样的爸爸？(灵活、强壮、快乐……)这么多的好词都可以用到我爸爸身上，难怪作者再次由衷地感叹道——(课件出示)我爸爸真的很棒！

(三)续编故事

1.师：我爸爸还棒在哪儿呢？请小朋友们张开想象的翅膀，把故事接着往下编。你可以用上前面的句式(我爸爸像一样；我爸爸像……一样……，也像……一样……)，也可用自己的话来说。

2.四人小组合作续编故事。(每人一句)

3.四人小组展示合作成果。

4.(出示原图文)(指生读)师：读到这儿，你又看到了一个怎样的爸爸？(高大、温柔、聪明、傻乎乎……)是呀，我爸爸——(课件出示)我爸爸真的很棒！

(四)深入感知

1.师：最后还有几幅图，让我们继续往下看！

(1)我爸爸是个伟大的舞蹈家。

(2)他是个了不起的歌唱家。

(3)他踢足球的技术一流。

(4)也常常逗得我哈哈大笑。(师做鬼脸，猩猩，猪，狐狸，生大笑)

2.师：故事读到这儿，谁来说一句话送给我爸爸。指生说。

三、回顾发现，情感升华

1.师：好书不厌百回读。接下来，让我们静静地再来读一读这本绘本，看看你是否会有新的发现呢？(重新播放幻灯片)

2.指生交流自己的新发现。(多幅图片出现太阳图案；爸爸的衣服一直没变)

3.(课件出示)(师配乐朗读)

这本书是作者安东尼·布朗对父亲的献礼，他曾说：“我的父亲是很特别的人，外表强壮、有自信，不过却也有害羞、敏感的一面，有一点像我爱画的大猩猩。除了教我画图外，他还鼓励我做各种运动，像是橄榄球、足球和板球……”这位在他眼中高大强壮的父亲，却在安东尼·布朗十七岁那年因病突发过世，使他深受打击，经过多年才走出阴霾。安东尼·布朗表示《我爸爸》里面爸爸身上的黄褐色格子睡袍、睡衣和鞋都是自己父亲的衣物，多年来收在箱子里，上面还留着父亲的味道。而睡袍上的格子图案不仅出现在爸爸身上，甚至还出现在扉页和土司上面。这就意味着，在安东尼·布朗的眼里，父亲的身影无所不在！

4.（课件出示）最后两页（我爱他，而且你知道吗？他也爱我！永远爱我。）

5.师：读到这儿，小朋友们你们感受到了吗？原来这本绘本里面藏着一个字，知道是什么字了吗？（爱）是呀，我爱爸爸，爸爸爱我！让我们反过来，再来读一读这本书！（倒着播放幻灯片）

6.师：读着读着，明白了吧！原来爸爸扮鬼脸是为了我；唱歌是为了我；跳舞是为了我……他做的一切都是为了我！嘿，原来书也可以反着读呢！

四、情感迁移，自主创作

1.师：孩子们，故事读到这儿，相信你的心里肯定装载了满满的爱！接下来，就请你拿起笔，留下你的爱吧！

2.课件出示：

(1)用简笔画，为你的亲人（爸爸、妈妈、爷爷、奶奶……）画一张像。

(2)用笔，为你的亲人写上一句话。（可以用上“像……一样……”“像……一样……，也像……一样……”的句式，当然，用自己的方法表达也可以。）

3.四人小组内交流，选出优秀作品全班交流，并张贴在班级展示栏内。

【实践反思】

世界上最近的距离

——绘本独创课程实施一得

虞贤慧

每个孩子的心中都有一个梦，梦中自己或许是变成人见人爱的白雪公主，或许是拥有了具有魔力的红色小石子，又或许是看见了力大无穷又聪明机智的爸爸……为了圆孩子一个美丽的梦，本组成员开发了“绘本独创”微型课程。这门课程不仅激发了孩子的学习兴趣，也提高了孩子的语用能力与绘画欣赏能力。真可谓一举多得！

在授课过程中，我印象最深的是《我爸爸》这一课。

《我爸爸》这个绘本是国际安徒生大奖得主安东尼·布朗写的，以孩子的口吻描写了一个高大、温柔的父亲形象，他样样事情都能干，温暖得像太阳。这是一个幽默十足又感人至深的故事，通过简单朴实的语言和精心设计的排比句式，用孩子的眼光来描绘了一位既强壮又温柔的爸爸。……本活动设计，让孩子结合自己的生活经验谈论自己的爸爸，诸如他们的职业和爱好，再通过分段欣赏，引导孩子理解绘本中布朗爸爸的高大形象，并使用“像……一样……”的句子赞美自己的爸爸。最后通过创编，让孩子了解爸爸为自己做了很多事，从而萌发对自己爸爸深深的爱。

教学重点、难点

让孩子萌发对爸爸深深的爱，并用自己的行动来证明。

教学过程

一、导入

教师：你们的爸爸从事着什么职业？（学生说）

小结：你们的爸爸从事着不同的职业，都在努力工作，他爱学习，爱运动，每个爸爸都与众不同，你们的爸爸真了不起。

二、欣赏绘本

1. 认识布朗爸爸

教师：（出示布朗爸爸图片）老师今天请来了一位外国小朋友的爸爸，他是布朗的爸爸。我们一起来认识一下。

教师：你们看到布朗的爸爸是什么样子的？猜一猜，他会是怎样的爸爸？

教师：你们觉得他是一个爱穿黄色格子睡衣的爸爸。布朗眼里的爸爸到底是不是像你们说的那样？我们来看看。

2. 理解绘本内容，感受到布朗爸爸真的很棒

①教师：（出示布朗爸爸走钢丝图片）这是谁？你们怎么知道是布朗的爸爸？他在干什么？

教师小结：他是个勇敢的爸爸，他会像杂技演员一样走钢丝。

②教师：（出示布朗爸爸赛跑的图片）这是在干什么？谁得了第一名？

教师小结：他第一个跑到终点，获得了第一名。布朗爸爸是一个飞毛腿，跑得像刘翔一样快。

③教师：（出示布朗爸爸吃饭的图片）这是谁？你怎么看出是布朗的爸爸？

教师：在布朗眼里，爸爸怎么变成马了？布朗是怎么夸自己爸爸的？我们一起来学学。

④教师：（出示布朗爸爸举重的图片）这是谁？大猩猩在干吗？为什么在布朗眼里爸爸又变成猩猩了？布朗是怎么夸自己爸爸的？

⑤教师：我们接下来看布朗是怎么夸爸爸的。（出示布朗爸爸游泳的图片、和房子比高的图片、快乐的图片）

3.尝试用“像……一样……”的句式夸一夸自己的爸爸

教师：布朗夸自己的爸爸像马一样吃得多，像大星星一样强壮，像鱼一样游得很快，像猫头鹰一样聪明，想河马一样快乐。生活中我们的爸爸有很多本领，有很多与众不同的地方，我们来学学布朗，用“像……一样……”来夸夸自己的爸爸。

4.理解爸爸对自己的爱

教师：（出示布朗爸爸做鬼脸的图片）布朗爸爸在干什么？布朗爸爸为什么做鬼脸？

教师：当你不开心的时候，你的爸爸是怎么逗你开心的？

三、完整欣赏绘本　（略）

四、小组内模仿《我爸爸》的句式仿说：夸夸我的爸爸

教师：爸爸爱我们，在我们的成长过程中为我们做了许多事，我们来交流一下，回忆一下你的爸爸都为你做了些什么。

（孩子边看老师边解说：小时候，爸爸用温暖的手抱着我。我一天天长大，是爸爸的大手拉着我，让我学会了走路。当我能满世界跑的时候，爸爸带着我去爬山。爸爸还带我去看海，游泳。那里留下了我和爸爸的脚印，留下了我和爸爸的身影。爸爸带我去了奥林匹克馆，走进大自然，去探索宇宙奥秘。爸爸的大手拉着我的小手，陪伴着我长大。）

教师：爸爸为我们做了这么多，你们有没有什么要对爸爸说的话？

教师：请你们回家后一定要把这些话说给爸爸听。

五、结束活动

教师：请所有孩子轻轻站起来，让我们唱起《好爸爸》吧！（播放《爸爸我爱你》的图片及音乐）

六、情感延伸

教师：爸爸爱你们吗？你是怎么知道的？你们爱爸爸吗？怎么表达你的爱？

小结：每一个小朋友的爸爸真的都很棒，爸爸爱你，你也爱他。

七、拓展

小组模仿创编《我妈妈》，说一说。推荐阅读绘本《我妈妈》。

活动反思

爸爸是孩子们最亲近的人，一打开多媒体，孩子们渴求的眼睛已瞪圆了，对绘本很感兴趣。一个个都用他们充满智慧的眼睛捕捉图画中的精彩之处。

在绘本课上，我把主动权交给学生，让孩子主动地去观察，去发现，去感受，用自己的语言将感想表达出来。这样才会使学生把绘本中所蕴含的主题、内涵内化为自己的一种情感体验。例如：在带着孩子观察了“我爸爸像鱼一样游得快”等几幅图文后。紧接着连着出示两幅图：变成河马的爸爸、变成猩猩的爸爸。这时候在教师的指导下，放手让孩子想象，充分发挥他们的想象力，让他们猜一猜这两幅图所配的文字是什么。怎样把两句话连成一句，从而既总结出爸爸在“我”心中的形象，又锻炼孩子的创造改变能力。

在观察每幅图片时，充分发挥孩子的听、说、读、写等各方面能力，提升孩子的语文综合素养。好的绘本，不仅绘画精美，构图、色彩能在视觉上使孩子愉悦，而且每张图画都有丰富的内涵，图与图之间能呈现独特的叙事关系。孩子在被带入美好故事情节的过程中，情感受到陶冶，艺术审美能力不断发展，而这种能力的提升绝不是单单文字阅读所能替代的。所以在课堂中结合文本，加强听说读写画等能力训练，则会事半功倍。以“爸爸像……一样……”这一句式，让孩子联系自己的爸爸来夸夸爸爸，在孩子倾诉对自己爸爸的感情的同时，也不失时机地训练了孩子的表达能力。在活动中和孩子一起了解自己爸爸的职业，围绕话题进行交流，用较清楚、连贯的语句表达自己的见解。积极参与谈话活动，大方地表述自己的想法。

在教学过程中，我注意随时结合孩子的生活经验，引发孩子的情感共鸣，引导孩子体验并表达相应的情绪、情感。此外，我结合孩子的生活经验，将孩子和爸爸一起学习、游戏、旅游的照片，做成相册和幻灯片，最后还用诗一般的语言渲染照片所表现的父子(女)情感，再次给孩子强烈的视觉冲击，令孩子沉醉、动容，从而有效地实现教学目标。教学中还教给孩子认真观察的方法，关注画中画，在细节里学会读图画，悟情感。在凶恶的大灰狼背后是胆小的小红帽，还有三只小猪，这些都衬托出了大灰狼的可怕，但是我爸爸一来，凶恶的大灰狼却夹着尾巴逃跑了，对比强烈，生动有趣。而且在“爸爸踢足球的技术一流”的图画中，爸爸不仅接住了旋转的球，而且仿佛都能见到周围球状的物体，树是球形的，房子是球形的，连云朵都是球形的……画中的所有一切都让孩子们感受到爸爸的球技是一流的，萌发了爸爸确实很棒的心理。画面的美感，再加上文字的描述，让孩子在心中有了一个爸爸很厉害的美好形象。引导孩子在观察中感受爸爸的厉害和勇敢，得到良好效果。同样在结尾处，爸爸的纽扣被画成了太阳的形状，在这个细节中，我也注意引导孩子体会到爸爸的爱如阳光时时温暖着我。

在此基础上，鼓励孩子创编绘本《我妈妈》，更深层次地让孩子体会自己生活在一个幸福的大家庭里，应该珍惜今天幸福的生活。并推荐绘本《我妈妈》，让孩子有一种成功的喜悦感：自己也是个小小作家了！

美中不足的是，让孩子们用比喻句描述自己爸爸的环节时间有些短，多让孩子说说自己爸爸的长处，留一些时间让孩子们互相讲述，让每个孩子都能感受到向他人描述自己爸爸的喜悦。充分发挥小组交流的益处，或许能更深层次地激发孩子心中对父亲的爱！

由此可见，绘本拉近了师生之间的距离，拉近了孩子和家长之间的距离，拉近了孩子和文本之间的距离。绘本，成了世界上最近的距离！

个案6. “妙趣横生玩成语”微型课程

（设计者：赵建仙、郑群燕、龚燕、徐倩）

课程名称 妙趣横生玩成语

课程编号 类别：语文学科拓展类 序列号：综02A04

课程简介

成语是我国语言文化中最璀璨的明珠之一。成语的世界丰富多彩，成语的世界妙趣横生，让孩子在说话中运用成语，在生活中爱上成语。让成语成为开启孩子智慧大门的钥匙。学成语，说成语，积成语，用成语，成语伴随孩子成长。

适用年级 二年级

课程开设背景及意义

成语是中华民族灿烂文化中的瑰宝，学习成语不仅能积累词汇，而且能提高阅读、理解水平，帮助了解历史，拓宽知识面。引导学生喜欢成语并提高学生理解、记忆与运用成语的能力，建立一套行之有效的成语教学的方法，具有很大的现实意义。于是我们开设了“妙趣横生玩成语”这一综合实践活动课程。

提出趣味成语教学，意义在于：改变教师过于注重知识传授的倾向，强调在丰富多样的活动中，在轻松愉悦的氛围中，不知不觉地多积累成语、用好成语，让成语丰富学生的语言，拓展学生的思维，丰富学生的学习生活，从而为全面提高学生的语文素养铺路。

课程目标

1. 通过“趣味成语”的学习活动，学生可以了解精深的成语文化，培养强烈的民族自豪感。

2. 激发学生学习成语的兴趣，促进学生积极主动地去学习积累成语，运用各种有效的成语学习方法，掌握大量的经典成语。

3. 自然而然地在语文训练中恰当地运用成语说话，写话，全面提升学生语文素养。

课程内容

1.学习来自神话传说、寓言故事、历史故事的成语。

2.学习含动物名称的成语、含人体名称的成语、含数字的成语、关于颜色的成语、关于四季的成语。

3.学习ABAC,AABC等结构的成语,含比喻、夸张等手法的成语,最有趣的成语。

4.通过"玩一玩成语游戏""讲一讲成语故事""用一用成语"来巩固所学并指导学以致用。

教学方式

1.通过开展丰富多彩、形式灵活的成语实践综合活动,引导学生巩固成语,用成语,感知成语的无穷魅力。

2.通过开展一系列丰富多彩、形式灵活的成语实践综合活动(如:成语接龙、成语猜谜、成语故事会、趣填成语、成语大比拼、成语舞台剧、你演我猜等),引导学生学成语、用成语,感知成语的无穷魅力。

评价方式

关注学生在学习过程中的积极性,将学生分成四人小组,实施小组积分制,从纪律、听课、发言、合作、作业、创新等方面进行积分,评选成语故事大王、成语小博士,并颁发喜报。

教学所需材料与设备

1.适合二年级学生的书籍《成语词典》《彩图中国经典成语故事》(每位教师一套)。

2.和教学设计相配套的PPT。

3.积分榜、积分存折。

课程计划

第1课时:天南地北聊成语

第2课时:来龙去脉话成语

第3课时:妙趣横生填成语

第4课时:丰富多彩玩成语

第5课时:眉飞色舞讲成语

第6课时:融会贯通用成语

第7课时:手舞足蹈演成语

第6课时活动设计

（设计者：郑群燕）

课　题　融会贯通用成语

教学(活动)时间　1课时

教学(活动)目标

1.复习巩固、理解运用成语，丰富成语积累。

2.学生受到传统文化的滋养，从而引发学习的兴趣，体验成功的快乐；培养团队协作意识。

3.体会成语魅力，热爱祖国语言文字。

教学(活动)内容

融会贯通用成语（复习成语，看图猜成语，填成语，用成语）。

课(活动)前准备

教师：课前搜集已学成语，并制作多媒体课件；设计作业单。

学生：复习已学成语。

教学(活动)过程设计

一、谈话导入

1.导入：老师在某网页上看到这样一段话，想和同学们分享。你发现它有什么特别之处？

出示：在汉语的广阔天地里，有一个成语世界。那里风和日丽，山清水秀，叫人流连忘返；那里姹紫嫣红，有奇花异草，叫人目不暇接；那里生机勃勃，有珍禽异兽，叫人耳目一新；那里还有至理名言，读了让人受益匪浅……

是的，这短短的一段话就用了11个成语。成语是中华民族的文化瑰宝之一。我们说话或写文章时，如果能恰如其分地运用一些成语，会使我们的表达简洁明了，生动有趣。

2.揭题：今天我们就来上一节别开生面的课——成语擂台赛。相信有了平时的学习和积累，你们定有非凡的表现！

3.准备工作：全班分成两个大组，每组推选一名计分员。简单宣布擂台赛规则：两组同学先后答题；答对得分，分数累积；一组一个轮流答题；比赛一定要遵守纪律，不遵守纪律的小组，要扣纪律分。

二、“成语擂台赛”之温故关

1.孔子说，温故而知新。首先，我们进行的是第一关——温故关。3分钟的时间，给同学们复习已经学过的成语。

①来自神话传说、寓言故事、历史故事的成语。

②含动物名称的成语、含人体部位的成语、含数字的成语、关于颜色的成语、关于四季的成语。

③ABAC，AABC 等结构的成语，含比喻、夸张等手法的成语，最有趣的成语。

2. 分两步复习：第一步，自言自语。拿到作业纸后，每位同学先按不同类别自主复习，建议每个类别写下一两个成语。第二步，交头接耳。组里小声交流，尽量多复习，巩固积累成语。

3. 时间到！擂台赛第一关现在开始！答对一题得 10 分。计分员开始计分。

4. 瞧，这得分，两组同学都是旗开得胜！继续努力！

三、"成语擂台赛"之理解关

1. 接下来马上进入第二关——理解关。每答对一题，得 20 分。

首先，看图猜成语。请上一关得分稍低的一组先开始。（狐假虎威、画蛇添足、口若悬河、呆若木鸡、九牛一毛、七上八下……）

2. 风是我们身边再平常不过的事物了。汉语中关于风的成语可不少。你会填吗？哪个小组自告奋勇先来？

（狂）风大作　（凉）风习习　（北）风呼啸　（腥）风血雨　（清）风徐来　（和）风细雨　（春）风拂面　（寒）风凛冽

根据语境选填成语，哪个小组毛遂自荐下？

两个小组你追我赶，看着旗鼓相当啊！

四、"成语擂台赛"之应用关

学习语言，不仅要日积月累，温故知新，还要深化理解，更要学以致用。没错，这是最难的第三关——应用关。当然，分值也是最高的，一题 40 分。

1. 根据内容，在括号里填上合适的成语。在作业单上完成。

2. 提高题：任选刚刚复习过的 5 个成语，写一段语句通顺、意思连贯的话。

五、课堂小结

1. 今天的成语擂台赛异常激烈，两组小朋友都表现出不俗的实力。某组更胜一筹/两组平分秋色。让我们用掌声向他们祝贺！

2. 成语是中华民族灿烂文化中的瑰宝。学习成语不仅能积累词汇，而且能提高阅读、理解水平，帮助了解历史，拓宽知识面。我们平时要多阅读，多积累。对于学过的成语要及时复习、巩固，更要学以致用，让自己变得更聪慧！

个案7. “七彩童话剧”微型课程

（设计者：周琦玉、毛爱芬）

课程名称 七彩童话剧

课程编号 类别：语文学科拓展类 序列号：综02A05

课程简介

白雪公主、丑小鸭、小红帽……能和经典童话偶像零距离接触，是每个孩子的梦想。我们将被誉为“人类智慧的结晶”的童话剧引进我们的课堂，集美好情感、精睿智慧于一瞬，展示个性与精彩，让学生在快乐演绎中放飞童心……

适用年级 三年级

课程开设背景及意义

随着新一轮课程改革不断深入，学生在教学活动中的主体地位进一步凸显，学生的表现欲望比以往任何时候都强烈，渴望得到他人的认同，需要一个实现自我价值、张扬个性的平台。利用童话故事让学生参与童话剧表演活动，能充分满足学生表达自己对故事的理解、想象和感悟，或表达自己某种理想的愿望。学生对童话故事浓厚的兴趣和强烈的表演欲望为我们进行童话剧课程开发奠定了良好的基础。

童话剧以童话故事为内容，以剧本为载体，以编演为主要教学形式，充分调动学生的学习兴趣，激发学习潜能。童话剧为学生搭建不同形式的表演平台，让学生在排演、演出、欣赏、评价过程中加深对童话故事的理解，促进学生活动能力、组织能力、创造能力、口语表达能力和舞台表演能力的发展。童话剧更能加深学生对童话故事中所蕴含的意义的理解，激发学生求真、求善、求美的欲望。

课程目标

1. 让学生通过模仿表演和自主表演，感受童话剧中生动鲜明的人物形象，认识童话剧的特点，体会童话故事所蕴含的意义。

2. 增强学生的合作意识，发挥学生的个性特长，培养学生丰富的想象力。

3. 引导学生认识真、善、美，感受美的熏陶，提高表现美的能力，形成正确的价值观和积极的人生态度，激发学生求真、求善、求美的欲望。

课程内容

1. 观摩欣赏：精选一个童话剧视频供学生观摩欣赏，使其感受童话剧的特点，了解童话剧特殊的表演形式。

2. 模仿表演：提供学生所观摩的童话剧剧本，组织学生分组，确定角色，揣摩剧本中人物的动作、神态等。指导表演，进一步体会童话剧的表现形式。

3. 精彩展演：通过展演活动，让学生尽情发挥自己的特长和个性，放飞童心与快乐，体验成功的快乐，评出“最具潜质奖”“最佳表演奖”“最美台风奖”“最棒导演奖”。

教学方式

1. 观摩赏析：通过师生共同观看童话剧，学生可以体会舞台表演的魅力和技巧。

2. 对比阅读：比较童话剧本与童话故事，感受两者之间的差异。

3. 小组合作：通过小组合作完成童话剧的角色演绎，并集体参与汇报展演。评出各项优胜奖，激发学生的参与热情。

4. 自主讨论：通过小组讨论，学生可以在自主探究的过程中，获得新知。

评价方式

1. 发展性评价：通过学生自我评价，自我反思，小组互评，教师及家长评价等学生活动表现评价体系，重点评价学生在参与过程中表现出来的态度、情感、合作意识、口语表达能力、表现能力与想象力。

2. 学生成果评价：通过实践操作、作品鉴定、汇报演出等形式进行评价。

教学所需材料与设备

制作道具的材料，《白雪公主》童话剧视频、背景音乐。

课程计划

第 1 课时：观摩欣赏，激发兴趣

第 2 课时：对比阅读，背诵台词

第 3 课时：借助舞台提示，分组练习

第 4 课时：童话剧《白雪公主》展示点评

第 5 课时：指导制作道具，配备背景音乐

第 6 课时：模拟情境，深度练习

第 7 课时：童话剧精彩展演

第3课时活动设计

（设计者：周琦玉、毛爱芬）

课　题　七彩童话剧——借助舞台提示，分组练习

教学(活动)时间　1课时

教学(活动)目标

1.借助舞台提示，进一步分组练习人物对白，感受童话剧生动鲜明的人物形象，认识童话剧的特点，体会童话故事所蕴含的意义。

2.增强学生的合作意识，发挥学生的个性特长，培养学生丰富的想象力。

3.选几组上台展示，学生共同点评，感受舞台提示对演好角色的关键作用。

教学(活动)内容

1.借助舞台提示，进一步分组练习人物对白。

2.选几组上台展示，学生共同点评。

课(活动)前准备

教师：准备《白雪公主》的童话剧本，制作PPT。

学生：上网自行观看《白雪公主》童话剧视频。

教学(活动)过程设计

一、激趣导入

孩子们，上节课我们背诵了自己的台词，如果我们戴上头饰表演，一定很精彩吧！现在就让我们过把演员瘾吧！

二、借助舞台提示，进一步分组练习

要想使自己的表演更加精彩，除了绘声绘色地说出自己的台词，还得关注舞台提示。

（出示童话剧本《白雪公主》片断）

第三场　木屋栖身

（场景：小木屋；演员：白雪公主、七个小矮人）

旁白：白雪公主离开小动物们，找到了森林中的小木屋。

白雪公主：好可爱哦，好像是小娃娃的房子。（缓缓地走到门前）我喜欢这里，（整理头发，一手拉起裙子，优雅地轻轻敲门）请问我能进来吗？（停顿）好像没有人在家。（轻轻推开门）哇，好可爱的小椅子哦！（数数动作）1，2，3，4，5，6，7……七张

椅子、七个盘子、七把刀子和叉子、七支酒杯，还有七张床。屋主肯定是小孩子，是七个不爱干净的小孩子(慢慢地走进来)看这个壁炉，上面都是灰(吹一下)，到处都是蜘蛛网……天呐，这么多脏碗、盘，还有这扫帚，他们从来不打扫的吗？

白雪公主：(想了一下)我来帮他们打扫房子吧，也许他们会让我留下来。(洗碗碟，擦桌子，扫地板……边做事边歌唱)

白雪公主：(伸伸懒腰)我太累了，要找张床休息一下。

(走两步，躺下侧卧)

旁白：天黑了，七个小矮人从外面劳动回来。

七个小矮人(蹦蹦跳跳地出场)：我们是住在森林里的七个小矮人。(场上转一圈，来到小木屋前)

1. 大家看，这段剧本里除了表示人物语言的句子外，还有一些小括号。括号里这些字，你知道它们叫什么吗？对，它们有一个名字叫——舞台提示。舞台提示是提示我们在说自己台词时该做怎样的动作和表情，从中可以看出人物的心情，所以在演的时候要根据舞台提示把动作、表情和台词结合起来，才能更好地表现人物的情感。

2. 在舞台提示的帮助下练习对白。

3. 组内练习，互相点评。

4. 在舞台提示的帮助下大家演得更加活灵活现了，在表演过程中你感受到白雪公主是一个怎样的人？

5. 对，我们通过表演，要把一个美丽、高雅、善良、勤劳的白雪公主呈现给大家。

6. 那么其他人物是怎样的呢？就请大家根据台词和舞台提示去演绎，去表现吧！

7. 学生演绎自己的角色。

三、选几组上台表演，学生点评 (略)

四、总结

老师针对表演情况进行点评，布置新的任务。

个案8. “玩转小古文”微型课程

(设计者：邱云燕、杨苏娟、徐金芳、李真)

课程名称 玩转“小古文”

课程编号 类别：语文学科拓展类 序列号：综02A08

课程简介

“小古文”是指适合小学生阅读的短小、生动、有趣、富有教育意义的文言文。

本课程采用最好玩、最轻松的方式来学习“小古文”，让学生在轻松愉悦的氛围中积累文言词汇，提升文言修养，培养文言爱好，从而将古文学习化为终身受益的语文财富，获得纯正的文言启蒙。

适用年级 六年级

课程开设背景及意义

文言文不仅是中国文化与民族精神的宝库，更是语言的宝库。文言文在几千年的历史发展中，积淀了数量巨大、极富表现力的典故、语汇、辞章，是中国文化的精华。《语文课程标准》提出文言文教学的目标：“学习中国古代优秀作品，体会其中蕴含的中华民族精神，为形成一定的传统文化底蕴奠定基础。”

小学阶段文言文涉及量极少，仅在五年级（下册）和六年级（下册）课本中出现三则文言文。学生对这样简短明快又有趣的文言文十分有兴趣。本课程选择适合小学生阅读的短小、生动、有趣、富有教育意义的文言文，渐渐构成一个体系，让学生在轻松愉快的气氛中学有所得。

课程目标

提升语文素养，积淀文化底蕴，更好地实现中小衔接。

课程内容

本课程精选了一部分文字浅显易懂，故事情节生动的寓言故事、神话故事、成语故事、历史故事小古文等。

教学方式

小组合作学习，分角色表演。

评价方式

师生互评，学生互评。

教学所需材料与设备

课件。

课程计划

第 1 课时：《论语》十则
第 2 课时：寓言故事
第 3 课时：神话故事
第 4 课时：成语故事
第 5 课时：神话故事
第 6 课时：历史故事
第 7 课时：寓言故事

第4课时活动设计

（设计者：徐金芳）

课　题　东施效颦

教学（活动）时间　1课时

教学（活动）目标

1.整体感知内容，理解寓意，培养学生学习古文的兴趣。

2.教给学生联系上下文理解语言文字的方法，培养小组合作学习的精神。

3.读写结合，培养学生口语交际能力与习作能力。

4.激发学生树立自信心，努力使自己成长为有美好心灵和高尚情操的人。

教学（活动）内容

东施效颦

西施病心而颦其里，其里之丑人见而美之，归亦捧心而颦其里。其里之富人见之，坚闭门而不出；贫人见之，挈妻子而去之走。彼知颦美，而不知颦之所以美。

——选自《庄子·天运》

课（活动）前准备

教师：1.准备背景故事；

2.收集相关图片或视频，整理制作PPT。

学生：学习单、新华字典等工具书。

教学（活动）过程设计

一、模仿表演，导入新课

1.上课之前，我们先来玩个热身小游戏怎么样？（出示："模仿秀大PK"）要求每排选一个代表，根据表情、动作、表现力酌情加分，评选出"最佳模仿秀"。

2.知道老师在考验大家什么能力吗？（模仿能力）

3.今天老师给大家带来了一个与"模仿"有关的故事。（出示：课题）（齐读课题）题目中有个字就是"模仿"的意思？哪个？

4.那"颦"又是什么意思？（师解释）颦：皱眉头。一起来表演"颦"。（再读课题）

二、诵读课文，整体感知

（一）了解寓言特点，诵读课文

1."东施效颦"是一个寓言故事，寓言故事的特点是什么？（通过一个简短的故

事说明一个深刻的道理）

2.那么“东施效颦”讲了一个什么样的故事？又说明了一个怎样的道理呢？

3.看，这是一篇小古文，也叫“文言文”。它出自《庄子》这本书。（出示庄子介绍）（课件）这可是距今两千多年前的文章，理解起来有点难度。不过有句话说得好，“读书百遍，其义自见”。尤其是古文，诵读尤为重要。通过一遍又一遍地诵读，意思会渐渐明朗起来。

古文该怎么诵读呢？

4.（生自由读）（课件出示要求）大声读，读准字音，争取字正腔圆。

(1)结合预习反馈单，重点正音：挈、妻子。

(2)（指名读）（评价）（齐读）

5.再读。（课件出示要求）读出节奏，韵味。

（指名读）（师范读）（自由读）（指名读）（评价纠正）（挑战读）（奖星）

6.既然大家都想来吟诵，那就把这里当成古色古香的“庄子学堂”，我们一起像古人那样摇头晃脑地吟诵起来。（注意声断气连）

（齐读）

（二）小组合作，理解文意

1.读着读着，对文章的理解是不是渐渐明朗起来了？哪些句子你读懂了？（加星）

2.还有哪些难读懂的？我们可以想什么办法去读懂？

（结合课后注释；查资料；小组讨论；请教老师；结合已读故事等）

3.小组合作，理解文意。

4.结合预习反馈单，点拨难理解的句子。

5.师生对说。师读原句，生说文意。

6.概括文意。

三、感受东施之“丑”，感悟寓意

（一）感受东施之“丑”，了解侧面描写

1.大家都认为东施很丑，文中并没有一个“丑”字，你是从哪儿感受到的？画出相关句子。

2.（出示）其里之富人见之，坚闭门而不出；贫人见之，挈妻子而去之走。

东施那个“丑”哇，用一个词语来形容，那叫——（其丑无比　不堪入目　目不忍睹）

3.庄子先生了不起啊，他用不着写东施的相貌，只要说说邻居们的反应，就让我们想象到东施到底有多丑了！（板书：丑，归纳板书——侧面描写）庄子先生这一招真够绝的！

（二）品赏名句，尝试练笔

1.其实在很多文学作品中，还有很多这样的描写。（出示）《陌上桑》。我们的作文中如果能用上这一招，那绝对能吸引读者的眼球。怎么样？要不我们也来试试？

（课件出示）牛刀小试

在我们的身边，有很多熟悉的人，大家的性格各不相同。有的调皮，有的暴躁，有的开朗，有的时尚，有的磨蹭……请你选择一个熟悉的人，用侧面描写的方法，通过几句话写出他的一个特点来。

2.反馈欣赏。

（三）过渡：我们班的同学可真是人才济济呀！这不，今天东施也是慕名而来，有困惑要寻求大家帮忙。

1.（师扮演东施）自从那次模仿西施吓坏了相亲邻里之后，我都没有颜面出去见人了，我真想找个地缝钻进去。我一直很困惑：同样是皱眉头，为什么西施那么美？而我却更加丑了呢？各位街坊邻里、三姑六婶、大爷大妈，谁能为我解开心中的这个结呀？

（过渡）先不急，为了不让东施失望，请每个小组先合作交流一下，帮忙找到真正的原因。

2.补充：四大美女资料。

西施被誉为“中国古典四大美女”之一，本身就天生丽质，她因为心口痛而皱眉捧心的样子自然别有一番风韵，那是自然流露出的美；而东施本来就丑，却还要皱眉捧心，自然更加丑了。

（小结出示）彼知颦美而不知颦之所以美。

3.创设情境，师生对话，寓意内化。

师扮演东施，指名生扮演旁人。情景对话后，请生将见解归纳在黑板上。

（预设）

（1）“人非圣贤，孰能无过？”

（2）自然美是真正的美。

（3）心灵美的人最美。

（4）适合自己的才是最美的。

（5）金无足赤，人无完人。

（6）盲目模仿，会弄巧成拙。

……

（东施）感谢各位好心人的开导，我相信，只要我崇尚自然、立足实际、善良热情、造福邻里，总有一天，一定能得到大家的肯定，实现自己的价值！

4.(总结板书)不切实际的照搬照抄,结果只会适得其反。

四、拓展延伸

1.说到盲目效仿的典型,在我国古代的寓言故事中,何止东施一人。

2.出示《邯郸学步》。

3.拓展成语:照猫画虎、画虎不成反类犬、亦步亦趋、鹦鹉学舌。

五、好文推荐

《庄子》《庖丁解牛》《匠石运斤》《蜗角触蛮》。

附:自学反馈单

1.我觉得容易读错的字有:________________________________;

经查字典确认,它们的读音分别为________________________;

2.我觉得容易写错的字有:________;我自己练________遍:________;

3.通过小组交流,我已经弄明白的词句有:________________________

____

____

____。

4.通过讨论,我们组还没解决的问题有:____________________________

____

____。

【实践反思】

序列教学开启古文学习旅程

邱云燕

“玩转小古文”综合实践活动课程定位是,通过学习“小古文”,让学生积累文言词汇,提升文言修养,培养文言爱好,做一个古文的推广人。我们选的“小古文”是适合小学生阅读的短小、生动、有趣、富有教育意义的文言文,用最好玩、最轻松的方式来学习,让小学生获得纯正的文言启蒙,在轻松愉快的气氛中丰富古文知识,积累一定的文言词汇,提高古文修养,培养文言的语感,从而将古文学习化为终身受益的语文财富。

如何吸引学生学习小古文呢,我对《玩转小古文》综合实践活动课程做了简短的注解:

喜欢那些短短的、浅浅的，读起来很好玩，有意思的文言故事吗？杨氏之子的对答如流，司马光砸缸的机智大胆，郑人买履的迂腐死板……读读、想想、演演、猜猜，你会发现很多有趣的语言现象，感受到汉语言的优雅和精妙。

这些经典篇章，读起来朗朗上口，说起来有板有眼，演起来意犹未尽，你会捧腹大笑，你会轻语沉吟，你会获得最纯正的语言启蒙，打下一生受用的中国文化的底子。

有趣的课程介绍只是吸引学生的第一步，要提高学生对古文的学习热情，课堂才是关键。

单纯地讲解一则古文和平常的语文课堂没什么两样，一个小时的时间里，内容应该多一些，形式丰富一些，材料有趣一些，才能吸引学生。于是我们围绕一个主题，将几则古文故事串在一起。如在上成语故事“破釜沉舟”时，我先插入对联“有志者，事竟成。破釜沉舟，百二秦关终属楚”，引出人物——项羽。从项羽小时候的故事入手，到他意气风发，一战告捷，破釜沉舟，感受项羽的英雄气概，再到“四面楚歌”，最后项羽身死。课件设计精美，古文中常常穿插有趣的历史故事，让学生穿越时空，来到古代社会，了解历史人物的趣事，像是在观看电视剧，学生在猜猜读读中提升古文素养，也读出了古文的趣味。

我上完一次课后，要隔两个星期才轮到上下一次课。一次我在路上偶遇一位六年级学生，她特意问我：“老师，这次是你来上课吗？”我看到她的眼睛里充满了期待，心里是满满的感动。当我回答“不是”时，她有些失望地离去了。看来，我的小古文课还是上得有些成功的。

课堂上，我们更注重让学生自读自悟，在情境中理解文言词语的意义，经常采用学生自由讨论，猜测互讲，老师串讲的方式，经常让小老师来独立讲解长句子，教师则只是倾听和点拨，此外还经常采用随机开火车的方式，让学生自己讲句子的意思，在丰富多样的活动中让学生积累文言用词。

跨班上课最烦恼的就是课堂纪律不好，古文教学的内容很容易被遗忘，部分学生学过就忘。课堂讲毕竟和笔上练不同，但若是让学生笔头练得多了，就会降低课堂的趣味性。所以我们采用课堂听课记笔记的方法，让学生读读、写写、记记。

几节课下来，学生对序列古文教学的兴趣十分浓厚，课堂上经常会猜测接下去是什么有趣的故事。古文序列故事教学开启了学生古文学习的旅程。

个案9. “非连续性文本阅读”微型课程

（设计者：毛小琴、王飞、叶小娟、陆慧琴）

课程名称 非连续性文本阅读

课程编号 类别：语文学科拓展类 序列号：综02A09

课程简介

本课程主要指导孩子从生活中一些常见的非连续文本（如说明书、平面图、火车时刻表等）中获取我们所需要的信息，得出有意义的结论，并且通过模拟、实践等手段把知识运用于实际生活当中，以此提高学生对非连续性文本阅读的兴趣与能力。

适用年级 六年级

课程开设背景及意义

当今时代已进入读图时代、媒体时代，大量信息以碎片状呈现，有效地整合并利用这些信息，无疑将成为网络时代学生的重要能力之一。学会从非连续性文本中获取我们所需要的信息，得出有意义的结论，是现代公民应具有的阅读能力。非连续性文本来源于学生所熟悉的、感兴趣的生活，在模拟情境中边学边用，既能提高学生非连续性文本的阅读能力，更能提高学生的生活实践能力。

课程目标

学会从非连续性文本中获取我们所需要的信息，得出有意义的结论，提升语文素养，增强学生的生活实践能力。

课程内容

1.挖掘语文教材资源。

比如在学习《长城》《颐和园》等写景类文章时，可以增补相应的导览图，和文章介绍的写作顺序相配合，一方面让学生借助导览图理清文章的写作顺序，一方面也可以增加阅读的趣味和应用性。再如在学习《鲸》《太阳》这类说明性文章时，可以配以图表、数据，让学生在鲜明的数据和形象的图表中感受事物的特点。

2.整合其他课程资源。

例如人教版六年级上册第七单元的主题是“人与动物”，为了加深对“动物是我们的朋友，人类应与动物和谐相处”这一人文主题的理解，我们可以借用六年级上册科学“种类繁多的动物”这一章节，在课堂中让学生快速阅读图和两段非连续性文本，并思考：地球上种类最多的动物是什么？读了这些文字，你对人与动物如何相处有什么新的思考？学生很容易得出这样的结论：人只是动物王国150多万种动物中的一员,我们应该与其他动物和谐相处。这样,既加深了学生对课文的理解,也培养了他们提取信息的能力。

3.活用生活资源。

生活中,“非连续性文本”被广泛应用。说明书、旅游导览图、安装图等都是训练的好材料。例如我们可以让学生带上家里的一份“药品说明书”,进行这样的训练:药品的名称是什么?这种药主要治疗什么病?如果有一个病人服用了这种药产生不良反应,可能是哪些原因造成的?借以培养学生的语文实践能力。

教学方式

因为非连续性文本具有很强的生活性和实践性,所以课堂上一般采取角色体验、情景模拟等形式以增强课堂的趣味性与实践性。

评价方式

本课程采用以情景模拟测试为主,书面测试为辅的评价方式。

教学所需材料与设备

多媒体设备。

课程计划

第1课时:我能读懂广告语

第2课时:药品说明书的阅读

第3课时:简易地图的阅读

第4课时:我能读懂天气预报

第5课时:气象与旅游

第6课时:统计图的阅读

第7课时:对联的阅读与创作

第5课时活动设计

(设计者:陆慧琴)

课题 气象与旅游

教学(活动)时间 1课时

教学(活动)目标

1.能从两份不同的气象资料中根据需要寻找相关信息。

2.通过阅读文本,做出合理的旅游攻略。

3.激发学生热爱生活,关注身边的图文信息等意识。

教学(活动)内容

1. 畅谈国庆计划。

2. 阅读两份不同城市的气象预报，能从中提取有效信息。

3. 思考讨论：旅游之前，还应做好哪些攻略？

教学(活动)前准备

1. 上网搜索“江山天气预报 一周天气查询 中国天气网”和“黄山天气预报 一周天气查询 中国天气网”，打印出黄山和江山10月1日至3日气象图文资料，每个小组各一份。

2. 教学PPT。

3. 分好学习小组。

教学(活动)过程设计

一、激趣导入

1. 亲爱的同学们，上完这节课，就马上要迎来一个让我们欢呼雀跃的大节日——国庆节。说说看，在这七天小长假里，你们都有什么样的安排？

2. 都说“读万卷书，不如行万里路”，看来，有许多同学和老师一样，都想趁这“十一”黄金周外出走走看看。瞧，这是我们班某个同学给我们提供的一点线索。他给我们留的题目叫作“猜猜看”。

二、阅读文本，猜猜看

1. 小组合作，阅读下发的“黄山和江山10月1日至3日气象资料”。挑战“猜猜看”之基础题：

(1)这位同学准备去哪儿旅游？

(2)他准备何时去旅游？

(3)江山和黄山这几天的气候有何不同？

2. 阅读文本，同桌交流。挑战“猜猜看”之提高题。

这位同学在出发之前查看了气象信息，并根据资料做出如下准备：一套换洗的夏装，防晒衣、遮阳帽、水、风油等防暑用品。请问，他的准备工作做得充分吗？请根据文本信息，给予合理化建议。(注意：语言诚恳，提出的建议能科学合理，能考虑不过分增加旅行包的重量)

3. 小组讨论。挑战“猜猜看”之拓展题。

(1)如果这位同学准备坐高铁去黄山，以下为车站的列车时刻表。请结合实际情况猜猜看他会选择哪个车次？

(2)同学们有没有想过，江山、黄山同为一片天，而且相隔距离不算遥远，为什么气候情况会存在如此差异呢？

三、班级交流,激发热情

单从气象资料这一方面,我们就能提取出这么多的有效信息,并据此修改旅游攻略。那么,在外出游玩之前,我们还应该去关注和查找哪些方面的资料呢?希望同学们能畅所欲言,多多献计献策,为我们的"十一"黄金周开始行动起来。

四、提升训练,布置作业

小组共同确定一个旅游目的地,通过实地考察、网上查询等方式完成一份比较详尽的旅游攻略,准备下一课时的汇报交流。

三、开发一得:学科拓展点的选择与确定

如何寻找那个"点"

(毛伟琴、朱玲娟)

传统的学科教学以课堂教学为主要形式,以完成系统的知识教学为主要任务,而学科拓展类微型课程的教学则以学生学习兴趣和发展需要为主要依据,主要目的是让学生通过体验活动,获得直接经验和实践能力。

有的老师也许会觉得,在实际教学活动中,教师们早已不再满足于课堂与教材中的那一点内容和知识,开始关注学科的拓展,但反思一下,我们不难发现,在推行的过程中仍存在种种问题:首先是老师对教材有较强的依赖性,课程开发能力不足;其次是缺乏科学、系统的校本内容,教师往往想到拓展什么就上什么,活动质量难以保证;第三是拓展活动仍存在严重的学科化倾向,只重视知识,轻视实践。

只有当拓展活动成为一门课程,才能使平时零碎的拓展活动有了固定的时间与教材,这对于促进学生知识的广度、深度发展有着重要的作用。更为重要的是,通过拓展课程的学习和体验,可以培养学生的探究意识和实践能力;同时在学习中培养学生良好的心理素质、团结合作精神、公民意识和社会责任感,使其逐步形成健康的人格。

基于上述思考,我校现开设了 20 个学科拓展课程,涉及语文、数学、英语、科学、信息等多个学科。语文学科拓展型课程包括唱响童谣、趣味识字、绘本读创、成语、七彩童话剧、课本剧大台、中小好舌头、非连续性文本、小古文等 9 个课程;数学学科拓展型课程包括智力七巧板、数独游戏、校园中的数学、数学大本营、与数学家面对面、数学扑克游戏 6 个课程;英语学科开设了中西节日对对碰课程;综合学科类拓展型课程包括创意实验、动画设计与制作、舞蹈、田径 4 个课程。

那么,学科拓展类微型课程究竟该从哪些角度出发,进行拓展点的选择呢?

一、依据学生的需求与兴趣开发

"学生的兴趣需要,是开发校本课程的重要依据。"校本课程开发的目标之一,就

是立足于学校、以教师为主体开发出校本课程，满足并不断地引发学生的内在学习兴趣，并在最大限度上满足学生个性发展的需要。同样，拓展型课程是以培养、激发和发展学生的兴趣爱好，开发学生的潜能，促进学生个性发展为主要目的的。基于此，学科类微型课程的开发首先就可以从学生的发展需求与学习兴趣出发。

因此，我们要更多地从学生的角度来看待周围的一切。教师的视角和学生的视角是不一样的，我们要努力寻找学生的兴趣所在，并对学生的兴趣以及他们喜爱的各种活动进行研究，力求选择出来的课程是"儿童化"的课程。我们可以问一问自己：学生在本学科的学习中，最感兴趣的是什么？对学生的后续发展影响最大的是什么？他们需要怎样的学习内容？他们喜欢怎样的学习方式？从学生的需求与兴趣着眼开发出来的课程，是学生自己的课程，从某种程度上说也是最适合他们的，因为唯有如此，学生才能对所学课程倾注全部的热情，从中获得独特的体验，校本课程的实施也才能取得较好的效果。

我们发现，平时的学科教学多注重知识的传授，这样的教学方式难以引起学生的兴趣，而有时基于教材延伸出来的内容而组织学生开展的一些活动却受到了学生的喜爱。如五年级的课本剧学完之后，学生主动提出要把课本剧排一排；四年级童话单元上完之后让学生小组合作，自主排练童话剧，学生虽辛苦，但仍乐此不疲；五年级语文实践活动中关于"开卷是否一定有益"的辩论赛结束之后，学生强烈要求再次举行辩论赛。这就给了我们一个重要的信息，原来学生最喜欢的学习方式就是通过自身的参与，在与同伴互助的过程中获得知识，发展能力。在充分了解学生的兴趣之后，我们在三、四、五年级学生中开设了童话梦工厂、课本剧大舞台、中小好舌头三门课程。这些课程使抽象的东西形象化，使书本上的东西现实化，书本世界传达出来的信息就这样形象生动、栩栩如生地展现在学生面前。学生们走出课本，最后又通过自己的表现来表达自己的理解，从而回归到对书本知识的更深层次的理解与把握。

再如开发数学扑克牌游戏，也是基于这样的考虑。我们发现常用的分数、小数、百分数、成数(折扣)之间的互化，是小学六年级数学中重要的一课。如能熟练转化，不仅能提高学生的运算能力，还能提高学生的数感。但如果单纯地让学生去背诵，大部分学生会感觉枯燥乏味，避而远之。能不能通过游戏、活动的方式让学生掌握分数、小数、百分数、成数之间的互化呢？六年级的数学老师们从孩子们平时最喜欢玩的卡片、扑克牌出发，将知识巧妙地融入游戏之中，让学生乐此不疲，趣味盎然。

二、从学科培养的核心素养出发

课程改革的目标是促进每一个学生全面而有个性地发展，在课程改革中，要求以培养学生的核心素养为目标。社会需要我们的孩子成为一个怎样的人，我们就该为培养这样的人而努力。所以学科拓展类课程内容的选择还可以从各学科培养的核心素养出发来考虑。我们可以想一想：我的这个学科想要培养学生哪些方面的能力？哪一项能力是最重要的，是各项能力之核心？我可以通过哪些活动达成这一目标？

学生的能力最终应表现为一种综合运用的能力。校本课程的开发应致力于学生对学科知识的融会贯通与综合运用，即能在具体的情境中自如地运用所学的知识。因此，拓展类课程应不断拓展学生学科学习领域，拓展学生学习时空，培养学生综合学习能力，使学生在认知结构、学习方式、实践创新等方面得到进一步完善和提高。

就语文而言，学生的能力主要表现在理解与表达上。课标指出，义务教育阶段的语文课程，应使学生初步学会运用祖国语言文字进行交流沟通，这种交流和沟通应包括书面和口头两种形式。但从实际教学来看，当下语文老师都比较重视学生书面表达能力的训练，忽视口头语言表达。而书面表达能力的培养也大多通过讲解、训练来达成。基于此，学校三、四、五年级的语文拓展课程的开发直指学生语文综合素养的提高。比如说七彩童话剧、课本剧大舞台这两门课程，培养的是学生理解与表达的能力，因为我们相信，表达是以良好的理解能力为基础的。学生在排演之前，必须反复阅读文本，达到对文本内容及表达情感的深层理解，为了编排的需要，还需上网查阅课外书，搜集与之相关的资料，还要对课文内容和资料进行整合，这实际上就是一种再创造。在排演中更是需要同学之间的相互合作，需要人人参与，个个动脑动手，竭尽全力，这在无形之中增进了同学之间的沟通与团结。在整个排练准备的过程中，学生的综合能力也得到了提高。

再如科学学科，这是一门以探究为核心，以培养学生科学素养为宗旨的课程，只有引导学生通过科学探究来发展其科学素质，才能实现科学本质与教育宗旨的内在统一。为培养学生的这种科学探究品质，我们开展了科学创意实验这一微型课程。创意实验课程让学生通过动手操作各种有趣、奇幻的实验，解开生活中的各个谜团，领略科学的奥妙，享受发明带来的快乐！实践证明："食物染色剂""泡沫灭火器""空气大炮""制作环保酵素"等实验都深受学生喜爱，也引发了他们探究科学的无限乐趣。

数学应着眼于学生思维品质的培养，让学生带着数学眼光去观察生活，能运用数学方法去分析周围的事物和现象。为此，数学教师们根据学生学习的基础，和学生一起设计活动内容，通过活动，帮助学生综合运用已有的知识和经验，经过探索和合作交流，解决与生活经验密切联系的、具有一定挑战性和综合性的问题，体会数学的魅力，培养他们解决问题的能力。

三、与学生的生活世界相联结

学习的最终目的是更好地生活。义务教育阶段的课程不仅要考虑学科自身的特点，更应遵循学生学习的心理规律，强调从学生已有的生活经验出发，让学生亲身经历对实际问题进行解释与应用的过程。因此，课程开发还可以从学生的生活经验和已有知识出发，从知识与生活联结的角度出发考虑来选取内容，为学生架起学习和生活的桥梁，帮助学生感知生活中的知识，发现知识就在身边。如果教师的教学能让学生联结学习和生活，感受到学习可以为生活带来更多的方便，让生活更加美妙，那么学习的积极性便会大大提高。

我们开发的语文类拓展课程中，与生活联系最为紧密的莫过于非连续性文本微型课程了。这就是从学生的生活出发拓展出来的一门课程。《义务教育语文课程标准(2011 年版)》提出了“非连续性文本”的概念，因其直观、简明、醒目、概括性强、信息量大等特质，正以越来越高的频率不断地介入我们的生活。学会从非连续性文本中获取我们所需要的信息，得出有意义的结论，是现代公民应具有的重要阅读能力之一。因此，在开发学科类拓展型课程时我们就据此将非连续性文本作为六年级的一门选学课程，意在通过课程，教给学生一些常见类型的非连续性文本的阅读方法，如火车票的阅读、说明书的阅读、图文广告的阅读等。

再如，数学在生活中的应用不胜枚举，新课程改革以来，特别重视培养学生运用有关的数学知识和方法解决实际问题的能力，培养学生的问题意识、应用意识和创新意识成为数学教学的一项重要任务。为此，我们组织开发、编写“校园中的数学”这门课程，引导学生关注、探究校园面积的测量与计算，校园中的规律问题等。

四、从教师擅长的角度出发

二期课改通过校本课程赋予教师参与课程开发、管理课程的权利，教师成为课程开发的主体，这为教师提供了无限表现与创造的空间。注重教师的个人兴趣与专业特长，使校本课程的实施成为教师专业发展的一条重要路径。

说到课程开发，其实教师本身就是开发课程的一个基础要素，并直接制约对课程资源的有效合理利用。有一些课程，学生需求强烈，而且也非常感兴趣，但是限于师资水平，教师没有能力去开发，或是开发出来效果不好。因此开发学科拓展类课程还应从教师本身的兴趣特长出发，看看他们在哪些方面有专长，或是在哪方面有研究深攻的兴趣，这样从教师擅长的角度出发开发出来的课程，教师们在执行的时候才能游刃有余，并在研究过程中不断深入，形成个人的研究特色。

为了让每个教师在这场教学革命找到自己发展的突破点，我校充分挖掘教师特长，引导教师主动寻找适合自己的课程。如我校有一位教师对小古文教学特别感兴趣，自任教三年级以来，就开始在班级当中开展一些简单的小古文的教学研究，几年下来，也小有所得，掌握积累了一套具有个人特色的小古文教学方法，如表演法、朗读法、古今互译法、小先生教学法等，并有该方面的研究文章在报刊发表并获奖。因此，她就领衔开发了“玩转小古文”这一课程，带领学生徜徉于小古文的世界，深受学生的喜欢。另一位老师在动画设计与制作方面非常出色，自己设计与制作的课件、动画屡屡获奖，她就开发了“动画设计与制作”课程，学生上了这门课程以后，屡次在省、地、市信息比赛中获好成绩。

学科拓展延伸的方向、途径是无比广阔的，如从教材的学习、学校的特色建设等角度出发选择拓展的内容，进而开发出独具特色的课程。总之，只要我们从最值得拓展延伸的地方入手，并掌握合适的“度”，进行科学的拓展延伸，那么我们的教学就会更开放，更有价值和意义，这样的课程开发就是成功的。

第二节　数学学科拓展类微型课程

数学学科拓展类微型课程突出以学生“学”为中心，让孩子们在游戏活动、动手实践、交流反思中获得直接的数学活动经验，激发浓厚的学习兴趣，满足个性化学习需求。

一、开发概况

（一）开发背景

为贯彻《国家中长期教育改革和发展规划纲要（2010—2020 年）》，进一步落实《基础教育课程改革纲要（试行）》和《义务教育数学课程标准》（2011），激发学生的学习兴趣，充分调动每一位学生的学习积极性，开发和培育每一位学生的学习潜能，发展学生终身学习的愿望、创新意识和综合实践能力，根据学校微型课程开发的设计框架，依据学校数学教师队伍结构、数学学科的教学状况，遵循数学教育规律和小学生成长规律，从人与学科、人与生活等关系出发，组织开发小学数学学科拓展类微型课程。

（二）开发目标

1.让学生自主参与创新与玩转数学游戏，激发学生主动学习的兴趣和热情，引导学生在尝试探究、质疑反思中，逐步掌握发现和提出问题、分析和解决问题的方法，提高学生的观察分析能力、逻辑推理能力。

2.让学生经历有目的、有设计、有步骤、有合作的实践活动，感受数学在日常生活中的作用，体验运用所学的知识和方法解决实际问题的过程，获得一些直接的数学活动经验。

3.让学生了解数学与文学、生活等的密切联系，感受数学家们对中国数学界、世界数学界做出的杰出贡献，领略数学的奇妙，学习数学家们刻苦钻研的精神及坚持真理、严谨求实的科学态度，培养学生对数学的兴趣以及不断探索的学习精神。

（三）开发内容

根据每个年级学生的认知特点、认知发展规律以及学生的知识基础、学习经验、学习兴趣、学习需要，充分考虑一至六年级数学学科拓展课程的序列性、层次性。拟在小学一、二年级开发数学游戏课程，着重突出游戏元素，促进数学与游戏联姻；三、四年级开发数学综合与实践课程，突出生活元素，促进数学向应用转化；五、六年级开发数学文化课程，突出史实元素，呈现数学的过去今生，积淀数学文化。根据现阶段学校的师资力量、课程资源，在一至六年级分别开设了“智力七巧板”“数独游戏”“校园中的数学”“数学大本营”“与数学家面对面”“数学扑克游戏”等六门微型课程。

（四）开发体系

一、二年级以数学游戏为主题，以“智力七巧板”和“数独游戏”为主要内容，突出数学的趣味性、娱乐性，体现思维训练的层次性，让学生在数学游戏中体会到“数学好玩”，感受到学习数学的快乐；三、四年级以数学“综合实践”为主题，让学生在解决问题的过程中，经历“从头到尾”地思考问题，发展“发现和提出问题、分析和解决问题”的能力，积累数学活动经验，感受数学的应用价值，体会数学的魅力；五、六年级以“数学文化”为主题，了解数学史料，感受数学文化价值，培养学生的创新意识，初步感受创新带来的乐趣。详见下表。

一至六年级数学学科拓展类微型课程开发一览表(设计者:范光富)

年级	教师	课程名称	课程内容
一	朱柳英 刘　莉 金江爱 毛秋芬	智力七巧板	第 1 课时:智力七巧板的拼图欣赏与介绍 第 2 课时:了解七巧板的历史 第 3 课时:按样拼图 第 4 课时:按图分解 第 5 课时:举一反三 第 6 课时:一图多拼 第 7 课时:观察创造
二	毛玉燕 莫　婉 吴荷仙 姜　娟	数独游戏	第 1 课时:数独游戏及游戏规则的介绍 第 2 课时:四宫格,寻找解决数独的基本方法 第 3 课时:六宫格,探讨解决数独的衍生方法 第 4 课时:九宫格,巩固解决数独的方法 第 5 课时:数独游戏小组赛 第 6—7 课时:数独游戏升级赛
三	范光富 严子新	校园中的数学	第 1 课时:寻找校园中的数学问题 第 2 课时:校园中的方位之一——个性化制作校园方位图 第 3 课时:校园中的方位之二——介绍我们的校园 第 4 课时:校园中的测量之一——明确任务,设计方案 第 5 课时:校园中的测量之二——动手实践,交流反思 第 6 课时:校园中规律之一——彩虹架问题 第 7 课时:校园中规律之二——寻找校园中的规律
四	王　燕 谢杨慧	数学大本营	第 1 课时:数字编码 第 2 课时:数字谜语、数学对联 第 3 课时:数学诗 第 4 课时:数学童话、数学故事 第 5 课时:数学古典诗 第 6 课时:学习成果梳理 第 7 课时:学习成果展示
五	陈小霞 王云凤	与数学家面对面	第 1 课时:数学中的黄金分割 第 2 课时:奇妙的数学黑洞 第 3 课时:数与形之美 第 4 课时:走近华罗庚 第 5 课时:走近陈景润 第 6 课时:走近高斯 第 7 课时:趣味数学大比拼
六	徐　忠 鲁水花 毛善英 刘水荷	数学扑克游戏	第 1 课时:介绍数学扑克牌 第 2 课时:制作数学扑克牌 第 3 课时:美化数学扑克牌 第 4 课时:欣赏、交流数学扑克牌 第 5 课时:练习打数学扑克并分享打牌经验 第 6 课时:四人小组数学扑克 PK 第 7 课时:数学扑克创新打法

(五)实施策略

1.学生的学习策略：强调以学生为主体，以学生“学”为中心，教师要引导学生对数学拓展性课程的主动发现、主动探索和主动建构，创造多种方式让学生自主学习、合作学习、探究学习，使学生获得亲身参与探索的体验，激发学生积极学习的兴趣。

2.教学的指导策略：强调教师的指导作用。教师要在学生学习的关键处、操作探究的疑惑处、数学思维的障碍处、学习结果的反思处指导，更好地使学生在数学活动中学会数学思考。

3.学习组织形式的策略：建立良好的协作学习环境。要注重培养学生与他人的合作精神，发展学生乐于合作的团队精神，让学生学会交流和分享研究信息、成果，在欣赏自己的同时，学会欣赏别人。

4.教学手段选择的策略：要重视传统教学媒体与现代教学媒体的整合。

(六)开发难点及注意事项

1.开发难点

(1)每个年级根据学校微课程开发体系中确定的主题，开发出适合本年级学生的年龄特征和认知发展规律的微型课程，让学生感兴趣、想探究、有收获，这是课程开发的最大难处。

(2)数学拓展课程的开发需要大量的校外资源，如何解决好学生活动安全与开发校外课程资源这一矛盾是课程开发面临的一大难题。

2.注意事项

(1)各年级开发微课程选择内容时要考虑三个方面：一是体现学校的办学理念，关注学校的办学特色，突出数学的教育价值；二是要关注《义务教育数学课程标准》所倡导的，学生喜欢的，身边可挖掘的，而平时教学时又常被忽视的课程资源；三是要根据年级学生认知特点、已有的知识基础、学习经验、学习能力、兴趣爱好，选择适合学生动手操作、实践探究的内容。

(2)教师要预设每项活动的展示形式，如游戏比赛、数学日记、数学作文、数学研究小报告、数学扑克牌等。在实施活动时，要注意资源的开发和资料的收集与整理，如学生活动的照片、视频，发言的录音，学生活动成果。

(3)微课程的教学活动要让学生经历明确任务——设计方案——动手实践——交流反思——自我评价的过程，培养学生从头至尾思考问题的能力。

二、个案点击

个案1. “数学扑克游戏”微型课程

（设计者：徐忠）

课程名称 数学扑克游戏

课程编号 类别：数学学科拓展类 序列号：综02D06

课程简介

如何让数学变得有趣？根据六年级学生学习的内容和学习心理，我们开发了一个新型游戏：数学扑克牌。它以分数、小数、百分数、折扣四种数的形式呈现，每张牌的大小在0至1之间。让学生在尽情享受创造数学扑克牌、玩转数学扑克牌的过程中，培养创新意识，提升数学能力。

适用年级 六年级

课程开设背景及意义

常用的分数、小数、百分数、成数（折扣）之间的互化，是小学六年级数学中重要的一课。如能熟练转化，不仅能提高学生的运算能力，还能培养学生的数感。单纯地让学生去背诵记忆，大部分学生会感觉枯燥乏味，避而远之。

爱玩是孩子的天性，游戏更是孩子的至爱。对于孩子来说，游戏就是他的阳光、空气、水和食物，是儿童成长过程中最基本的需求。开设数学扑克游戏课程，把常用的分数、小数、百分数、成数（折扣）搬到扑克牌上，让学生在游戏中主动去熟记这些数，体会学数学的乐趣。

课程目标

1. 让学生经过明确玩数学扑克的意义——动手制作数学扑克——四人小组玩数学扑克——自我评价等过程，积累数学活动经验。

2. 体会学习数学的乐趣，培养学生的数感，提高学生运算能力。

课程内容

以了解数学扑克、制作数学扑克、玩数学扑克游戏为主。

教学方式

1. 建立新型的师生关系，以爱激趣、寓教于乐。

2. 注重小组合作探究，共同体验成功的乐趣。

评价方式

1. 动手能力：能独立制作数学扑克牌，会玩数学扑克牌。

2. 情感态度：写数学日记谈体会；能主动向家人或朋友介绍数学扑克牌。

教学所需材料与设备

每四人一副(54 张)空白扑克纸牌。

课程计划

第 1 课时：介绍数学扑克牌
第 2 课时：制作数学扑克牌
第 3 课时：美化数学扑克牌
第 4 课时：欣赏、交流数学扑克牌
第 5 课时：练习打数学扑克并分享打牌经验
第 6 课时：四人小组数学扑克 PK
第 7 课时：数学扑克创新打法

第 1 课时活动设计

（设计者：徐忠、范光富）

课　题　介绍“数学扑克牌”

教学(活动)时间　1 课时

教学(活动)目标

1. 让学生了解“数学扑克”，激发学生学习的积极性。
2. 熟记常用的分数、小数、百分数、折扣的互化。

教学(活动)内容

1. 介绍数学扑克牌。
2. 背诵常用的分数、小数、百分数、折扣的互化。

课前(活动前)准备

教师：常用的分数、小数、百分数、折扣的互化表。

教学(活动)过程设计

一、谈话导入，激发兴趣

1. 同学们，在生活中见过扑克牌吗？你会打扑克牌吗？你会哪几种扑克牌的打法？
学生：我会“钓鱼”“斗地主”“争上游”等游戏方式。
2. 想不想拥有一副“数学扑克牌”，在数学课上也打打牌？

二、介绍“数学扑克牌”

1. 你见过“数学扑克牌”吗？

学生：我见过上一届六年级同学打过“数学扑克牌”，他们玩得很有趣。

老师用电子展台展示上一届学生制作的“数学扑克牌”：

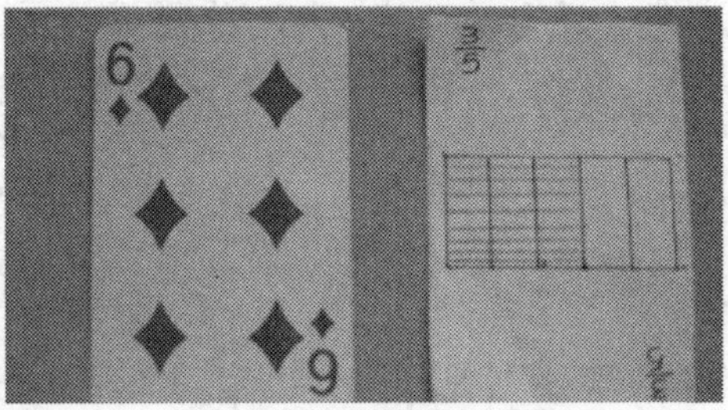

2. 比较“数学扑克牌”与普通扑克牌的异同。

相同点：扑克牌的张数、花色相同。

不同点：两种扑克牌的数值不同，牌中间的图案不同。

3. 介绍“数学扑克牌”的意义。

①在制牌、打牌的过程中熟记常用的分数、小数、百分数、折扣互化，提升运算能力。②培养数感。③激发学习数学的积极性。

三、熟记常用的分数、小数、百分数、折扣的互化

1. 在数学学习中，我们经常用到哪些分数？

2. 将这些常用分数转化成小数、百分数、成数或折扣。

3. 学生介绍分数、小数、百分数、成数（折扣）之间相互转化的方法及结果。想要打好数学扑克牌，必先熟记以下常用分数、小数、百分数、折扣的互化的数值。

附：常用的分数、小数、百分数、折扣的互化表

$\frac{1}{2}=0.5=50\%=5$ 折（对折）　　$\frac{1}{4}=0.25=25\%=2.5$ 折

$\frac{3}{4}=0.75=75\%=7.5$ 折　　$\frac{1}{5}=0.2=20\%=2$ 折

$\frac{2}{5}=0.4=40\%=4$ 折　　$\frac{3}{5}=0.6=60\%=6$ 折

$\frac{4}{5}=0.8=80\%=8$ 折　　$\frac{1}{8}=0.125=12.5\%=1.25$ 折

$\frac{3}{8}=0.375=37.5\%=3.75$ 折　　$\frac{5}{8}=0.625=62.5\%=6.25$ 折

$\frac{7}{8}=0.875=87.5\%=8.75$ 折　　$\frac{1}{10}=0.1=10\%=1$ 折

$\frac{3}{10}=0.3=30\%=3$ 折　　$\frac{7}{10}=0.7=70\%=7$ 折

$\frac{9}{10}=0.9=90\%=9$ 折　　$\frac{1}{20}=0.05=5\%=0.5$ 折（半折）

第2—3课时活动设计

（设计者：范光富、徐忠）

课　题　制作和美化“数学扑克牌”

教学(活动)时间　2课时

教学(活动)目标

1.经过制作和美化“数学扑克牌”的活动，复习常用的分数、小数、百分数、成数、折扣等数，会用线段图、面积图、示意图来直观表示数，体验数形结合的数学思想。

2.经过制作和美化“数学扑克牌”活动，激发学生学习的热情，发展学生对数学学习的兴趣，体验学习的乐趣。

教学(活动)内容

制作和美化“数学扑克牌”。

课(活动)前准备

教师：每四人小组一副空白扑克牌。

学生：铅笔、橡皮、尺子、圆规、水彩笔。

教学(活动)过程设计

一、明确任务

怎样制作一副“数学扑克牌”。

二、设计方案

1.制作一副数学扑克牌，需要考虑哪些问题？需要哪些主要步骤？

小组讨论——全班交流：

(1) 确定数学扑克牌的张数、花色及数值。

制作数学扑克牌，首先考虑扑克牌的张数、花色及数值。一副扑克牌54张，数值大小在0至1之间，大王小王均为1，除两张大王、小王外，其余52张平分成四种花色，各13张，分数、小数、百分数、折扣(或成数)四种形式的数，恰好可以做成四种花色。

以小数为例，由以下13个数组成：0.1　0.125　0.25　0.3　0.375　0.4　0.5　0.6　0.625　0.7　0.75　0.8　0.875。每个数根据“分数、小数、百分数、折扣(或成数)”各做一张。

(2) 研究数学扑克牌的制作要求。

①仿照扑克牌的做法，在每张纸牌的左上角和右下角分别写上同一个数据。

②每张牌的中间要画一幅表示该数的图形。例如：

分数类：中间用长方形图表示出这张牌上的数。

小数类：中间用线段图表示出这张牌上的数。

百分数类：中间用扇形统计图表示出这张牌上的数。

折扣类：中间画一件商品，要标上几折，并在商品下面写上现价是原价的百分之几。

③制作时要求字迹工整清楚，插图准确漂亮。

2. 你想采取怎样的方式解决问题？

上课时间是有限的，怎样做到又好又快地完成制作任务？你想采取怎样的方式解决问题？

3. 小组怎样分工合作？

组长分配任务：按分数、小数 、百分数、折扣（成数）四类数，每位组员各做一类牌，共 13 张。组长多做大王、小王各一张，共 15 张。

三、动手制作

1. 学生分小组按照设计方案动手制作“数学扑克牌”。

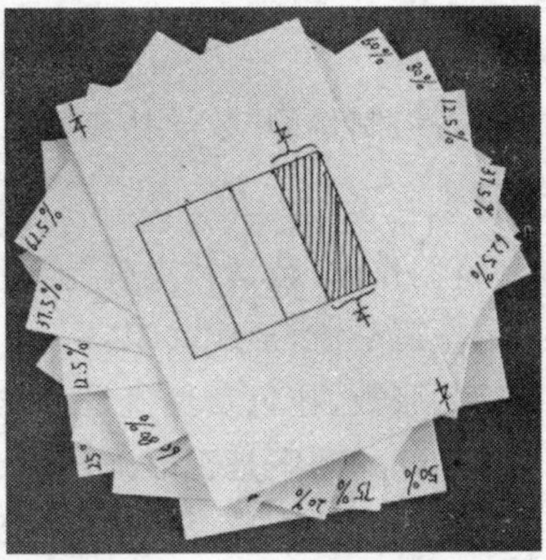

2. 美化“数学扑克牌”。

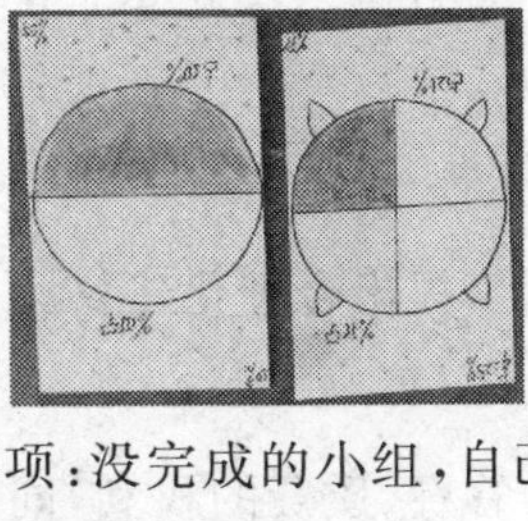
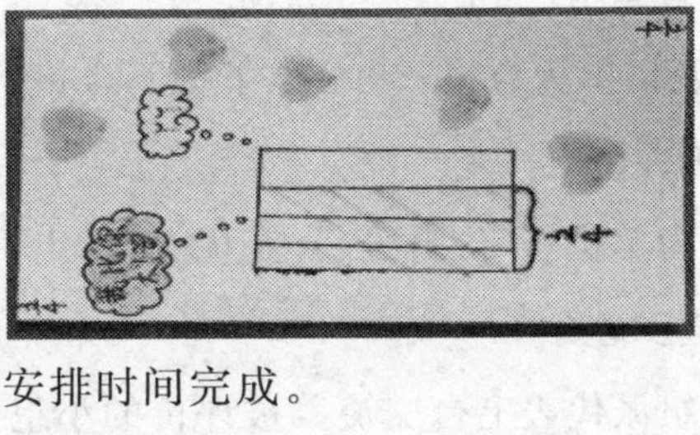

注意事项：没完成的小组，自己安排时间完成。

四、自我评价

说说自己小组的表现：好的方面和不足之处。

第4课时活动设计

（设计者：范光富、徐忠）

课　题　欣赏、交流“数学扑克牌”

教学(活动)时间　1课时

教学(活动)目标

通过欣赏、交流“数学扑克牌”，学生可以取长补短，积累制作经验，获得积极的情感体验，增强学习自信心。

教学(活动)内容

欣赏各组制作的“数学扑克牌”，并为每组的作品打分。肯定优点，指出不足，提出合理化建议。

课(活动)前准备

教师：准备打分卡片；为每组的“数学扑克牌”编号。

学生：课前摆好“数学扑克牌”。

教学(活动)过程设计

一、提出活动任务

欣赏、评价各组制作的“数学扑克牌”。

二、设计评价方案

1. 怎样评价制作的“数学扑克牌”？

小组讨论，全班交流，形成共识：

(1)扑克牌的张数、花色及数值是否准确？

(2)扑克牌中间的图案是否准确直观地表示数值？

(3)扑克牌的整体制作是否整洁、美观？

(4)扑克牌的制作是否有个性？

2. 分值及等级：每项各25分，共100分。80分及以上为优秀；70分及以上为良好；60分及以上为合格；60分以下为不合格。

三、实施评价

以小组为单位，评价打分：肯定优点，指出不足，提出合理化建议。

四、交流反思

1. 各小组派代表上台交流。被评价的小组有答疑、质疑的权利，同时对合理的建议要虚心接受。

2. 教师小结。

第5课时活动设计

（设计者：徐忠 、范光富）

课　题　学玩“数学扑克牌”

教学（活动）时间　1课时

教学（活动）目标

1.通过讨论交流，确定“数学扑克牌”的游戏规则。

2.按照游戏规则，进行“数学扑克牌”游戏。

教学（活动）内容

1.讨论游戏规则。

2.进行“数学扑克牌”游戏。

课（活动）前准备

学生：“数学扑克牌”。

教学（活动）过程设计

一、讨论游戏规则

规则是一种限定，它告诉参与者可以做什么，不可以做什么。在游戏中，规则越简单，越明确，游戏也会越有探究性。

1.你们会玩什么样的扑克牌游戏？

2.“争上游”游戏规则是怎样的？

3.讨论商定“数学扑克牌”“争上游”的游戏规则

（1）参与人数：2至4人。

（2）出牌顺序：第一局由抓到小数0.3的人先出牌，其他人按顺时针方向依次出牌。第二局开始，先出牌者是上一局的胜利者。

（3）出牌张数：可以出单张、对子（2张）、连对子（4张、6张等）、三拖二、一条龙（至少5张连续的牌）、炸弹（四张数值相等的牌）。

（4）输赢规定：先全部出完牌者赢，最后一个出完牌者输。

二、尝试打牌，完善规则

1.小组尝试打牌，理解游戏规则。

2.遇到问题，小组商量解决。不能解决的问题，提交全班讨论解决。

三、交流反思

1.玩数学扑克牌时出现了哪些问题？小组同学是怎样解决的？

2. 要想赢“争上游”，你有没有发现什么秘密？

3. 说说打牌的感受。

四、课后练习

1. 课余练习。

2. 回家向家长介绍“数学扑克牌”，并与家长切磋。

第6课时活动设计

（设计者：徐忠、范光富）

课　题　“数学扑克牌”PK赛

教学(活动)时间　1课时

教学(活动)目标

通过“数学扑克牌”PK赛，让学生更熟练分数、小数、百分数、成数(折扣)的互化，在游戏中培养学生的数感。

教学(活动)内容

小组“数学扑克牌”PK赛。

课(活动)前准备

教师：课件。

学生：每组一副“数学扑克牌”。

教学(活动)过程设计

一、谈话激趣

上节课，我们学习了数学扑克“争上游”的游戏，大家觉得好玩吗？

说说“争上游”游戏，每个组谁玩得最好？想不想比一比，看谁最厉害？

二、明确任务

1. 小组“数学扑克牌”“争上游”PK赛。

2. 商定比赛规则。

(1)每个小组玩10局，以积分多者为胜。

(2)每局第一名得4分，第二名得2分，第三名得1分，最后一名不得分。

(3)每组由组长负责登记每局分数及总得分。

数学扑克牌"争上游"PK 积分表

姓　名				
第 1 局				
第 2 局				
第 3 局				
第 4 局				
第 5 局				
第 6 局				
第 7 局				
第 8 局				
第 9 局				
第 10 局				
个人得分				
最后名次				

三、玩扑克比赛

四人小组 PK,老师巡视指导。

四、自我评价

1. 觉得自己打得怎么样？说说打牌的成功之处和不足之处。

2. 谈谈打牌的心情。

五、交流反思

写一篇"数学扑克 PK 赛"的日记(字数不限)。

第 7 课时活动设计

(设计者:范光富、徐忠)

课　题　探索"数学扑克"新玩法

教学(活动)时间　1 课时

教学(活动)目标

通过小组合作,讨论商定游戏新规则,探索"数学扑克"新玩法。

教学(活动)内容

讨论商定游戏新规则,探索"数学扑克"新玩法。

课(活动)前准备

学生："数学扑克牌"。

教学(活动)过程设计

一、谈话激趣

1.生活中的扑克牌除了"争上游"，你还知道哪些玩法？

学生：接龙、双扣、打红五、炒地皮……

2.我们的"数学扑克牌"是否也可以玩上面的游戏呢或者自己创造一个游戏规则呢？

二、明确任务

探索"数学扑克"新玩法。

三、设计方案

1.你想采取怎样的方式探索"数学扑克"新玩法？

2.探索"数学扑克"新玩法需要解决哪些问题？

(1)讨论确定游戏规则；

(2)尝试游戏，发现不足；

(3)完善游戏规则；

(4)再次游戏。

四、动手实践

小组内按新的游戏规则进行打牌游戏。

五、交流反思

1.小组上台展示"数学扑克"新玩法。

2.其他小组评价：从三个方面进行评价。

(1)新玩法是否公平；

(2)新玩法是否具有创新性；

(3)新玩法是否具有趣味性。

六、颁发数学扑克新玩法创新奖

【实践反思】

“数学扑克游戏”微型课程的开发与实践反思

范光富

理解分数、小数、百分数、折扣(成数)的意义以及它们之间大小比较、互化、运算,是小学数学的重要内容。如果学生能熟练进行分数、小数、百分数、折扣(成数)间的互化,不仅能增进学生对这些数的意义的理解,而且能提高学生的运算速度,提升学生的运算能力,培养学生的数感。单纯地让学生背诵、记忆一些常用的分数、小数、百分数、折扣(成数)间的互化,虽然短期有些效果,但形式单调,学生会感觉枯燥乏味,兴趣索然,这不仅会增加学生的课业负担,而且会抑制学生进一步学习的兴趣和欲望。

爱玩是孩子的天性,游戏更是孩子的至爱。对于孩子来说,游戏就是他的阳光、空气、水和食物,是儿童成长过程中最基本的需求。为此,学校数学组根据学生学习的需求与学生好玩游戏的心理特点,开发了 7 课时的“数学扑克游戏”微型课程,即让学生以常用的分数、小数、百分数、折扣(成数)为内容制作成扑克牌,让学生以打扑克的方式主动去熟记、运用这些数,在游戏中不知不觉培养学生的数感,进而体会到学习数学的乐趣。经过教学实践,取得了预设的学习效果。

一、制作数学扑克

学生大多熟悉生活中的扑克牌,如“钓鱼”“斗地主”“争上游”等游戏方式,无论是数学成绩好的学生,还是数学成绩相对落后的学生都能讲出一些门道。在许多学生的心目中,打扑克比做数学题有趣多了。于是我就和学生商量,我们能不能用目前所学的分数、小数、百分数、成数(折扣)等数,在数学课上制作一副数学扑克牌,也玩玩打牌游戏?要制作一副数学扑克牌,需要考虑哪些问题?这些问题又该如何解决呢?学生们群情激昂,纷纷出主意,想办法。在师生共同商讨下确定按照以下三个步骤来制作数学扑克牌。

1.确定数学扑克牌的张数、花色及数值。

制作数学扑克牌,首先考虑扑克牌的张数、花色及数值。一副扑克牌 54 张,数值大小在 0 至 1 之间,大王为 1,小王为 0,除两张大小王外,其余 52 张平分成四种花色,各 13 张,分数、小数、百分数、折扣(或成数)四种形式的数,恰好可以做成四种花色。选哪些数比较好呢?经过讨论,大家认为选数学学习中经常用到的$\frac{1}{2}$,$\frac{1}{4}$,$\frac{3}{4}$,$\frac{2}{5}$,$\frac{3}{5}$,$\frac{4}{5}$,$\frac{1}{8}$,$\frac{3}{8}$,$\frac{5}{8}$,$\frac{7}{8}$,$\frac{1}{10}$,$\frac{3}{10}$,$\frac{7}{10}$这 13 个数比较合适。然后请学生分别写出与这些分数值相等的小数、百分数和折扣数。整理如下：

$\frac{1}{2}$=0.5=50%=5折　　$\frac{1}{4}$=0.25=25%=2.5折

$\frac{3}{4}$=0.75=75%=7.5折　　$\frac{2}{5}$=0.4=40%=4折

$\frac{3}{5}$=0.6=60%=6折　　$\frac{4}{5}$=0.8=80%=8折

$\frac{1}{8}$=0.125=12.5%=1.25折　　$\frac{3}{8}$=0.375=37.5%=3.75折

$\frac{5}{8}$=0.625=62.5%=6.25折　　$\frac{7}{8}$=0.875=87.5%=8.75折

$\frac{1}{10}$=0.1=10%=1折　　$\frac{3}{10}$=0.3=30%=3折

$\frac{7}{10}$=0.7=70%=7折

在这过程中，学生在教师的引导下经历了发现问题、提出问题、分析问题、解决问题的全过程，教师启发学生思考，并和学生一起思考，在解决数学扑克牌的张数、花色及数值的问题过程中，既巩固了学生所掌握的分数、小数、百分数、折扣数之间的互化方法，又促进了学生思维能力的发展。

2.研究数学扑克牌的制作要求。

怎样才能制作出一副外形美观又具有鲜明数学特色的数学扑克牌呢？四人小组又一次展开激烈的讨论，各成员纷纷说出自己的想法，最后经全班商议，确定必须做到以下三点：

(1)仿照扑克牌的做法，在每张纸牌的左上角和右下角分别写上同一个数据。

(2)每张牌的中间要画一幅表示该数的图形。

分数类：中间用长方形图表示出这张牌上的数。

小数类：中间用线段图表示出这张牌上的数。

百分数类：中间用扇形统计图表示出这张牌上的数。

折扣类：中间画一件商品，要标上几折，并在商品下面写上现价是原价的百分之几。

(3)制作时要求字迹工整清楚，插图准确漂亮。

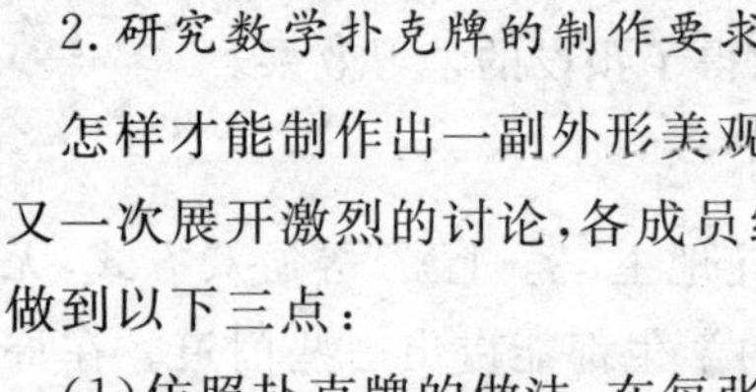

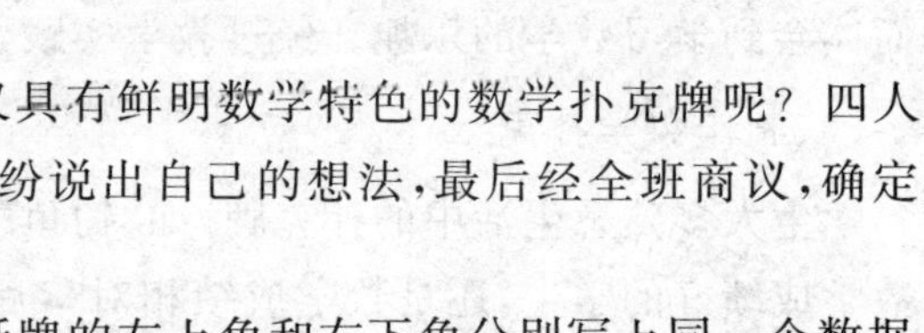

该环节，学生在制作数学扑克牌任务的驱动下，自主参与，积极思考，大胆运用类比推理来解决问题，即扑克牌在纸牌的中间用“花”的数量来表示数的大小，我们在制作数学扑克牌时可以在纸牌的中间用数学的图形来表示数的大小。用图形来直观准确地表示数，必然为学生加深理解这些数的意义，突出数与数、数与形之间的联系提供了机会。同时学生在制作时还要考虑整个牌面的构图，做到书写美观，制作精美，培养了学生细心做事的良好习惯。

3. 小组分工合作完成数学扑克牌的制作。

一节课的时间是有限的，怎样做到又好又快地完成制作任务？学生首先想到了小组合作。组长分配任务：按分数、小数 、百分数、折扣(成数)四类数，每位组员各做一类牌，共 13 张。组长多做一张大王、一张小王，共 15 张。

小组合作不是教师提出的、强加给学生的外在要求，而是学生为完成任务必须选择的解决问题方式，是学生的内在需要。学生真正体会到了小组合作的必要性，只有分工明确，各司其职，各尽其能，才能真正做到省时高效地完成任务。

4. 展示欣赏数学扑克牌。

在学生通过自己的努力，基本完成制作任务后，教师充分利用这个时机，让每个小组展示自己的作品，同学们轮流欣赏评价。评价时，教师要引导学生侧重评价作品的准确度、美观度以及小组的合作能力。学生通过自评、互评等评价形式，共同分享成功合作的喜悦。

二、玩转数学扑克游戏

数学游戏需要最终达成隐含的学习目标，即让学生在游戏的状态下兴趣盎然地、不知不觉地达成学习目标。而游戏规则是达成目标的基本保证。

1. 讨论游戏规则。

规则是一种限定，它告诉参与者可以做什么，不可以做什么。在游戏中，规则越简单，越明确，学生就会越有动力，而游戏也会越有探究性。由于学生熟悉生活中扑克牌的游戏规则，而这些规则也可迁移到数学扑克游戏中，对学习目标的达成非常有利。于是在教师的指引和学生的商量下就有了下面的游戏规则：

(1)参与人数：2 至 4 人。

(2)出牌顺序：第一局由抓到小数 0.3 的人先出牌，其他人按顺时针方向依次出牌。第二局开始先出牌者是上一局的胜利者。

(3)出牌张数：可以出单张、对子(2 张)、连对子(4 张、6 张等)、三拖二、一条龙(至少 5 张连续的牌)、炸弹(四张数值相等的牌)。

(4)输赢规定：先全部出完牌者赢，最后一个出完牌者输。

2.开展打牌游戏。

游戏规则确定后，教师要积极引导所有的学生理解游戏规则。小组尝试打牌的过程就是不断理解游戏规则的过程。数学成绩相对落后的学生，由于对分数、小数、百分数、折扣不熟悉，对这些数之间的转化不熟练，在打牌过程中难免会出错，其他学生便及时纠错，慢慢地就不出错了。打牌的速度由慢变快，打牌的水平由低到高，表面上看是学生的牌技提高了，实质是学生对分数、小数、百分数、折扣数（成数）的大小比较以及互化达到了熟练掌握的地步，对这些数的感觉有了很大增强。

三、创新数学扑克游戏方式

同一规则的游戏玩久了，孩子们会生厌，因此教师要鼓励孩子玩出新花样，看谁能想出不同的数学扑克新玩法，然后介绍给同学。孩子们在自由的空间里，自由发挥，思维得到了很好的锻炼。这不仅再次激起孩子的探索欲望，激发学生玩转数学扑克的兴趣，还培养了学生的创新意识和创新能力。

四、数学扑克微型课程的实践反思

通过第一轮教学实践，我们发现数学扑克微型课程深得学生喜欢，午休时间，放学后，甚至课间十分钟，一有空闲，便可看见孩子们三五成群在一起玩数学扑克游戏，那专注的神情、浓厚的兴趣，是我们开发数学扑克微型课程前所未预料到的。

1.培养学生对数学的兴趣。

由于数学扑克游戏有一定的趣味性、挑战性，可以让学生产生强烈的好奇心，为进一步探索数学扑克游戏提供了强大的动力，这种动力不仅可以使学生对于数学扑克游戏产生兴趣，也间接地使学生对数学产生了长久的兴趣。从课堂教学中观察到学生对“数学扑克”非常有兴趣：介绍“数学扑克”时，个个跃跃欲试；分工动手制作时，个个精心细致；打起“数学扑克”时，个个互不相让。整个班级充满朝气和活力。

2.帮助学生巩固知识，发展思维。

学生既是数学扑克微型课程的开发者，也是数学扑克微型课程的践行者。每个学生都经历了数学扑克的制作、游戏规则的拟定、玩转数学扑克游戏课程开发与实践的全过程，学生们进一步加深了对分数、小数、百分数、折扣数（或成数）的意义理解，熟悉了它们之间的大小比较方法和互化方法，增强了学生对分数、小数、百分数、折扣数（或成数）的数感，促进了学生的思维发展。

3.培养学生的创新意识与实践能力。

在课程开发与实践的整个过程中，课程为学生提供了创新的空间和动手实践的平台。学生在老师的带领下经历从头到尾想问题、解决问题的过程，既获得了数学知识与方法,同时也积累了发现问题、提出问题、分析问题、解决问题的经验,激发了学生的创新意识,培养了学生的实践能力。

个案 2. “智力七巧板”微型课程

（设计者:朱柳英）

课程名称 智力七巧板

课程编号 类别:数学学科拓展类 序列号:综 02**D**01

课程简介

智力七巧板是一种适宜于小学生拼玩的创新教育学具,学生通过拼搭和画智力七巧板图形,在“玩”中拼摆,在“玩”中学习,在“玩”中创造,感受到七巧板的无穷奥秘,促进身心的和谐发展。

适用年级 一年级

课程开设背景及意义

教育的重点是构建能体现学生主体的活动教学,让学生多感官投入学习活动,以实现学生主体性发展,培养他们的创新思维。七巧板设计科学,构思巧妙,变化无穷,积极开展这种创造性的实践活动,可让学生活跃形象思维,启迪思维智慧。作为现代科技教育组成部分的智力七巧板活动,是一种加强创造思维的教育。

课程目标

1.在动手玩七巧板的过程中,学生在以下方面得到培养和发展:认识各种几何图形,建立形状概念;发展手眼协调、视觉分辨、认智技巧等能力;鼓励大胆想象,形成开放、扩散的思维习惯,培养创造的兴趣。

2.借助图案游戏、竞赛等形式,充分调动孩子们的手、眼、脑的运作和协作,在强烈的感观互动中发展他们的创造性思维。

3.在动手玩拼图的过程中,激励学生虚心好学、合作互助、善于探究等良好品质的形成。通过课程开发,培养学生的兴趣和爱好,促进学生的发展。

课程内容

1.介绍有关七巧板的内容,了解七巧板的来源、结构、发展流程,七巧板的游戏规则等内容。

2.让学生学会用七巧板按样拼图和按图分解。

3.在规定的时间内,用七巧板拼出指定的图案,或拼出指定名称的创造图案,拼出自己命名、自由想象的创新图案。

教学方式

讲授法、演示法、小组合作(比赛)

评价方式

1.活动过程中，以鼓励为主，肯定学生的进步和发展。

2.让学生用智力七巧板组合和分解图形。

教学所需材料与设备

1.可粘贴七巧板教具。

2.学生每人一副七巧板。

课程计划

第1课时：智力七巧板的拼图欣赏与介绍。七巧板拼图欣赏；七巧板板块介绍；拆封七巧板。

第2课时：了解七巧板的历史。“七巧”的来源——乞巧；传统七巧板的来历；现代智力七巧板的引入；七巧板拼图的规则。

第3课时：按样拼图。

第4课时：按图分解。

第5课时：举一反三。变换图形，创造新图案，培养学生的发散性思维，帮助学生掌握解决问题的方法。

第6课时：一图多拼。较系统地巩固、练习“智力七巧板”组拼的几种方法和思路。

第7课时：观察创造。引导学生用灵巧的双手设计一幅幅不同主题、式样各异的精美图形，以培养学生的想象力及创新能力。“观察创造”需要敏锐的观察能力和抽象的思维能力，还需要较强的概括能力。

第3课时活动设计

（设计者：刘莉）

课　题　七巧板按样拼图

教学(活动)时间　1课时

教学(活动)目标

1.在依照图样拼摆的过程中，使学生熟悉各拼板之间的几何关系。

2.经过七巧板按样拼图活动，使学生掌握一定的组拼技巧和拼图的基本规则。

3.初步感受七巧板神奇变化的组拼乐趣。

教学(活动)内容

1.进一步熟悉七巧板各拼板之间的关系。

2.按样拼图。

课(活动)前准备

教师:可粘贴七巧板教具。

学生:每人一副七巧板。

教学(活动)过程设计

一、谈话导入

同学们,通过前面内容的学习,你们欣赏了七巧板组拼起来的美丽有趣的图案,并且了解了七巧板的历史,对七巧板的组拼充满了兴趣。要想用七巧板来创造需要一个过程,只要大家掌握拼图的基本方法,从简单到复杂,循序渐进,相信同学们一定会收获很多拼图方法,并从中获得快乐的。现在咱们就从最简单内容——按样拼图(板书)开始来学习七巧板拼图。

二、明确任务

七巧板按样拼图。

三、动手实践

1.温故——智力七巧板七个板块形状(打开七巧板包装)。

老师:"同学们,你们看到的几块板是什么几何图形呢?"

同学们能很快说出生活中常见的几何图形。有三角形、圆形、半圆形、梯形。另外两块板说法不一。

老师可归纳:带有弧形的不规则图形是一个大的梯形减一个半圆,另一个带有三个三角形的不规则图形是大的平行四边形减一个梯形,同学们下去分解一下,这两个不规则图形实际上是由多个三角形、梯形或圆形巧妙组合而成的。我们可以根据它们的大小和在拼图中的作用,分别把它们命名为"大板"和"中心板"。

让学生动手操作,找到这一突出特点。同学们认识了七巧板的组成和各块板的名称,知道它是由一个三角形板、一个梯形板、一个圆形板、两个半圆形板、一个大板和一个中心板组成。

2.模拟拼图。

按样拼图:把有分解线的图形(有答案的图形)让同学们模拟拼组,这是七巧板拼图活动中最基本的动手练习,我们把它称为"热身运动"。

(1)教师在黑板上用磁性七巧板示范课堂上较多同学喜欢的动物——金鱼(可随机)。学生按七巧板的原样拼图,并说说是怎么拼的?学生在表述的时候,强调中心板与大板的名称，引导学生先确定中心板与大板的位置，再摆其他板。初步感知拼图时七块板要连接得无缝隙。

(2)教师出示分解图卡，也就是有分割线的答案图。

教师问："根据老师的七巧板演示来拼图大家都很棒，那么你们能根据分解图卡来拼图吗？"

教师出示学生喜爱的植物类"花朵"形状的分解图卡，引导学生观察图上的分割线。学生根据图上的分割线自己拼一拼，同桌分享拼图的经验与初次拼图的喜悦。

学生拼组竞赛：比一比在规定时间内，谁拼得快。可进行三轮比赛，学生拼图速度加快，大家体验到成功的乐趣。同时教师对有困难的学生加以指导。

(3)在规定时间内，对书上提供的图形进行多轮竞赛。过程：出示图卡（只能给学生看3分钟）——学生自由拼组竞赛（不能超过5分钟）——学生陈述拼组诀窍。

(4)拼了这么多的七巧板拼图，要注意什么？

学生思考，教师归纳。组拼规则：①七块板都要用上，无论是一组或多组七巧板；②必须平放，各块图形拼接在一起；③不能重叠。

3.藏尖角游戏。

同学们数一数七巧板一共有几个尖角，也就是锐角，小于90度的角；然后，让他们用尽量多的方法，把这些尖角通过组拼图形全部隐藏起来。以此最终摸索出七巧板的组拼规律。

学生拼图：

(1)以"T"字图形为例进行拼组。

(2)要求学生用5种不同的方法把尖角藏起来。（用5分钟左右完成）

可以把七块板分成两组：一组以大板为主，由于它带有弧形，所以经常跟一个圆和两个半圆一起组合出现，我们可以叫它大板组；另一组以中心板为主，常常和一个三角形、一个梯形在一起组合出现，我们可以叫它中心板组。中心板组的拼放在整个图形的组拼过程中起决定性的作用，而在这一组中，中心板往往是斜放的，另两块板各自以它们的边同中心板的某条边接触，以此来找到正确的组合。三角板有五种不同的接触方式，梯形板有八种不同的接触方式。（此处进行现场演示）

四、交流反思

同学们真能干，一节课学会了自己看分解图拼图，在拼图时要注意什么？（学生总结拼图方法）相信你们在今后的练习中会更加熟练，我们将探索更多七巧板的奥秘。

个案3. “数独游戏”微型课程

（设计者：毛玉燕、吴荷仙、姜娟、莫婉）

课程名称 数独游戏

课程编号 类别：数学学科拓展类 序列号：综02D02

课程简介

数独，是一种以数字为表现形式，集益智、休闲于一体的脑力游戏。它规则简单、容易理解，却因数字排列方式的不同而变幻莫测。设置这门课程既能培养学生的观察能力，也能锻炼学生逻辑思维能力和推理判断能力。

适用年级 二年级

课程开设背景及意义

现阶段二年级学生的课余活动，一般都是以跳绳、跑步等体育项目为主，活动种类比较单一，且基本没有益智游戏。基于这一现象，我们以引导学生开展更多、更丰富、更有意义的课余生活为目标开设了“数独游戏”这门课程。数独是一项简单易学，又因其有万千变化，十分容易被小朋友所接受的益智游戏。对二年级学生而言，这项课程的设置可以培养孩子的观察分析能力、逻辑推理能力，让他们在学习中学会积极探索，在探索中不断体验到成功的乐趣和美感。通过本课程的训练，还能使学生培养学习数学的兴趣，树立学好数学的信心。

课程目标

1. 认识数独，掌握数独的游戏规则和基本技巧。

2. 通过数独游戏，提高学生的观察分析能力、逻辑推理能力，激发学生主动学习的兴趣和热情，引导学生在质疑、调查、探究和实践中，逐步掌握思考问题、解决问题的方法和技巧。

3. 培养学生全局观念和克服困难、持之以恒的精神。让学生懂得应用解“数独”的思想指导生活。

课程内容

1. 认识数独的来源及现状。

2. 学习四宫格、六宫格、九宫格数独的解题规则与方法技巧，重点掌握观察、推理、排除、假设、验证、有序思考等解决数独的方法。

3. 在游戏比赛中提高自身的解题水平，同时培养合作交流能力。

教学方式

1. 以学生小组合作实践为主，教师讲解为辅，掌握解题方法。

2. 创设小老师轮流机制，让每个同学均有机会上台讲题。

3. 以四人小组为单位实行积分制。分值组成：最佳纪律分、小老师分、最善于倾听分。

评价方式

1. 针对小组合作探究的参与度进行小组评价。

2. 根据学生练习纸完成情况进行个人评价。

3. 将学生每节课的表现记录在档案，进行整体评价。

教学所需材料与设备

教师：多媒体课件以及数独资料。

学生：每人一支铅笔、一块橡皮。

课程计划

第 1 课时：数独游戏及规则介绍。数独的来源及名称的出处；数独的变化及现状；数独的术语组成；数独的基本规则。

第 2 课时：四宫格。师生合作，通过观察、思考，共同发现解决数独的基本方法：一、观察法；二、排除法。

第 3 课时：六宫格。小组成员在玩的过程中共同观察、思考、发现并推导一些基本方法：如宫内观察法、行内排除法、列内排除法等。

第 4 课时：九宫格。独立完成，巩固解决数独的方法。

第 5 课时：数独游戏小组赛。以小组为单位，在规定时间内正确完成数独题目多的四个小组为“金星小组”，其余六个小组为“银星小组”。

第 6 课时：数独游戏升级赛。个人独立完成，在规定时间内正确完成数独题目多的前 15 名为“数独大王”。

第 7 课时：数独游戏淘汰赛。游戏设计从易到难，每道题目未能完成者即被淘汰，直至最终决出冠军、亚军、季军。

第 5 课时活动设计

（设计者：姜娟、莫婉、毛玉燕、吴荷仙）

课　题　数独游戏小组赛

教学（活动）时间　1 课时

教学（活动）目标

1. 通过小组赛，了解学生对数独的游戏规则和基本技巧的掌握情况。

2. 通过数独游戏，激发学生主动学习的兴趣和热情，引导学生在探究质疑、交流反思中学习，指导学生逐步掌握分析和解决问题的方法和技巧，提高学生的观察能力、逻辑推理能力。

3.培养学生全局观念和克服困难、持之以恒的精神。

教学(活动)内容

1.学生合作整理并反馈数独的解题规则与方法技巧。

2.通过小组赛了解学生对数独知识的掌握情况。

3.根据比赛结果进行有效反馈。

课(活动)前准备

教师：制定小组赛作业纸。

学生：笔、橡皮、纸。

教学(活动)过程设计

一、谈话导入

1.关于数独，你知道些什么？（学生自主思考半分钟）

2.小组交流。

看来很多小朋友对数独都有自己想说的，那赶紧和你的小组伙伴们分享一下吧。待会儿就请我们的小组长代表发言。

3.全班反馈。

组长代表上台发言。

小结：看来小朋友们对数独都有了一定的了解，而且还藏着很多宝贵经验呢。下面我们就大展身手，数独游戏小组赛正式开始。

二、明确任务

数独游戏小组赛。

三、小组比赛

（一）比赛规则

1.所有试题必须在规定的时间内完成。

2.每道题根据难度有对应的分值，填对几格就给几分。每道题所填数字与答案完全一致，则得到该题全部分值。

3.比赛分为5人一小组(分别是学生A,B,C,D,E)，共9组。学生A负责收发比赛试题或组员的个人记录单；学生B和C负责统计结果；学生E为本小组的组长，负责纵观全局以及对本小组活动进行总结与反馈；学生D负责协作组长完成任务。小组间交换批改，如：一组二组交换，二组三组交换，以此类推。

(二)大展身手

1. 比赛流程。

(1)课前，学生 A 到老师那领取 3 个装有比赛试题的信封。

(2)比赛开始，由学生 A 拆开相应的闯关信封，将试题发放给本组成员。

(3)学生在规定时间内独立完成。教师视实际情况而定，提前或延迟学生完成的时间。

(4)学生 A 把本组成员的作品收集起来，给下一组的学生 B，学生 B 分发给本组成员进行批改。若批改中发现问题，可由小组讨论解决。

(5)学生 B 和 C 共同填写上一组的成绩统计表，并登记在全班战况栏上。

2. 闯关试题。

(1)戏耍四宫(四宫格 4 题，每空格 1 分)。

3	1	4	
	4		1
	2		
			4

4		3	2
2		1	
	4		3

1	4		2
		1	
2		4	
		2	

2	3		4
		2	
		3	
	1		2

(2)小试六宫(六宫格 2 题，每空格 1 分)。

5	2	6		1	3
			2		6
3	4		5		2
	5				4
1			6	2	
2		6	3		

1				5	3
	6				4
2		4	5	3	
6					2
		1	3	6	5
5	3	6			1

(3)大战九宫(九宫格 1 题，每空格 2 分)。

		1	7	5	4	9		
3	6							1
		5						
	1		6		9			5
8		9	2	4	3	6		7
	2		5	7	1	8		
	3	8	4	6	7	2		9
9	4		1	2	5	7	3	8
		2	9	3	8			6

3.活动小结。

全班一起统计各组的最后得分，评出“数独大王”(3个小组)、最佳小组合作奖(3个小组)、最佳小组发言奖(3个小组)。

四、交流反思

教师：比赛结束了，可小朋友们还置身于紧张激烈的氛围中。下面有请我们的“数独大王”来分享一下他们的宝贵经验，好让我们在下一次的升级赛中也能崭露头角。

【实践反思】

看，想象的礼花在绽放

——记数独教学一二事

姜娟

惭愧至极，在开展数独课程之前自己也从未接触过数独。于是拼命查找资料，终于第一次和数独有了亲密的接触。得知：数独一词来自日语，意思是“单独的数字”或“只出现一次的数字”。概括来说，它是一种填数游戏。对于开发智力，拓展孩子的思维具有一定的作用。在一道道或简单或复杂的题目中不知不觉让孩子学会专注，并且能领悟到逻辑和思考的魅力；可以说方格很小，但格局真真不小。

我还记得第一次给二(2)班的孩子上数独课时，问孩子们知道什么是数独吗？班里有三四个孩子略知一二。其他人似乎都毫无了解。于是，我便激励道：“那下面就发挥你们的想象，说说你认为的数独是怎样的？比比谁的回答最精彩，谁的回答最有趣。”孩子们挥动着双手抢着想回答，有的猜测数独是指数学是单独的，有的说数字很孤单，也有的说独一无二的数学，独一无二的数字……孩子们运用有限的辞藻，给出了丰富多彩的答案，给课堂增趣不少。

第二次上课时，我给孩子们介绍了四宫格。我先在黑板上演示如何画四宫格。四宫格，顾名思义有四个宫格，而每个宫格里又包含四个小格。还未等我画完，有个小朋友就急着要发言。他激动地说："老师，那就是大'田'里面包小'田'。"突然的一句话，把我也给镇住了。我故作迷糊地说："什么意思，请你上来帮我们分析分析。"小家伙上来，摆足了小老师样，然后细细解释道："我是说四宫格，我先把一个正方形分成四份，就表示有四个宫格了。刚好就像一个'田'字，再在每个宫格里分出四个格子，就又有'田'字了。"小家伙说完，下面的同学立马表示同意，趁此机会我便让同学们一起动手画一画。画好之后，有小朋友甚至还自创了五宫格、六宫格、七宫格的画法……想象力一发不可收拾。

于是，我便当即调整本节课的安排，抽出一部分时间让孩子们尽情地想，尽情地画。快下课时有孩子问："老师，那这个四宫格怎么玩呢？规则是什么？"恰到好处的追问，给了我介绍的大好机会。四宫格，要求每一行、每一列、每个宫格里填1到4四个不重复的数字。有孩子紧追不舍继续追问："那是不是我把规则变一变，课后我们可以当游戏玩了？""是的，"我立马给予肯定，"课后你们可以继续想很多有趣的、有挑战性的规则来玩。"这样数学是不是就被我们应用并且玩起来了呢，我暗自想道。一节课结束，教学内容显然没有完成，可是我却觉得异常兴奋。是啊，爱涂涂画画是低段孩子的天性，我们何不予以激发，并且鼓励他们创造出许多好玩又益智的游戏呢。只是后来我忘了去回访当时有这些想法的孩子们。或许太多的时候需要我们多留心一点，多关注一点，那么收获就会更多了。

数独，看似游戏，却能带给我们很多超越游戏的东西，看似简单，却蕴含了很多不平凡的奥秘。让我们一起陪同孩子，跟随想象的脚步，点燃思维的火花，用自己丰富的想象力、逻辑推理和创新思维能力，去感悟数独方格间的另一番美丽风景吧！

个案4. "校园中的数学"微型课程

（设计者：范光富、严子新）

课程名称 校园中的数学

课程编号 类别：数学学科拓展类 序列号：综02**D**03

课程简介

本课程以校园内的景物为学习资源，开发了"寻找校园中的数学问题""校园中的方位""校园中的测量"等内容。让学生在动手实践、合作探究、交流反思等数学活动中综合运用所学的数学知识、活动经验、数学方法解决实际问题，发展问题意识、应用意识、创新意识,积累数学活动经验,提高解决问题的能力。

适用年级 三年级

课程开设背景及意义

数学新课程改革以来,特别重视培养学生运用有关的数学知识和方法解决实际问题的能力,培养学生的问题意识、应用意识和创新意识,积累学生的活动经验,提高学生解决现实问题的能力。于是在数学课程内容中单列了一项内容——"综合与实践",保证每学期至少一次这样的学习形式,这是数学新课程标准面向全国的基本要求。我校是县城学校,教学资源相对丰富,学生的数学基础相对较好,教师又有能力和兴趣开发更多有趣的、适合学生参加的"综合实践"活动。为此,我们组织开发、编写了"校园中的数学"这门课程。

从校园的资源现状和学生已有生活经验、学习经验出发,联系生活学数学、用数学,把生活问题数学化,数学问题生活化。体现"数学源于生活,寓于生活,为生活服务"的思想,以此激发学生的学习兴趣,使学生学会运用数学的思维方式去观察、分析现实生活,解决日常生活中的问题,从而体会到数学就在我们身边,感受到数学的作用,体验到数学的魅力。最终培养和发展学生问题意识、应用意识和创新意识,积累学生的活动经验,提高学生综合运用数学知识解决现实问题的能力。

课程目标

1. 经历有目的、有设计、有步骤、有合作的实践活动,感受数学在日常生活中的作用,体验运用所学的知识和方法解决问题的过程,获得一些数学活动经验。

2. 给定某项任务,针对具体问题提出设计思路,制订简单的方案,实施方案解决问题,进一步理解所学的内容,提高解决问题的能力。

课程内容

本课程开发了"寻找校园中的数学问题""校园中的方位""校园中的测量""校园中的规律"四项内容。让学生在动手实践、合作探究、交流反思等数学活动中综合运用数学知识、经验、方法、思想,解决生活中的实际问题。

教学方式

以小组为单位,以学生动手实践、自主探索、合作交流及教师评价引领为主要教学方式,重视学生经历的明确任务—设计方案—动手实践—交流反思—展示评价等过程,让学生经历从头至尾思考问题、解决问题的过程,感受数学活动的快乐,初步体验数学的价值。学习活动采取小组捆绑式评价,培养学生的团队意识与合作能力。

评价方式

课堂观察、课后访谈、学生作品(解决方案、数学作文)。

教学所需材料与设备

1. 软米尺 20 根。

2. 白色大卡纸 30 张。

3. 彩旗 30 面(红旗、黄旗、绿旗各 10 面)。

课程计划

第 1 课时：寻找校园中的数学问题

第 2 课时：校园中的方位之一——个性化制作校园方位图

第 3 课时：校园中的方位之二——介绍我们的校园

第 4 课时：校园中的测量之一——明确任务，设计方案

第 5 课时：校园中的测量之二——动手实践，交流反思

第 6 课时：校园中规律之一——校园中的彩虹架

第 7 课时：校园中规律之二——寻找校园中的规律

第 1 课时活动设计

(设计者：范光富、严子新)

课　题　寻找校园中的数学问题

教学(活动)时间　1 课时

教学(活动)目标

1. 走进校园，多角度观察，认真思考，发现数学问题，提出数学问题，培养学生的问题意识。

2. 组内交流，分析、修改、整理数学问题，提高学生提出数学问题的能力。

3. 通过寻找校园中的数学问题，激发学生的好奇心和求知欲，提高学习数学的兴趣。

教学(活动)内容

1. 认识什么是“数学问题”?

2. 走进校园，仔细观察，独立思考，发现数学问题，提出数学问题，并记录在本子上。

3. 小组合作，交流分享、分析修改、整理归类数学问题。

课(活动)前准备

教师：

1. 校园内有规律地插好彩旗、摆好花盆。

2. 分好小组，选好小组长。

3. 课件。

4. 照相机。

学生:记录本、铅笔、橡皮、水彩笔、1 米的软尺。

教学(活动)过程设计

一、寻找教室中的数学问题

现在我们是三年级的学生了,已经学习了两年多的数学。在这两年里,我们从生活中发现数学问题、提出数学问题、分析数学问题、解决数学问题,学到了许多的数学知识。

1. 我们的身边就有许多与数学有关的问题,让我们一起来找一找教室里的数学问题。

2. 以小组为单位,合作寻找。

3. 学生汇报寻找到的数学问题。

4. 全班交流,讨论分析:

(1)哪些问题是数学问题?哪些问题不是数学问题?

(2)你觉得哪些数学问题提得比较好?

如:简单的,同学们能够想办法解决的,能够引起大家兴趣的,等等。

(3)提出数学问题时要注意什么?

如:意思要表述清楚。

二、寻找校园中的数学问题

1. 明确任务:寻找校园中的数学问题。

2. 提出活动要求。

学生:以小组为单位,走进校园,从数学的角度观察校园,发现数学问题,提出数学问题,记录数学问题。

老师:用相机拍下学生活动的照片,以备评价学生用。

3. 动手实践:学生进校园分组活动。

4. 整理、分析校园中的数学问题。

回教室,组内交流分享、分析修改、整理归类数学问题。

5. 交流分享评价校园中的数学问题。

(1)小组上台展示交流。

(2)教师引导学生将数学问题进行分类整理:

A. 关于校园内景物方向与位置的数学问题;

B. 关于校园内景物长度(高度)的数学问题;

C. 关于校园内景物摆放规律的数学问题;

D. 关于校园内物体面积的数学问题。

(3)用照相机拍下学生原始作品。

三、回顾反思

1. 谈谈学习收获。

2. 谈谈学习感受。

3. 课后完成一篇数学日记。

4. 布置下节课研究主题及准备项目。

第2课时活动设计

（设计者：范光富、严子新）

课　题　校园中的方位

教学(活动)时间　1课时

教学(活动)目标

1. 能以学校操场为观察点，确定校园景物的位置。

2. 小组合作，制作校园景物的方位图，初步体会数学在生活中的作用。

教学(活动)内容

1. 走进校园，以学校操场为观察点，按一定的方位记录校园景物的位置。

2. 交流整理，小组合作制作校园景物方位图。

课(活动)前准备

教师：10张大白纸、课件、照相机。

学生：记录本、铅笔、橡皮、水彩笔。

教学(活动)过程设计

一、谈话导入

同学们，我们在校园里已经度过了2年多美好的学习时光，在这里快乐地学习，忘情地游戏，愉快地生活，对校园的景物非常熟悉。假如现在有客人要到我们学校参观学习，你作为学校的小主人，能向客人介绍一下我们美丽的校园吗？

1. 你准备怎样向客人介绍我们美丽的校园呢？

预设：

学生1：我带着他，一边走，一边介绍。

学生2：我先画一张校园图，再向他介绍。

学生3：……

二、明确任务

1.怎样制作校园景物图呢?

预设:

学生1:将校园的房子、操场等景物一个一个画下来,做成一张图。

学生2:用相机将校园里的房子、景物一个一个拍下来,再做成图。

学生3:……

教师:同学们真会动脑子,想到了许多解决问题的办法。联系以前数学课上学习"观察物体"的学习经验想一想,如果我们坐飞机在空中看下面校园的房子,看到的会是什么图形呢?

学生:长方形。

出示:空中俯视拍摄学校警务室(一层)的照片,验证学生的猜想。

小结:画校园景物图时,我们可以用从空中看到的平面图形来表示景物。

三、设计方案

1.解决这个问题需要哪些步骤?

(1)组织学生由南向北参观校园,记下主要的校园景物,并想象从空中往下看,看到的是什么平面图形。(我们学校的房子都是四四方方的,很规则,从上往下看,看到的都是或大或小的长方形。)

(2)讨论确定画哪些校园景物。

校园大门、教学楼、操场、行政楼、食堂、医务室、警务室。

(3)制作校园景观图。

①定好基本方位:东、南、西、北。

②各种景物分别用什么图形来表示?

③在图形中标注上景物名称。

④可以涂上颜色,让各种景物更明显。

(4)根据校园景物图,写好介绍词。

2.你想采取怎样的方式解决问题?

可以独立完成,也可以小组合作。

四、解决问题

学生按照设计方案动手实践,老师根据实际情况,及时指导学生解决实践中遇到的问题。

五、交流反思

1.学生上台在实物展台上展示自己的或小组的学习成果,其他同学进行评价交流,肯定好的方面,指出存在的问题。

2. 在上面的活动中，遇到了什么困难？有什么收获？

校园中的方位

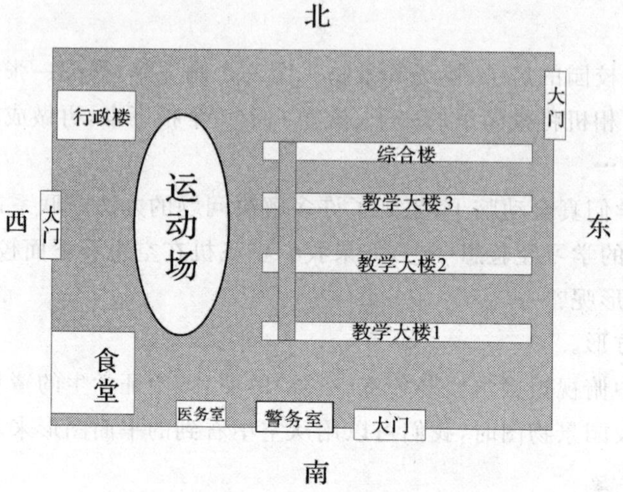

个案5. “数学大本营”微型课程

（设计者：王燕、谢杨慧）

课程名称 数学大本营——品味数学别样的味道

课程编号 类别：数学学科拓展类 序列号：综 02D04

课程简介

数学大本营结合数字编码、数学谜语、数学对联、数学诗、数学童话、数学故事等载体，引导学生思考、分析问题并积极探索其中的奥秘，再通过自编、交流、展示等一系列活动，让学生在此过程中能获得良好的数学教育，不同的人在数学上得到不同的发展。

适用年级 四年级

课程开设背景及意义

在课本与教辅资料中，数学知识的呈现与运用往往以计算、填空等常规形式出现。久而久之，学生对于数学的整体印象就停留在讲授——练习——测验这一无限的循环中。那么数学究竟还有哪些方面、哪些东西可以吸引同学们呢？本课程从“趣味”这一角度入手，引导学生品味数学。

中国文化是博大精深的，也是在不断进步的，我们要让学生在了解数学文化博大精深的同时，潜移默化地使其感受到数学的变化过程。

课程目标

1. 通过数字编码、数学谜语、数学对联、数学诗、数学童话、数学故事等形式引导学生思考、分析、探索其中的奥妙，引导学生从头到尾思考问题，有条理、完整地表达意见。

2. 通过对数字编码、数学谜语、数学对联、数学诗、数学童话、数学故事等的分析，使学生了解其构成本质，自己编一编数学谜语、数学诗、数学童话、数学故事等。

3. 在活动过程中体验数学的妙处，品味别样的数学。

课程内容

数字编码、数学谜语、数学对联、数学诗、数学童话、数学故事。

教学方式

课前查找资料—教师示范—学生交流感受—课堂中小组合作、组内交流—全班交流、探讨—自编—全班交流—评价。

评价方式

个人评价与小组评价相结合。

教学所需材料与设备

电脑、小报制作纸。

课程计划

第 1 课时：数学大本营之数字编码

第 2 课时：数学大本营之数字谜语、数学对联

第 3 课时：数学大本营之数学诗

第 4 课时：数学大本营之数学童话、数学故事

第 5 课时：数学大本营之数学古典诗

第 6 课时：数学大本营之学习成果梳理

第 7 课时：数学大本营之成果展示

第 4 课时活动设计

（设计者：王燕）

课　题　数学大本营——数学故事

教学(活动)时间　1 课时

教学(活动)目标

1. 培养学生运用知识解决问题的意识和能力。

2. 培养学生发现数学问题、探究数学问题的思维能力。

3. 激发学生自编数学故事的兴趣，获得成功的体验。

教学（活动）内容

交流数学故事和自编数学故事。

课（活动）前准备

教师：收集故事，制作 PPT。

学生：上网搜索故事、图片。

教学（活动）过程设计

一、谈话引入，激发热情

同学们，经过一周的收集和准备，你们收集了什么故事？在这个故事中你发现了什么数学信息呢？现在请在小组里交流学习吧！

二、交流感受，体会数学奥妙

1. 小组交流：每位同学在小组内讲故事，提出数学问题，交流自己的想法。

数学故事：狄多公主圈地，田忌赛马，曹冲称象，数学王子高斯的故事……

小组注意提炼出数学问题：每组同学合作讨论从故事中提炼出的数学问题是否合适，并对这些问题做出力所能及的研究。

2. 全班交流：每组选出一个典型故事和对数学问题的思考，在全班交流。

学生交流数学问题：

狄多公主圈地：用同样长的绳子围成长方形和正方形，怎样围面积比较大？

田忌赛马：策略好在哪儿？

曹冲称象：曹冲是怎样确定大象的体重的？

数学王子高斯的故事：高斯求和的方法是怎样的？

三、实践探索

组织学生对狄多公主圈地的故事进行试验。

1. 提出问题：狄多公主是怎样利用这块牛皮的呢？圈出了怎样的一块地？

2. 实验：用一小张长方形纸来试验一下，看能圈出多大的面积？

剪一剪：拿出一张长方形纸，沿着纸中的粗线剪一剪（把纸剪得尽量细）。

围一围：用剪下来的纸条围出一个图形。

比一比：看看谁围出的图形的面积大。

想一想：用同样长（10 米）的纸条围出长方形或正方形，哪个图形的面积比较大？

3. 谈一谈对狄多公主圈地的故事有什么想法？

四、自编数学故事

1. 自编数学故事。

2. 小组交流。

3. 小组优秀作品展示。

五、评选故事大王

现在请你们每组推选一名代表参加我们的数学故事大王评比，看看这节课哪个小组学得最好？

六、全课总结

这次活动你有怎样的收获？你能用数学知识解决生活中的哪些问题？

七、板书设计：数学大本营数学故事

数学故事	狄多公主圈地	田忌赛马	曹冲称象	高斯求和
数学问题	周长相同的长方形、正方形，正方形面积大，长方形面积小。（周长与面积）	齐威王　田忌 上马←→下马 中马←→上马 下马←→中马 （组合问题）	石头重＝大象重 （等量代换）	等差数列和＝（首项＋末项）×项数÷2 （找规律）

个案 6. “与数学家面对面”微型课程

（设计者：陈小霞、王云凤）

课程名称　与数学家面对面

课程编号　类别：数学学科拓展类　序列号：综 02**D**05

课程简介

数学是壮丽多彩、千姿百态、引人入胜的。为了让学生领略到数学的美，我们开设了“与数学家面对面”这一课程，利用 7 课时带领孩子们徜徉于“数学中的黄金分割、奇妙的数学黑洞、数与形之美、国内外数学家”之中。目的是改变孩子们认为数学是枯燥无味的这一成见，引领他们走进一个五彩缤纷的数学世界！

适用年级　五年级

课程开设背景及意义

五年级学生已经具备基本的数学知识和探究数学问题的基本经验，并对数学的未知世界有着强烈的探究欲望。根据该年级学生的身心特点和课内数学的知识特点，开设“与数学家面对面”这一课程，可以让学生感受到数学的千姿百态和引人入胜，激发学生对数学的兴趣，启发学生的人格成长，改变学生的数学观，树立学生的自信心，拓宽学生的视野。

课程目标

通过小组分工、查阅资料、小组交流、全班交流、观看影片等，了解数学与文学、生活等的密切联系，了解数学家们对中国数学界、世界数学界做出的杰出贡献，领略数学的奇妙，学习数学家们刻苦钻研、为数学奉献一生的精神，培养学生对数学的兴趣以及不断探索的学习精神。

课程内容

借助数学中的黄金分割、奇妙的数学黑洞、数与形之美、国内外数学家等载体，组织学生自行查阅资料，自主提出问题、分析问题、解决问题。

教学方式

本课程主要运用自主研究式学习、合作学习、反思性学习等教学方式，在自主反思研究方法、合作成效、全班交流的过程中实现学生对课堂的有效自主管理。

评价方式

1. 以学生自主评价为主，主要体现在每一次活动后学生的自我评价和其他组学生的评价。

2. 学生自己出与本课程专题相关的趣味题，举行趣味数学大比拼。

教学所需材料与设备

多媒体。

课程计划

第 1 课时：数学中的黄金分割
第 2 课时：奇妙的数学黑洞
第 3 课时：数与形之美
第 4 课时：走近华罗庚
第 5 课时：走近陈景润
第 6 课时：走近高斯
第 7 课时：趣味数学大比拼

第4课时活动设计

（设计者：陈小霞、王云凤）

课　题　走近华罗庚

教学（活动）时间　1课时

教学（活动）目标

1. 经历资料搜集、整理、交流的过程，走近中国数学家华罗庚，了解他的生平、有趣故事、主要思想和名言警句等。

2. 感受前辈大师严谨治学、锲而不舍的探索精神，培养数学兴趣，开阔数学视野，深刻体会数学对人类文明发展的作用。

教学（活动）内容

交流课前自主学习情况，小组讨论，全班汇报华罗庚生平、有趣故事、主要思想、名言警句。

课（活动）前准备

教师：制作PPT。

学生：上网搜索华罗庚的有关资料。

教学（活动）过程设计

一、小组交流

在上一次课布置任务的基础上，四组学生在课外对中国数学家华罗庚展开了阅读研究，每组分别研究了其生平简介、精彩故事、数学思想、名言警句，并把筛选过的资料带到课堂。根据课前搜集的资料及制作的成果，小组商讨如何进行全班展示。教师巡回指导。

二、全班交流

1. 一个视频走近华罗庚。

组1：我们组阅读了很多华罗庚爷爷的资料，最后小组讨论决定，以一个视频带领大家走近华罗庚爷爷。

（播放视频：《华罗庚成长故事》）

组1：观看完这个动画，相信同学们对华爷爷的生平已经有了比较全面的了解，如果还有什么问题，我们组很愿意为你解答。如果没有问题，希望大家给我们组一个中肯的评价。

学生1：这一组在课前搜集了很多资料，最后能够用一个视频让我们了解华爷爷的生平，这是我没有想到的。我觉得这个方式很好，通过这个视频我了解到了华爷爷名字的由来、一生的大概事迹等等。

学生2：这个视频让我们很感兴趣，这是你们组课前努力寻找和阅读资料，课内积极讨论如何展示的成果，值得我们组学习。

2.一个故事走近华罗庚。

组2：华罗庚爷爷的故事有很多，我们组经过阅读、整理和讨论，选择了其中一个故事，利用话剧的形式和大家分享，希望大家能够喜欢。

（组2全体学生表演话剧）

（附华罗庚卖棉花的故事：有一次，有个妇女去买棉花，华罗庚正在算一个数学题，那个妇女说一包棉花多少钱？然而勤学的华罗庚却没有听见，就把算的答案答了一遍，那个妇女尖叫起来："怎么这么贵？"这时华罗庚才知道有人来买棉花，就说了价格，那妇女便买了一包棉花走了。

华罗庚正想坐下来继续算时，才发现刚才算题目的草稿纸被妇女带走了。这下可急坏了华罗庚，于是不顾一切地去追，一个黄包车师傅让他坐上车追，终于追上了，华罗庚不好意思地说："阿姨，请……请把草稿纸还给我。"那妇女生气地说："这可是我花钱买的，可不是你送的。"

华罗庚急坏了，说："要不这样吧！我花钱把它买下来。"正在华罗庚伸手掏钱之时，那妇女好像是被感动了，不仅没要钱，还把草稿纸还给了华罗庚。这时的华罗庚才微微舒了口气，回家后，又计算起来……）

组2：和第一小组一样，我们组成员也希望大家能够给我们一个中肯的评价。

学生1：喜欢这个故事，喜欢这个话剧。

学生2：看了这个话剧让我感受到了华爷爷小时候对数学的专注，就是这样的专注让他成了著名的数学家。在以后的学习生活中，我会向华爷爷学习。

3.两个思想走近华罗庚。

组3：华爷爷有很多重要的数学思想，我们组在老师的指导下，挑选了两个与小学数学密切相关的数学思想与大家交流。

(1)数形结合思想。

组3：先请大家看一首诗。课件出示："数缺形时少直观，形少数时难入微；数形结合百般好，隔离分家万事休。"让我们一起读一读这首诗。

（学生齐读）

组3：这首诗讲述的是什么数学思想呢？

学生1：数形结合思想。

组3：恭喜你，答对了。数形结合思想在我们将近5年的数学学习中经常用到，你能举出几个例子吗？四人小组可以相互讨论，然后推选一个代表上台与大家分享你的例子。

（学生讨论）

学生1：我们在每课一练上曾经做过这么一道题目，我把它写在我的作业纸上。（投影展示，图1）

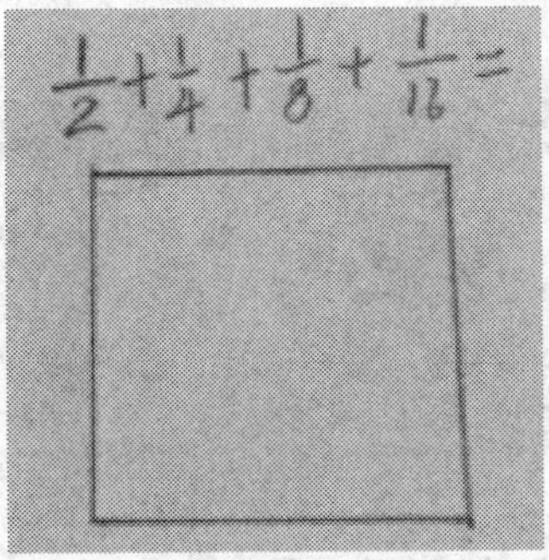

图 1

学生1：大家还记得这个题目是怎么解决的吗？请看图（出示图2），每一个数与每一块图完美结合，其中的数形结合之美，你感受到了吗？

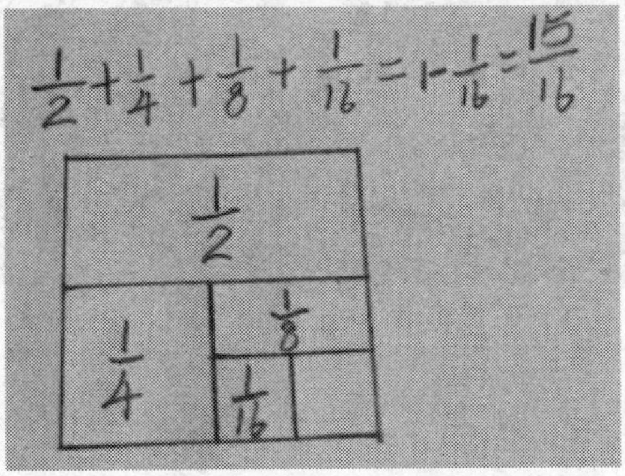

图 2

组3：非常感谢这位同学与我们分享的例子，相信每个同学都能从中感受到数形结合的强大魅力。还有谁愿意和我们分享你的例子？

学生2：看到这个图（出示图3），大家想到了什么？

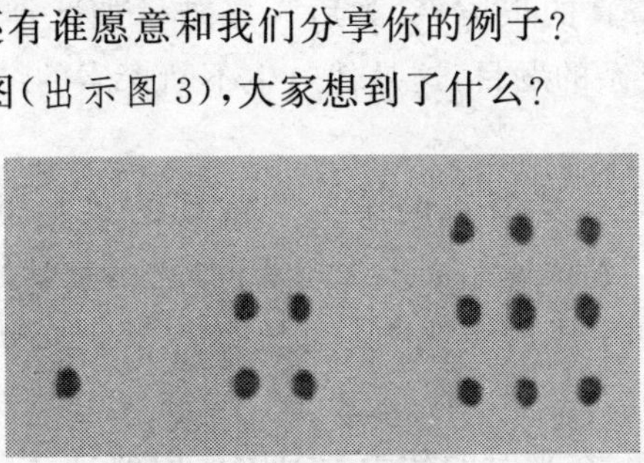

图 3

学生：点阵中的规律。

学生2：这个点阵有什么规律呢？

（一学生分析）

学生2：我们一起看看这位同学向我们展示的图（出示图4），看到数和形的完美结合了吗？

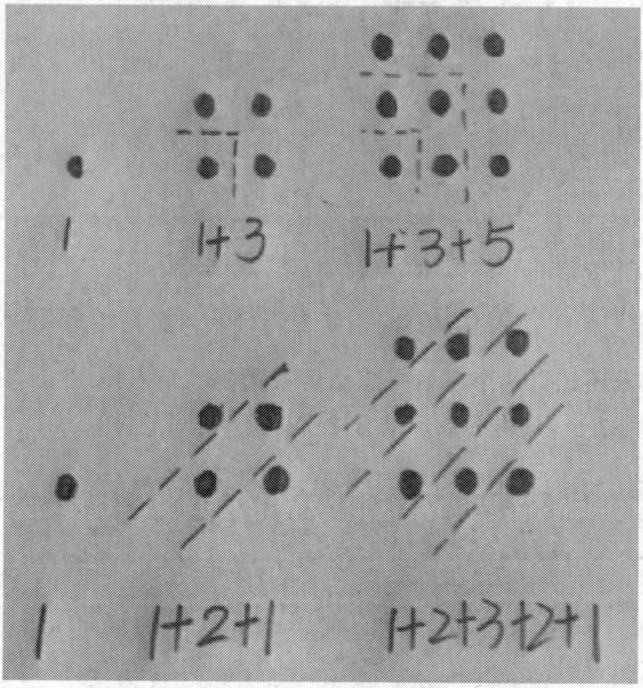

图4

组3：刚才两位同学向我们展示了两个用到数形结合的例子，通过这两个例子的分析，你有什么想说的？

学生1：我觉得这个思想真的很神奇，它让复杂的题目变得简单。

学生2：我也觉得它很神奇，使我们原本以为不相干的数和形相得益彰。

学生3：华罗庚爷爷真的很厉害，为后人总结了如此神奇的思想，让我们不费吹灰之力地解决一些复杂的题目，这是他一生不断探索的结晶。

(2)化繁为简思想。

组3：让我们一起走近华爷爷的第二个常用的数学思想。（出示课件）善于"退"，足够的"退"，"退"到最原始而不失重要的地方，是学好数学的一个诀窍。

组3：谁能用一个四字成语概括这一思想？

（学生：化繁为简）

组3：很不错的概括，在平时的数学学习中你用到过这个思想吗？

（交流）

组3:用到这个思想的例子也有很多。数形结合、化繁为简的思想是我们学好数学的重要法宝,感谢华爷爷为我们留下他思想的结晶。希望同学们在以后的数学学习中能够主动地去运用。华爷爷还有很多重要的思想,同学们课后可以自己去阅读。

4.三句名言走近华罗庚。

组4:前面三组同学展现给我们一个完整的华爷爷,华爷爷有很多值得我们学习的地方。我们组阅读了大量华爷爷的名言,挑选其中的三条与大家共勉。

(1)天才在于积累,聪明在于勤奋。(2)在寻求真理的长河中,唯有学习,不断地学习,勤奋地学习,有创造性地学习,才能越重山跨峻岭。(3)时间是由分秒积成的,善于利用零星时间的人,才会做出更大的成绩来。

组4:希望大家能够珍惜时间,善于积累,勤奋学习!

三、回顾反思

回顾对华罗庚的研究、展示交流及评价的过程,总结得失。

四、布置任务

课后对国内数学家陈景润进行研究,小组明确本次研究组长的职责、组员的具体分工、呈现结果的形式等。

第三节　其他学科拓展类微型课程

篮球场上,小运动员们尽显矫健英姿;舞蹈房里,小舞者们随着美妙的音乐翩翩起舞;科技场地里,未来的小科学家们积极探索创新,领略科学的奥妙。孩子们尽情地展现自己的特长,快乐地徜徉在体艺、科技的知识海洋中,无限张扬自我个性。

一、开发概况

(一)开发背景

其他学科拓展类课程基于学校顶层设计五大维度中的“人与学科”维度,注重开发学生多方面的发展潜能,尊重学生的个性发展,培养学生各方面的特长。

《义务教育艺术课程标准(2011)》提出“艺术教育对青少年美感的形成、人格的陶冶、情感的丰富、创造力的开发具有重要意义和价值”。艺术、体育、科技是美育的最主要组成部分,也是全面提高学生文化素质,促进校园精神文化和校园文化建设的重要组成部分。

艺术、体育、科技学科都是实践性很强的学科，除完成教材当中要求的目标以外，要想获得更好的教学效果，需要有针对性的专项学习和训练，这样才能在技巧和技能上得以突破。事实上，并非所有的学生都有体艺方面的天赋和兴趣，在平时的课堂教学当中会出现有特长的学生“吃不饱”，无兴趣的学生“不想吃”的现象。从学校角度来说，一支优秀的篮球队、舞蹈队、科技队，也是凝聚力的象征。为了让在体育、艺术、科技方面有特长的学生能够发挥一技之长，在学校内形成团结、奋进的团队意识氛围，也为了开发学生的学习潜能，尊重学生的个性，突出学生的特长，根据《江山市中山小学综合实践活动微型课程方案》，结合学校体育、艺术、科技教师队伍结构，借助学校外聘教师及实践基地，组织开发了除语文数学以外的其他学科综合实践课程。给学生提供一个张扬自我个性的平台。

（二）开发目标

通过本课程各学科的学习和训练，学生不断提高体艺知识技能和专业技巧，以及提高感知与欣赏、创新与发现、反思与评价、交流与合作等综合能力。

1. 体育类。

（1）根据篮球、乒乓球、田径啦啦操等各种专项训练提高学生的运动技巧以及学生的反应速度、动作速度、速度力量、绝对力量、耐力和协调性等身体素质。

（2）在体育类课程的练习和比赛中，促使学生积极参与体育活动，培养学生养成良好的体育锻炼习惯和勇敢顽强的意志品质。

2. 艺术类。

（1）提高学生演唱、演奏、绘画的技能技巧，能熟练、正确、自信地通过唱、跳、画来表达情感。

（2）培养学生对音乐及美术的感受力、审美力、表现力和创造力，在感悟中陶冶情操。培养孩子的个性特长。

3. 科技类。

（1）启发对科学有兴趣的孩子，提高他们发现问题的敏锐性和解决问题的能力。

（2）在学生全面发展的基础上，尊重学生的个性，突显执着的创新志趣，突出特长。

（三）开发内容

其他学科类拓展性课程立足于学习方式的转变，以培养学生体艺、科技方面的特长，提高学生审美能力为核心，学校基于学科基础，根据每位学生的艺术特长及兴趣需求，现已开设20门体艺类拓展课程，主要由体育、艺术、科技三大类组成，其中男子篮球、女子篮球、田径、合唱、舞蹈等14门课程由本校专业老师开发授课。另外，为了满足更多学生的学习需求，学校又借助校外教师资源，以外聘老师为主开发了舞蹈、武术、艺术体操、长笛、吉他6门拓展课程，其中舞蹈因学生需求开设了两个班。（详见下表）

其他学科拓展类微型课程开发一览表

<table>
<tr><th>课程类别</th><th colspan="2">已开发课程名称</th><th>年级</th><th>课程大致内容</th></tr>
<tr><td rowspan="6">体育类</td><td colspan="2">1. 男子篮球</td><td>4—6 年级</td><td rowspan="6">篮球:在掌握一定的基本动作后组织比赛,在比赛中进行各种技战术配合。乒乓球:学习攻球、推挡等基本动作,然后组织比赛,在比赛中结合技战术教学。田径:由走、跑、跳、投等内容组成。</td></tr>
<tr><td colspan="2">2. 女子篮球</td><td>4—6 年级</td></tr>
<tr><td colspan="2">3. 乒乓球 1</td><td>3—4 年级</td></tr>
<tr><td colspan="2">4. 乒乓球 2</td><td>3—4 年级</td></tr>
<tr><td colspan="2">5. 田径</td><td>4—6 年级</td></tr>
<tr><td colspan="2">6. 啦啦操</td><td>4—5 年级</td></tr>
<tr><td rowspan="11">艺术类</td><td rowspan="5">本校教师开发</td><td>7. 绘画创想</td><td>4—6 年级</td><td rowspan="11">绘画创想学习基本的线描表现技巧,理解黑白灰的表现关系,发展学生的想象思维能力。
合唱、舞蹈、口风琴、长笛、吉他等艺术类课程主要提升学生演奏、演唱、表演技巧以及培养团队精神。</td></tr>
<tr><td>8. 合唱</td><td>3—5 年级</td></tr>
<tr><td>9. 舞蹈</td><td>2—5 年级</td></tr>
<tr><td>10. 口风琴</td><td>3—5 年级</td></tr>
<tr><td>11. 摄影</td><td>4—5 年级</td></tr>
<tr><td rowspan="6">校外教师开发</td><td>12. 舞蹈 1</td><td>1—3 年级</td></tr>
<tr><td>13. 舞蹈 2</td><td>1—3 年级</td></tr>
<tr><td>14. 武术</td><td>1—3 年级</td></tr>
<tr><td>15. 艺术体操</td><td>1—3 年级</td></tr>
<tr><td>16. 长笛</td><td>3 年级</td></tr>
<tr><td>17. 吉他</td><td>5 年级</td></tr>
<tr><td rowspan="3">科技类</td><td colspan="2">18. 动画设计与制作</td><td>4—6 年级</td><td rowspan="3">“动画设计与制作”由 flash 绘画基础和 flash 动画制作组成。“模型制作”由纸飞机、橡筋动力飞机、船模组成。“创意实验”由趣味小实验和创意实验设计组成。</td></tr>
<tr><td colspan="2">19. 模型制作</td><td>3—5 年级</td></tr>
<tr><td colspan="2">20. 创意实验</td><td>3—5 年级</td></tr>
</table>

学校还可以依据学校自身的教师结构和具体情况,借助外聘教师资源,开发更多有利于提升学生特长的体艺类拓展课程,比如陶笛、竖笛、音乐鉴赏、钢琴等课程。努力激发学生的体艺潜能,培养个性特长。

(四)开发体系

根据每个学段儿童的身心特点、学习需求以及我校教师的资源结构,学校开发了体育、艺术、科技三大类的学科拓展微型课程,并依据各科、各年段的学生能力发展水平设计各个学科领域的相关课程。以音乐、美术学科为例:一至三年级学生对事物的动态和动作有模仿兴趣,对生活中特别感兴趣的人物或动物有模仿和表现的欲望。为了启发学生创造的意识，展示学生的特长以及让学生领略合作的愉快，学校开发了艺术体操、长笛等课程，通过模仿、游戏、参与等方式使学生掌握简单的技能技巧，在合作中承担角色，自信表演。四至六年级学生已经积累了一定的学科知识，具备了较好的审美能力，富有强大的创作欲望，学校开设了合唱、舞蹈、绘画创想、吉他、摄影等课程。通过合唱作品的训练、参与原创舞蹈的开发编排、个性化绘画作品的创作等课程内容，着重培养学生的创作、创新能力，引导学生形成反思、独立、自主的学习习惯。

（五）实施策略

体艺拓展学科坚持以发展每一位学生的优势潜能为出发点，注重因材施教，倡导启发式、探索式、讨论式、参与式教学。在教学过程中把目标教学法、情境教学法、游戏教学法等方法结合，让学生摆脱枯燥的技能训练，在宽松有趣的学习氛围中提高技能技巧，培养个性特长。同时采取小组竞赛、考级通关、学期汇报演出等形式以及鼓励学生以个人或团体的形式参加艺术节、体育节或各类演出来体验成功的快乐和增强团队意识。

（六）开发难点及注意事项

1. 体艺学科拓展类课程要以培养学生特长兴趣为主要目标，切不可仅仅以参加各类比赛为最终目的。

2. 由于其他学科拓展类的班级成员都由跨年级的学生组成，水平、年龄参差不齐，所以教师不能原搬原教，必须依托教材进行筛选，开发出适合本校学生现状的系统课程，让学生充分发挥自己的兴趣爱好和个性特长，从而使学生的性格、兴趣、情趣、爱好得到充分、自由、和谐的发展。

3. 体艺学科班大部分是由具有本项学科技能特长的学生组成，但是也有一些仅仅凭兴趣加入的学生，那么教师如何在教学上平衡这两类学生的学习需求？如何才能做到既培养了技能尖子生，又培养了初学者的兴趣爱好？这是个难点。

二、个案点击

个案1. “创意实验”微型课程

（设计者：严伊立、姜红玉）

课程名称　创意实验

课程编号　类别：其他学科拓展类　序列号：综0103

课程简介

水果也能当电池？大象牙膏是什么？水火箭的威力有多大？你想拥有自己的

发明专利吗？创意实验班将带领大家动手操作各种有趣、奇幻的实验，解开生活中的各种谜团，领略科学的奥妙，享受发明带来的快乐！

适用年级 三至五年级

课程开设背景及意义

这个时代，创新成为全世界共同关注的焦点，创新人才的培养已迫在眉睫，成为时代对教育的要求。为发展学生的创新意识和实践能力，把学生培养成创新型人才，我们开设了“创新实验班”，为培养创新型人才奠定基础的同时，实现学校的特色发展。

课程目标

在学生全面发展的基础上，尊重学生的个性，突显执着的创新志趣，突出特长，为学生将来成为科技领域的创新型拔尖人才打下坚实的基础。

课程内容

教学内容分两大部分，第一部分是趣味小实验，第二部分是创意实验原理讲解及制作改进。

教学方式

坚持以发展每一位学生的优势潜能为出发点，注重因材施教，倡导启发式、探索式、讨论式、参与式教学。

四人为一组，取队名和口号，以小组为单位进行合作及比赛，激励学生。

评价方式

各项目进行比赛。

参加江山市及衢州市科技创新大赛。

教学所需材料与设备

多媒体、实验室。

课程计划

课时 1：起始课
课时 2：空气大炮
课时 3：水果电池
课时 4：转动的陀螺
课时 5：神奇的水
课时 6：开发学生的创新潜能
课时 7：七色光
课时 8：自制灭火器

课时 15：植物染色剂
课时 16：制作食盐晶体
课时 17：制作环保酵素
课时 18：莫比乌斯圈
课时 19：制作水动力小车
课时 20：神奇的花
课时 21：水火箭(一)
课时 22：水火箭(二)

课时 9:一支铅笔的用途
课时 10:烧不断的棉线
课时 11:创意发明方法讲解(一)
课时 12:创意发明方法讲解(二)
课时 13:生活用品改进讨论
课时 14:写封密信给好友
课时 23:制作糖画(一)
课时 24:制作糖画(二)
课时 25:大象牙膏
课时 26:自制超级泡泡水
课时 27:用太阳烤熟土豆
课时 28:制作潜水艇

第 2 课时活动设计

(设计者:姜红玉)

课　题 空气大炮

教学(活动)时间 1课时

教学(活动)目标

1. 培养学生的动手能力和合作能力。
2. 通过实验知道空气炮弹的工作原理。

教学(活动)内容

1. 导入。
2. 实验讨论。
3. 学生操作。
4. 实验拓展。

课(活动)前准备

教师:一个瓦楞纸板箱、胶带、线香、蜡烛、剪刀。

学生:记录本、笔、纸板箱、胶带、剪刀、蜡烛。

教学(活动)过程设计

一、导入

同学们,你们见过大炮吗?你们见过的大炮威力如何吗?是的,大炮是一种威力强大的武器,会产生巨大的冲击波。今天,我们也来做一做“大炮”,不过今天的“大炮”可不需要子弹哦!大家先来看一段视频。

二、实验讨论

1. 看完视频,一起来讨论下制作这枚“大炮”需要用到哪些材料。

学生:纸箱、胶带、蜡烛、线香。

2. 具体怎么制作呢?小组先讨论一下。

学生:先在纸板箱的一侧开一个洞。

学生:用胶带胶住纸箱的所有缝隙。

学生:放入线香,使纸箱里面充满烟。

学生:抱紧纸箱,然后用手使劲拍箱壁。

教师把学生说的实验步骤记录在黑板上。

3. 教师:如何知道有空气团冲出来?

学生:请同学拿一个大而轻的塑料袋,站在离我 5 米远的地方,我拍出的空气大炮会使塑料袋抖动。力量越大,塑料袋抖动得越剧烈。

教师:怎样才能看见空气团呢?

学生:将点燃的线香放入纸箱,等到箱中线香的烟雾积蓄到一定程度,有节奏地拍打箱子。

教师总结:放线香的时候注意不要燃着纸箱,当有节奏地发射空气炮时,可以看到旋涡状的烟雾迅速冲出,而且在一条直线上,能够把远处点燃的蜡烛熄灭。

三、学生实验

教师讲解原理:空气炮是利用压缩气体形成冲击波的原理。由于拍纸箱,纸箱里的容量缩小,只有小洞能够放气,里面的空气一下子向洞口集中,冲了出去,"空气炮弹"就产生了。

四、实验拓展

你能制作出其他形状或威力更大的"空气炮弹"吗?

第 8 课时活动设计

(设计者:严伊立)

课　题　自制灭火器

教学(活动)时间　1 课时

教学(活动)目标

1. 了解小苏打和白醋会发生化学反应,产生新的物质。

2. 了解二氧化碳是具有特殊性质的一种气体。

3. 通过观察、实验、分析和阅读资料,得出正确结论。

4. 懂得只有足够的证据才能做出正确的判断,得出科学结论需要严密的逻辑推理。

教学(活动)内容

1. 导入。

2. 制作二氧化碳气体。

3. 制作泡沫灭火器。

4. 课外延伸。

课(活动)前准备

教师：火柴、蜡烛、集气瓶、毛巾、护目镜、PPT。

学生：小苏打、白醋、洗洁精、玻璃罐。

教学(活动)过程设计

一、导入

1. 老师摇晃一瓶可乐，然后打开瓶盖。(学生惊呼)

2. 提问：可乐除了会喷出来，还会有其他现象吗？

3. 观察交流。

二、制作二氧化碳气体

1. 教师：你们知道这是什么气体吗？这里有两种我们生活中常见的物质——白醋、小苏打。用这两种物质我们就可以制作出这种气体。一起来试试吧。

2. 教师：不过为了让实验成功，我们还需要注意几点。(幻灯片出示注意事项)

3. 学生制作，并观察现象。

4. 教师：一起说说你看到的现象吧。

学生：这两种物质混合产生大量的气泡。

学生：有一股气会把玻璃盖往上顶。

学生：我还感觉到瓶底变凉了。

5. 教师：你们知道这是什么气体吗？它有哪些性质？

6. 教师把点燃的蜡烛放入集气瓶，学生观察实验现象。(蜡烛熄灭了)

7. 教师把集气瓶中的气体倾斜倒出，学生观察实验现象。(能把蜡烛熄灭)

总结：这种气体有不助燃、比空气重的性质。

8. 教师：其实科学家通过很多实验，最后证明了这种气体就是二氧化碳。二氧化碳气体在生活中的运用很广泛，我们常见的泡沫灭火器就是其中一种。

三、制作泡沫灭火器

1. 教师：如果家中不小心着火，一时找不到灭火器。这时你就可以制作一个简易的泡沫灭火器备用。让我们先来看看它的制作方法。(视频)

2. 教师：需要哪些材料？

学生：一个玻璃罐头瓶，比例为1∶3的小苏打溶液和白醋，试管，少许洗洁精。

3. 学生自由制作，教师指导。

4. 做成功的小组交流经验，做失败的小组说一说问题出在哪。

学生：我们组的小苏打溶液和白醋的比例没有调配好。

学生：可能洗洁精放得太少，喷出来的都是水。

5. 小组讨论改进措施。

四、课外延伸

1. 总结：泡沫灭火器就是利用二氧化碳不助燃、比空气重的原理制作的。

2. 制作能够放置的、有开关的泡沫灭火器。

第28课时活动设计

（设计者：严伊立）

课　题　制作潜水艇

教学（活动）时间　1课时

教学（活动）目标

1. 了解小小潜水艇能够上浮和下沉的原因，进而明白潜艇沉浮原理，懂得改变物体的轻重可以影响它的沉浮。

2. 培养学生积极动手实验的能力、认真细致的观察能力、初步的分析概括能力和良好的语言表达能力。

3. 培养学生积极探究的兴趣，认真细致、团结协作的科学探究态度和素养。

教学（活动）内容

1. 导入。

2. 制作“潜水艇”模型。

3. “潜水艇”沉浮比赛。

4. 总结交流。

5. 课外拓展。

课（活动）前准备

教师：沉浮自如的教具“潜水艇”、教学PPT。

学生：塑料瓶、小玻璃瓶、烧杯、水槽、托盘、毛巾等。

教学（活动）过程设计

一、导入

1. 教师出示一个潜水艇模型，演示“潜水艇”的沉浮，说明“潜水艇”是科技活动中常见的一种有趣模型。

2. 教师：你们平时玩过类似潜水艇的玩具吗？

二、制作“潜水艇”模型

1. 讨论需要用的材料。

2. 小组合作制定方案，制作一个“潜水艇”。

三、“潜水艇”沉浮比赛

1. 最短时间沉浮赛。

比一比哪一组的潜水艇能够在最短时间内沉到底部以及浮到水面。

2. 指定位置沉浮赛。

比一比哪一组控制得最好，可以使潜水艇上浮下沉，还能使潜水艇悬浮在指定的位置。

四、总结交流

1. 讨论：是什么决定了“潜水艇”的沉浮？

2. 总结：控制潜水艇沉浮的因素是舱里水的多少。

五、课外拓展

课后制作能够自动沉浮的潜水艇。

【实践反思】

创意实验之“自制灭火器”片段教学反思

严伊立

一、课程简介

水果也能当电池？大象牙膏是什么？水火箭的威力有多大？你想拥有自己的发明专利吗？创意实验班将带领大家动手操作各种有趣、奇幻的实验，解开生活中的各种谜团，领略科学的奥妙，享受发明带来的快乐！

“创意实验”校本课程是一门学生主动参与的活动性课程，每一课时安排一项趣味实验，运用科学课堂中学到的知识，结合生活中的实际，让学生积极主动地参与到实验中，并且在实验中得到科学知识。本课程坚持以发展每一位学生的优势潜能为出发点，注重因材施教，倡导启发式、探索式、讨论式、参与式教学。四人为一组，取队名和口号，以小组为单位进行合作及比赛，激励学生。

二、本课内容概述

（一）主要内容

“自制灭火器”是本课程第8课时的教学内容，主要通过“观察小苏打和白醋反应”“发现新气体”“制作灭火器”等活动，采用小组讨论、全班交流等方法，引导学生了解二氧化碳气体的特性，并且利用二氧化碳的特性制作灭火器。

（二）教学重难点

教学重点：观察小苏打和白醋的变化，知道二氧化碳的特性。

教学难点：制作灭火器的过程。

（三）教学流程

1. 导入。

2. 观察小苏打和白醋。

3. 研究混合后产生的气体。

（1）实验一：验证该气体支不支持燃烧。

（2）实验二：验证该气体是否比空气重。

4. 交流总结。

5. 制作灭火器。

6. 交流经验。

三、制作灭火器片断实录

1. 教师：通过刚刚的两个实验，我们发现了二氧化碳的以下特性：不助燃，比空气重。在生活中，有很多物品就是利用了二氧化碳的这一特性，你们知道有哪些吗？

学生：二氧化碳灭火器。

2. 教师：是的，今天，我们也来试着做一做二氧化碳灭火器。

3. 教师：小组讨论下，我们需要用到什么材料呢？

学生：用到小苏打、白醋、玻璃杯……

4. 教师：为了让灭火器的效果更加好，我们还可以加一些洗洁精。（教师播放制作灭火器的视频）这个视频中哪些地方是我们需要注意的？

学生：小苏打和白醋的比例，放试管的时候要小心……

5. 教师：同学们都很有想法，那么就开始试着做一做吧。

6. 小组交流经验。

四、专题反思

综合实践活动是以主题活动为组织方式的课程形态，它以活动为主要开展形式，以实践学习为主要特征。参与本课程的学生动手能力都较强，并且善于思考。

在本教学环节中，我先引导学生观看制作灭火器的视频，让学生直观地看到制作过程和效果，学生很感兴趣。在观看过程中，还要发现做实验时要注意的方面，让学生自己总结，让学生真正成为课堂中的小主人，在活动中受益，在活动中体验成功的喜悦。灭火器对学生来说并不陌生，学生知道它的科学原理。但真正使用过灭火器的学生可能比较少。在本次活动中，我把课堂上的内容和生活中的实际运用相结合，并且简化灭火器的操作过程，让学生制作简便、可使用的灭火器。

个案2. “动画设计与制作”微型课程

（设计者：柴雪贵、郑益锋）

课程名称 动画设计与制作

课程编号 类别：其他学科拓展类 序列号：综0101

课程简介

学生自己导演动画作品，构思动画剧本，布置“舞台”，挑选“演员”，设计动作，过足“导演”瘾。在我们的动画设计与制作课程班里，走路、奔跑、飞翔，那都是小菜一碟。场景、元件、声音、动作……那将是一个非常丰富的有声世界。

适用年级 四至六年级

课程开设背景及意义

随着技术的发展，flash动画以其明显的优势得到了广泛的应用，flash小动画、flash小游戏更是得到学生的青睐。制作Flash简单动画成为学生感兴趣的一个知识点，而且每年的中小学生电脑制作评比活动中有专项的动画制作评比要求。但是在我们现阶段小学信息技术教材中只提到gif动画，并未涉及flash动画制作的内容。基于以上需求，我们开设了此课程。

课程目标

1. 学生熟悉flash基本操作，熟练运用工具。
2. 培养学生的动画制作、设计及评价的能力。
3. 培养学生动手能力和创新想象力，培养学生健康的审美情趣。

课程内容

Flash作为一种网页制作软件，严格地说是一种动画（电影）编辑软件，是一种交互式矢量多媒体技术。Flash有许多十分强大、出色的动画制作功能，但对小学生来说，只需掌握一些基本的制作知识，然后举一反三，也能制作出不错的flash动画作品。

第一部分：主修flash绘画，通过绘画，熟练运用flash软件工具栏所有工具。

其中绘画实例的选择非常重要，要保证把常用工具都用到。

第二部分：融入 flash 思想，进行动画设计与制作。主修基本的几种动画形式，然后让学生欣赏并制作基本动画，在此基础上衍生其他精彩动画。

教学方式

以任务驱动为主，从学生感兴趣的知识入手，创设有趣的学习情境，运用形象的比喻，突破难点与重点知识，寓教于乐。及时肯定学生的点滴进步，鼓励优秀学生起示范作用。记录下每次的进步，让每位学员都有成功的体验。

评价方式

平时成绩＋总评。主要以作品评价为主，以学生作品的完成情况作为主要考查对象。注重过程性的评价。

教学所需材料与设备

无特殊需要。

课程计划

第一部分：flash 绘画基础(2 课时)

第 1 课时：初识 flash

第 2 课时：我会画图形

第二部分：Flash 动画制作(10 课时)

第 3 课时：一个走路的人

第 4 课时：蜗牛吃苹果

第 5 课时：冉冉升起的太阳

第 6 课时：海边美景

第 7 课时：草地上骑行

第 8 课时：形状的变化

第 9 课时：花儿成蝴蝶

第 10 课时：蜻蜓点水

第 11 课时：探照灯来了

第 12 课时：火箭发射

第三部分：flash 综合应用(2 课时)

第 13 课时：守株待兔新编(上)

第 14 课时：守株待兔新编(下)

第1课时活动设计

（设计者：柴雪贵、郑益锋）

课　题　初识Flash

教学（活动）时间　1课时

教学（活动）目标

1. 学会启动Flash的方法。
2. 认识Flash工作界面。
3. 动画制作的基本概念。
4. 学习制作简单的动画。

教学（活动）内容

欣赏几个动画作品，激发学生的学习兴趣，打开一个现成的动画源文件，从而认识Flash软件，认识其界面组成，认识简单的常用工具，并学会测试电影影片。

课（活动）前准备

教师：PPT，Flash动画。

学生：简单的记录笔记。

教学（活动）过程设计

一、导入

（播放几个Flash动画）同学们喜欢吗？这些动画是怎么做出来的呢？如果我们自己也会做该有多好啊！这些动画是采用Flash动画制作软件制作的，今天开始老师就和大家一起学习Flash动画的制作。

二、新课

1. 启动Flash8。

方法一：单击"开始"→"程序"→"Macromedia Flash8"→"Flash8"。

方法二：双击桌面上的"Macromedia Flash8"图标。（如图1）

图1

2. 认识Flash8窗口。

Flash8软件启动完成后，首先显示"开始页"，提供了三栏常用的操作方式：(1) 打开最近项目；(2) 创建新项目；(3) 模板创建。

单击"创建新项目"栏下的"Flash文档"，就能新建一个空白的Flash文档，同时进入Flash操作界面。

3. 熟悉 Flash 操作界面。

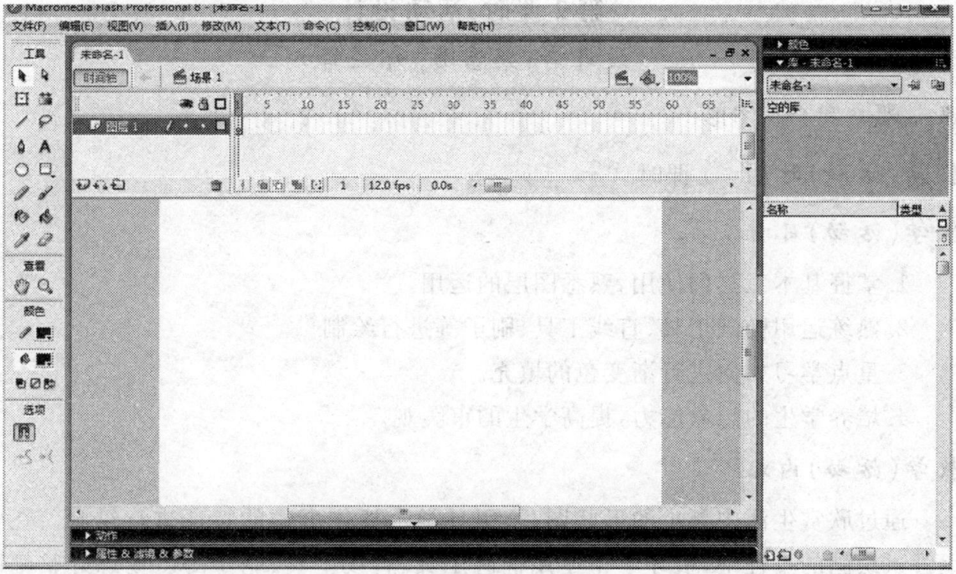

学生思考：仔细观察 Flash 窗口的组成部分，比较一下它与以前学过的其他软件界面的异同。

共同点：都有标题栏、菜单栏、控制按钮。

Flash 8 编辑窗口的介绍：菜单栏、常用工具栏、控制工具栏（动画播放的控制工具栏）、绘图工具栏（放置了各种绘图及编辑工具）、辅助选项、图层区、时间轴（可以设置动画的播放状况）、面板（可以用来控制各种设置）、场景（可以直接在这里绘图或摆放一些图片、文字、按钮、动画等进行编辑）。

试一试：教师先隐藏常用工具栏、属性面板、混色器窗口，要求学生重新显示。

4. 保存和退出。

保存：①单击“文件”菜单，选择“保存”；②保存到自己的文件夹中；③单击“保存”按钮。

退出：方法一是单击“文件”菜单选择“退出”；方法二是直接单击 flash 窗口右上角的“关闭”按钮退出。

三、尝试绘画制作

任务：利用工具画圆形、矩形、五角星。

学生自由实践，互相讨论，制作。

四、学习评价

让学生对自己的学习情况进行评价。

第2课时:活动设计

（设计者:柴雪贵、郑益锋）

课　题　我会画图形

教学(活动)时间　1课时

教学(活动)目标

1. 掌握基本工具的使用,熟悉图层的运用。

2. 熟练运用椭圆工具、直线工具、刷子等进行绘制。

3. 重点学习如何进行渐变色的填充。

4. 培养学生的想象能力,提高学生的审美观。

教学(活动)内容

通过欣赏生活中瓢虫的形状图片,引导学生抓住事物的特征进行绘画。在学生尝试绘画的过程中,引导学生使用椭圆工具、直线工具、刷子等。构思好整幅画后,再引入这节课的重点内容,即如何通过渐变色的填充使绘制的瓢虫更逼真,更形象。教学的最后一个环节是作品评价。

课(活动)前准备

教师:PPT、瓢虫的相关图片。

学生:简单记录笔记。

教学(活动)过程设计

一、图片欣赏,激发兴趣

1. 出示一组瓢虫的图片,请学生说一说:这些瓢虫有哪些形态特征和颜色特征?

2. 让你来绘制瓢虫,你会怎么绘制?让学生尝试着说一说,并且动手画一画。

二、任务驱动,动手实践

1. 指导学生动手画一画。

2. 引导学生在绘制瓢虫身体的时候,使用椭圆工具。

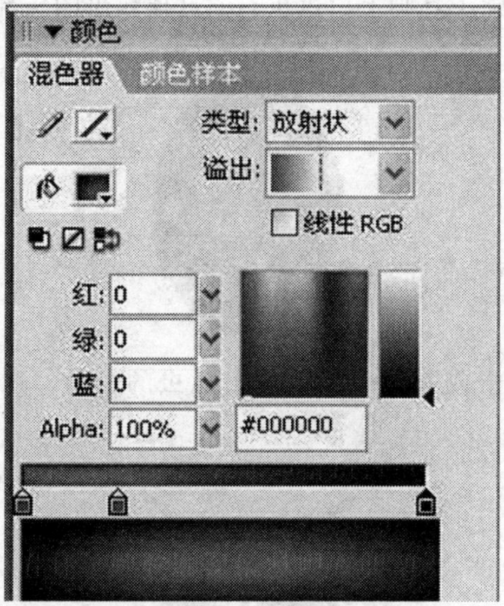

3. 请一位学生当小老师，尝试用渐变填充颜色。

利用填充变形工具(工具栏中的第 4 个工具)，调节手柄，从而达到光线亮暗的效果。(如下图)

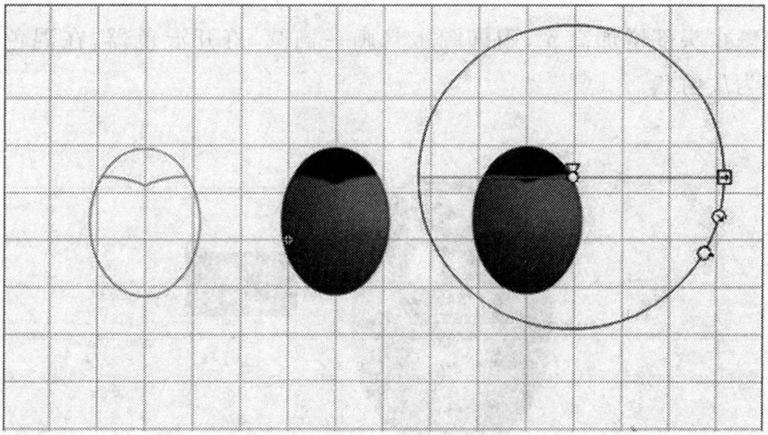

4. 指导学生用直线工具画出瓢虫的头和身体。用椭圆工具画上黑色斑点。

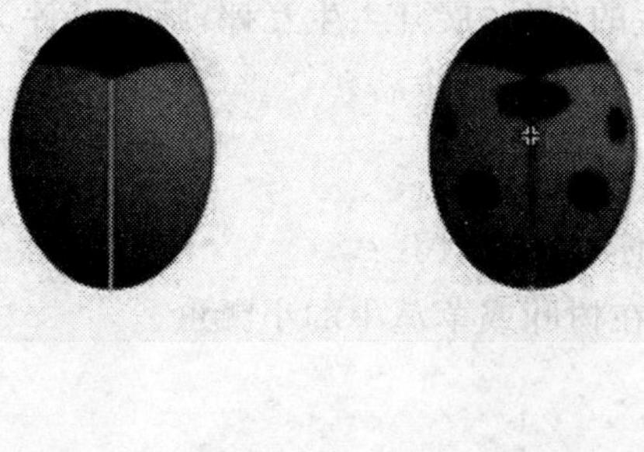

5.引导学生用椭圆工具画上白色斑点。这样瓢虫的头部就明显出来了。

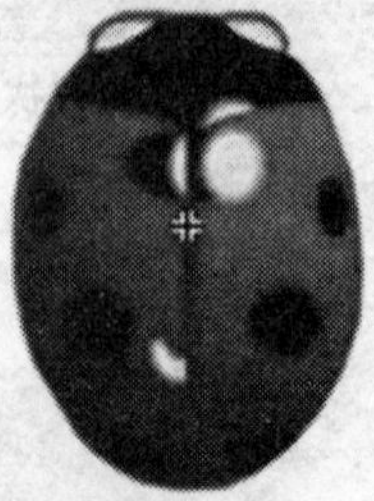

6.指导学生用刷子或者其他工具画出瓢虫的触角。这样一只瓢虫就大功告成了。

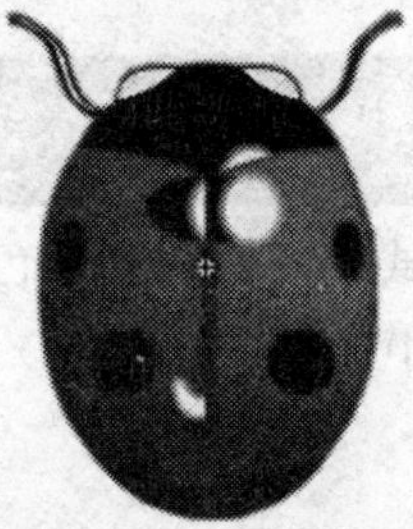

7.给瓢虫头部增加高光，用椭圆工具画一椭圆，打开混色器，在混色器中将填充样式设为放射状。

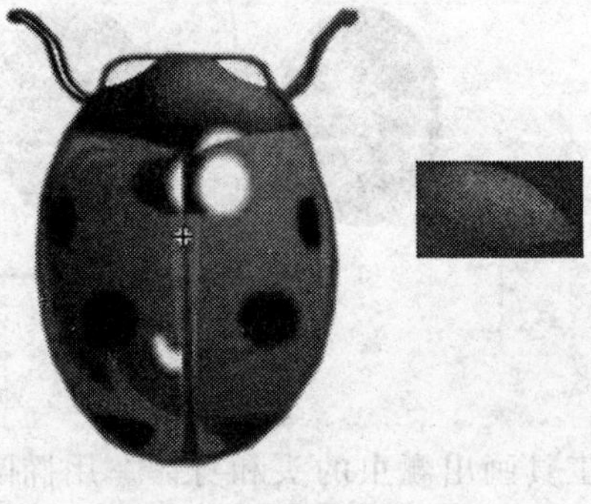

三、交流评价，展示作品

教师组织评价学生的作品，展开生生互评，师生点评。

点评部分绘制得不是很好的作品。

四、小结

通过本课的学习，你有哪些收获？

拓展作业：画一只在树叶或草丛中的小瓢虫。

学生作品展示

第3课时活动设计

（设计者：柴雪贵、郑益锋）

课　题　一个走路的人

教学(活动)时间　1课时

教学(活动)目标

1. 知识与能力。

(1)知道帧、帧频与关键帧的含义；(2)插入、编辑关键帧；(3)掌握制作逐帧动画的方法；(4)学会通过改变帧频控制动画的播放时间。

2. 过程与方法。

能综合运用所学知识制作一幅主题鲜明、具有动画效果的作品。亲身参与探究过程，在交流、沟通与合作中，共同掌握逐帧动画制作方法，提高 flash 动画制作水平。

3. 情感态度与价值观。

体会创作的乐趣，进一步培养学生制作动画的兴趣；培养学生创新能力与探究问题的能力；培养学生创造性思维能力。

教学(活动)内容

本节着重介绍逐帧动画，这是一种常见的动画手法，它的原理是在“连续的关键帧”中分解动画动作，也就是每一帧中的内容不同，连续播放而成动画。

本节课的教学内容是通过已有的一系列静态图片，引导学生认识到这是构成逐帧动画的关键。我们可以拍摄或绘制出运动物体的多个状态，把这些状态联系在一起，就组成了动画。

课(活动)前准备

教师:PPT、人走路图片。

学生:简单的记录笔记。

教学(活动)过程设计

一、激趣导入

教师:课前,老师将一组人走路的连续图片按顺序贴在一本书的每页纸的相同位置上。现在我们一起快速翻动按顺序装订好的页面。大家看到了什么?

学生:一个在走路的人。

教师(改变几张图片的位置后翻动):为什么现在人在跳?

学生:因为图片没贴到相同的位置上!

这是一种古老的看动画效果方法,称为"快捷翻书法"。动画就是这么做的,在flash中,我们也可以将每一幅画连起来,就可以生成我们要的动画效果了。

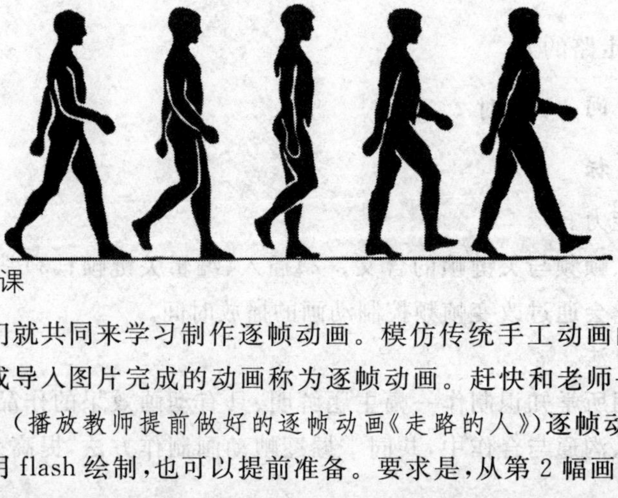

二、讲授新课

这节课我们就共同来学习制作逐帧动画。模仿传统手工动画的方式,每一帧都由手工绘制或导入图片完成的动画称为逐帧动画。赶快和老师一起用flash逐帧做走路的人。(播放教师提前做好的逐帧动画《走路的人》)逐帧动画所需要的素材既可以直接用flash绘制,也可以提前准备。要求是,从第2幅画面开始,每一幅都是上一幅的后续,两幅画面之间有细微差别。动作分解得越细,生成的动画就越细腻。

(一)导入图片制作逐帧动画

第一步:启动flash,新建一个flash文档。(观察图层和帧。当用户新建一个flash文档后,第一帧是空心圆点,空白关键帧。除第一帧之外,所有的帧都是空白帧,这些帧只有在用户定义了之后才有意义。)

第二步:执行文件导入菜单命令,出现"导入"对话框。

第三步:选定要导入的图片文件1.png,单击"打开"按钮将其导入flash文档,并显示在默认位置。(观察帧的变化,空心圆点变成实心圆点,成为关键帧)

第四步:执行"插入"→"时间轴"→"空白关键帧"菜单命令,插入一个空白关键

帧，模仿第二、三步的操作，将后续的一张图片导入该帧。（教师演示到此，播放操作步骤供学生参照，练习导入多幅静态图片）

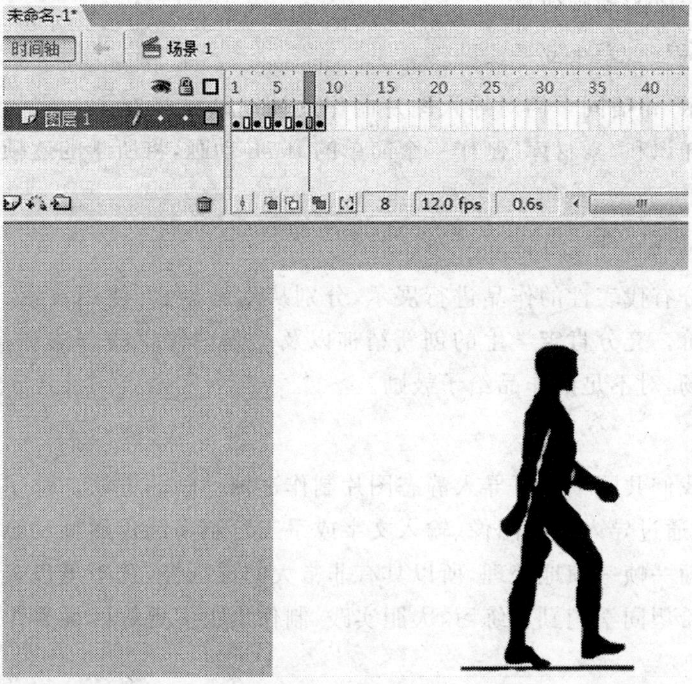

（二）测试和调整动画

第一步：执行“控制”→“测试影片”菜单命令，进入动画测试状态，以欣赏者的身份观赏动画。

（播放 A 动画）

教师：观察作品，有没有不完美之处？

A 动画播放偏快，需要进行调整。

第二步：在时间轴的帧控制区单击选定第 1 帧，执行“插入”→“时间轴”→“帧”菜单命令，在第一帧的后面插入一个帧。让学生在每个关键帧的后面均插入 2 个普通帧，使马的走动速度接近实际速度。

（播放 B 动画）学生调整动画的位置，重新测试。（播放）学生作品欣赏，发现有的图像调整后有“跳来跳去”的现象。

学生可采用的调整方法：

方法一：设置成相同坐标值。这种方法调整精确但非常麻烦，有没有一种既快捷又能精确调整的方法呢？

方法二：使用绘图纸工具。（播放使用绘图纸工具调整的步骤）学生参照步骤，利用绘图纸工具调整图像的位置，重新测试。

逐帧动画特点总结："行走"是一个典型的逐帧动画效果，它是将一个动画的连续动作分解成一张张的图片，把每一张图片用关键帧描绘出来，然后将这些关键帧连续播放后形成的动画效果。

三、任务驱动，学生动手实践

通过演示，相信同学们对导入图片制作逐帧动画已经有了一定的认识。让我们利用所学知识和"素材库"制作一个简单的flash动画，将所学的逐帧动画的制作方法运用起来。

四、展示作品，师生互评

选择部分有代表性的作品进行展示，分别从动画创意、使用技术、动画效果等方面给予评价。充分肯定学生的创新精神以及动画中使用的方法和技巧，对优秀作品给予表扬，对不足的作品给予鼓励。

五、小结

这节课我们共同学习了导入静态图片制作逐帧动画的方法。除了导入静态图片外，还可以通过导入序列图像、输入文字或手工绘制来制作逐帧动画。由于逐帧动画是对画面一帧一帧地处理，所以具有非常大的灵活性，几乎可以表现任何想表现的内容。希望同学们勤加练习，大胆实践，制作出更多更好的优秀作品。

第4课时活动设计

（设计者：柴雪贵、郑益锋）

课　题　蜗牛吃苹果

教学（活动）时间　1课时

教学（活动）目标

1. 进一步掌握不同工具的使用。
2. 认识普通帧、关键帧、空白帧；掌握层的概念。
3. 逐帧动画制作。

教学（活动）内容

本节课着重引导学生利用绘图工具和橡皮擦工具，绘制蜗牛吃苹果的不同状态。关注苹果一点点消失，蜗牛向前处于不同位置的状态。

课（活动）前准备

教师：PPT、花儿开放动画、蜗牛吃苹果图片。

学生：简单记录笔记。

教学(活动)过程设计

一、新课导入

观看蜗牛吃苹果动画,请学生分析,如果用逐帧动画方法来实现,应该怎么做?

学生思考、交流。

关键点:画图、关键帧。

二、教授新课

(一)回顾

1.逐帧动画概念。

逐帧动画是指位于同一图层的多个连续关键帧组成的动画,制作者需要在动画的每一帧中创建不同的内容。

2.逐帧动画的制作方法。

每个帧都定义为关键帧,然后给每个帧创建不同的图像。

(二)动手试一试

以蜗牛吃苹果为例。(如图)

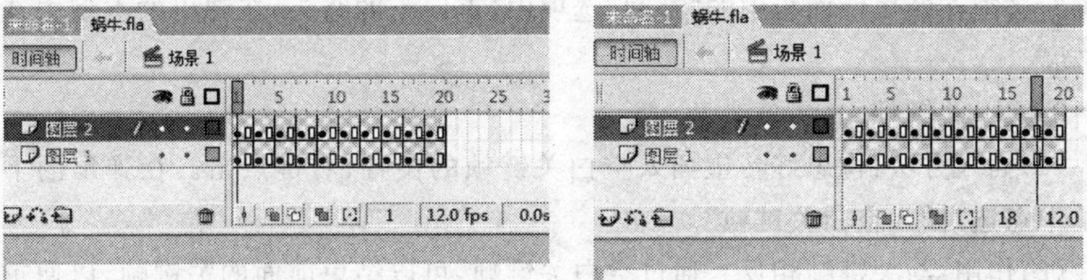

1.在第一帧绘制一只完整的苹果。

2.在第二帧插入关键帧,使用橡皮擦工具擦去苹果的一部分。

3.再次使用橡皮擦工具在原来的基础上再擦去一部分。

提问:注意观察此动画有什么不妥之处?(提示:吃的速度太快了。)

4.调试完毕测试影片,按回车键预览动画效果。

5.测试完毕,保存动画。

(三)Flash 中帧的类型

1.普通帧。（实例演示）

（1）位置：往往跟在一个关键帧之后。

（2）作用：起到延长关键帧播放时间的作用。普通帧里的对象是静态的。

（3）插入方法：点击关键帧之后的帧，在不松开左键的前提下，向后拉。这一步是设置想插入普通帧的区域。松开左键，点击右键，在快捷菜单中点击“插入帧”。

（4）讨论：要想让一个画面保持一段时间而不是一闪即逝，就采用普通帧。插入的普通帧越多，在主时间轴上占用的时间越长，播放的时间也越长。

2.关键帧。（实例演示）

（1）插入方法：构思好希望插入关键帧的位置，右键点击。在弹出的下拉菜单中点选“插入关键帧”。

（2）作用：关键帧是制作动画的基本元素。任何一段动画，都是在两个关键帧之间进行的。

（3）应用：插入关键帧，目的就是创建动画。要想在两个关键帧之间创建动画，可以在两个关键帧中间的任意一个帧上，点击右键，在弹出的下拉菜单中，选择“创建补间动画”，这时创建的是动作类的动画。如果想创建“移动补间动画”，即“变形动画”，必须在帧属性面板中的“补间”选项中，点向下的箭头，在弹出的类型中选择“移动”。

3.空白关键帧。（实例演示）

（1）插入方法：构思好希望插入空白关键帧的位置，右键点击。在弹出的下拉菜单中点选“插入空白关键帧”。

（2）作用：与关键帧相反。通过空白关键帧，可以结束前面的关键帧，以便重打锣鼓另开张，为创建下一段新的动画打基础。

（3）应用：空白关键帧是一张白纸，需要画上新的图形或插入新的元件实例。在它上面创建了一些对象之后，它又变成关键帧，又可以创建新的动画。

三、学生巩固练习

制作逐帧动画：开放的花儿。

四、小结

我们奇妙的 Flash 之旅就从逐帧动画处拉开了序曲，这将是一次新奇愉快的学习之旅，期待你的加入，让我们来一同感受 Flash 动画为我们带来的乐趣吧！

第5课时活动设计

（设计者：柴雪贵、郑益锋）

课　题　冉冉升起的太阳

教学（活动）时间　1课时

教学（活动）目标

知识目标：1. 了解运动动画的制作过程，掌握其制作方法；2. 了解 Flash 元件的分类及用途。

能力目标：通过观看“操作参考文件”中的演示，经过模仿演练后，能够独立完成简单动画的制作。

情感目标：培养学生严谨的学习态度、自主探究的学习精神和团结协作的作风。

教学（活动）内容

本节着重介绍运动动画，有承上启下的作用，后续学习如引导层动画、遮罩动画等都将在此基础上展开，因此本节课的内容十分重要。为了提高学生的学习兴趣，更好地培养他们自主探究能力、合作学习能力和自我创新能力，我采用了任务驱动法，通过“太阳的冉冉升起”这一内容，按照由易到难，循序渐进的原则设置了三个学习任务。通过这三个任务驱动学生，使其积极思考、探索，勇于实践，最终实现本课的教学目标，解决重点、难点，并在思考——探索——实践的环节中使学生感觉到学有所获，思有所得，体验获得成功的喜悦和快乐！

课（活动）前准备

教师：PPT。

学生：笔记本。

教学（活动）过程设计

一、谈话激趣，导入新课

师：同学们，在上一节课中我们学习了逐帧动画的制作，初步领略了动画制作的乐趣。如果老师今天想制作一个太阳慢慢升起的动画，你会做吗？

生：会，只需将每个帧都定义为关键帧，然后给每个帧创建不同位置的太阳图像。

师：回答得非常好。关键帧动画的每一帧都需要我们去创建，大家想想，这样一帧一帧地去创建，是不是十分费时又费力？

生：（齐声回答）是。

师：老师，今天要教大家学习另外一种动画形式，既省时又省力，想学吗？我们先来看一看动画效果。

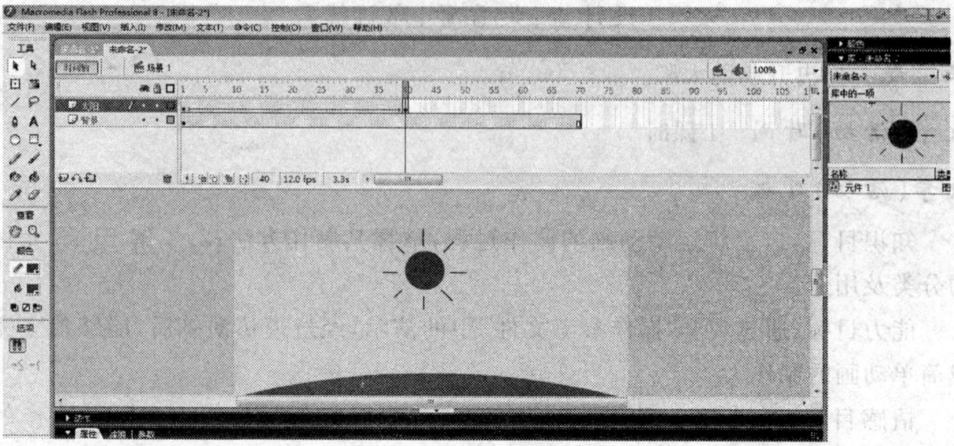

二、学生自主尝试

请同学们观看这个动画的内容，了解一下元件的分类及用途。

生：这是一个图形元件。

师：这样的元件是怎么做出来的呢？大家想不想一试身手？（目的是激发学生的学习兴趣）

生：想。（情绪高昂，跃跃欲试）

1.元件制作。

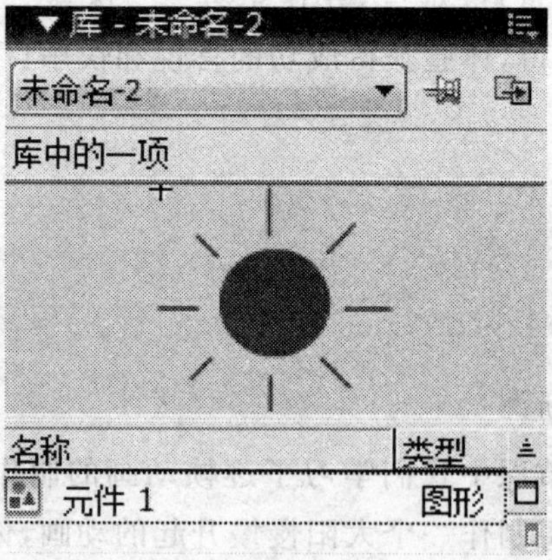

师：师示范。（关键点：新建元件）

生：动手实践。

师：利用屏幕广播对学生作品进行评价，引导学生认识到太阳元件可以多样化，比如各种卡通太阳。

2.背景的绘制。

师:绘制一个草地及蓝天的背景,背景要锁住图层。

3.运动的太阳。

师:在同学们自己的努力之下,大家都成功地完成了元件、背景制作,在此基础上我们趁热打铁,完成"运动的太阳"的动画制作。

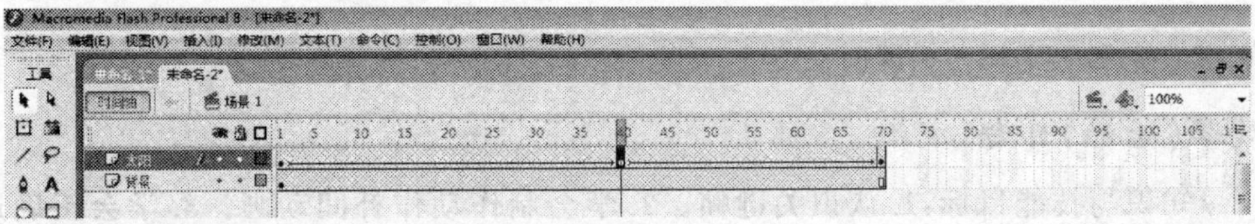

生:起始帧太阳在低处,结束帧太阳在高处。

师:回答得很好。如果想让太阳在原地旋转呢?

请学生自己尝试。

师:关键在于位置不动,顺时针或逆时针旋转。

学生动手制作。(学生在制作过程中会出现一些问题,如有的补间动画创建不成功,原因就是没有将绘制的太阳转换为元件;有的在测试影片时发现太阳不动,原因是气球在起始帧和结束帧上的位置相同,还有的给太阳换颜色时改变不了颜色等等,教师在巡视时尽量引导学生将发现的问题自行动脑解决,而不是简单地直接告知其答案,从而培养和提高学生观察问题、分析问题、解决问题的能力。)

三、回顾总结,巩固练习

师:请同学们结合3个学习任务的操作演练,说一说在本节课中你都学到了哪些知识,有哪些收获?

生1:在本节课中我学会了Flash运动动画中的移动的制作方法及过程,成功地制作出了要求的动画,感觉动画制作十分有趣,我十分有信心学好后面的知识。

生2:我知道了制作逐帧动画和过渡动画的不同之处,知道了Flash元件的分类及各自的用途。

……

师:同学们都说得非常好,看来本节课大家的收获颇丰,每个人通过自己的努力,都感受和体验到了成功的喜悦和快乐!下面请同学们点击"课后作业",欣赏"跳动的心脏""弹跳的小球""一箭穿心"这3个动画。

第6课时活动设计

（设计者：柴雪贵、郑益锋）

课　题　海边美景

教学（活动）时间　1课时

教学（活动）目标

知识与技能目标：1. 认识关键帧。2. 学会制作动作补间动画。3. 学会正确运用图层。

情感目标：让学生通过 Flash 技术手段，做出各种动画效果，正确表达自己的个性化想法。

教学（活动）内容

本节课制作"海边美景"的动画。海平面上，一艘帆船在航行，远处的海鸥在自由自在地飞翔。近处，树上的果子、叶子落下来。在这一场景中，船、果子、叶子的运动都可以通过运动动画制作出来。

课（活动）前准备

教师：PPT。

学生：简单记录笔记。

教学（活动）过程设计

一、导入新课

教师：同学们，我们来欣赏一段动画"海边美景"，如下图所示，同时请同学们分析以下问题。

1. 船、果子是从什么地方调用过来的?

2. 船、果子的起点与终点在什么地方?

3. 船、果子的运动轨迹是怎样的?

二、讲授新课

(一)任务一:"帆船运动" 阶段

教师:请同学们进入"练习室",按要求完成如下任务,同时可以到"网页帮助材料"中学习操作技术。

1. 绘制帆船,将其转化为元件。

2. 将帆船从舞台的左侧移动到舞台的右侧。

3. 要实现以上的动画效果,制作步骤是什么?

学生快速进入制作动画状态,打开 Flash 进行制作,并和同组同学进行讨论交流。

教师在巡视中回答学生的各种疑难问题,并注意总结学生在操作中的共性。请一名学生上台演示操作,要求边操作边围绕以上三个问题进行讲解。

学生:帆船、果子、叶子绘制后,转化为元件,到库中我们可以多次调动,这样很方便。

操作步骤:在第 1 帧上插入关键帧,把帆船放左侧,再在第 60 帧上插入关键帧,把帆船放右侧,在"属性"面板上选择"动作补间动画",就可以了。

教师板书"补间动画制作的思路":起始关键帧、终止关键帧、创建补间动画。

学生根据同学演示操作及教师板书总结,继续完成"练习室"中的任务。

(二)任务二:"果子运动、消失" 阶段

教师:果子、叶子掉落,这个效果怎么实现?请小组讨论,并动手实践。

学生一边阅读"帮助材料",一边按教师提示,将果子、叶子分别放在不同的图层当中,这一点非常重要。

教师在巡视中帮助学生解决各种疑难问题,请一名学生上台,边演示操作,边讲解设计思路,一起巩固学习成果。

师生共同总结(教师板书):动作补间动画可实现一个对象(如元件)的位置移动、改变大小、旋转、颜色及透明度变化等效果。

学生完成动画并保存。

三、教师课堂总结

1. 补间动画制作的一般性思路及操作步骤。

2. 动作补间动画的含义及操作对象。

3. 图层的运用。

第8课时活动设计

（设计者：柴雪贵、郑益锋）

课　题　形状的变化

教学(活动)时间　1课时

教学(活动)目标

知识与技能目标：1. 掌握形状补间动画的制作方法；2. 图层使用的意义；3. 文字的分离(Ctrl＋B)。

情感目标：通过动画的制作，进一步激发学生学习动画的积极性。

教学(活动)内容

本节着重介绍形状动画制作。通过复习矢量图的画图技巧，画出矢量图。通过方变圆，鱼(字)变鱼(画)等动画的制作，使学生更深地领会形状动画制作的方法和要点。

课(活动)前准备

教师：PPT。

学生：简单记录笔记。

教学(活动)过程设计

一、情境导入

教师：出示移动补间动画及形状补间动画两个不同的动画作品。问学生：这两个作品有什么相同的地方和不同的地方？

二、学习新知

任务一："方变圆"。

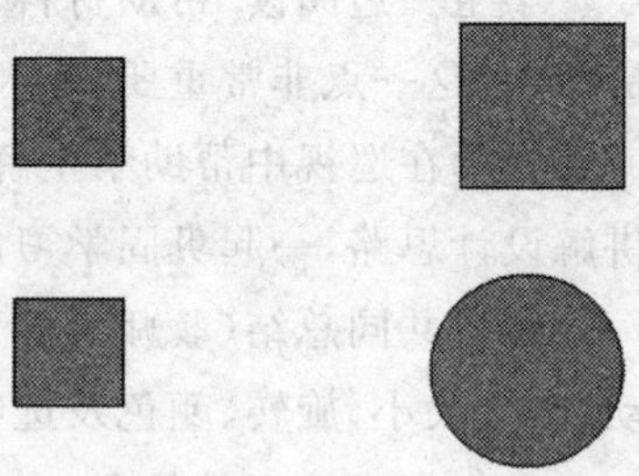

1. 演示教学法：演示任务1动画。

2. 提示学生：两个任意形状间的变化。

3. 你能制作一个五角星变成圆的动画吗？

4. 评价学生的作品。

任务二："我"变"你"。

1. 直接出示任务：把"我"字变成"你"字。

2. 提示："分离"元件的操作。

任务三:“鱼”变“鱼”。

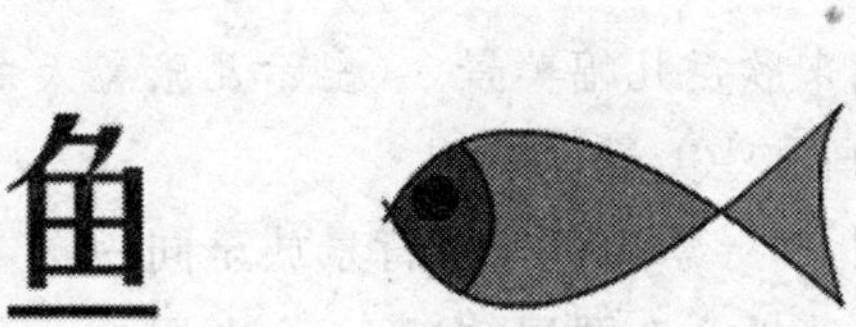

指导学生:第二个鱼是矢量图,是一个分散的对象。要求学生完成动画制作。

任务四:“悟空”变“八戒”。

1.指导学生打开任务四源文件。要求学生完成“悟空”变“八戒”的动画制作。

2.小结:分离元件是形状补间动画的前提。

三、总结评价

通过学习,我们学会了各种形状变化的制作,这里重点强调形状动画针对的是矢量图。

第9课时活动设计

（设计者:柴雪贵、郑益锋）

课　题　花儿成蝴蝶

教学(活动)时间　1课时

教学(活动)目标

知识与技能目标:1.知道背景层与运动层的区别;2.学会在不同的图层绘制图形;3.掌握形状补间动画的制作方法。

情感目标:通过一个具体的实例制作,培养学生的整体规划意识,提高学生的审美观。

教学(活动)内容

本节着重巩固形状动画的制作。通过绘制一个具体的实例,了解动画制作的一般方法。相对来说,背景层是不做运动的图层,形状动画要与背景层区分开。绘制蓝天、白云、草地等场景，并在运动层绘制花朵和蝴蝶，制作成形状动画，有了蝴蝶之后，加入运动动画，作飞走样。

课(活动)前准备

教师：PPT。

学生：简单记录笔记。

教学(活动)过程设计

一、情境创设

教师：同学们，咱们来欣赏几幅美景。（出示几张蓝天白云草地图片）

教师：咱们来画一画这些美景，好吗？

引出背景场的绘制，引导学生把这些背景放至同一层，或分开放置不同的背景场，比如蓝天一个图层、草地一个图层、白云一个图层。

二、学习新知

任务一："花儿成蝴蝶"。

1. 探究学习法。让学生自己通过以前的形状动画制作方法实现知识迁移。自己尝试制作形状动画。

2. 评价学生的作品。通过几幅典型的学生作品，总结出现失误的原因。（背景层没有锁定，导致运动层的混乱）

3. 提示：形状动画的对象是矢量图。

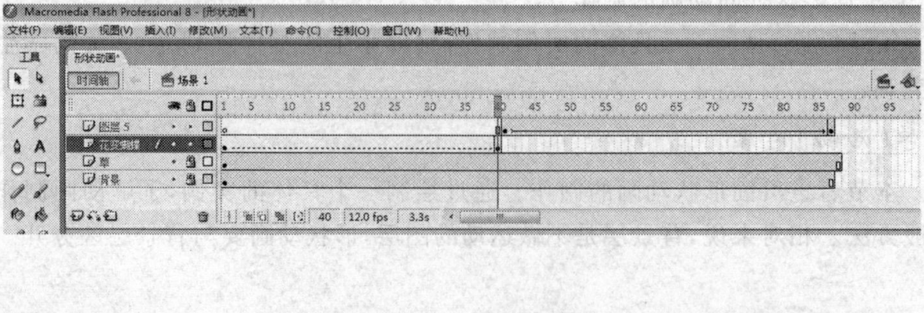

任务二:“蝴蝶飞走了”。

1. 任务再次深入:你能使蝴蝶飞走吗?

鼓励学生尝试。

2. 提示:运动动画要求必须是元件。

3. 学生实践。

4. 拓展任务:制作蝴蝶成长的动画。

三、总结评价

通过今天的学习,我们了解了制作动画要善于区别背景场和运动层,并且不同的动画有不同的对象:形状动画针对的是分离的元件,而运动动画针对的是元件。

【实践反思】

我和我的“设计小达人们”

柴雪贵

又一个周五的综合实践课，带上我的“设计小达人们”又开始了愉快的探索之旅。

我们小组的课程内容是动画设计制作学习，根据学生的兴趣爱好，发掘并培养一批热爱动画设计制作的孩子。在我们的课堂中，我们可以让你绘画的小人奔跑起来，我们可以让你设计的火箭冲上云霄，我们可以让你自己挑选“演员”，选择“舞台”，过足“导演瘾”，我们的设想十分完美。但由于没有现成的配套教材，我们只得自己摸着石头过河，边探索边实践；上网上书本找参考资料，消化整理好知识，立即在课堂上现学现卖，从教学效果来看一切似乎也还顺利。但是有一回教学“我会变形状”却遇到了事儿……

教学片断：

呈现了一个前天做好的方形变圆形的形状动画。

老师：想知道怎么做出来的吗？（同学们眼睛盯着屏幕，表现出急切的眼神）

学生：想。

老师：好，那就请同学们先尝试着做一做。

（学生纷纷尝试中）

（我自己也按照昨天教程中的方法，在开始帧绘制一个正方形，在结束帧绘制一个圆形，然后单击开始帧，选择“补间”动画中的“形状”动画，按照这个思想，理应能够成功，但是执行后，结果并不是我想要的。再试试，还是不行，怎么办？我一时急了，重新制作一次，还是不行，心虚得脑门上直冒冷汗，学生还等着我的讲解指导呢）

（只好假装镇定地巡视中）

老师：有同学尝试出来了吗？

（第四大排的第二个同学大声地回答）

学生：我，我有办法了，我做出来了。

（我定睛一看，那个平时很会动脑的孩子，可能他平时在家也有研究。呵呵，好啊，救星来了！）

老师：是吗？那咱们一起来看一看，他是怎么做到的？

（切换到学生机器上，展示他的做法，只见他小先生模样，一步一步讲得头头是道，再执行运行结果，一看，测试成功，周围的同学鼓起了掌。此时的我，在脑子里飞速地思考自己的问题所在,为什么自己刚才做的会不成功,而他的思路和我差不多,为什么能成功,可想了好一阵子,还是没有结果,只好灵机一动,把问题抛给学生,让他们帮我解决)

老师:那么这个形状为什么测试不成功了,你们知道问题在哪里吗?

学生思考片刻,有人举起了小手。

老师:请你来说一说原因。

(该同学站起来,指一指图形绘制对象的选项,说:"老师,这里不能按下绘制对象按钮。"我此时只好顺势说:"为什么?"只见他接着说:"如果按下这个按钮,那么绘制出来的图形是一个没有打散的元件。元件没有打散不能做形状动画呀。"再仔细看看确实这样,我不小心按下那个我认为无关紧要的按钮,真好样的,我一阵窃喜,心里暗暗对他说:"你这次可帮了老师的大忙了。"其他同学一脸的羡慕和佩服,再看他,也是一脸的自豪和喜悦)

就是这样,在这样的一次角色转换中实现了我们的教学内容,给予学生足够的信任。当他们的学习意识和兴趣被激发后,他们将具有无限的潜力。我们教师要充分发挥学生的主观能动性,加深学生学习过程体验,促进孩子们动手实践能力和创造能力的培养,在尝试中学习,在学习中体验,在体验中提升,这其实就是我们综合实践课程开发的目的。我也有理由相信,我和我的"设计小达人们"一定会在这门综合实践课上走得越来越稳,走得越来越远。

个案3. "舞乐天舞社"微型课程

(设计者:余科敏、吴彧)

课程名称 舞乐天舞社

课程编号 类别:其他学科拓展类 序列号:综0106

课程简介

舞蹈,手之舞之,足之蹈之也!它是我们心灵的语言,诉说着我们生命中流淌着的喜悦,热血澎湃的欢畅。舞蹈是身体的艺术,是心灵的艺术,更是身体和心灵一起飞翔的艺术。优美的旋律,灵动的舞姿,宽敞明亮的舞蹈房,在这里我们寻求新的方式来演绎生活。

适用年级 二至五年级

课程开设背景及意义

艺术教育是美育的主要组成部分,也是全面提高学生文化素质,促进和校园文化建设的重要组成部分。形式多样的艺术活动和兴趣小组,给学生提供了一个展示自己的舞台。使学生在参与和享受中既张扬个性，又提高审美情趣，从而丰富了学校的文化内涵和校园文化的形式。

课程目标

1. 培养感受、理解和表达舞蹈的能力；培养个性特长；学会灵活地运用手、眼、身体、感情进行舞蹈表演。

2. 提高孩子们的文化素养和对舞蹈艺术的审美能力，培养孩子们用肢体表现情绪的能力。

3. 通过本课程系统的训练，提升舞蹈团社员的组织能力、交际能力和表现能力，培养社员团结、友爱、互助的精神，增强集体荣誉感、纪律观念。

4. 帮助孩子塑造健康挺拔的体型，纠正含胸、驼背等不良的姿势，养成良好的坐、站、走姿态。

课程内容

本课程由儿童体系芭蕾基训辅助练习(力度、控制、柔韧、跳跃)，优秀儿童舞蹈作品的赏析及讲解，儿童舞蹈中各类情感(喜、怒、哀、乐等)的表达形式，以及彝族、蒙古族、藏族等民族舞组合组成，最后进行儿童成品舞的学习和共同创作。

教学方式

激发兴趣：让学生欣赏优秀的舞蹈作品，感受舞蹈的魅力，激发学习兴趣。

模仿学习：教师选择一些适合本团学生特点和现有水平的舞蹈技巧及舞种来教授。

启发创新：让孩子们尝试自己开发动作，教师命题，学生自由想象创作。艺术创作中，最珍贵的是灵感，而我们往往忽略了孩子们拥有的拓展潜力，他们能想到的动作，其实是最适合他们自己的。如果只是一味地先示范再模仿，那么学习舞蹈将会是无趣、狭隘和令人疲惫的。

评价方式

1. 考级通关：采用校内考级的方式对学生进行考查，根据制定的课程内容设计“考级卡”。

2. 学期(学年)汇报演出。

3. 参加艺术节比赛或各类演出。

教学所需材料与设备

1. 专业舞蹈教室(配备地板、镜子、可移动把杆、电子白板)。

2. 教学学习碟片(舞蹈大赛的新出碟片)。

3. 舞蹈教学书籍(《群舞编导基础理论与技术技法教程》《幼儿舞蹈编舞教程》《美国儿童舞蹈教程》)。

课程计划

第 1 课时:儿童体系芭蕾基训辅助练习(力度、控制)

第 2 课时:儿童体系芭蕾基训辅助练习(柔韧、跳跃)

第 3 课时:优秀儿童舞蹈作品的赏析及讲解

第 4—5 课时:儿童舞蹈中各类情感(喜、怒、哀、乐等)的表达形式

第 6—8 课时:彝族、蒙古族舞蹈的基本律动,乐句、乐段及组合的学习(单人)

第 9—10 课时:彝族、蒙古族舞蹈的基本律动
乐句、乐段及组合的学习巩固练习

第 11—12 课时:儿童成品舞的学习

第 13—14 课时:儿童成品舞的学习巩固练习

第 15 课时:舞蹈形体训练系列之一:肩手臂训练,站与身体形态的规格

第 16 课时:舞蹈形体训练系列之二:身体与舞台的关系,头的训练内容

第 17 课时:舞蹈形体训练系列之三:手、脚的基本位置训练

第 18 课时:优秀成品舞蹈鉴赏

第 19 —28 课时:原创舞蹈编排

(1)采风,激发学生创作灵感

(2)确定舞蹈主题及框架(初步确定舞蹈故事情节、演员人数)

(3)构思主题动作,创编主题舞句、舞段

(4)舞蹈的音乐形象论证,寻找适合的音乐并构思音乐的衔接

(5)进入舞蹈编排环节,确定队形,编排动作

(6)原创作品雏形,进入学生排练阶段

(7)后期调整完善,舞台灯光及道具的构思制作

【实践反思】

依托生活开发课程内容

——谈《面儿淡淡香》的构思历程

吴彧

“一碗碗香气诱人的面儿装满妈妈的慈爱。吃过多少山珍海味,时时怀念的却只有妈妈做的那碗家乡面,闻着面儿淡淡的香味,儿时的回忆渐渐在脑海浮现。”江山中山小学的原创群舞《面儿淡淡香》是校综合实践课的成果,由“舞乐天”舞蹈社团代表我校参加市艺术节活动,获得一等奖。

在构思《面儿淡淡香》之初,我首先想到的是动作的准确性,其取材完全来自生

活。《面儿淡淡香》创作的成功，无疑很好地印证了“生活是创作的源泉”这一真谛。

如果说音乐课堂教学是学生的主阵地，那么我校的“舞乐天”舞蹈社团就是学生的练兵场。孩子们通过舞蹈社团对本土的文化如数家珍。生活是创作的源泉，舞蹈创编来自生活中的劳动，也源自孩子们喜爱的游戏。在创编开始，我们常在综合实践课里带领舞社成员前往村歌发祥地——大陈乡进行了一系列的采风活动：参观面条的制作过程，让学生对舞蹈中的劳动动作——“和面”“擀面”“揉面”“挂面”有切身的了解和体会。学生看着、听着，逐渐了解了歌曲所蕴含的情感。当他们发现一碗普普通通的面包含无法割舍的母爱深情，包含爱国、爱家之情时，当他们惊奇地发现充满舞蹈元素的艺术动作来源于生活时，他们对质朴豪放的动作把握得更精准到位了，他们的表演也更投入、更感人了。

在一次次的综合实践课里，舞蹈社团的孩子们来到江山本土廿八都古镇，了解当地民风、民俗、民歌及特有的地方语言，在潜移默化中激发了参与音乐舞蹈实践活动的兴趣。社团的孩子们在老师的带领下，将独具家乡传统特色的民风民俗（如“竹椅子”“面条”“挂面架子”“廿八都镇古民居”等）搬上舞台，享受音乐，感受文化，体验成功。

《面儿淡淡香》在舞蹈服装设计上更是别具匠心，采用江山本土独具江南水乡风格的蜡染青花布料制作具有江南古典民族风格的服装。服装的设计与道具——青花面碗完美搭配，同时与头饰、胸饰和设计独特的腰饰相搭配。精美古典的江山青花服装将孩子们婀娜多姿、摇曳生辉的体态和自信、活泼、爽朗的性格表现得淋漓尽致。

《面儿淡淡香》在队形变化上简洁明了，情节单纯紧凑，在结构上首尾呼应、脉络清晰。正是如此以简化繁，才使人回味无穷。

个案4. “流星田径”微型课程

（设计者：毛立明、余冬梅）

课程名称 流星田径

课程编号 类别：其他学科拓展类 序列号：综0112

课程简介

古希腊的奥林匹亚山上刻着这样一句格言：“如果你想变得睿智，跑步吧；如果你想健康，跑步吧；如果你想更加健美，跑步吧。”生命在于运动。没有扎实的根基，万丈高楼无从崛起；没有强健的体魄，平生之志只能成为海市蜃楼，可望而不可即。同学们，你们还在犹豫吗？快来吧！加入田径队，一起跑步吧！

适用年级 三至六年级

课程开设背景及意义

田径运动是比速度、比高度、比远度的项目,要求运动员在短时间内表现出最大的速度和力量,或在较长时间内持续不断地工作,运动强度大,比赛紧张激烈,竞争性强。因此,田径运动最能直接表现出人类的体能。体育运动的目的是提高人类的健康水平与身体机能;通过积极的、持久的体育活动来全面造就人才,使人类得到不断优化。田径运动是达到这些目的的重要手段。走、跑、跳、投是最简单、最自然的身体练习。作为锻炼身体的手段,田径运动在各个社会发展阶段都占有重要地位。

课程目标

一、技能培养目标

增强学生对运动器械的亲和力,提高对器械和身体的控制能力;提高肩、髋、膝、踝关节的灵活性,增强上肢、躯干和下肢的协调力和爆发力;教会学生"走"的技术,使学生可以较好地控制髋关节运动,并学会运用各种形式的"走"进行健身活动;教会学生"跑"的技术,使学生可以较好地控制跑的速度,学会运用各种形式的"跑"进行有氧运动、无氧运动、有氧—无氧混合代谢运动等健身活动;教会学生"跳"的技术,较好地控制身体重心,沿着合理的抛物线和腾起角度进行跳跃,并学会运用各种形式的跳跃练习进行多种代谢形式的健身活动;教会学生运用合理的技术进行投掷,提高学生将投掷器械沿着合理的抛物线、角度和方向进行投掷的能力,并使之学会运用各种形式的投掷技术进行健身活动。

二、身体发展目标

通过"走、跑、跳、投"练习和各种有关的专项活动,提高学生的反应速度、动作速度、速度力量、绝对力量、耐力和协调性等身体素质。

三、情感培养目标

在田径练习和比赛中,促使学生积极参与体育活动,帮助学生通过田径运动养成良好的体育锻炼习惯和勇敢顽强的意志品质。

课程内容

"田径综合实践活动"由"走、跑、跳、投"等内容组成,每节课安排2—3个内容,如跑与跳结合,跑与投掷结合。每个内容从最基本的动作开始进行教学,如跑从最基本的摆臂、小步跑、跨步跑等动作开始学习。短跑8课时,中长跑5课时,各种跳跃3课时,蹲踞式跳远2课时,跨越式跳高2课时,掷垒球2课时,推铅球2课时,田径游戏4课时。

教学方式

1. 目标教学法:首先设立每节课的目标,在目标的统领下选择教学内容,实施教学方法。

2. 情境教学法：设置一些与教学内容相关的情景，让学生在该情境中表达情感，活动身体，掌握基本的田径运动技能。

3. 游戏教学法：通过组织游戏，调动学生的练习积极性。

4. 分层教学法：根据学生不同的能力和水平，分层次进行练习。

5. 语言激励法：通过语言激励，提高学生的练习兴趣。

评价方式

1. 体能（体能测试、进步幅度）。

2. 知识与技能（健康知识、运动技能）。

3. 学习态度（出勤情况、平时表现）。

4. 情意表现与合作精神。

教学所需材料与设备

塑胶跑道、沙坑、垒球、铅球等田径项目器材。

课程计划

第 1 课时：100 米快速跑与蹲踞式跳远

第 2 课时：加速跑、蹲踞式跳远

第 3 课时：侧向滑步推铅球、400 米跑×2

第 4 课时：原地侧向掷垒球、800 米定时跑

第 5 课时：游戏——追逐跑、跨越式跳高

第 6 课时：60 米计时跑、原地侧向掷垒球

第 7 课时：游戏——十字接力、400 米计时跑

第 8 课时：600—800 米跑走交替、游戏与韵律舞蹈《友谊花开万里香》

第 9 课时：快速跑、跳长绳

第 10 课时：牵引跑、跳长绳

第 11 课时：100 米快速跑、掷垒球

第 12 课时：跑的辅助练习、垒球

第 13 课时：耐久跑、接力赛

第 14 课时：200 米跑、立定跳远测试、垒球测试

第1课时活动设计

（设计者：毛立明）

课题 100米快速跑与蹲踞式跳远

教学(活动)时间 2课时

教学(活动)目标

1.认知目标：能积极投入到学习过程中，知道蹲踞式跳远的正确方法，能较好地完成蹲踞式跳远的动作，在体验中让学生的弹跳力、下肢力量等素质得到发展。

2.技能目标：能积极地投入到整个体育教学中来，通过学习与实践，使学生基本学会蹲踞式跳远，并在轻松的学习环境中让学生充分感受体育的魅力与体育运动带来的乐趣，达到身心和谐发展。

3.情感目标：在学习的过程中与同伴能配合默契，共同提高，发展与人交流、合作的团队精神和社会交往能力。

课(活动)前准备

教师：挖好沙坑，检查场地，准备好器材。

学生：准备好服装和鞋子。

教学(活动)过程设计

一、准备

1.慢跑800米。

2.弓步压腿等柔韧性练习。

3.技术性专门练习：原地摆臂，原地高抬腿40×3。

4.组织两路纵队沿着跑道慢跑。慢跑时注意摆臂姿势和呼吸方法。

二、运动过程

1.100米×4。

5人一组，分4组练习，跑完后从跑道两侧走回。

教学步骤：

(1) 蹲踞式起跑练习3次；

(2)分组100米快速跑练习，教师指出问题纠正动作。

要求：

(1)起跑时注意力集中，反应快；

(2)没过终点线不减速；

(3)跑时尽量拉开步子，摆臂幅度大。

2. 蹲踞式跳远。

分两列横队站在沙坑两侧，认真听老师讲解跳远的动作要领，认真看老师示范。

教学步骤：

(1)模仿起跳练习。两脚前后站立，摆动腿在前稍屈膝，起跳腿在后，身体重心落在前脚上。动作开始时，摆动腿蹬地，起跳腿积极地由后向前迈步，模仿向下放脚的踏板动作，全脚掌滚动着地，随即缓冲和蹬伸起跳，同时两臂要配合双腿的动作积极摆动，强化学生单跳双落的意识。

(2)分组自由练习一步上板和三步上板，教师巡视指导，纠正错误，适当点评，以表扬鼓励为主。

(3)集体练习一步上板与三步上板跳远，教师讲解并示范全程跳远。

要求：

(1)按老师的要求分步认真练习。

(2)听从指挥，注意安全。

三、结束

1. 放松练习。

2. 全课小结，表扬与鼓励，指出问题。

3. 收拾器材。

第二章 休闲家政类微型课程

每到周五下午，孩子们兴味盎然地参加活动：整理书包，招待客人，制作纸杯娃娃，双手灵巧地玩转魔方，亲手制作美味小吃，男孩女孩一起穿针引线……"体验着，快乐着，成长着！"这是孩子们参加休闲家政类课程最大的感受。

第一节 开发概况

一、开发背景

长期以来，我国的家政教育受到忽视，家长没有重视这一方面的教育，学校也没有给予家政教育应有的地位。其实"休闲家政"在日常生活中不仅有特殊的作用，还蕴藏着丰富的教育资源，对学生全面发展创造性的生活有着积极意义。在西方国家，家政学的研究和应用已有一个多世纪，家政教育在国外中小学阶段很受重视。因此，在新形势下，把休闲家政课程引入基础教育阶段，对培养"学会生活、学会生存"的新世纪小学生有重要意义。基于这样的现实，中山小学开设休闲家政类课程是非常必要和及时的。

二、开发目标

1. 本课程将先进的家政理念与家庭生活中的技术应用相融合，培养学生形成科学而健康的家庭生活理念，养成良好的家庭生活态度，发展个人生活能力，进而提高家庭生活质量，懂得生活，美化生活。

2. 初步学习科学的生活知识，掌握基本的生活技能，提高学生的生活能力、生存能力。

3. 拓展学生的知识领域，培养实践能力和创新精神。

4. 培养学生团结协作的能力，提高学生社会生活的能力，使学生热爱生活，适应现代社会。

三、开发内容

针对当前绝大多数学生为独生子女，洗衣做饭、收拾房间、整理东西等生活技能较差，不善于合理健康地使用闲暇时间，不会与人交流、相处的实际情况，中山小学以生活教育理念为主线，以整理书包课桌、学会洗漱、招待客人、制作手工、玩转魔方、美食制作、做针线活、生活小窍门等为主要内容，建立生活技能教育实践体系。通过对家庭事务的学习与实践，掌握日常生活和家庭经营等方面的基本知识和技能，树立美化生活的志趣，培养学生的自理能力、独立生活能力以及适应现代生活的良好素质。

四、开发体系

年级	教师	课程名称	教学内容	体系阐述
一年级	戴良仙 徐彩萍 朱　蕾 吴　菲	小鬼当家	第 1 课时：开班仪式 第 2 课时：整理书包 第 3 课时：整理课桌 第 4 课时：学习洗手 第 5 课时：学习刷牙 第 6 课时：我来当当小主人 第 7 课时：自主评价	项目组开设了“小鬼当家”“舌尖上的享受”“生活小窍门”“杯变无穷”“玩转魔方”“恋上十字绣”六个课程内容。这六个内容根据学生的年龄特点、认知特点、兴趣爱好以及生活技能经验等方面编排，每个年级课程相对独立又自成体系，由易到难，循序渐进，内容涵盖自我服务、家务劳动、健康休闲、饮食文化、美化生活等方面，组建成一至五年级生活技能教育实践体系，促进学生掌握基本的生活技能，培养高雅的生活情趣。
二年级	郑鸣远 邱佳瑜 毛敏慧 王颖颖	杯变无穷	第 1 课时：开班仪式，纸杯花制作 第 2 课时：创意笔筒 第 3 课时：千变万化的帽子 第 4 课时：纸杯娃娃 第 5 课时：纸杯椅子 第 6 课时：酷酷的眼镜 第 7 课时：成果展示	
三年级	胡玉荣 徐伟华	玩转魔方	第 1 课时：分设小组，初识魔方 第 2 课时：底层还原，侧面 T 字 第 3 课时：二层棱角还原 第 4 课时：顶层黄色面还原 第 5 课时：顶层角块还原 第 6 课时：顶层棱块还原 第 7 课时：总结评价	
四年级	姜兰芳 徐秀娟	舌尖上的享受	第 1 课时：开班仪式，交流小吃 第 2 课时：制作馒头 第 3 课时：包饺子 第 4 课时：包馄饨 第 5 课时：包清明粿 第 6 课时：包粽子 第 7 课时：成果展示和汇报	

续 表

年级	教师	课程名称	教学内容	体系阐述
五年级	周芬	恋上十字绣	第 1 课时:走进十字绣 第 2 课时:基本针法(一) 第 3 课时:全针绣法(二) 第 4 课时:其他基本绣法 第 5 课时:特殊绣法(一) 第 6 课时:特殊绣法(二) 第 7 课时:绣品交易会	
五年级	周金荣	生活小窍门	第 1 课时:交流生活中遇到的难题 第 2 课时:衣服污渍的处理 第 3 课时:地板污渍的处理 第 4 课时:钥匙反锁的处理 第 5 课时:小伤口的自救自护 第 6 课时:烫伤的应急处置 第 7 课时:总结交流展示	

五、实施策略

通过每周 1 课时、每学期 7 课时的连续活动、体验、评价,让学生逐渐内化技能,养成习惯。在教学过程中采用“演示法”“练习法”“探索发现法”相结合的方式,让学生在做中学,学中做,促使学生学习新知识、新经验与新能力。采用“自我评价”“小组评价”“过程性评价”“终结性评价”等多元评价方式对学生掌握的基本知识和生活技能进行综合评价,让学生体验劳动的乐趣、成功的快乐。

六、开发难点

在开发实践中,项目组发现许多难点和问题,主要表现在以下几个方面:

1. 实施课程的教师业务水平和能力还有待进一步提高。虽然休闲家政课程来自日常生活,老师平时都有接触或做过,但要围绕某个主题,展开一系列设计,尚有难度。教师的课程观念、综合知识与能力明显不足,急需专业指导和培训,以适应课程不断深化推进的需要。

2. 教学准备工作比较繁杂。因为活动以学生动手实践操作为主,每门课程活动都要提供需要的材料,老师统一准备又不太现实,让学生自备,总有学生丢三落四,或者没有按要求准备,导致有些活动无法按照既定的教学方案实施开展。

3. 课堂教学秩序管理有待加强和提高。由于是走班上课,一个家政课班级由多个班级的学生组合而成,加上教学过程中以动手实践体验为主,课堂秩序特别难管理。为此我们组建合作小组,评选小组长及助理,协同老师共同调控课堂秩序,但在具体的活动过程中还是会出现场面失控的现象。

4. 课程资源的编写还有待完善,结构有待调整,内容有待充实。由于教师的水平有限，虽然我们已经开展了两轮教学，也在不断调整和改进教学内容和方法，但其中还存在许多不足。

第二节 个案点击

个案1. “舌尖上的享受”微型课程

（设计者：徐秀娟、姜兰芳）

课程名称 舌尖上的享受

课程编号 类别：休闲家政类 序列号：综 03B04

课程简介

指尖上的奇迹，舌尖上的享受！“舌尖上的享受”这门课程通过带领学生了解家乡美食，制作传统面食、家乡小吃等活动，为学生动手制作食物、体验劳动生活搭建了平台，从而使学生初步习得生活知识，掌握基本的生活技能，使学生热爱生活、热爱劳动，并激发学生主动探究美食文化的兴趣！

适用年级 四年级

课程开设背景及意义

家庭是社会的细胞，不仅是小学生生长、生活、生存的主要场所，也是小学生最初进行综合实践活动的地方。家庭生活经验是重要的课程经验资源。开设“舌尖上的享受”这门关于小吃开发和制作的家政课程有着重要的意义。

第一，有利于学生主体意识的培养。其原因在于家政教育把课堂移入生活，又将生活搬入课堂，让学生在做中学，充分发挥学生的自主性，让学生尽情地探究，将所学知识及时运用到实践中，逐渐形成主体意识。

第二，有利于培养学生的生存能力，能指引学生的生活方向，教育学生热爱生活，热爱劳动，追求美好生活，创造理想生活，从而提高学生的人文素养。

第三，有利于学生实践能力的培养。通过小吃制作，学生所学知识不再停留在书本上，而是及时得到运用和实践。

第四，有利于提高学生闲暇生活质量，促进其健康成长。

课程目标

1. 了解家乡小吃的名称、来历和做法，增进对家乡饮食文化的了解。

2. 初步掌握制作小吃的步骤，了解制作前该做的准备工作及制作过程中的关键要领。

3. 初步学会制作馒头、包饺子、包清明粿、包粽子等简单的操作。

4. 体验劳动的快乐，激发热爱劳动、热爱生活的情感。

5. 在实践活动中学会合作，初步学会自立自理。

课程内容

本课程计划7课时完成。以家乡小吃的调查和交流为基础(1个课时)，让学生了解家乡小吃的名称、来历和做法，激发学生制作小吃的兴趣。然后安排5个课时的动手实践活动，指导学生制作馒头、包饺子、包馄饨、包清明粿和包粽子，初步习得制作步骤和简单的操作要领，体验劳动的乐趣。最后安排1个课时对课程活动进行总结和评价。

教学方式

通过每周1课时、每学期7课时的活动、体验、评价初步培养学生的劳动技能。7个课时内容相对独立，编排从易到难，重点培养学生了解家乡美食小吃，掌握基本的制作方法。在具体的教学活动中采用“说一说”(学生交流家乡习俗和对小吃的了解)、“学一学”(由教师示范操作或观看视频演示)、“做一做”(学生自主动手实践和小组合作参与完成)、“评一评”(学生自评、组员互评、老师评定相互结合)四大活动板块，以促进学生学到新知识、新经验。

评价方式

1. 过程性评价。设计学生活动评价表，在每次活动过程中重点考查学生参与的态度、方式、实践能力、创新精神和成果等，采用学生自我评定、小组评定、老师评定相互结合的方式。

2. 终结性评价。根据学生活动评价表，在最后1课时进行统计，评定出优秀和合格两个等级。

3. 问卷调查。通过《“舌尖上的享受”课程问卷调查表》让学生对这门课程进行测评。

教学所需材料与设备

1. 厨具(砧板、菜刀、搅拌器、面盆、碗筷等)，炊具(煤气灶、蒸锅、高压锅、铁锅等)。

2. 馒头、饺子、馄饨、清明粿、粽子五种小吃的材料。

课程计划

第1课时：开班仪式，交流家乡小吃

第2课时：制作馒头

第3课时：包饺子

第 4 课时：包馄饨

第 5 课时：包清明粿

第 6 课时：包粽子

第 7 课时：成果展示和汇报

第 1 课时活动设计

（设计者：徐秀娟）

课　题　开班仪式，交流家乡小吃

教学（活动）时间　1 课时

教学（活动）目标

1. 了解本课程活动目的、内容、意义。

2. 组成 6—8 人小组，给小组取名设计口号，制定班规。

3. 小组合作完成调查表，交流分享家乡小吃的名称、来历和做法。

4. 初步了解家乡小吃，激发探索家乡传统饮食文化、热爱家乡的情感。

教学（活动）内容

1. 开班仪式。

2. 组建小组。

3. 完成《家乡小吃调查表》，并交流内容。

课（活动）前准备

教师：1.《舌尖上的中国》视频、家乡小吃的图片文字；

　　　2. 调查表。

教学（活动）过程设计

一、视频导入，简介课程

1. 播放《舌尖上的中国》第一季第一集视频。约 5 分钟。

2. 简单介绍课程名称、内容和意义：亲爱的小吃货们，欢迎大家！刚才的视频告诉我们“民以食为天”，在我们国家吃的学问可大了。今天我们相约在“舌尖上的享受”这门课程，为的就是探究我们日常的饮食文化，了解美味的制作过程，动手做一做小吃，体验劳动的快乐，感受生活的美好。

二、组建小组

1. 为了方便组织开展活动，我们需要组成合作小组。要求：自由组合成 6—8 人小组；推选出一名组长、一名助手。

2. 学生自由组合成小组，全班分成6个小组。

3. 由组长组织组员为小组取一个响亮的名字，并设计口号。(如名称——美食工坊，口号——美食，美食，I LOVE YOU!)

4. 小组展示名称和口号，老师进行登记。

5. 讨论和制定本课程活动规则：按时上下课，有事不能参加要到组长和老师处请假；遵守上课纪律，文明有礼，团结合作，积极提问；听从老师的安排，每次活动前要做好课前准备工作，带齐工具。

三、交流经验

1. 现在考验一下各个小组的合作情况，请完成下面的表格。

我爱家乡的小吃				
小吃名称				
制作原料				
制作方法				
小吃价格				
历史由来				

2. 分小组交流经验，简单说说家乡小吃的由来及制作方法。

3. 介绍、欣赏家乡小吃的图片。(出示图片：清明粿、米糕、粽子、发糕、馒头等的图片)

四、结束课程，布置任务

1. 活动小结：这节课你有什么收获？还记得你们组的名称和口号吗？

2. 布置下节课任务：下节课我们要学习制作馒头，请带围裙、厨师帽，可以提前向家长询问或上网了解馒头的做法。

第2课时活动设计

(设计者：徐秀娟)

课　题　制作馒头

教学(活动)时间　1课时

教学(活动)目标

1. 了解馒头的制作过程、面团发酵的原理，激发探究的兴趣。

2. 在老师的指导下初步学会揉面团、摘剂子、做馒头。

3. 培养动手实践能力，体验劳动的快乐。

教学(活动)内容

1. 了解制作馒头的材料、工具和步骤。

2. 学习和面、揉面、制作馒头。

课(活动)前准备

教师：材料：面粉、酵母、温水；

工具：面板、盆、量杯、毛巾、蒸笼、围裙等。

学生：围裙、厨师帽。

教学(活动)过程设计

一、看一看

1. 馒头是我们祖先了不起的一项发明，这节课我们学习制作馒头。首先来认识一下做馒头的材料和工具。（出示实物：面粉、酵母、水、面板、盆子、量杯、毛巾、蒸笼）

2. 粉末状的面粉是怎么变成香喷喷、软乎乎的馒头的呢？（播放和面、揉面、发面的视频）

3. 交流馒头制作过程：和面→揉面→发面→二次揉面→成形→二次醒发→蒸制。

同学们观察得很仔细，经过这些步骤，就能吃到香喷喷的馒头了。下面我们来尝试做一下。

二、学一学

1. 和面。

(1)认识酵母：每个小组都有一小盒酵母，请看一看，闻一闻，摸一摸。

(2)猜一猜：酵母到底有什么作用？师生交流。

(3)明确面粉、酵母、水的比例。你是怎么获取这个信息的？

(4)小组合作完成和面的过程。要求：分工合作，轮流尝试。

(5)评选出最佳和面小组。评选标准：盆净，手净，面团成形。

(6)交流和面过程中出现的问题及解决办法。

2. 揉面。

(1)为什么要揉面呢？

(2)请一学生示范揉面，教师评价。

(3)小组成员轮流揉面。

(4)评最佳揉面奖。要求：动作正确，面团光滑，面板干净。

3. 发面。

(1)猜一猜：发面的时间、温度大概是多少？

(2)将刚揉好的面团铺上毛巾醒发。因醒发时间较长,尤其是在低温时,所需时间更长。所以老师事先要准备好醒发过的面团,以便及时进入下一步骤。

4. 做馒头。

(1)因为醒发时间比较长,老师为大家提前准备好了醒发过的面团,现在我们进入做馒头环节。

(2)教师示范揉面、摘剂子、搓成形的动作。

(3)小组成员尝试做馒头。做好的馒头放进蒸笼,让食堂厨师帮忙蒸制。

(4)评最佳造型奖。要求:外形美观,表面光滑。

三、尝一尝

1. 在等待馒头出锅的时间里,让学生对自己做的面团进行第二次揉面和成形。

2. 评出最佳面团奖。要求:形状匀称,面团光滑。

3. 品尝做好的馒头,拍照留影,交流感受。

四、评一评

1. 得到奖励卡最多的小组是我们本次活动的最佳小组,颁发"最佳小组"奖状。

2. 学生交流活动收获和感受。

3. 小结、延伸:馒头是我们日常生活中常见的食物,其实在一些节日习俗中它也有重要作用,感兴趣的同学课后可以自己探究,了解更多的知识。

第3课时活动设计

(设计者:姜兰芳)

课　题　包饺子

教学(活动)时间　1课时

教学(活动)目标

1. 认识包饺子的食材。

2. 在老师的指导下初步学会包饺子。

3. 了解吃饺子的习俗,感受吃饺子的美好寓意,体会劳动的快乐。

教学(活动)内容

1. 了解吃饺子的传统习俗。

2. 认识包饺子的食材。

3. 练习包饺子。

4. 评价总结。

课(活动)前准备

教师:材料:饺子皮、肉馅或其他馅料。

工具:盆子、筷子、勺子等。

学生:围裙、厨师帽。

教学(活动)过程设计

一、说一说

1.同学们,饺子作为小吃,很普通,可是你们知道饺子的由来吗?(课件出示文字:民间春节吃饺子的习俗在明清时已相当盛行。饺子一般要在年三十晚上12点以前包好,待到半夜子时吃,这时正是农历正月初一的伊始。吃饺子取“更岁交子”之意,“子”为“子时”,“交”与“饺”谐音,有“喜庆团圆”和“吉祥如意”的意思。)

2.说说自己吃过的饺子的形状和味道。(出示课件:①三角饺子、小锁饺子、元宝饺子、月牙饺子、菠菜饺子等;②根据饺子馅的不同,分为素菜、荤菜、荤素相搅拌的饺子,常用猪肉、葱、芹菜等做馅,可根据喜好自行调剂。)

3.今天我们要学习包饺子,先来认识一下材料和工具。(出示实物:饺子皮、饺子馅、瓢羹等)

二、学一学

1.今天这次活动我们要评出包饺子能手、最佳饺子奖以及创意饺子奖。(课件出示奖状及评选规则:包饺子能手——又快又好,最佳饺子奖——形状美观,创意饺子奖——形状独特)

2.在包饺子之前,我们先来看看饺子皮和饺子馅是如何准备的?(播放视频:和面,擀饺子皮,洗、切、剁鲜肉和其他蔬菜,调味等)

3.看老师示范月牙饺子的包法,可以跟着老师一起做。

(1)拿一张饺子皮。

(2)用筷子或者勺子在饺子皮上摊上适量的馅。

(3)在饺子皮周围一圈沾点水,使皮容易黏合。

(4)捏两边,然后由中间向两边将饺子皮边缘挤一下。

(5)边缘的皮弄成褶皱状叠好,一个饺子就包好了。

4.刚刚老师包的是月牙饺子,还有其他的包法,我们一起来看看。(出示课件:小锁饺子、三角饺子图解法)

三、做一做

1.下面到了同学们一展身手的时刻了,在包的时候要求:①小组同学之间合作,发现问题告诉小组长,并一起讨论解决的方法。②在使用肉馅的时候注意不能把肉馅散出来,要爱惜粮食。③轻声说话,注意卫生。④可以请教老师。

2. 同学们动手包饺子，教师巡视指导。（重点指导包饺子时发现的问题，并解决问题）

四、评一评

1. 好，时间到了，请每个小组收拾工具，整理桌面。

2. 请小组长让组员把包好的饺子放在一起，根据评选要求，评出小组里的包饺子能手、最佳饺子奖和创意饺子奖。

3. 6个小组上台展示小组里的3个奖项，并说明理由。

4. 颁发奖状，谈收获。

5. 活动小结：今天同学们学习了如何包饺子，非常了不起，当然包饺子的方法很多很多，而且煮饺子也是一门大学问，有兴趣的同学回家后可以请教家长！下节课我们要学包馄饨，可以提前了解一下。

第4课时活动设计

（设计者：姜兰芳）

课　题　包馄饨

教学(活动)时间　1课时

教学(活动)目标

1. 认识包馄饨的材料工具，了解制作过程。

2. 在老师的指导下初步学会包馄饨。

3. 了解吃馄饨的习俗，感受吃馄饨的美好寓意，体会劳动的快乐。

教学(活动)内容

1. 了解吃馄饨的传统习俗。

2. 了解包馄饨的制作过程。

3. 练习包馄饨。

4. 评价总结。

课(活动)前准备

教师：材料：馄饨皮、肉馅或其他馅料。

　　　工具：盆子、筷子、勺子等。

学生：围裙、厨师帽。

教学(活动)过程设计

一、说一说

1. 上次我们学了包饺子，今天，我们要学包馄饨。馄饨作为小吃，可谓很普通，

可是你们知道馄饨的由来吗?（学生根据课前搜集的资料交流）

2.说说馄饨的形状和味道。（出示课件图片：①形状多样，有的像元宝，有的像钱袋，有的像燕子，有的甚至像不太规则的饺子……②馅料分梅菜鲜肉、三鲜、鸡柳蘑菇、白菜鲜肉、鲜肉蛋黄、韭菜鲜肉等，也可根据喜好自行调剂。③馄饨皮：白面皮、荞麦皮、燕麦皮等。）

3.你知道馄饨的别称吗?（广东——云吞，湖北——包面，江西——清汤，四川——抄手）

4.今天我们要学习包馄饨，小组上前领取材料，由小组长组织组员认一认材料。

二、学一学

1.今天这次活动我们还要评出包馄饨能手、最佳馄饨奖以及创意馄饨奖。（出示奖状及评选规则：包馄饨能手——又快又好，最佳馄饨奖——形状美观，创意馄饨奖——形状独特）

2.在包馄饨之前，我们先来说说馄饨皮和馄饨馅是如何准备的?（提示学生：想想饺子的准备方法）

3.看老师示范元宝馄饨包法，可以跟着老师一起做。（同时出示 PPT 图片）

(1)取一张馄饨皮平放于手心，用筷子夹取适量的肉馅放在馄饨皮中间稍靠下的位置。

(2)将馄饨皮的一边往上卷，卷到馄饨皮约 1/2 处。

(3)再往里卷一次，卷到馄饨皮 3/4 处。

(4)将馄饨皮的两个角叠在一起，捏紧。

4.刚刚老师包的是元宝馄饨，还有其他的包法，我们一起来看看。（出示课件：港式云吞、温州馄饨图解法）

三、做一做

1.下面到了同学们一展身手的时刻了，在包的时候要求：①小组同学之间合作，发现问题告诉小组长，并一起讨论解决的方法。②在使用肉馅的时候要注意不能把肉馅散出来，要爱惜粮食。③轻声说话，注意卫生。④可以请教老师。

2.同学们动手包馄饨，教师巡视指导(重点指导包馄饨时发现的问题，并解决问题)。

四、评一评

1.好，时间到了，请每个小组收拾工具整理桌面，将多余的材料放到老师这儿。

2.请小组长让组员把包好的馄饨放在一起，根据评选要求，评出小组里的包馄饨能手、最佳馄饨奖和创意馄饨奖。

3. 6个小组上台展示，并简单说明理由。

4. 颁奖状，谈收获。

5. 活动小结：今天同学们包馄饨比包饺子熟练多了，真了不起。其实包馄饨还有很多学问，有兴趣的同学回家后可以请教家长！下节课我们学习包清明粿，可以提前了解一下。

第5课时活动设计

（设计者：姜兰芳）

课　题　包清明粿

教学(活动)时间　1课时

教学(活动)目标

1. 认识包清明粿的材料，了解包清明粿的制作步骤。

2. 在老师的指导下初步学会包清明粿。

3. 了解吃清明粿的习俗，感受吃清明粿的美好寓意，体会劳动的快乐。

教学(活动)内容

1. 了解吃清明粿的传统习俗。

2. 了解包清明粿的步骤。

3. 练习包清明粿。

4. 评价总结。

课(活动)前准备

教师：材料：清明粿团子、艾草、豆沙馅、芝麻馅或其他馅料。

　　　工具：盆子、筷子、勺子等。

学生：围裙、厨师帽。

教学(活动)过程设计

一、说一说

1. 同学们，在我们国家有一个重要的节日——清明节，它有哪些习俗呢？

2. 你们知道清明粿的由来吗？（出示课件：太平天国时李秀成在清明节被清兵追捕，因有清明粿得以活命）

3. 清明粿的形状和味道。（出示课件图片：①月牙形、寿桃形、月饼形、三角形……②根据节令、地域特点，咸馅料以豆腐竹笋咸菜鲜肉馅为主，甜馅料以豆沙馅、芝麻红糖馅为多。③清明粿皮：白团、青团等）

4. 今天我们要学习包清明粿，先来认识一下材料和工具。（出示实物：清明粿

皮、清明粿馅、瓢羹等）

5.小组活动：分小组上前领取材料，由小组长组织组员认一认。

二、学一学

1.今天这次活动我们还要评出包清明粿能手、最佳清明粿奖以及创意清明粿奖。（出示奖状及评选规则：包清明粿能手——又快又好，最佳清明粿奖——形状美观，创意清明粿奖——形状独特）

2.在包之前，你们想知道哪些材料的准备过程？

3.清明粿皮怎么来的，有知道的吗？（学生交流）（播放视频：选取艾草、煮熟过滤、和糯米粉混合、揉捶等过程）

4.看老师示范我们江山人月牙形清明粿包法，可以跟着老师一起做。（同时出示 PPT 图片）

（1）把清明粿团搓成条，分成相同份的小团子。

（2）为避免沾手，抹点油在手心润滑。把团子搓圆，并用大拇指挖个洞，在手里团团转圈，把团子捏成一个深碗形。

（3）加入菜馅或糖馅。

（4）像包饺子一样黏合在一起即可。注意不要弄破，接口处也不要太厚，以免影响口感。

5.刚刚老师包的是月牙形清明粿，还有其他的包法，我们一起来看看。（出示课件：寿桃形、月饼形、三角形图解法）

三、做一做

1.下面到了同学们一展身手的时刻了，在包的时候和之前一样，要注意小组合作。

2.同学们动手包清明粿，教师巡视指导。

四、评一评

1.好，时间到了，请每个小组收拾工具整理桌面，将多余的材料放到老师这儿。

2.请小组长让组员把包好的清明粿放在一起，根据评选要求组织评出小组里的包清明粿能手、最佳清明粿奖和创意清明粿奖。

3.6 个小组上台展示，并说明理由。

4.颁奖状，谈收获。

5.活动小结：今天同学们了解了清明粿，还学会了包清明粿，很棒！下节课我们要挑战难度最大的活动——包粽子。

第6课时活动设计

（设计者：徐秀娟）

课　题　包粽子

教学(活动)时间　1课时

教学(活动)目标

1. 认识包粽子的材料和工具，了解粽子的制作过程。

2. 在老师的指导下初步学会包粽子的方法。

3. 了解家乡习俗，感受传统节日端午节的美好，体会劳动的快乐。

教学(活动)内容

1. 了解端午节家乡习俗。

2. 了解粽子的制作过程。

3. 练习包粽子。

4. 评价总结。

课(活动)前准备

教师：食材：糯米、鲜肉、调料、大枣豆子等配料。

　　　工具：箬叶、粽绳、盆子、篮子、筷子、勺子等。

学生：围裙、厨师帽。

教学(活动)过程设计

一、说一说

1. 同学们，你们知道端午节吗？我们家乡有哪些习俗呢？（出示图片：包粽子、挂香囊、五色绳、插艾草……）

2. 为什么端午节人们要吃粽子呢？

（了解由来与传说：如纪念屈原，纪念孝女曹娥等等）

3. 交流粽子的形状和味道。（出示课件：①三角粽、四角粽、塔形粽、牛角粽……②南方常用红枣、花生、肉等混在糯米中制成。北方多以枣、果脯等作为粽子的馅心）

4. 今天我们要学习包粽子，先来认识一下食材和工具，知道的请大声说出来。（出示实物：箬叶、粽绳、糯米、鲜肉、大枣等）

5. 小组活动：分小组上前领取材料，由小组长组织组员认一认。

二、学一学

1. 这次我们又要评哪些奖呢？（出示奖状及评选规则：包粽子能手——又快又

好，最佳粽子奖——形状美观，创意粽子奖——形状独特）

2. 你知道盆子里的糯米、馅是怎么准备的吗？（播放视频：清洗粽叶、粽绳，浸泡糯米并调味，洗、切鲜肉并调味等）

3. 看老师示范四角粽的包法，可以跟着老师一起做。

（1）选两片大小差不多的粽叶，粽叶有正反面，把这两片粽叶错开叠在一起，小的放上面，大的放下面。

（2）把粽叶折叠成漏斗形状，大拇指压着粽叶的接头处，注意漏斗不能有漏洞。

（3）往漏斗里装米，装一半左右时往中间部分装馅，可以放肉、红枣等，再往上面盖一层米。米和漏斗口持平即可，太少了粽子很瘪，太多了包不住。用大拇指把米压实。

（4）将左右两边的粽叶向内折叠，把米全部裹住，要包得密不透风，不要让里面的米漏出来。这一步非常关键！

（5）最后用粽绳将粽子缠绕起来，系上活扣，这样就包好了。

4. 刚刚老师包的是四角粽，还有其他的包法，我们一起来看看。（出示课件：塔形粽、三角粽图解法）

三、做一做

1. 下面就看同学们的了，因为包粽子比较难，所以在包的时候注意：

①小组同学之间要合作，发现问题告诉小组长，并一起讨论解决的方法；②在添米的时候要注意不能把米撒出来，要爱惜粮食；③轻声说话，注意卫生；④可以请教老师。

2. 同学们动手包粽子，教师巡视指导（重点指导包粽子时发现的问题，并解决问题）。

四、评一评

1. 好，时间到了，请每个小组收拾工具，将多余的材料放到老师这儿。

2. 请小组长让组员把包好的粽子放在一起，根据评选要求组织评出小组里的包粽子能手、最佳粽子奖和创意粽子奖。

3. 6个小组上台展示，并说明理由。

4. 由老师颁发奖状，谈谈包粽子的收获。

5. 活动小结：今天我们学会了包粽子。相信到了端午节，你们肯定会让家长大吃一惊的！整理好东西下课！

第7课时活动设计

（设计者：徐秀娟）

课　题　成果展示和汇报

教学（活动）时间　1课时

教学（活动）目标

1.分享制作各种小吃的体会、收获和感受。

2.小组收集、整理资料并制作小报。

3.感受劳动实践的快乐，增进对饮食文化的了解，促进热爱家乡的情感。

教学（活动）内容

1.回顾“舌尖上的享受”课程体验活动，成果展示和交流。

2.颁发优秀证书与合格证书。

3.填写并回收《“舌尖上的享受”课程问卷调查表》。

课（活动）前准备

教师：活动照片、PPT、小报、《问卷调查表》。

学生：记号笔、美工笔。

教学（活动）过程设计

一、回顾活动，展示成果

1.同学们，“舌尖上的享受”陪伴大家经历了6次活动，让我们一起来回顾回顾。（出示活动照片和文字说明：开班仪式—制作馒头—包饺子—包馄饨—包清明粿—包粽子）

2.请选择让自己印象最深刻的一次活动，谈谈自己的感受。（学生小组交流—全班交流）

3.以小组为单位，领取小报一张，合作完成花样小报《舌尖上的享受——我们的收获》。下面三项为必填内容，可以根据小组情况自行设计，要求真实美观！

(1)小组名称、口号。

(2)组员姓名、班级等信息。

(3)印象最深的活动和感受（可以采用图片、绘画和文字结合的形式）。

4.6个小组上台展示小报。

二、根据表现，颁发证书

1.学生统计活动中获得的奖状，得5张及以上的为优秀学员，其余为合格学员。

2.颁发优秀证书和合格证书。

三、填写《问卷调查表》

1.小结延伸：中国的饮食文化博大精深，各地的美食花样繁多，深得人们喜爱。纪录片《舌尖上的中国》就为我们展现了其中一部分，感兴趣的同学可以去看一看，也希望同学们在家里能继续动手帮助家人制作食物，享受劳动创作的快乐！

2.请同学们如实填写《问卷调查表》。

“舌尖上的享受”课程问卷调查表

班级________　　姓名________

调查项目	认为正确的打“√”或填写相关内容
学校开设美食制作课程是否必要？	1.很有必要　2.一般　3.无所谓
你对美食制作课程教授内容是否满意？	1.满意　2.比较满意　3.一般　4.不满意
你对老师教学方法是否满意？	1.满意　2.比较满意　3.一般　4.不满意
通过美食制作，你有什么收获？	
你对美食制作课程有什么建议？	

3.回收问卷。

4.活动结束。

【实践反思】

指尖上的奇迹 舌尖上的美食

——“制作馒头”教学片段与反思

徐秀娟

我们这个课程共7个课时，开班前做了如下广告宣传：“指尖上的奇迹，舌尖上的享受！白胖胖的馒头，香喷喷的饺子，美滋滋的粽子……传统面食，家乡小吃，尽在你手中玩转，那份美味定让你久久回味……”这就足够吸引同学们的眼球了。我们很快就有了45个学员组成的“小吃班”。之后以家乡小吃的调查和交流为基础，让学生大致了解家乡小吃的名称、来历和做法，激发学生制作小吃的兴趣；然后安排5个课时的动手实践活动，指导学生自己制作馒头、饺子、馄饨、清明粿和粽子，学会制作步骤，掌握简单的要领，体验劳动的乐趣；最后安排1个课时对课程活动进行总结和评价。同学们在这个课程中亲手制作小吃，品尝美食，丰富的活动体验不仅让同学们大呼过瘾,更留下了学习生活的美好回味。下面是我们在“制作馒头”这一实践课的教学片段和反思。

一、教学片段

1.明确小组合作要求:①组长分好面团,保证每个组员都有面团。②动手揉面,尝试搓成长条形。③摘剂子,做成馒头的形状,也可以根据想象制作独特的馒头。④做好馒头放进蒸笼,摆放端正。⑤馒头做好,组长安排组员整理桌面,归好物品。

2.小组领取面团,动手体验。

3.“民以食为天”小组:老师,我们的面团粘住了,怎么办?

教师:在桌面上多撒点面粉。

教师:请同学们注意,发现面团粘手或粘在案板上,可以抓点面粉在手上,或撒在案板上。

学生:老师,真神奇,不粘手了,面团听话多了。

“我是吃货”小组:老师,面团揉不成形。

教师:可以用手抻面团,让它变长点,再用手去揉搓,慢慢地就会成为长条形了。

学生:我试试。(教师协助揉搓面团)

学生:啊,成功了。老师,你看,像长条形的面包呢!

“美食军团”小组:老师,你快来看,我做的馒头。

教师:挺好的,像早点师傅做的哦!

学生:老师,我想做点特别的,你看。(将馒头做成蛋挞的形状。其他学生见状,受启发,纷纷制作有创意的馒头)

教师:这一小组,不仅会想,手也很巧。大家可以过来看看,学习学习。(其他小组纷纷过来欣赏)

教师:请同学们将做好的馒头摆放进蒸笼,食堂里的厨师要给大家蒸馒头啰。

学生:太好了,太好了,有馒头吃了。

学生:我要认准这是我做的馒头,待会儿亲自品尝。

学生:我做的馒头独一无二,一眼就能认出来。

……

二、活动反思

我们这个课程,每次上课都能感受到孩子们强烈的动手欲望和问题意识,以及小组精诚合作的场面。孩子们在这个课程中收获的不仅是劳动技能、生活知识,还有劳动的快乐、创新精神和合作精神。

首先,体现“做中学”。开设“舌尖上的享受”这门课程有助于整合小学生日常生活经验与书本知识，在综合实践活动中利用网上资源、图片视频、调查访问等形式激发学生对小吃制作的兴趣，通过现场示范，有效引导学生动手实践，同时给予充分的动手操作的时间和平台。从上述教学片断中可以看到，每个小组在操作中不断出现问题，这些问题在观看视频和老师示范时一般是不会出现的，只有学生自己动手实践才会产生，这个过程对于学生提高劳动技能、掌握劳动技巧非常关键。老师在这期间巡回指导，适时点拨和示范，学生即时体验，感受到成功的快乐。还有一些学生学会自主探究问题，自己去观察、摸索方法，从中学到了很多东西。这种“做中学”的教学方式极大地激发了学生的问题意识，提高了解决问题的能力，对于改变学校课程过于注重知识传授的现状，对于克服和解决当前普遍存在的孩子动手能力不强等问题都有着重要的现实意义。

其次，体验劳动的快乐。课程设计时充分利用学校食堂和厨师的便利条件，将学生带到学校餐厅，进入食堂开展活动。对于学生来说，平时小吃店常见的馒头只知其味美营养，却很少亲眼见过馒头的制作过程。通过动手操作，让孩子们对材料准备、面粉调制发酵及最后的揉按成型有了直接的感知和体验，除了感受到制作食物的烦琐和不易，更多感受到的是劳动成果带来的快乐。学生在快乐中学习，有了问题意识和表达欲望，有了进一步探究实践的兴趣。通过这样的活动，学生不仅增进了对美食的了解，而且还会去探究美食所承载的传统文化，从而热爱劳动，懂得为他人服务，这样就达到此次活动的目的。

第三，培养合作精神。“制作馒头”是本课程活动第一次动手实践课，组织起来有一定难度。学生第一次到食堂参加活动，兴奋、新鲜、好奇、激动，给活动纪律的维持增加了难度。因此课前的分组、活动条约的制定都为活动开展奠定了良好的基础。在分小组动手制作馒头时，我重申了活动要求，学生都能遵守约定，有序开展活动，这也充分说明制作小吃本身对学生有着极为强烈的吸引力。从教学片段中我们可以看到，学生主动参与制作，发挥了团结合作的精神，动手动脑能力、劳动能力、评价能力都得到进一步提高，并乐于劳动，乐于与同学分享。

当然，活动中也存在着一些需要改进的地方。首先，从和面、揉面、发酵、第二次揉面、发酵、摘剂子到上笼屉蒸，对只有1个多小时的课程来说非常紧张，所以为了让学生能品尝到自己的劳动果实，有些步骤我们只能以观看视频的方式去了解，或者由老师提前准备好。这导致学生不能亲眼见证和动手实践完整的制作过程，不能不说是个遗憾。其次，在小组成员合理搭配方面还需做进一步调整。这些问题，有待在下次的活动中得到改进。

个案2. "玩转魔方"微型课程

（设计者：胡玉荣）

课程名称 玩转魔方

课程编号 类别：休闲家政类 序列号：综03B03

课程简介

"玩转魔方"这门课程带领学生玩魔方，让学生领略魔方的神奇世界，通过对魔方的还原，培养学生的空间想象能力、耐力、毅力，增强学生的记忆力，训练学生手指的灵活度，从而让学生变得更自信、更开朗，结识到更多好朋友。

适用年级 三年级

课程开设背景及意义

魔方的还原过程是一个集观测、动作、思维于一体的过程，在快速还原过程中必须保持注意力高度集中，手部运动协调及思维高速运转。转魔方多为手指运动，而这种肢体末端的运动对全身的内循环都有促进作用，有益身体健康。

魔方是一种益智玩具，也是一项文明绿色的运动。不仅投入少，而且可以随时随地的进行，没有人数的限制，没有对空间与场地的特殊要求，方便携带，只要一有空闲就可以玩，灵活性强。学习魔方的方式多种多样：自己独立研究，小组合作探究，互相交流经验。这些可以增进同学间的友谊，有益于构建和谐校园环境。开设本课程，可以丰富学生的课余生活，培养学生团结、合作、探究的能力。还能提高孩子的智商，培养孩子动手、动脑的能力，能在极大程度上训练孩子的记忆力、判断力以及空间想象力，能让孩子养成爱思考、有耐心、做事专注的好习惯。

课程目标

1. 了解魔方，感受魔方的无限魅力。
2. 掌握魔方还原的技巧，培养学生手脑并用的能力，丰富学生的课余生活。
3. 培养学生爱思考、有耐心、做事专注的好习惯。
4. 通过小组合作探究，增进同学间的互动，构建和谐校园文化。

课程内容

计划7课时完成。第1课时向孩子介绍魔方及魔方的历史，观看魔方比赛视频。然后安排5个课时学习基本手法，掌握魔方还原技巧，通过合作探究、动作实践，体验还原魔方的乐趣。最后安排1个课时对课程活动进行总结和评价。

教学方式

通过每周1课时、每学期7课时的连续活动、体验、评价，让学生逐渐摸透魔方还原规律，掌握魔方还原技巧。教学中主要采用学生小组合作，互动探究方法，适时渗入讲授法、演示法，让学生掌握基本技巧。针对个别动手能力低下的学生，采取手把手教的方法。其次，采用比赛法，促进小组内成员之间、小组与小组之间的积极性，提高魔方还原的速度。

重视课堂展评，关注学生参与的态度，正确评价，让学生养成耐心、专心、用心等良好习惯和品质。

评价方式

1. 围绕课程目标，制定包含评定项目、评定内容、评定等级的评定表。

2. 学生自我评定、小组评定、老师评定。

3. 家长评定。

4. 根据学生在校、在家表现进行综合评定。

教学所需材料与设备

三阶正规比赛魔方 2—3 个，多媒体课件。

课程计划

第 1 课时：分设小组，初识魔方

第 2 课时：底层还原，侧面 T 字

第 3 课时：二层棱角还原

第 4 课时：顶层黄色面还原

第 5 课时：顶层角块还原

第 6 课时：顶层棱块还原

第 7 课时：总结评价

第 2 课时活动设计

（设计者：胡玉荣）

课　题　底层还原、侧面 T 字

教学（活动）时间　1 课时

教学（活动）目标

1. 掌握还原魔方第一层技巧，能在玩的过程中去学习，去思考。

2. 丰富学生的课外生活，通过活动的开展，使学生对魔方这种智力玩具感兴趣，思考能力大大加强，观察能力进一步提高。

3. 培养学生细心、耐心的优秀品质及团结合作的精神。

教学(活动)内容

掌握魔方第一层还原技巧,并加以练习。

课(活动)前准备

教师:正规三阶比赛魔方 2—3 个;制作多媒体 PPT。

学生:正规三阶比赛魔方 1 个。

教学(活动)过程设计

一、复习魔方知识

同学们,上节课我们一起认识了魔方,了解了魔方的构造,还记得吗?让我们一起来回忆回忆。

出示魔方构造:

请生回答:

1. 魔方有(8)个角色块,(12)个棱色块,(6)个中心块,(中心块)相对位置永远不变,正常是(红橙)相对,(蓝绿)相对,(黄白)相对,也就是相近的颜色相对。中心块是什么颜色,这一面最后就会是什么颜色。大家注意,(黄白)中心块永远是相对的,待会儿我们就会用到这个。

2. 魔方有(6)个面。用手将魔方水平握住,以自己为参照,把魔方的各个面分别称为上面、下面、前面、后面、左面、右面;各个面相应的简记为 U,D,F,B,L,R。

3. 转动魔方的方式有顺时针、逆时针。

你能上台向同学们分别展示顺时针和逆时针的转动方式吗?

指定学生上台展示,然后集体自由练习两次。

二、还原新知识:掌握一层还原技巧

同学们,这节课我们学习将魔方还原一层,且侧面呈 T 字的技巧。(出示下图)

1. 怎样才能将手中的魔方还原成这样呢？请同学们先自由练习。（教师巡视，及时了解学生的情况，发现表现优秀的同学来当小老师）

2. 请小老师（能还原出一面，但侧面还不是T字的同学）上台分享自己的小收获，说说自己刚刚的尝试经历。

3. 四人小组内互相交流，在此基础上，尝试如何做到既还原出一面，又让侧面成T字。教师巡视。

4. 教师点拨。

(1)对好第一面十字，且每个侧面的棱面和中心面是同色。

①先对好下图这样的一朵小花（出示课件），这朵小花是在白色的对面，也就是黄色为中心的面。教师边示范边讲解，再让学生自由练习。（不用对齐侧面颜色，这会给我们减少难度）

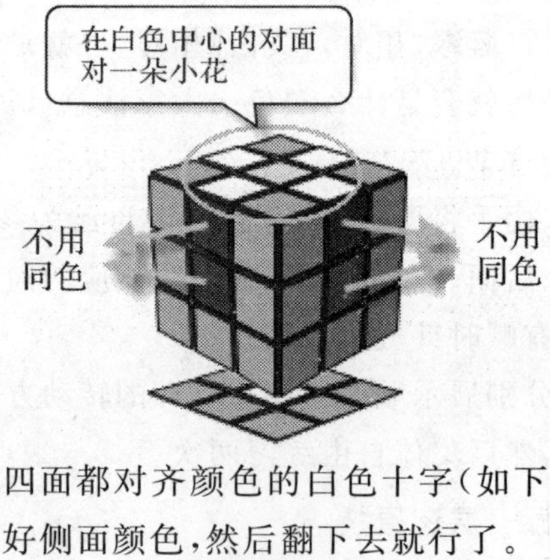

②把这朵小花变成四面都对齐颜色的白色十字（如下图）。其实非常简单，就是把四个小棱块逐一对好侧面颜色，然后翻下去就行了。

小结：刚刚这个环节我们可以编成这样一个小故事。白色花瓣来到黄色面旅游，一边旅游，一边找到自己的好伙伴（与侧面相对应的中心块），然后带着好伙伴回家。

（2）对好第一面加上四个侧面的T字形。

①要上对角，就要在一开始把这个小角块摆在正确的目标位置下面。

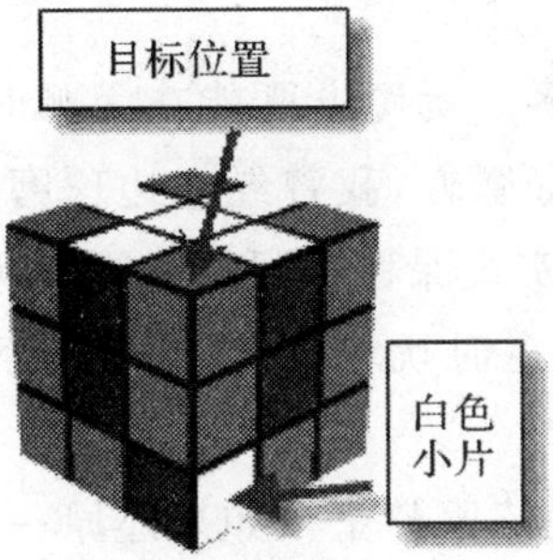

图1

图2

图3

② 图1：前顺下逆前逆（90度）。

前顺：R；

下逆：D′；

前逆：F′。

图2：右逆下逆右顺（90度）。

右逆：R′；

下逆：D′；

右顺：R′。

③四个角块重复做就可以做成T字形了。（如图3）

三、巩固练习

1. 学生独自练习。

2. 组内成员互帮互助，共同探究，将还原技巧内化。

3. 各小组选出代表上台展示。

四、回顾总结

1. 以小组为单位回顾第二层角块还原技巧。

2. 小组之间互相给予表扬和建议。

3. 通过一节课的学习，你能谈谈今天的收获吗？

同学们经过努力探究，认真练习，共同琢磨，收获很大，已经能将魔方还原成一面，且侧面呈现“T”字形，非常了不起。课后请同学们多做练习，争取能熟练运用。下节课我们将学习魔方的二层还原，同学们可以在课后自我尝试。

【实践反思】

我的第一次微型课程开发

胡玉荣

魔方是一种智力玩具，世界各地玩魔方之人非常多。玩魔方既能在无聊时给自己带来乐趣，又能培养自己的耐心与毅力。因为爱好魔方，我曾经一边琢磨，一边借助网上视频学会了还原魔方。当学校要开展综合实践课程时，我选择了“玩转魔方”这一课程，希望孩子们学会玩魔方。若在课间休息时玩玩魔方，既能缓解学习带来的疲劳，还能增进同学间的友谊呢！

在整个备课过程中，我犹豫过，是还原一面呢，还是还原整个？如果还原一面，7 课时的时间会不会太多？如果还原整个，7 课时又显得太难，因为还原魔方是越到后面越难，三年级的孩子吃得消吗？最终为了完整性，我还是决定还原整个。那么整个微型课程的内容分解成哪些相对独立的板块比较好呢？我将课程做了分解：先了解魔方，再熟悉一些简单手法，然后从一面的十字小花，到还原一面，然后是二层棱角还原，再次是顶层十字，顶层小鱼，最后全面还原。希望这样的板块设计能让孩子们喜欢。

经过了一个暑假的孕育，我的“玩转魔方”微型课程已经有了雏形。学校要求用学生能够接受的一两百文字来介绍自己的微型课程，作为学生选课之用。该怎么表述，才能更吸引孩子们呢？经过一番思索，最终决定如下：

你想让自己变得更聪明吗？你希望丰富自己的空间想象力吗？你想培养自己的耐力、毅力，增强自己的记忆力吗？那就来“玩转魔方”吧！玩转魔方，能让你的手指更灵活，脑袋瓜更聪明，注意力更集中，能让你变得更自信、更开朗，结识到更多好朋友！来吧来吧，加入“玩转魔方”吧，我们一起玩转魔方！

“玩转魔方”微型课程终于到了与孩子们面对面的时候了。第一课，我该怎么上呢？校园中玩魔方的孩子并不多，他们没有接触过魔方，该如何让孩子喜欢上魔方，爱玩魔方呢？我又开始了思考。第一课是非常关键的，得努力缩短魔方与孩子们的距离，让孩子们喜欢上魔方。

第一课时，我领着孩子们遨游在魔方的世界，分享了世界级大师们玩魔方的精彩视频，欣赏了各种异形魔方，孩子们一下子觉得原来魔方就在我们的身边，有些异形魔方就是孩子们曾经玩过的玩具。于是，孩子们蠢蠢欲动。这时候自然该让孩子们动手玩起来，我布置了任务：看谁能还原一面。一段时间后，一个教室，四排学生，每排都有一个孩子能还原一面。还原一面看似简单，其实是暗藏玄机的：如果是正确的，那么与这一面相连的这一层的四个侧面的颜色应该是一致的，和中心块合起来，正好是一个大写的 T 字。而这四位学生虽然成功还原了一面，可侧面的颜色是凌乱的，这样不利于后面的六面全部还原。当然，能拼成这样的一面已经是很不错的了。于是，我夸赞了他们一番："你们竟然能成功还原一面魔方，可称得上是我们班的魔方高手了，可以和我们分享分享你们的还原妙招吗？"四位孩子满是喜悦自豪的神色，然后，在全班同学的掌声中，他们带着魔方上台，讲解了自己的还原方法：有的是先还原一行，再还原第二行、第三行；有的是先还原角块，再还原边块；有的是从中间到四边。台上的孩子讲解得兴致勃勃，台下的孩子也听得小眼晶亮，兴致盎然，蠢蠢欲动。四名孩子的讲解激起了全班同学玩魔方的兴趣，迫不及待地转动手中的魔方。自然而然，四位同学也就分别成了每一排的排长。这一课也让我对"玩转魔方"这一课程信心倍增。

接下来的几节课，孩子们兴趣很浓厚。然而在后来的教学中，随着魔方还原难度的增加，加上魔方的还原存在着各种情况，有的孩子一种情况掌握后，难以举一反三，魔方角度一换，就觉得不知所措。在不同的情况下，虽然原理是一样的，但孩子们仍然会觉得摸不着头脑，无从下手。于是教学变得不是那么顺利。为了让每位孩子都学会还原魔方，我设了四人学习小组，并用师傅带徒弟、徒弟带徒孙的方式开展学习。四人小组也互相讨论，共同交流。随着教学的深入，还原难度增大，渐渐地一部分孩子吃不消了，失败带来了情绪上的变化，孩子们变得不再像之前那么有兴致了。我开始反思自己的板块设计及教学行为，并重新设计接下来的教学。于是，我又开始了分层教学，将孩子们重新分组，程度相当的合在一组，这样便于孩子交流，产生共鸣，水平好的孩子有了挑战性，能力稍弱的孩子也不会丧失信心，再一次充满自信地投入玩转魔方中。

7 课时结束后，孩子们基本学会了正确还原一面，少数孩子能将魔方六面全部还原。这也验证了我之前的犹豫。三年级的孩子学习魔方，重在培养孩子的兴趣，至于是否能还原整个，并不重要，只要有了兴趣，还原整个，甚至加快速度，这些都不在话下。

我的第二期"玩转魔方"课程即将开始，我将继续带领孩子们玩转魔方，让孩子们爱上魔方，乐玩魔方！

个案3. “恋上十字绣”微型课程

（设计者：周芬）

课程名称 恋上十字绣

课程编号 类别：休闲家政类 序列号：综03B05

课程简介

执一束细丝，绣一片深情。“恋上十字绣”这门课程，让学生感受传统工艺的魅力，受到美的熏陶，体验成功的喜悦。同时，锻炼学生双手的灵活性和协调性，提高学生的合作意识，培养学生专心、细心、耐心等良好品质。

适用年级 五年级

课程开设背景及意义

十字绣是一项技能性很强的手工制作，特别重视操作训练，它带给人们审美上的冲击力，更是培养耐心、细心、恒心等优良品质的好途径。十字绣与传统刺绣工艺相比，在刺绣工具、材料的选择上更为灵活，绣成的质地粗细可按作品的要求而定，不借助绣花绷也能进行。十字绣课上，学生可以按照自己的兴趣爱好，选择自己喜爱的图案，制作手机链、钥匙圈、各式背包、窗帘、沙发垫、台布、装饰画等，享受生活之美，感受传统文化的魅力，感悟人生的哲理。

课程目标

1.情感目标：培养学生专心、细心、耐心的优良品质和积极向上的生活态度。获得亲身参与综合实践活动的积极体验和丰富的经验，塑造完善人格。

2.知识目标：了解十字绣的起源、社会地位、用途及发展前景，了解本课程的意义，知道绣十字绣的基本方法。

3.能力目标：利用十字绣的基本针法绣出各种有趣的图案，训练学生手脑并用的能力。培养学生的想象能力、小组合作能力以及表达能力，促进学生的智力发展，提高学生的动手能力。

4.过程目标：初步掌握绣十字绣的方法，初步学会图片的搜集、分析与处理方法。

课程内容

本课程计划7课时完成。走进十字绣，了解十字绣的起源、社会地位、用途及发展前景；欣赏十字绣作品，做好十字绣材料准备，激发学生参与十字绣的兴趣（共2个课时）。然后安排4个课时的动手实践活动，指导学生掌握全针绣、1/2绣、1/4绣、3/4绣、挑绣、勾边等针法及技巧。最后安排1个课时对课程活动进行总结和评价。

教学方式

通过每周1课时、每学期7课时的连续活动、体验、评价，让学生逐渐内化技能。教学方法主要有三种。一是体现教师的主导性，由教师向学生传播教学内容，主要利用讲授法、演示法、呈现法等。如：通过多媒体的教学手段展示多种十字绣作品，欣赏十字绣作品，先从视觉上引起学生的兴趣；其次，放大教师的操作过程，让学生看清操作过程。二是师生互动，借助师生对话来共同思考、共同操作、共同解决。针对个别动手能力低下的学生，采取手把手教的方法。三是体现学生的自主性，主要采用分组合作探究法，在绣作品时，让学生运用自身原有的知识与能力，发现问题，解决问题，找到窍门。在此过程中，每个小组分工到人，各负其责，培养学生的合作学习精神，提升学习效率，掌握十字绣的知识和技能。重视课堂展评，关注学生参与的态度，正确给予评价，让学生养成专心、细心、耐心等良好品质。活动结束时，评选“金绣手”“银绣手”“小绣手”，并颁发奖状给予鼓励。

评价方式

“恋上十字绣”课程注重形成性评价和发展性评价，既关注作品完成情况，又充分关注学生的过程体验，关注学生的情感、态度、价值观，把学生完成作品的耐心与毅力作为评价内容之一。同时发挥评价的多元化，把学生自评、家长和同学互评作为评价的重要内容。最后一课时，让学生谈感受、说收获、提建议，并完成课程评价表，以便指导、改进下一轮的教学。

教学所需材料与设备

十字绣工具（绣线、绣针、绣布、剪刀），十字绣作品，现代多媒体教学设备，制作课件。

课程计划

第1课时：开班仪式（了解十字绣）

第2课时：走进十字绣（基本针法）

第3课时：绣制十字绣（全针绣法）

第4课时：绣制十字绣（其他基本绣法）

第5课时：绣制十字绣（特殊绣法1）

第6课时：绣制十字绣（特殊绣法2）

第7课时：活动总结（绣品交易会）

第6课时活动设计

（设计者：周芬）

课　题　十字绣特殊绣法2

教学（活动）时间　1课时

教学（活动）目标

1. 基本掌握十字绣特殊绣法：钉珠子、打法兰西结和勾边。

2. 通过对作品的观察、比较，培养学生细心、耐心的优秀品质。

3. 培养学生积极思考的学习方法，如：如何制定最佳绣制线路，如何节约时间和材料。

教学（活动）内容

十字绣特殊绣法：钉珠子、打法兰西结和勾边。

课（活动）前准备

教师：1. 准备好十字绣的材料；

2. 寻找相关图片、视频，制作课件；

3. 洗净双手。

学生：1. 洗净双手；

2. 准备好十字绣材料，课前至少完成4/5的内容。

教学（活动）过程设计

一、复习旧知，巩固技能

1. 回顾十字绣全针绣法、二分之一针法、四分之一针法、四分之三针法、挑绣及注意事项。

2. 学生继续完成作品，教师巡视、指导。

二、比较发现，总结提升

1. 绣品欣赏（组内、小组间）。你发现了什么？

（1）有些绣品的正面很匀称，有些却凹凸不平，有几个十字绣甚至鼓鼓的。

（2）有些绣品背面干净、整齐，有些却各种线纵横交叉，或有很多大结，或毛毛糙糙。

再次强调：绣制时，压线方向要一致，时刻注意反面的情况，不打结，抽线时用力均匀，跨度较大时收针后重新起针。

2. 组织小组讨论，组长记录。

你觉得绣出这些优秀作品的同学用了哪几颗心去做这件事的？说出理由。

3.根据学生的回答，老师做出相应的总结：

细心——认真细致地对待每一次的绣制。

信心——相信自己能完成绣品。

恒心——不骄不躁，持之以恒地重复同样的一件事情。

爱心——把自己的爱绣进了作品中，不管是家人还是朋友，收到绣品时都能收获满满的爱。

用心——课堂时间有限，有些同学在业余时间赶制绣品，作品能跟上进度。

……

三、特殊绣法，了解掌握

除了我们之前学过的基本针法，还有一些特殊绣法。这节课，我们就来了解并学习其中的三种。

1.钉珠子。

在十字绣作品中，珠子的应用很普遍。我们稍作了解。

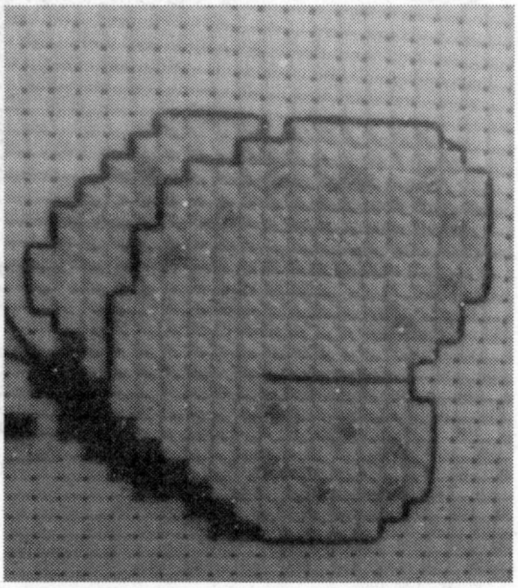

(1)穿珠子的线：

A.配套的线

B.和珠子一个颜色的绣线

C.和背景绣布一个颜色的绣线

D.透明的线

浅色绣线会使珠子显得更亮，深色线可以避免珠子跟其他绣线的颜色混淆。

(2)穿珠子的针：串珠针或28号绣针。

(3)穿珠子的方法：

如果想将珠子固定好，不脱落也不移位，需要用两股绣线。

A. 最简单的针法是半针或四分之一针，视珠子的大小而定。

B. 如果珠子是连成一串的，先用半针将所有的珠子穿在绣布上。在这一串珠子串完之后，将线往回走，这次要在绣布上面走，重新穿过珠子。

2. 打法兰西结。

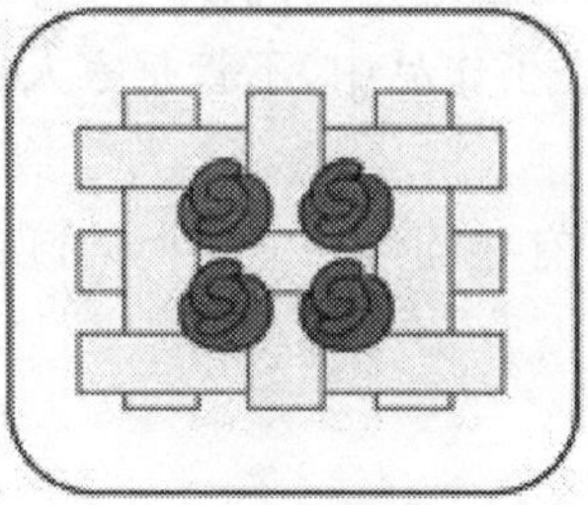

法兰西结

实际效果图：

绣种子、小点儿等的时候使用的一种方法，有时用于代替珠子。怎样才能达到这样的效果呢？

(1)出示图解。

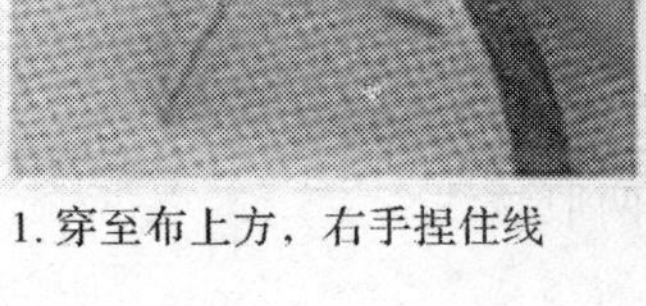

1. 穿至布上方，右手捏住线

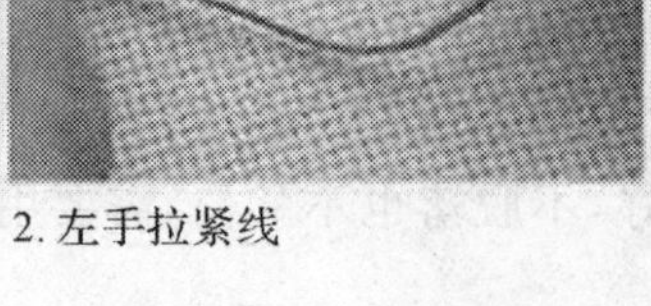

2. 左手拉紧线

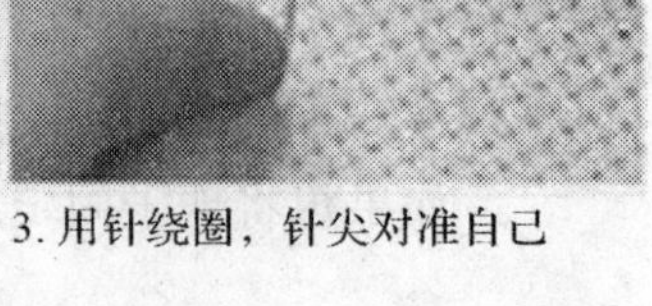

3. 用针绕圈，针尖对准自己

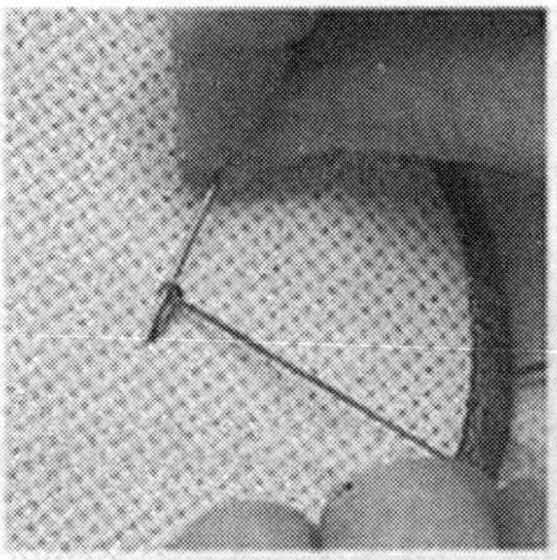
4. 拉紧线，针尖对准刚才上来的旁边一格下去

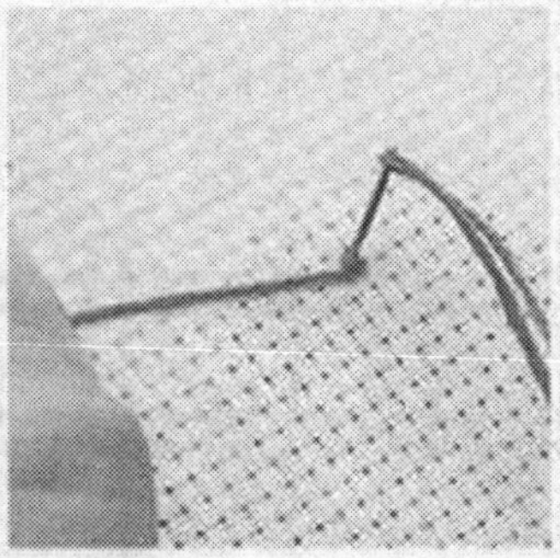
5. 左手拉紧线，使线圈紧贴在布面和针上面

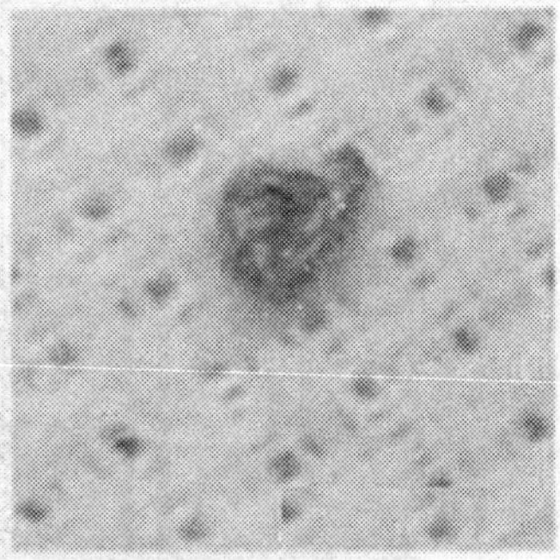
6. 拉到底，布面就会出现一个法国结

（2）小组合作探究、尝试完成。

（3）教师边示范边讲解。

把针举到1的位置穿出，将线绕针一圈，把针插在2的位置。用不绣花的手指握住绣花线的端部，把结拉紧，而后将针穿过织物，把住绣线，直到必须松开为止。若打大结，可适当增加线的股数，但只缠一次。

（4）学生练习。

3. 勾边。

（1）观察下面两只蝴蝶，你发现了什么？

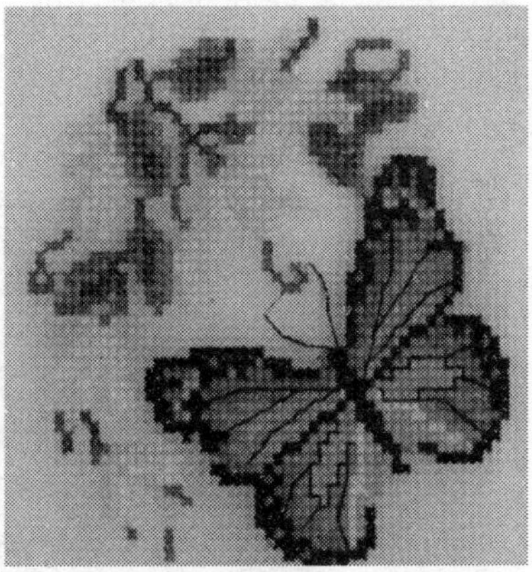

这就是勾边。在绣图上的那些直线，或用线画出来的部分，不是在格子上，而是在格子边上的直线，就是勾边。

观察比较，得出勾边的好处：勾画轮廓，使作品更加鲜明、活灵活现，显示出立体感，进而增加美感。

（2）欣赏有勾边的十字绣作品。

▲温馨提醒：

A. 勾边必须在所有十字绣都完成之后才能做。图纸上会说明该用几股线勾边，一般用2股线绣时用1股线勾边，用3股线绣时用2股线勾边。

B. 勾边跨格，尽量不要超过 5 个格子。

C. 并不是所有的作品都需要勾边，要根据需要进行。

(3)勾边的方法。

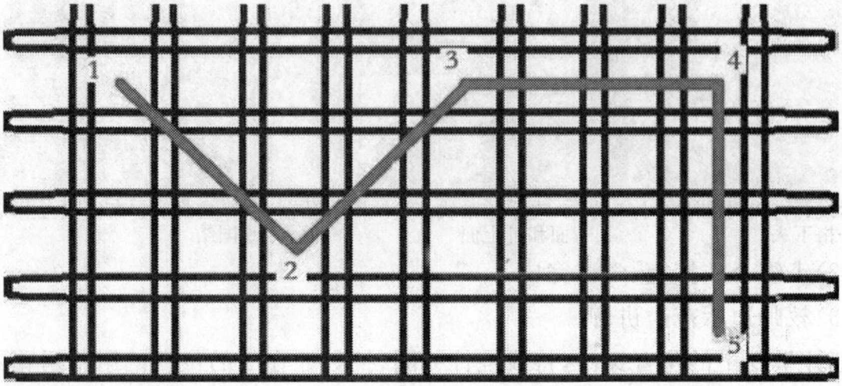

看视频，以上图为例，总结得出三种勾边的方法：

A. 基本勾边法：绣线从 1 处穿上来，从 2 处穿下去，再从 3 处穿上来，从 2 处穿下去，然后从 3 处穿上来，从 4 处穿下去，最后从 5 处穿上来，从 4 处穿下去。

B. 正反一致法：绣线从 1 处穿上来，从 2 处穿下去，再从 3 处穿上来，从 4 处穿下去，然后从 5 处穿上来，从 4 处穿下去，最后从 3 处穿上来，从 2 处穿下去。

C. 不留痕迹法：绣线从 1 处穿上来，从 2 处穿下去，然后在反面如图所示从绣布线下穿过，再从原 2 处穿上来，从 3 处穿下去后，在反面用同样的方法绕一下，又从原 3 处穿上来，如此反复。

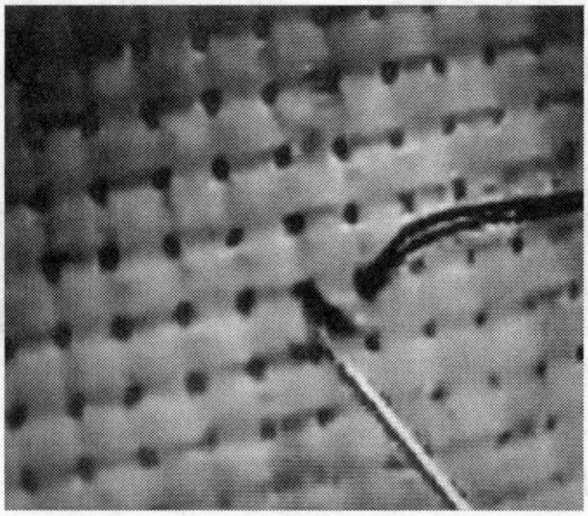

最后成品的反面是这样的：

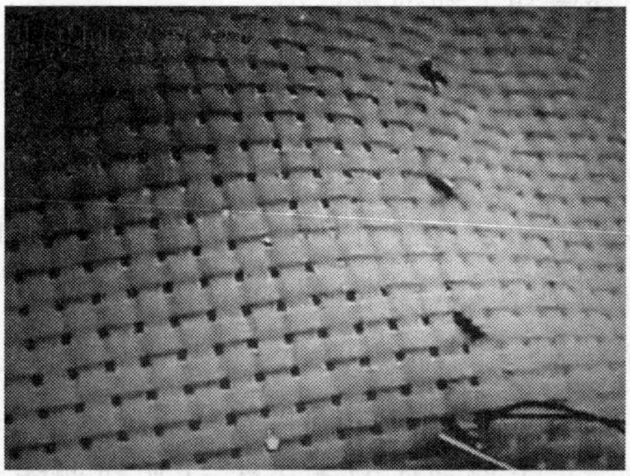

你比较喜欢哪种勾边方法，为什么？学生各抒己见。

教师总结：第三种勾边最省线，当然你可以根据自己的喜好选择相应的勾边方法。

(5)学生在自己的绣品上勾边，教师巡视、指导。

五、总结

这节课你有什么收获？

十字绣的特殊绣法还有很多，有兴趣的同学，课后可以自己去探索、研究，相信你会变得越来越心灵手巧。

六、作业

完成作品。

七、设计微调

为了体现学生的自主、合作、探究，这一环节改成小组合作探究：上图的勾边可用哪些方法？并动手试一试。

小组交流，先总结出前两种方法，再找找这两种方法的弊端——浪费绣线，然后由老师引出第三种方法，最后将三种方法进行比较，择优选用。

个案4. "杯变无穷"微型课程

(设计者：毛敏慧、郑鸣远)

课程名称 杯变无穷

课程编号 组别：休闲家政类 课程序列号：综 03B02

课程简介

小小纸杯，百变无穷。"杯变无穷"这门课程以纸杯为主要教学材料，给它以无限的创意，让学生在剪、贴、画等一系列的手工活动中感受指尖上的乐趣，同时培养学生动手能力和欣赏美、创造美的能力，并在活动中促进学生转变学习方式，激发学生的参与意识、合作交流和主动创新意识。

适用年级 二年级

课程开设背景及意义

受传统教育影响，教师和家长普遍对手工制作缺乏应有的重视和认识，更谈不上创新。即使学校布置手工作业，多半也是家长来完成，孩子的动手能力得不到应有的锻炼。手工操作活动是孩子通过双手对各种形态的、具有可塑性的物质材料进行想象、加工、改造，制作出占有一定空间的、可视的、可触摸的多种具体艺术形象的活动，它对于发展学生手部动作的灵活性、手眼协调能力，以及利用废旧材料创造新事物的能力，培养学生耐心、细致等习惯品质都具有极其重要的意义。

课程目标

1. 通过制作过程掌握基本的手工创作步骤，习得基本的创作技巧。

2. 培养学生爱思考、有耐心、做事专注的好习惯，懂得合作、交流、分享。

3. 感受手工创作的无限魅力，发展创新思维和美化生活的能力。

4. 通过利用废旧物品的操作活动，提高学生保护环境、再造废旧材料的意识。

课程内容

本课程以手工创作为基点，通过师生共同发现、利用身边的物品和废旧材料制作各种玩具、工艺装饰品，体验创造的乐趣。

教学方式

通过每周1课时、每学期7课时的连续活动、体验、评价培养学生的动手能力、审美与创造能力。7个课时都以纸杯为创作材料，创作内容相对独立，重点培养学生的动手能力，激发学生的创造性思维。主要采取生动、活泼、有趣的教学方式，呈现愉悦、和谐的课堂氛围，引导学生大胆想象，积极动手参与。在组织活动时重点体现：1. 教师的引领者地位。由教师向学生展示和讲解创作方法，主要利用讲授法、演示法、呈现法等。如通过多媒体的教学手段展示纸杯创意作品，在课堂上演示制作过程。2. 学生的主体地位。以学生自主活动为主，尽量让学生多练、多动，多给学生时间以发挥想象、动手创作。针对个别动手能力低下的学生，以鼓励为主，必要时采取手把手教的方法。3. 及时正面的评价反馈。在学生创作时，多鼓励，多表扬，多欣赏，同时采用积分制与展示作品的方法提高学生创作的积极性，激发出创新的火花。

在活动过程中重视课堂展评，关注学生参与的态度，以激励评价为主，让学生大胆想象，大胆创作，并培养学生耐心、专心、用心等良好的习惯品质。

评价方式

1.围绕课程目标,制定含评定项目、评定内容、评定等级的评定表。

2.学生自我评定、小组评定、老师评定。

3.家长评定。

4.根据学生在校、在家表现进行综合评定。

教学所需材料与设备

一次性纸杯,各色卡纸,剪刀,双面胶,毛线,彩色笔,记号笔,多媒体课件。

课程计划

第1课时:开班仪式,纸杯花制作
第2课时:创意笔筒
第3课时:千变万化的帽子
第4课时:纸杯娃娃
第5课时:纸杯椅子
第6课时:酷酷的眼镜
第7课时:成果展示

个案5. “小鬼当家”微型课程

(设计者:戴良仙)

课程名称 小鬼当家 授课教师:戴良仙 朱蕾 徐彩萍

课程编号 组别:休闲家政类 课程序列号:综03B01

课程简介

“小喜鹊,盖新房,小蜜蜂,采蜜糖,幸福的生活哪里来?要靠劳动来创造!”“小鬼当家”课程旨在培养孩子基本的生活自主动手能力,做到自己的事情自己做,勤于动手,热爱劳动,并能帮助家人和同伴做力所能及的事情,成为一个敬长辈、懂礼貌的好孩子。

适用年级 一年级

教学方式

本课程强调以学生为主体,以动手实践为中心,通过观摩、表演、实践、评价等方式,让学生了解与掌握基本的生活技能,习得基本的待人接物的礼仪以及和同伴交流的方式。为了激励学生养成良好的生活习惯,掌握基本的生活自理技能,我们根据每个学生参与活动的积极性、劳动技能掌握的熟练程度、实践过程中的创新意识等方面，给予及时的评价和反馈，并以现场打分的形式激励学生，评出“当家小能手”，对突出的学生奖励和颁发技能章。

考查方式

1. 围绕课程目标，制定含评定项目、评定内容、评定等级的评定表。

2. 学生自我评定、小组评定、老师评定。

3. 根据学生在校、在家表现进行综合评定。

课程开设背景及意义

如今我们的下一代生活自理能力极度缺乏，出现父母送大学生上学，住校学生回家时带回一周的脏衣服，家长代替孩子扫地等现象。这些现象让人困惑，同时提醒我们，孩子缺乏生活自理能力已经成为当今社会不得不面对的一个突出的问题，也对我们的教育提出了新的任务：加强小学生生活自理教育，培养他们的生活自理能力，使他们以正确的心态去认识和面对生活中的风风雨雨，茁壮成长，担负起未来建设祖国的重任。生活自理能力是指孩子在日常生活中照料自己生活的自我服务性劳动的能力。它是一个人应该具备的最基本的生活技能。孩子生活自理能力的形成，有助于培养孩子的责任感、自信心以及自己处理问题的能力，对今后的生活也会产生深远的影响。

课程目标

1. 通过生活自理活动的体验和实践，让学生初步养成自己能做的事自己做的习惯和独立料理生活的能力。

2. 掌握基本的生活知识和技能，能够比较合理地安排自己的生活。

3. 通过课程学习，使学生热爱劳动，热爱生活。

教学所需材料与设备

多媒体及体验所需材料。

内容概述

本课程计划 7 课时完成。第 1 课时通过对孩子生活自理现状的调查和交流，掌握每个孩子的生活自理能力水平，同时让学生明白养成健康良好的生活习惯和掌握必要的生活知识和技能的好处。然后安排 5 个课时的动手实践活动，指导学生自己整理书桌、书包、文具，准备第二天所需的学习用品；学习刷牙、洗脸、洗脚、洗手、洗小手帕，穿衣服、叠衣服、系红领巾、系鞋带，开关门窗、扫地、摆放桌椅，招待客人、接听电话等小主人活动，体验自己的事情自己做的乐趣。最后安排 1 个课时对课程活动进行总结和评价。

课程计划

第 1 课时：开班仪式

了解本课程的内容，根据需要组成 4 人（或 6 人）小组，设计小组名称，并对学生生活自理能力情况做问卷调查。

第 2 课时：整理书包

学生尝试按照自己喜欢的方法整理书包，全班交流，找到更合理、有效的方法，再次整理书包。

第 3 课时：整理课桌

动画引入，观察动画中小朋友在课堂中因为找不到学具而造成的后果，明白课桌要整洁，物品要做好分类，全班一起试着整理课桌。

第 4 课时：学会洗手

PPT 展示绘本，从绘本中发现细菌无处不在，清楚什么时候该洗手，并学会正确的洗手方法。

第 5 课时：学会刷牙

了解生活中哪些不良习惯会对我们的牙齿有害，并交流想法，学习正确刷牙方法。

第 6 课时：我来当当小主人

培养学生的安全意识，学会在生活中接待客人、接听电话的礼仪。

第 7 课时：自主评价

以情景剧或展示技能的方法在班级中进行展示、汇报。

第三节　开发一得：微型课程内容的取舍与提炼

千淘万漉虽辛苦　吹尽狂沙始到金

——“舌尖上的享受”课程内容的取舍与提炼

徐秀娟

课程内容的选择一直是课程设计的核心问题，也是一个很棘手的难题。首先，什么是课程内容？没有教材，课程内容来自哪里？其次，对于搜集和准备的课程内容，怎样去伪存真、去粗取精？第三，什么样的内容最适合学生的发展需要？第四，有了内容，怎样编排顺序？带着一个个疑问，项目组踏上了课程内容的取舍与提炼之路。

一、课程内容的来源

什么是课程内容？施良方教授在《课程理论》一书中指出：课程内容是指各门

学科中特定的事实、观点、原理和问题及其处理方式。[①] 因此，在选择课程内容时不仅要考虑到学生和教学两个方面，还要考虑学科知识价值问题及知识与能力的关系问题。

关于饮食方面的内容林林总总，既有对饮食文化的专门研究，也有操作性很强的指导手册。令项目组发愁的不是找不到内容，而是以什么标准选择内容？在《浙江省基础教育地方课程标准》里项目组成员找到了关于风土人情的内容标准，里边包含了饮食文化的内容。

内容提要	具体内容及目标
生活民俗	举例说出浙江省有代表性的生活习俗。 知道当地人们日常生活中衣食住行的民俗。 收集本地区人们日常生活中衣食住行的风俗习惯的资料。

衢州市地方课程教材《最美是我家》、江山市地方课程教材《古道千年》，也有涉及饮食方面的内容，但比较粗浅。《浙江省教育厅关于深化义务教育课程改革的指导意见》中指出，要加强"实践活动类"课程建设，于是让学生在课堂上动手操作实践成了项目组选择内容的标准之一。

根据生活经验并参考网上资料，以下这些内容都比较适合动手操作：制作糕点（蛋糕、饼干、米糕等），小吃（馒头、包子、水饺、粽子等），家常菜（红烧肉、西红柿炒鸡蛋、炒青菜等），水果拼盘，凉拌菜，煲汤等。

二、课程内容的取舍

对于这些适合动手实践的课程内容，怎样取舍和筛选呢？施良方教授提出选择课程内容时要注意的几项基本准则：一是要注意课程内容的基础性，使学生掌握社会中一名合格公民所必备的基础知识和基本技能；二是课程内容应贴近社会生活，要考虑让学生了解生活、接触生活，掌握一些解决生活问题的基本技能；三是课程内容要与学生和学校教育的特点相适应，要考虑学生的兴趣、需要和能力，并尽可能与之相适应。

基于这些准则，项目组重新审视这些适合动手操作的内容。四年级的学生在烹饪这块有一定的生活经验，每天都能在家里耳濡目染做饭、炒家常菜。但是炒菜需要用到厨具，学校的配备目前还跟不上，加上还有安全用火等问题，所以学做家常菜难以开展。再看制作糕点，目前来说这是家庭里比较热门和时兴的制作，学生也比较感兴趣，但是材料准备比较复杂，还需要烤箱，也不适合开展。水果拼盘，既方便又有创意，但是必须用到刀具，而且还要有较为熟练的操刀能力，对四年级的学生来说还是有难度的。凉拌菜在当地家庭餐桌上不太常见，因为没有这样的饮

① 施良方.课程理论：课程的基础.原理与问题[M]，北京：教育科学出版社，1996：106.

食习惯。剩下的是小吃的制作，像馒头、饺子、粽子之类，不仅是常见常吃的，也比较适合动手操作，材料准备相对来说要简单容易点，而且通过对四年级学生的访谈，了解到学生平时很少参与制作过程，对这些小吃怎么做出来的还是很感兴趣的。

就这样，项目组将课程内容确定为制作小吃。

三、课程内容的提炼

小吃名目繁多，馒头、包子、花卷、饺子、馄饨、清明粿、煎饼、油条、粽子等等，不一而足，可是开展这门课程的时间只有7个课时，到底什么样的内容最适合四年级学生的发展需要呢？

项目组查找了关于面点制作的书籍，从《面点制作技术大全》《面点班课程》等书中了解了面点文化和面点制作技术，并请教了专业人员——学校食堂厨师，让他们从专业角度为项目组成员分析或示范这些小吃的制作材料和步骤，最终选取了馒头、饺子、馄饨、清明粿和粽子这五种小吃。因为馒头是做面点的基础，和面、醒面技能非常关键；饺子、馄饨因为有馒头制作打底，重点就放在花样包法上；包清明粿、包粽子是家乡重要的两个节日——清明节和端午节的传统习俗，有必要让学生了解和掌握基本的操作步骤。

确定了课程内容后，项目组还有一项重要的任务，即为学生熟练地讲解和示范。为此，项目组成员利用休息时间跑食堂、跑小吃店取经学艺。当然，如果仅仅是限于动手实践、体验劳动，显然失去了综合实践课程的意义。为此，项目组增加了了解小吃传统文化的板块，由此激发学生热爱家乡，热爱生活，探究饮食文化。

至此，本项目组的综合实践微型课程内容已经敲定，给课程取个什么名称呢？近两年热门的纪录片《舌尖上的中国》给了成员们启发，就来个“舌尖上的享受”吧！

四、课程内容的编排

项目组按照施良方教授的“纵横观看”的办法来组织编排课程内容，以课程目标为线索组织内容。横向看，有知识与技能、过程与方法、情感态度价值观三维目标的培养；纵向看，是学生的个性发展与进步情况。按照由易到难、由浅入深的发展体系来编排7个课时的教学，具体如下：

舌尖上的享受	
课时	教学内容
课时 1	开班仪式,交流小吃
课时 2	制作馒头
课时 3	包饺子
课时 4	包馄饨
课时 5	包清明粿
课时 6	包粽子
课时 7	成果展示和汇报

从课程内容的取舍与提炼的过程中,项目组努力做到:第一,生活与社会是课程内容的源头活水。在此过程中,既充分挖掘教师的潜力,贡献教师的经验和智慧,同时也紧密联系学生的生活实际和社会实际,把学生所处的现实生活和社会情境视作课程内容的重要来源。第二,学生发展需求是选择课程内容的重要标准。校本课程的内容选择必须与学校教育一致,必须符合学习理论和教学理论的要求,但最重要的还是要符合学生的发展需要。项目组分析了四年级学生的所缺和所需,选择最有价值的课程内容。通过调查和访谈,了解学生已经具备和尚需具备的知识技能。根据学校总体目标和课程目标的要求,再根据学生的年龄、心理特征去选择和提炼课程内容。第三,满足学生的兴趣。课程内容尽量做到丰富性,而不是纸上谈兵,注重实践性、生成性和发展性。选择学生感兴趣的内容来提高学习效率,激发学生的学习内驱力,让学生主动地去适应、学习,让学生在课程学习中发挥更为积极的作用。

这是项目组第一次开发属于自己的课程,虽然一路磕磕绊绊,但蹒跚而行的脚印见证了所有成员的成长。于老师们而言,“千淘万漉虽辛苦”,但终究是“吹尽狂沙始到金”。这是一次独特的成长经历!

第三章 基地服务类微型课程

“快乐农场”里，孩子们挖坑、播种、浇水、堆肥、自制农药……从没干过农活的小农夫们无比的新鲜、好奇。“小小交警”跟着警察叔叔上下学时在校门口指挥交通，或者穿上小交警服走进各班教大家如何看懂交通信号，怎样正确过马路，引来同学们羡慕、赞赏的目光。

第一节 开发概况

一、开发背景

《课程标准》指出，要“充分利用学校、家庭和社会等教育资源，开展综合性学习活动，拓宽学生的学习空间”。为此，教师必须树立开放的教学观，让学生走出课堂，参与实践活动，把“死”的文献资料与现实社会中“活”的资源结合起来，使课堂教学实现由平面、单向向立体、多向的转变，开阔学生的视野，开放学生的思维，为学生提供亲近大自然的新天地。所以建设校园实践基地，从小培养学生服务他人的意识是非常必要的。学校基地服务类微型课程借助课程实践基地，通过服务社会，促进人的沟通理解与亲近社会行为的培养，促进学生良好处理人与人的社会关系。

中山小学是一所百年老校，学校的办学特色之一就是为学生创设良好的发展基地。学校早于 1997 年 12 月就在校内成立了江山市少年交通警察学校，并开展丰富多彩的综合实践活动。2006 年 9 月，学校搬迁到新校区后，开辟了种植园，供同学们观察、探索、研究、实践。依赖这两个基地，目前学校开发了两个微型课程：“快乐农场”和“小小交警我来当”。旨在通过各种实践和体验活动，让学生掌握自主学习的方法，形成良好的探索习惯，树立吃苦耐劳、服务社会、勇于奉献的精神，为其终身发展奠定基础。

二、开发目标

1. 践行学校理念，让学生体验劳动生活，了解农业基本常识，增强学生生活乐趣，丰富成长和生活经历，促进学生全面、阳光、健康地发展。

2.在活动中引导学生树立正确的劳动观念，端正劳动态度，懂得尊重他人的劳动成果，养成良好的劳动习惯，让学生得到自我展现，培养学生人际沟通、社会参与的能力及发现问题、分析问题、解决问题的能力，让学生拥有安全防护意识，珍爱生命。

3.引导学生学会制订活动小方案，学习开展问卷调查活动的具体方法。培养学生搜集信息、处理信息的能力；通过自行组队，以及小组合作，增强团队意识，培养学生合作探究的意识和能力，并有效提高学生的信息素养、团队协作能力及与人合作的能力。

4.调动队员参加集体活动的积极性，体现学生自主性；培养学生的集体荣誉感，提高语言表达能力与劳动能力，培养勇于克服困难的精神。

三、开发内容

基地服务类微型课程依托校内、校外基地，可以开发出多门微型课程。比如：依托菜市场、超市建立基地，体验菜农的生活与超市的工作流程；依托垃圾处理场建立基地，学习处理城市垃圾，体会环卫工人的辛苦劳动；依托工厂建立基地，让学生感受工厂现代化的气息，体验新时代工人的工作；建立农村活动基地，敬老院、社区服务基地，引导学生进社区，下农村，访农户，深入群众，实践创新，从中感悟“奉献、友爱、互助、进步”的精神；依托本地的旅游景点建立相应的基地，使学生学以致用，服务人民。把学得的知识用于实践，在实践中继续学习提高，增长才干，增强为人民服务的本领。

由于基地服务类微型课程需要有基地，并且对基地的建设要求比较高，依据目前学校的条件，依托校内种植园、交警园两个基地，并针对三至五年级的孩子开设了两门课程：“快乐农场”与“小小交警我来当”。其中“快乐农场”侧重于师生共同研究实践日常蔬菜的种植过程，了解蔬菜生长周期，知道影响蔬菜生长的各种要素，学会有关蔬菜种植及日常管理的一般方法，初步体验蔬菜的田间管理以及体验劳动的喜悦，感受“一分耕耘，一分收获”的道理。而“小小交警我来当”则基于校内的交警园这一基地，借力于交警部门引领学生学习交警手势操，识别交通标志，学习并宣传交通安全知识，并在校内模拟上岗，进班为同学讲解交通安全知识等内容。

四、开发体系

课程名称	适用年级	课程计划
快乐农场	三年级(初级)	第 1 课时:认识常用农具 第 2 课时:认识时令蔬菜 第 3 课时:丈量土地 第 4 课时:制种与播种 第 5 课时:扦插与移株 第 6 课时:制作堆肥 第 7—8 课时:日常管理 第 9 课时:分享成果
	四年级(中级)	第 1 课时:认识常用农具 第 2 课时:时令与蔬菜 第 3 课时:制种与播种 第 4 课时:估算产量 第 5—6 课时:制作堆肥 第 7 课时:日常管理 第 8 课时:自制农药 第 9 课时:分享成果
	五年级(高级)	第 1 课时:认识常用农具 第 2 课时:时令与蔬菜 第 3 课时:制种与播种 第 4 课时:套种与轮作 第 5 课时:估算产量 第 6—7 学时:制作堆肥 第 8 课时:日常管理 第 9 课时:自制农药 第 10 课时:分享成果
小小交警我来当	四、五年级	第 1 课:启动课(1 课时) 第 2 课:走进交警大队(1—2 课时) 第 3 课:交警手势操(3—4 课时) 活动 1:邀请交警叔叔教授手势操 活动 2:手势操展演 第 4 课:交通安全我学习(2 课时) 第 5 课:交通标志我识别(3—4 课时) 活动 1:制作交通常识小名片 活动 2:开展交通标志展示会 第 6 课:交通安全我宣传(2 课时) 活动 1:制作交通安全宣传单 活动 2:上街发放自制宣传单 第 7 课:交通安全知识竞赛(2 课时) 活动 1:自制交通安全知识竞赛试卷 活动 2:组织并开展竞赛活动 第 8 课:我为交警叔叔送温暖(岗亭体验活动)(2 课时) 第 9 课:小交警模拟上岗考核活动(9 课时)

“快乐农场”这一课程分别在三、四、五年级中开展，根据学校为微型课程设立的套餐制，每个年级每个学期各有两个班的学生能参与“快乐农场”课程，每个班的学员将参与7课时的学习体验。目前，由于学校是初次开发微型课程，三个年级的开发内容基本相同，在具体实施过程中，根据年级、学生的年龄不同，教学的侧重点略有变化。今后，将会根据不同的年级，有梯度地开展教学。

比如，时令与蔬菜，三个级别的微型课程中都有此内容，实际上在实施中具体内容是有所区别的，因为受场地和师资所限，同个年级参与“快乐农场”学习的两个班级，不可能同时开班，而是一学期分上半学期和下半学期分别开班，这样一来，时令不同，所种植的蔬菜也就不同，学习内容自然不同了，而且可以根据当时适合种植蔬菜的难易程度，适当划分不同年级的种植品种。再如，制作堆肥，三年级侧重制作“液体肥料”（一般一星期即可用），四年级尝试“无氧堆肥”（一般3个月可用），五年级开展“蚯蚓分解堆肥”（一般2个月可用）。由于种植活动比较容易受天气因素影响，所以每个微型课程的内容没有直接限制为7个课时，这是为了更灵活应对不确定因素所做的应变考虑。除了种植必须更多地考虑时令，不能轻易变更活动时间外，其他的内容可根据实际情况在实施顺序上做出调整。

而“小小交警我来当”由于性质不同，对学生的年龄有一定的要求，目前只开设一个班级，班级成员从四、五年级学生中选取。每周1课时，每学年有28课时的学习体验。

目前，学校正在拓展建设校外基地，比如依托市“女子岗亭”、驻本市部队、本校学生家长承办的果园来建设新的基地，让学生进一步亲近社会，得到更好的锻炼与成长。

今后，随着条件的不断提升，根据学生成长的需要，学校将会逐渐开发更多的校内、校外服务基地，继续开发更多适合学生成长的基地服务类微型课程，也将针对一、二、六年级的学生开发相应的课程，从而让学生更好地成长，更好地与社会服务相衔接，更好地处理人与社会的关系。

五、实施策略

1. 通过每周1课时、每学期7课时的连续活动、体验、评价，让学生逐渐内化技能。教学方式力求灵活多样：

（1）创设情境法：创设丰富多彩的活动情境，让学生参与活动。

（2）实践操作法：让学生在活动的过程中进行动手操作，在操作的过程中掌握技能技巧。

（3）讨论交流法：让学生在参与实践活动的过程中，遇到问题，自由地发表自己的见解，提出自己对问题的处理意见。

(4)分组合作探究法:以小组为单位进行合作实践,激励学生,让学生学会并乐意合作,体会合作的快乐。

(5)体验学习教学法:学生亲自参与知识的建构,亲历过程并在过程中体验知识和情感。

同时辅以讲授法、谈话法、讨论法、演示法、练习法、观摩法等。

2. 坚持以发展每一位学生的优势潜能为出发点,注重因材施教,采用考查、查阅、制作、讨论、体验、模仿、反思等方法。

3. 运用理论和实践相结合的方式进行考查,如“小小交警我来当”课程采用模拟上岗考核、小交警手势展演、安全知识竞赛、校门口值岗等方式。“快乐农场”课程也是既关注学生学习,又关注实践的完成情况,同时还充分关注学生的过程体验,把学生参与实践过程中的态度、兴趣等作为评价内容之一。同时发挥评价的多元化,把学生自评、家长和同学互评作为评价的重要内容。

六、开发难点及注意事项

本微型课程侧重引领学生与大自然亲密接触,通过实践劳动,亲身体验服务社会的快乐。然而在实际生活中,大多数学生是独生子女,生活自理能力很差,缺少服务他人的意识。像“快乐农场”课程需要学生使用劳动工具,学生平时很少接触土地,体验农作生活的机会也很少,虽然孩子们的积极性很高,但由于土地不经常翻动,容易结块变硬,不利于种植,而小学生力气偏小,即使是用力挥舞小锄头,也很难将硬邦邦的土地翻松。

其次,毕竟是校内种植园,场地偏小,存在安全隐患,也不利于开展教学。目前学校“快乐农场”共设三个班,每个班有近 50 个人,如果三个班的学生一起挤在种植园,有时水塘边都挤满了打水的人,学生站在地沟里容易发生碰撞,手中的小锄头也容易成为安全隐患。

同时,无论是农场经验还是交警知识,都是小学教师所欠缺的,开发过程中学生缺少技术性的指导。目前,“小小交警我来当”这一微型课程得到了市交警部门的大力支持,他们不仅来校为小交警们讲解交通安全知识,教给学生各种交通手势,带领学员们参观市交警大队,还指导学员在校门口指挥交通,使学校上下学的秩序变得井然有序。而“快乐农场”课程也将配备有经验的菜农,来现场指导,让师生们都有更好的收获。

第二节　个案点击

个案1. “快乐农场”微型课程

（设计者：沈丽萍、徐建立）

课程名称　快乐农场

课程编号　类别：基地服务类　序列号：综05E03

课程简介

本课程让孩子在综合实践活动中感知耕种的喜悦，分享丰收的快乐，感受农场带来的不一样的体验。孩子们在这里观察、记录、除草、劳动，呵护幼苗茁壮成长。蔬菜成熟后，孩子们收获丰收，也收获了成长！

适用年级　三至五年级

课程开设背景及意义

如今的学生可谓是五谷不分，他们一直生活在父母的庇护之下，很少有学生能真正体会到劳动的乐趣。然而，学生对于种植活动又充满了兴趣，只是平时没有机会参与而已。在孩子们眼里，蔬菜的根、茎、叶、花、果都充满着神秘的色彩，深深地吸引着他们。但孩子们对于蔬菜的种类、生长的特性、营养价值及其在食物链的作用等的特殊意义并不了解。通过本课程的学习探索，孩子们可以从家长、同伴、书本、网络等多种途径获得有关蔬菜的知识，并在小组观察、集体交流等活动中，培养细致观察、积极探索、相互协助、大胆表达、热爱劳动等多方面的能力。同时，在各种实践和体验活动中，也能够使他们掌握自主学习的方法，形成良好的探索习惯，为其终身发展奠定基础。

课程目标

打造“快乐农场”综合实践活动布局，吸引每个孩子参与到“快乐农场”种植中来，让学生体验劳动生活，了解农业基本常识，增强学生生活乐趣，丰富成长和生活经历，促进学生全面、阳光、健康地发展。

一、初级

1.引导学生认识各种蔬菜，了解小油菜、萝卜、西红柿等蔬菜的生长周期，初步学会种植小油菜和萝卜。

2.培养学生动手操作，初步掌握一些简单的种植实践技能。

3.通过蔬菜种植活动,引导学生体验劳动的喜悦,明白“一分耕耘,一分收获”的道理。

二、中级

1.让学生认识常用的种植农具,认识一些常见蔬菜,了解蔬菜的生长周期,知道蔬菜生长的需要条件。

2.通过种植实践活动,培养学生搜集信息、处理信息的能力;培养学生合作探究的意识和能力;培养学生发现问题、分析问题、解决问题的能力。初步掌握一些种植实践技能。

3.通过蔬菜种植活动,端正学生的劳动态度,引导他们树立正确的劳动观念。

三、高级

1.让学生认识各种蔬菜,知道常见蔬菜的生长周期,知道利用影响蔬菜生长的各种要素来规划自己的菜园。

2.通过种植实践活动,让学生自己发现问题、分析问题、解决问题,掌握一定的种植实践技能。

3.引导学生树立正确的劳动观念,懂得尊重他人的劳动成果,养成良好的劳动习惯。

课程内容

认识农具我能行;时令蔬菜我知晓;制种播种我尝试;套种轮作我了解;估算产量我实践;制作堆肥我来试;日常管理我在行。

教学方式

通过每学期7课时的连续活动、体验、评价,以及平时根据天气情况中午学段或放学后让学生快乐地参与种植管理活动,培养孩子们的合作能力和劳动能力。教学方法主要有以下几种:一是由教师向学生传授教学内容,主要利用讲授法、演示法、呈现法等。二是实践体验法,学生亲自到学校“快乐农场”活动基地参与劳动实践,体验种植的乐趣。三是分组合作探究法,在种植体验的过程中,采用小组合作承包实验基地的方式;在教学过程中开展小组合作制订种植计划、日常管理计划。通过以“小组合作”为主要形式的活动,让学生学会并乐意合作,体会合作的快乐。

评价方式

“快乐农场”是一个实践性、活动性较强的课程,因此在评价方面,采用过程性评价与终结性评价相结合,更侧重评价学生在种植过程中所表现出的对于合作、劳动的态度及面对困难的态度,旨在激励和培养孩子们合作、劳动及勇于克服困难的能力。考查方式以教师评价及小组评价为主。

教学所需材料与设备

四季时令蔬菜的种子、专业书籍、常用农具。

课程计划

初级班：

第 1 课时：认识常用农具

第 2 课时：认识时令蔬菜

第 3 课时：丈量、整理土地

第 4 课时：制种与播种

第 5 课时：扦插与移株

第 6—7 课时：日常管理

第 8 课时：自制液体肥料

第 9 课时：分享成果

中、高级班：

第 1 课时：认识常用农具

第 2 课时：时令与蔬菜

第 3 课时：估算产量

第 4 课时：播种

第 5 课时：移栽、套种与轮作

第 6 课时：日常管理

第 7 课时：自制农药

第 8 课时：制作堆肥

第 9 课时：分享成果

初级班第 1 课时活动设计

（设计者：祝惠慧、徐建立）

课　题　认识常用农具

教学（活动）时间　1 课时

教学（活动）目标

1. 通过开展调查、访谈等，了解常见农具的用途以及使用方法。

2. 认识生活中常见的农具，并学会安全正确地使用农具。

教学（活动）内容

认识生活中常见的农具，并学会安全正确地使用农具。

课(活动)前准备

教师:制作 PPT,准备好各种农具。

学生:上网搜索有关农具的名称、作用和使用方法。

活动过程设计

一、开放式导入

1.教师:小朋友们,你们知道吗?农民伯伯们在地里劳动的时候,可离不开一样东西,它们是农民伯伯们的好帮手,你们知道这是什么吗?

学生猜测。

2.出示 PPT,展示各种常见农具。

教师:看,就是它们,你们能叫出它们的名字吗?它们都有一个共同的名字,那就是农具。

二、认识农具,制订调查表格

1.学生讨论,并结合图片,说说相关农具的名称。

2.教师:同学们,你们马上就要成为我们学校"快乐农场"里一名快乐的"小农夫"了,这些农具可都是你的好帮手哦!你觉得要用好这些农具,应该了解一些什么呢?

学生交流:农具的作用、使用方法及注意事项等。

3.教师:我们就来制订一个调查表格,了解各种农具的作用。

学生小组合作制订表格,教师引导交流并完善表格。

三、开展交流,了解农具的使用方法

1.逐个出示各种农具,让学生根据课前的调查,交流农具的作用及使用方法。

2.教师根据学生的交流情况,逐一介绍各种农具的作用,并示范农具的使用方法、注意事项。

结合图片展示锄头、铁锹、簸箕、水壶、铲子等常用农具。

3.学生小组合作,完成表格并交流。

四、实地使用农具,并规范农具管理

1.组织学生到菜地用一下这些农具,并交代相关的注意安全事项。

教师将学生分成两组,一组进行观察,另一组进行实地使用。说说他们用农具的方法正确吗?

学生交流。

2.选择适合自己的农具进行使用。

3.引导学生说说农具使用好后该怎么办?

小组选农具管理员及助手，并宣布管理规则。

4.教师小结，并组织收好农具。

附：农具调查记录表

记录人：＿＿＿＿＿＿＿＿

调查目的：		
调查时间：		
调查方法：		
农具名称	作用	使用方法

初级班第2课时活动设计

（设计者：徐建立、祝惠慧）

课　题　认识时令蔬菜

教学（活动）时间　1课时

教学（活动）目标

1.认识白菜、菠菜、油菜、黄瓜等时令蔬菜。

2.小组讨论并制订种植计划。

教学（活动）内容

认识白菜、菠菜等时令蔬菜，初步制订小组种植计划。

课（活动）前准备

教师：制作PPT，准备好相关时令蔬菜及种子。

学生：上网查找时令蔬菜的相关知识，并初步了解蔬菜的营养价值。

教学（活动）过程设计

一、谈话导入

1.（出示PPT）教师：同学们，上节课我们分割了土地，每个小组都领到了属于自己的土地，还对土地进行了初步的整理，真好！但是，有了土地，要在这片土地上收获属于自己的劳动成果，还得再努力哦！现在正是金秋时节，也是种植蔬菜的好季节。你们能说说，现在的季节，我们都可以种植一些什么蔬菜吗？

2.学生说说自己所知道的时令蔬菜。

二、认识时令蔬菜，了解营养价值

1.引导学生认识时令蔬菜。

2.出示蔬菜的图片，说一说各类蔬菜的特点。

3.分组从菠菜、白菜、油菜、荞麦菜、西红柿等各种蔬菜中选择一两种，进行观察，并说说蔬菜的特点和营养价值。

4.引导小组交流，指导认识各种时令蔬菜，说说自己所喜欢的蔬菜。

三、制订种植计划，探究其合理性

1.教师：刚才我们一起认识了那么多时令蔬菜。你们对哪种蔬菜感兴趣，打算种植哪种蔬菜呢？

2.引导小组讨论：确定种植一种蔬菜，并交流种植蔬菜的步骤和方法。

3.分发《小组种植计划表》，小组共同完成种植计划。

教师引导学生交流计划表，并指出需要完善的地方。

四、探讨种植准备，分工布置任务

1.引导学生交流《小组种植计划表》中的“准备事项”，说说下节课前需要做好哪些准备？

重点引导学生做好以下准备：种子或种苗；相关的种植农具，如水壶、小锄头、小铲子等。

2.小组做好分工，并进行汇报。教师引导学生讨论小组分工的合理性，并嘱咐小组长做好课前的提醒督促工作。

附：小组种植计划表

记录人：________________

种植蔬菜品种：		
种植时间：		
种植前的准备：		
种植准备分工		
姓名	准备事项	备注

初级班第3课时活动设计

（设计者：徐建立、祝惠慧）

课　题　丈量、整理土地

教学(活动)时间　1课时

教学(活动)目标

1.认识菜地，通过实地丈量，初步学会丈量土地。

2.小组分割土地，领实验土地，初步学会整理土地。

3.通过丈量、分割、整理等活动，培养学生种植的兴趣。

教学(活动)内容

认识菜地，实地丈量土地，分割土地，初步学会整理土地。

课(活动)前准备

教师：制作PPT，准备好整理土地的相关农具。

学生：上网查找整理土地的相关知识。

教学(活动)过程设计

一、谈话导入

出示PPT，展示“快乐农场”实验基地。

教师：同学们，看，这就是咱们的实验基地。这块土地都归咱们班的同学管理了。这节课，咱们就来学习如何丈量土地，并且怎样把土地平均地分配给我们每个小组的同学。

二、感受土地的基本形状，认识“畦”

1.引导学生认识土地的基本形状。

2.你能说说这个形状规则吗？你能将这块土地分成规则的几个部分吗？

3.说说如何计算每一部分土地的面积？

通过分组讨论，自主归纳土地的形状及分割土地的办法。

4.引导认识“菜畦”。

出示图片：看，农民在种菜以前，会把整块地弄平整。为了便于分类耕作及灌溉，农民会把地分成一沟一沟的，高的为畦，低的为垄。垄是用来排水的，畦是用来种菜的。来看看，这块土地共有几畦呢？

学生观察并数一数。

5.引导讨论：我们平时在菜地劳作时，要注意一些什么呢？

交流讨论结果：要注意不踩到菜畦上面，可以踩在垄上劳动等。

三、了解整理土地的方法

1. 刚才我们已经将土地进行了分割，并分配给了每个小组的同学。这些土地有了主人。土地的小主人们，我们在种菜之前，得做些什么呢？对了，整理土地。

2. 教师：你们见过农民伯伯是怎样整理土地的吗？

学生交流相关事项，教师引导学生学会拔草、翻地、松土等整理土地的方法。

3. 学生小组内合作，讨论整理土地时的分工。

4. 教师交代相关的安全注意事项。

四、实地丈量，并初步整理土地

1. 组织学生来到实验基地，实地丈量分割土地。

2. 小组领实验地，合作初步整理土地。

附：丈量、整理土地记录表

记录人：________________

<table>
<tr><td>小组成员</td><td colspan="3"></td></tr>
<tr><td>活动时间</td><td></td><td>活动地点</td><td></td></tr>
<tr><td>活动目的</td><td colspan="3"></td></tr>
<tr><td>实验地位置</td><td></td><td></td><td></td></tr>
<tr><td rowspan="2">土地丈量记录</td><td colspan="2">长(米)</td><td>宽(米)</td></tr>
<tr><td colspan="2"></td><td></td></tr>
<tr><td colspan="4">小组整理土地分工</td></tr>
<tr><td>姓名</td><td colspan="2">负责的工作(拔草、捡石、翻地)</td><td>整理效果</td></tr>
<tr><td></td><td colspan="2"></td><td></td></tr>
</table>

初级班第4课时活动设计

（设计者：祝惠慧、徐建立）

课　题　制种与播种

教学(活动)时间　1课时

教学(活动)目标

1. 初步学会制种和播种的方法。

2. 乐于与小组成员合作，并对自己的小组做贡献。

3. 感受劳动的辛苦和不易，同时也体会种植的快乐。

教学(活动)内容

交流小组的种植计划，并学习制种和播种的基本方法，实地将小组商定的种植蔬菜的种子种下。

课(活动)前准备

教师：制作PPT，准备好时令蔬菜种子、种植工具及茅草。

学生：上网查找制种和播种的相关知识。

活动过程设计

一、谈话导入

1.(出示PPT)教师：同学们，我们每个小组都制订了自己的种植计划，大家回去有没有搜索相关的资料？今天咱们就要开始播种了！

2.引导学生说说自己所查找的资料。

二、交流计划，学习制种及播种

1.引导小组交流自己的种植计划，并说说自己所搜集到的种植方法及注意事项。

2.学习制种及播种方法。

教师：同学们，从你们的小组种植计划中，可见你们的前期工作做得很充分，真棒！你们准备种植的蔬菜种子带来了吗？

学生将自己带来的种子展示在桌子上，组际进行交流，通过看一看、摸一摸、闻一闻的方法认识不同蔬菜的种子。

教师：同学们，你们知道桌子上的这些种子是从哪儿来的吗？

学生猜测交流。

教师播放课件，PPT出示制种的过程，学生观看图片，交流了解不同蔬菜制种的过程。

教师：现在我们了解了这些种子是怎么来的，那你们知道该如何播种吗？

学生交流播种的方法。

教师总结播种的方法及相关注意事项。

三、小组合作播种，体会劳动乐趣

1.教师示范播种及种苗过程，学生观摩。

引导学生注意：播种时种子要撒均匀，撒下种子后用茅草轻轻覆盖。种苗时注意泥土要挖深，培土要牢固。

2.学生到自己的小组实验地中进行播种，教师关注学生的安全及学生播种的方法。

3. 教师检查学生的种植情况，并予以指导。小组完成任务后，教师引导各组整理工具。

4. 引导学生说说播种后期待的心情。

学生交流：期待发芽、期待长大……

5. 教师小结：同学们，刚才我们满怀期待地种下了蔬菜的种子，体会了一次当“小农夫”的快乐。我们期待它们能发芽，期待它们能长大，这也是劳动的快乐！让我们带着这种期待，一起等待它们悄悄长大吧！

初级班第5课时活动设计

（设计者：祝惠慧、徐建立）

课　题　扦插和移株

教学（活动）时间　1课时

教学（活动）目标

1. 初步掌握扦插与移株的基本方法。

2. 小组合作将所学习的扦插和移株的方法用到实处，体会合作劳动的快乐。

教学（活动）内容

引导学生掌握扦插与移株的方法，小组合作将所学习的扦插和移株的方法用到实处，体会合作劳动的快乐。

课（活动）前准备

教师：制作PPT，准备好扦插和移株所需的各种农具。

学生：上网搜索扦插和移株的方法，带上相关的农具。

活动过程设计

一、谈话导入

1. 教师：同学们，我们种下的很多蔬菜都已经发芽，渐渐长大了。看到自己所种下的绿油油的菜苗，你们有怎样的感受呢？和大家交流交流吧！

引导学生交流自己的感受。

2. 我们种下的蔬菜一天天长大，那一畦地已经不够它们生长了，它们需要更大的生长空间。因此，今天我们就要学会给我们的蔬菜挪一挪，给它们一个新家，这就需要同学们学会移株。还有的蔬菜可以用扦插的方法让它们繁殖得更多。因此，这节课，咱们就一起来学习这两项本领。

二、交流课前调查，学习扦插和移株

1. 关于扦插和移株，你想了解一些什么呢？

学生提出问题：什么叫扦插和移株？如何扦插和移株？

2.引导小组交流自己的种植计划，并说说自己所搜集的种植方法及注意事项。

学生交流，教师总结：扦插育苗是利用某些蔬菜的一定部位容易产生不定根的特点，取这些部位，在适宜的环境条件下培养，促使其发根生芽，形成新的幼苗。蔬菜扦插可增加蔬菜的繁殖系数，加速育种的进程，并能保持品种的纯度。移株是将蔬菜幼苗带上原有的泥土，移植到较为宽松的空间，以利于蔬菜更好地生长。

3.教师借助 PPT，演示扦插和移株的过程。

学生观察，掌握方法，注意相关事项。

教师小结，出示 PPT 总结并交代播种的方法及相关注意事项。

三、实地小组合作播种，体会劳动的快乐

1.小组分工到自己的小组实验地中进行扦插和移株，教师关注学生的安全及扦插、移株的方法。

2.师生共同整理工具，评选优秀小组。

3.教师小结：同学们，刚才我们学会了两项新本领，体会了一次当“小农夫”的快乐。期待我们种下的蔬菜能越长越壮，期待着它们成熟。

初级班第 6—7 课时活动设计

（设计者：祝惠慧、徐建立）

课　题　日常管理

教学(活动)时间　2 课时

教学(活动)目标

1.学习和掌握蔬菜种植中的浇水、拔草、捉虫、施肥等日常管理的相关工作。

2.小组合作，有效地制订与实施日常管理的计划，体会合作劳动的快乐。

教学(活动)内容

学习和掌握蔬菜种植中的浇水、拔草、捉虫、施肥等日常管理的相关工作；小组合作，有效地制订与实施日常管理的计划，体会合作劳动的快乐。

课(活动)前准备

教师：制作 PPT，准备好学生制订日常管理计划的相关表格。

学生：上网搜索蔬菜日常管理的注意事项。

活动过程设计

一、谈话导入

1. 教师：同学们，看，这就是我们种下的蔬菜，它们都渐渐长大了，长势越来越喜人了，这都归功于同学们的细心照料，能说说你们小组都为这些蔬菜做了哪些事情吗？

引导学生交流感受。

2. 教师：你们真是一群勤劳的“小农夫”，你们为了这些蔬菜做了那么多事，真能干！为了能获得大丰收，在接下来的时间里，我们还要做些什么呢？

学生交流：多浇水、多拔草等。

教师：真聪明，接下来一直到丰收之前，我们都要对这些蔬菜进行日常的管理，给它们无微不至的关怀和照料，这样我们才能有收获！

二、交流调查情况，了解日常管理事项

1. 对于蔬菜的日常管理，你觉得有哪些事情可做呢？

学生交流：浇水、拔草、施肥、捉虫、松土，等等。

2. 教师：刚才同学们一口气说了那么多我们可以做的事。这些事看起来是很简单，如浇水，是不是很简单呀？

学生交流：很简单，早晚都浇一次水就行了呀！

（出示 PPT）教师：是不是真的这么简单呢？咱们来看一看这两幅图片。我们的同学都是遵循每天早晚浇一次水的规律给图中的两种蔬菜浇水，但结果却不一样：第一张，枯了蔫了；第二张蔬菜的根部烂了。这是怎么回事呢？

学生交流，教师小结：有的是因为浇水量不够，没有浇到根部，没有浇透；有的是水浇得太多了。因此浇水也要注意技巧，要适量，根据天气及蔬菜的实际需要来浇水，不要盲目。其他各项日常管理工作也应该如此。

3. 学生交流，说说其他日常管理所需注意的相关事项。

三、制订日常管理计划，体会合作的快乐

1. 教师：同学们，蔬菜的日常管理是一项长期而又细致的工作，只有小组的同学齐心合力，才能有收获。接下来，让我们一起来和小组成员制订一份日常管理计划。在制订计划时，一定要注意让每位成员都承担一定的管理任务，组长分配要合理。

教师下发计划表，学生小组合作，制订日常管理计划，并交流完善日常管理计划。

2. 教师小结：同学们，有句话说“一分耕耘，一分收获”，相信在同学们的细心照料下，我们的“快乐农场”一定能大丰收！

附：小组日常管理计划表

记录人：________________

种植蔬菜品种：		
种植时间：		
日常管理计划		
时间	日常管理项目	小组分工

初级班第8课时活动设计

（设计者：祝惠慧、徐建立）

课　题　自制液体肥料

教学（活动）时间　1课时

教学（活动）目标

1.了解肥料对于植物生长的作用及堆肥的历史。

2.初步了解堆肥的一些常用做法，学着用家庭垃圾制作简单的液体肥。

3.通过动手实践，提高学生动手操作的能力，增强合作意识，体会劳动的快乐。

教学（活动）内容

初步了解堆肥的常用方法，学着用家庭垃圾制作简单的液体肥。

课（活动）前准备

教师：收集有关制作肥料的资料，制作多媒体课件。

学生：课前通过上网、调查访问等方式，了解有关制作肥料的知识。

活动过程设计

一、谈话导入

1.教师：同学们，农场里的蔬菜越长越高了。你们知道，它们为什么长得越来越好吗？它们所需要的营养成分是从哪儿来的？

学生交流。

2.教师：为了让土地有足够的养料，我们就要像农民伯伯那样，为蔬菜施肥。

今天这节课,我们就来学习怎样制作肥料。

二、了解肥料种类,并分析其优劣

教师:农民伯伯施肥时通常是用什么肥料的?

学生交流:化学肥料、菜籽饼、草木灰、粪便、腐烂的植物等。

教师在课件中出示学生所交流的各种肥料,并引导分类:你能将这些肥料分分类吗?说说它们各自的优势和劣势。

学生交流。教师引导学生分类(无机肥料、有机肥料和生物肥料),并分析各类肥料的优劣。

三、了解堆肥的方法,比较其优劣

1.同学们,这些肥料是怎么来的呢?你了解了哪些堆肥的知识?

学生交流,教师引导:堆肥,就是利用自然界的微生物对垃圾中的有机物进行分解,使之形成肥料,作为农作物的营养,从而达到处理垃圾,净化城市环境,又提高土地生产力的目的。

2.了解堆肥的历史。

堆肥是一个古老的研究与实践领域。根据资料记载,中国在南宋就已建立起科学的堆肥方法,早于西方850余年。南宋时期中国水稻亩产已达到350余公斤。可以自豪地说,正是依赖于堆肥及有机肥的长期投入,中国的粮食产量以及农业才数千年保持长盛不衰,中国传统农业的伟绩也在《四千年的农民》《农业圣典》等经典著作中得到推崇。

3.你了解了哪些堆肥的方法?

学生交流自己所了解的各种堆肥方法,教师引导比较并总结各种堆肥方法。

四、自制液体肥料,展示小组成果

学生拿出准备好的材料,在教师的引导下小组合作制作液体肥。

1.准备一个可封闭的塑料桶,制成简易的有机堆肥桶。

2.将果皮、菜渣、骨头、剩饭等厨余,切成3—5cm长,置于桶里压实,以避免臭味逸出。

3.加入淘米水、剩菜汤等液体。

4.将堆肥桶密封,置于阳光下曝晒。大约两周后,桶里发酵的液体就是有机肥料了,它可以让蔬菜变得更加茂盛、肥壮。

教师引导交流并展示学生自制的肥料成果。

中、高级班第1课时活动设计

（设计者：朱小琦）

课　题　认识常用农具

教学(活动)时间　1课时

教学(活动)目标

1.认识一些常用的农具，了解农具的用途、使用方法及使用安全注意事项。

2.参观种植园，明确本班实验基地范围。

3.激发学生学习本课程的兴趣，培养学生热爱土地、热爱劳动、亲近自然的情感。

教学(活动)内容

1.起始教育。

2.认识常用农具。

3.参观种植园。

课(活动)前准备

教师：收集常见农具的图片或视频，制作PPT。

学生：上网搜索常见农具的名称、图片。

教学(活动)过程设计

一、起始教育

1.为更好地开展教学活动，新课伊始通过师生谈话，共同讨论，推选出班长和几名小助手，配合老师工作。学生明确学习本课时应注意的几点：

(1)按时上课，有特殊原因不能到课，要及时向班长请假。每次上课开始班长负责点名，并向老师汇报情况。

(2)在种植园分组实践时，要听从组长统一安排，组内成员分工合作共同完成任务，避免劳动时工具伤到人。

(3)对于下节课要准备的材料要早做准备，按时带来。

2.欣赏图片，感受劳动带来的成就感。

(1)出示课件：蔬菜由一粒种子到发芽、长叶、开花、结果的一系列图片，让学生直观地看到蔬菜神奇的生长过程。

(2)同学们，你们是不是也很想亲自见证蔬菜的生长过程呢？从现在起你们就是小小农场主了，你们可以在种植园里种上你们爱吃的蔬菜，自己管理这些蔬菜，用你们的劳动来换取土地给你们的回报。你们是不是很期待呢？

二、认识农具

俗话说“磨刀不误砍柴工”，在种植前我们很有必要认识一些常用农具，了解它们的用途和使用方法。

1.小组交流。

课前老师布置了任务，请同学们通过上网查询、问询大人等方式，了解常用农具的名称及用途。现在请同学们在小组里交流一下，你已经认识了哪些农具。

2.结合图片，认识农具。

同学们，老师这儿也搜集了一些农具的图片，我们一起来看一下。

教师（点击图片）：哪些农具是你们见过的，哪些你们知道使用方法？

请认识某一农具的学生上来做介绍。

3.借助实物认识锄头。

在菜园种植中，锄头是经常用到的农具，老师这儿就有两把锄头。锄头根据长短可分为长柄和短柄两种，长柄的锄头挖地时比较容易使上力，短柄的锄头比较灵活。前面两边尖的锄头一般用来挖地，前面平的锄头比较适合用来除草。在使用锄头时，要注意和旁边的同学保持一定距离，以免伤到人。

教师示范如何使用锄头挖地。学生现场演示。教师纠正错误动作。

三、参观种植园

同学们都很想知道我们的蔬菜种植园在哪里吧，下面我们就一起去参观一下。不过在参观之前请同学们要注意秩序，不要推挤，只在地沟里走，不要踩上菜地，因为把地踩实了，不利于蔬菜的生长。

师生一起参观种植园，明确本班种植园的位置。

四、小结，布置任务

1.说说这节课的收获有哪些。

2.布置下节课要做的准备工作。

中、高级班第2课时活动设计

（设计者：徐建青）

课　题　时令与蔬菜

教学（活动）时间　1课时

教学（活动）目标

1.使学生认识各种蔬菜，知道各种蔬菜的名称及基本特点。

2.使学生了解春夏秋冬各有哪些蔬菜，知道蔬菜的自然生产季节。

教学(活动)内容

认识蔬菜，知道各种蔬菜的自然生产季节，将蔬菜按其特点进行分类。

课(活动)前准备

教师：收集常见蔬菜的图片或视频，制作 PPT。

学生：上网搜索常见蔬菜的名称、图片。

教学(活动)过程设计

一、介绍认识的蔬菜

1. 开门见山，引出课题蔬菜的品种很多，小朋友们知道哪些蔬菜呢？这些蔬菜都有什么营养呢？我们分成红绿(按男女)两个队来个小竞赛，看哪组说的蔬菜品种最多。

要求：别的组说过的蔬菜不能重复。

A：我知道的蔬菜是黄瓜，女孩子多吃黄瓜能美容！

B：我喜欢吃南瓜，南瓜有降血糖的本领！

……

2. 小结：原来蔬菜有这么多品种，而且不同的蔬菜有不同的营养和用途，我们吃不同的蔬菜就能获得各种各样的营养了。

二、看图认菜

1. 出示各种蔬菜的图片，让学生认一认，说一说。

(如出示蘑菇)提问：蘑菇长在什么地方？(出示图片：地上、树上、石头上)蘑菇属于菌类，它的营养价值很高，有野生和人工种植两种。有些蘑菇是有毒的，不能随便食用。蘑菇这么有营养，农民伯伯就想办法自己种蘑菇了。(出示人工种植蘑菇的图片)

2. 介绍新品种蔬菜，让孩子对蔬菜品种有更多的了解。

这位小朋友今天带来了一则新闻，她想告诉我们她发现了一种不一样的蔬菜，我们来听听看。(红青菜)

老师今天也带来了几种不一样蔬菜的图片，我们来看看是什么。(出示图片)

总结：我们人类本领真大，发现了这么多新品种的蔬菜，这些新品种蔬菜富含我们人体所需的营养！吃了这些蔬菜，我们的身体会更加健康！

三、按季节进行蔬菜分类

1. 教师：看来同学们对各种蔬菜都有一些了解，下面老师想请一位同学上来给这些蔬菜分分类！

2. 学生移动图片进行分类。

3.教师:你是按什么进行分类的?

4.引出按季节分类。

春

夏

秋

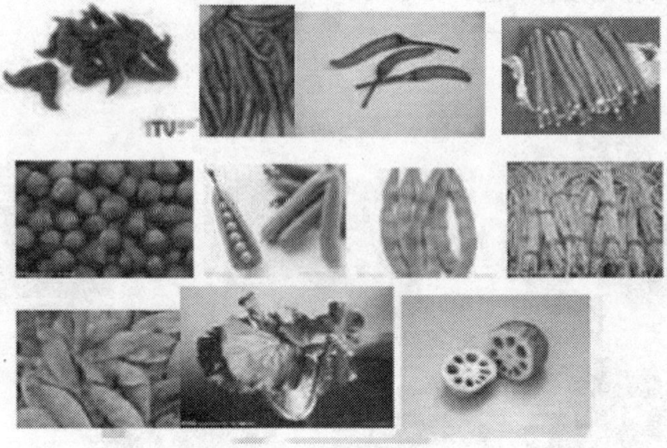

冬

5. 讨论指出不同地区的蔬菜的种植时间是不一样的，大棚蔬菜种植技术的发展使一年四季都有各种蔬菜。

四、买菜（结合生活，让孩子从生活中体验蔬菜）

今天我们认识了许多新品种的蔬菜，知道了多吃蔬菜有很多好处。现在老师就请小朋友亲自去买菜。（放音乐《菜场》）

学生做游戏“买菜”。

小组交流：你今天买了哪些蔬菜，这些蔬菜有什么营养？你花了多少钱？还剩下多少钱？

五、设计微调

可根据季节的不同，重点介绍不同的蔬菜，如夏季以瓜果类蔬菜为主。

中、高级班第3课时活动设计

（设计者：徐建青）

课　题　估算产量

教学(活动)时间　1课时

教学(活动)目标

1. 使学生了解我国常见蔬菜的产量，知道如何进行蔬菜产量的估测。

2. 在活动过程中培养合作精神，提高估算能力及用学过的知识去解决实际问题的能力。

3. 小组合作，估算蔬菜产量收入。

教学(活动)内容

测量土地面积，估算蔬菜产量。

课(活动)前准备

教师：收集资料，制作PPT。

教学(活动)过程设计

一、土地面积

1. 教师：同学们，玩过QQ农场或类似的游戏吗？你有多少菜地了？

聊天并激发学生兴趣。

2. 板书“畦”字。这个字读什么？表示什么意思？

介绍：“畦”(qí)古代称五十亩田为一畦。现在指田园中分成的小区块，一般把一小块菜地称为一畦。

3. 计算土地面积。

出示课件：一块长方形菜地，如果宽增加12米，就能变成正方形菜地，面积也增加240平方米。那么，原来长方形菜地的面积是多少？

二、了解蔬菜产量构成的特点

1. 了解土地面积单位：平方米、公顷、亩(1公顷=15亩，1亩=666.666……平方米)。

学生介绍自己课前了解到的土地面积单位，教师引导补充。

2. 单位面积蔬菜产量的计算方法：

单位面积的产量=单位面积的株数×平均单株产量

三、估算一块地的蔬菜产量

1. 王大爷有一块长200米、宽40米的菜地，菜地里种的都是白萝卜，它们的株距是0.25米，行距是0.4米。如果每个萝卜的重量大约为1.2千克，每千克萝卜价格为0.8元。请根据给你的信息回答下列问题：

(1)这块地大约能收获多少个萝卜？

(2)预计这块菜地能收入多少元？

(3)平均每公顷大约收入多少元？

2.学生反馈。

四、实践活动

1.小组合作测量种植面积。

确定分工，分组轮流进行。

2.测定行距与株距。

3.估算蔬菜产量。

五、设计微调

根据学生年级层次的不同，土地面积计算及产量计算难易程度不同。

中、高级班第4课时活动设计

（设计者：徐建青）

课　题　播种

教学(活动)时间　1课时

教学(活动)目标

1.熟悉蔬菜作物主要的育种途径，并知道蔬菜育种技术的发展方向和重点。

2.了解蔬菜作物播种的几种常见方法。

教学(活动)内容

育苗前准备工作(培养土的处理)、育苗前种子的处理、常用的育苗方法、苗期管理技术、穴盘育苗技术。

课(活动)前准备

教师：收集资料，制作PPT。

学生：上网了解播种的常见方法。

教学(活动)过程设计

一、种子的前期处理

1.教师：上星期周末，小明到乡下爷爷家，看到爷爷正在种小白菜，小明就向爷爷要了一些种子，回到家就种了下去。这个星期，小明到爷爷家一看，爷爷的小白菜长出来一大截了,自己家的却还没发芽,这是为什么呀?

(学生猜测、讨论)

教师:回顾一下在科学课中学过的知识:种子要发芽的必备条件是什么?(空气、水分、适当的温度)

2.浸种。

教师:是的,这些是种子发芽的必备条件。在生活中为了帮助种子更快更好地发芽,人们会把种子放入水中进行浸泡。(出示图片)

浸种:用水或各种溶液浸泡种子的方法。浸种时要注意掌握水温、时间和水量。一般用水量为种子量的4—5倍。浸泡时间以种子充分膨胀为准。水温根据种子的特性和技术要求有所不同。根据浸种水温的不同,可将浸种分为两种:

(1)常规浸种(冷水浸种):将种子浸泡在冷水中的一种浸种方法。适用于种皮薄、吸水快、易发芽的蔬菜种子。如白菜、甘蓝的种子。这种方法仅有加速吸水膨胀的作用,不具消毒作用。

(2)温烫浸种:先用50℃—55℃的温水恒温浸种10—15分钟,以杀死一些附着于种皮的病菌。然后使水温自然下降至30℃左右,再按常规方法浸种。这种方法多用于瓜类、茄果类等喜温蔬菜种子的处理,是生产上最常用的浸种方法。

3.消毒。

教师:一些蔬菜病害往往通过种子传播,因此,播种前最好对种子进行消毒。蔬菜种子药剂消毒的方法有两种:药粉拌种和药液浸种。

(1)药粉拌种:取种子重量0.3%的杀虫剂或杀菌剂,与种子混合搅匀即可。

(2)药液浸种:先把种子在清水中浸胀,然后在配制好的药液中浸种。要严格掌握药液浓度。不同药剂的使用方法、防治对象、处理时间等均不同。

二、种子播种技术

1.学生介绍了解到的种子播种方法。

教师:同学们,上节课我们就布置了任务:了解播种的相关知识及播种的常见方法。请准备好的同学上来介绍一下。

(学生介绍预习内容)

2.课件介绍播种方法和播种深度。

(1)播种要在天气晴稳时进行,以利于幼苗出土。在整平的床面上浇足底水,保证分苗前幼苗的需水量,这是促进幼苗正常出土和生长的关键。

(2)播种时小粒种子一般用撒播法,大粒种子则常用点播法,过于细小的种子为保证出苗均匀可混拌细沙播。播后覆土厚度一般为种子厚度的3—5倍,番茄、辣椒、茄子的覆土厚度为0.7—1cm,黄瓜为1—1.5cm,西葫芦为2cm。覆土要及时、均匀,防止晒芽或冻芽。

(3)播种深度即覆土的厚度，主要依据种子大小、土壤质地及气候条件而定。种子小，贮藏物质少，发芽后出土能力弱，宜浅播；反之，大粒种子贮藏物质多，发芽时的顶土力强，可深播。松的土壤透气好，土温也较高，但易干燥，宜深播；反之，厚实的土壤，地下水位高的地方宜浅播。高温干燥时，播种宜深；天气阴湿时宜浅。此外，也应注意种子的发芽性质，如菜豆种子发芽时子叶出土，为避免腐烂，宜浅播。瓜类种子发芽时种皮不易脱落，常会妨碍子叶的展开和幼苗的生长，播种时除注意将种子平放外，还要有一定的深度。

三、到菜园实践尝试

1.分组用小锄头松土，做好播种前的准备。

2.浇足底水。

3.下发浸泡好的小白菜种子，用撒播法进行播种。

4.覆土0.5—1cm。

5.各小组互相参观、交流。

四、交流衍生

1.分小组汇报播种的实践感受。

2.衍生：发芽期的管理。

教师：是不是种子种下去就万事大吉了呢？（学生：当然不是）那么在种子的发芽期应该注意点什么？如何进行发芽期的管理？请同学们课外自己通过各种途径了解一下，并以小组为单位跟进菜地的管理。

五、设计微调

根据不同季节准备合适的种子，并进行前期处理。

中、高级班第5课时活动设计

（设计者：徐建青）

课　题　移栽、套种与轮作

教学（活动）时间　1课时

教学（活动）目标

1.了解蔬菜种植的常见技术，知道一些蔬菜组合种植的知识。

2.经历蔬菜种植的过程，知道一菜一饭来之不易。

教学（活动）内容

1.了解充分利用土地增产的一些种植方式，了解各种种植方式的意义。

2.移栽、套种和轮作需要注意的问题。

3. 常见蔬菜轮作特点。

课(活动)前准备

教师:收集资料,制作PPT。

教学(活动)过程设计

一、谈话导入

教师:上节实践课,我们播种了小白菜,它是可以直接撒播长大的蔬菜。但有些蔬菜在播种育苗后,还要把幼苗再进行移栽。如油菜的种植就是这样!这节课,我们接着了解一下蔬菜的移栽技术。(板书课题)

二、了解蔬菜移栽的注意事项

1. 移栽。

教师:蔬菜播种发芽后,当幼苗长大一些,就要进行栽种。在幼苗移栽时有什么需要注意的事项吗?

(学生讨论)

2. 幼苗移栽要注意以下几点。

(1)看天。茄果类和瓜类蔬菜移栽要抓住“冷尾暖头”,既可避免冻害,又能争取早熟。移苗应在晴天上午进行,保护地蔬菜最好边移栽边定植,移栽后立即扣棚。如果天气不好,即使幼苗很健壮,也不能移栽,以免影响定植质量。

(2)看地。茄果类和瓜类蔬菜要在土壤干湿适当时移栽,以利幼苗成活。保护地蔬菜苗移栽后要用地膜覆盖,以保温、保墒。移苗前一天,苗床或营养钵要浇透水,以利带土移苗不伤根。即使秧苗超龄,也要保证在土壤干湿适当的前提下定植。

(3)看苗。茄果类和瓜类蔬菜要选择壮苗移栽。苗壮,既能抗低温、抗晚霜,又可早发棵。幼苗移栽前要采取炼苗措施,使幼苗移栽后很快适应新环境。幼苗要带土、带肥、带水、带药移栽,以利幼苗健壮生长。如果幼苗弱,即使土壤干湿适当,天气好,也不宜过早移栽定植,以免秧苗移栽后抗逆力差而造成缺苗断垄,影响产量。

三、实践操作

1. 分组先参观苗床。

2. 松土,做好移栽前的准备工作。

3. 以小组为单位进行西红柿幼苗的移栽。

四、事例分析

1. 小明很喜欢西红柿,他门前的一小块地每年都要种西红柿。前两年收成还好，但这几年小明发现西红柿越长越小，越长越差，这是怎么一回事呢？

（学生讨论）

小结：原来，每种蔬菜生长时需要的营养不一样。当一块地长期种植同一种作物时，某些营养成分会被吸收完，这样就不利于蔬菜的再种植，同时病虫害也会特别多。因此，蔬菜种植提倡轮作（即一块地一样蔬菜种一段时间后，最好换种另一种蔬菜，这样间隔着来有利于蔬菜的成长）。像西红柿最好 2—3 年就要轮作，并且不与茄科作物连作。

2. 你还知道更多关于轮作、套种的相关知识吗？请介绍一下！

（出示常见蔬菜的轮作、套种相关知识）

黄瓜：春黄瓜前茬多为秋菜或春小菜及越冬小菜，后茬适种多种秋菜。夏秋黄瓜前茬适合各种春夏菜，后茬适合越冬菜或春小菜。黄瓜与番茄相互抑制，不宜轮作和套种。

茄子：前茬为越冬叶菜，可与早生甘蓝、早熟白菜、春萝卜、水萝卜、樱桃萝卜等生长期短的蔬菜套种，后茬可栽种大白菜等秋菜。

辣椒：不宜与茄科作物连作，与叶菜、根菜、花生等短秆作物间作。

豆类：含菜豆、豌豆、荷兰豆、甜脆豆、架豆等不宜连作。连作 3 年以上，前茬为秋冬菜或闲地，露地菜、水稻、玉米、花生等粮食作物均可作前茬。南方春茬为春萝卜、菠菜等春小菜茬，后作蔬菜主要为越冬菠菜、芹菜、大白菜和秋甘蓝。南方以秋马铃薯、萝卜、白菜、乌塌菜、芥蓝、菜心为主。在北方特别适合与高秆作物间作。

萝卜：秋冬萝卜茬口多以瓜类、茄果类、豆类为宜；早春萝卜为菠菜、芹菜、甘蓝、秋莴苣及胡萝卜；四季萝卜可与南瓜等隔畦套作。

马铃薯：前茬为葱蒜类、黄瓜，其次为禾谷类作物及大豆。茄科作物不宜相互轮作。与根菜类也不宜相互轮作。与其他作物套种时应注意：选早熟、植株矮小的品种；共生期尽早缩短，产品器官形成盛期错开；少争夺“温、光、水、肥”；不要影响管理。

大蒜：最忌连作，或与其他葱属类植物重茬。秋播大蒜的前茬以早熟菜豆、瓜类、茄果类和马铃薯的茬口最好；春播大蒜以秋菜豆、瓜类、南瓜、茄果类最好；是其他作物的良好前茬。

3. 总结衍生。

教师：蔬菜的种植是一门大学问：有的蔬菜是“生死仇敌”，绝不能种在一起；也有的蔬菜是“好朋友”，会互帮互助、共同成长。总之，蔬菜的种植需要人们用心、细心并小心，才会有好收成。课后，请同学们自己选择一种常见蔬菜，了解它的习性、特点及日常管理注意事项，下节课我们继续讨论蔬菜日常管理要注意的事项。

中、高级班第6课时活动设计

（设计者：沈丽萍）

课　题　日常管理

教学（活动）时间　1课时

教学（活动）目标

1. 让学生了解各种蔬菜需要哪些方面的田间管理。

2. 通过讨论、调查等活动，培养学生收集、整理、分析资料的能力。

3. 让学生懂得劳动是光荣的，要珍惜劳动果实。

教学（活动）内容

交流阳台盆栽蔬菜或种植园里的蔬菜需要哪些日常管理；防治蔬菜病虫害的方法；小组交流蔬菜的其他日常管理方法；到种植园实地查看，对所种蔬菜做简单的日常管理。

课（活动）前准备

教师：多媒体课件、收集蔬菜日常管理的几种常见方法。

学生：收集蔬菜日常管理的几种常见方法，整理自己在蔬菜种植中遇到的问题。

教学（活动）过程设计

一、谈话导入

教师：上节实践课，我们走进了菜园，知道了常见的几种堆肥方法。这节课，我们接着了解一下蔬菜的田间管理。（板书课题）

二、了解蔬菜种植需要的日常管理

教师：许多同学家里都有盆栽蔬菜，你们的盆栽蔬菜需要进行哪些简单的管理呢？和小组同学说一说。（小组交流活动）

出示课件：干旱、多水、有虫、叶子生病……

这节课，我们了解一下蔬菜日常管理需要注意些什么？

三、防治蔬菜病虫害

怎样防治病虫害？

出示课件：有机蔬菜病虫害防治的基本原则为“预防为主，综合防治”。

(1)选用抗病虫品种：根据生产需要，选择抗病性强、抗虫、种子饱满、出芽率高的有机蔬菜品种。

(2)清理田间：及时拔除田间杂草、植株病、残枝叶，进行土壤和棚室骨架消毒，做好外来人员进出生产大棚的防护措施等，为有机蔬菜生产提供一个无病菌、无虫卵的环境。

(3)整枝、嫁接：通过合理整枝，调整有机蔬菜植株长势，去除老、残、病枝叶，可提高植株间光照度、空气通透性，增强植株长势，预防病害发生。在整枝时，应选择晴天的上午进行，要让伤口尽快干燥，可防止蔓枯病、疫病的发生。长季节栽培的有机番茄、黄瓜要及时进行落蔓管理，将主蔓在地面盘绕，降低生长高度，利于管理与采摘。生产中已普遍采用嫁接的有机蔬菜品种有黄瓜、西瓜、甜瓜等，通过选择抗土传病害、根系生长势强的砧木品种，可有效提高接穗品种抗枯萎病、线虫病及耐低温性的能力。

(4)物理隔离技术：主要采用30—40目规格的防虫网覆盖棚室通风口，或搭建防虫棚，防止外界害虫、蚜虫、白粉虱、烟粉虱、小菜蛾等迁入棚室内造成危害。

(5)诱杀技术：主要利用害虫的趋性进行诱杀。黄色粘板可诱杀蚜虫、白粉虱、烟粉虱、斑潜蝇等，蓝色粘板可诱杀蓟马，糖醋液可诱杀夜蛾类和地老虎，黑光灯和频振式杀虫灯可诱杀菜蛾和夜蛾类害虫；采用昆虫性外激素进行诱杀等。

(6)采用丽蚜小蜂、瓢虫等天敌防治技术进行防治。

(7)采用有机产品国家标准中许可使用的生物源药剂进行防治。

三、交流汇报其他日常管理方法

1. 除了以上讲的病虫害防治方法，在课前你们还了解到哪些日常管理方法？

2. 各小组汇报，把你认为最有价值的资料整理后记录下来。

(出示资料)

(1)视温度的升高，逐渐增加浇水次数和浇水量。阴雨天尽量不要浇水，以免增加空气湿度，诱发各种病害发生。

(2)及时清除田间枯叶、烂叶、黄叶及已枯死的植株，减少病源，预防病害流行蔓延。

(3)及时开好三沟，保持水沟畅通，做到田里不积水，对部分地势低洼、退水较慢的地块可用抽水泵及时排水，确保田面无积水，尽量避免蔬菜苗受到长时间浸泡。

(4)对部分受灾较重或绝收的田块，抓住有利时机，抢抓市场空当，直播一批生长期短、供应周期长的小白菜、苋菜、菠菜、芫荽、空心菜、木耳菜等速生早熟叶菜。

三、到菜园观察

小组观察，看蔬菜的长势，用放大镜仔细观察根、茎、叶等。

1. 到菜园观察：用放大镜看看，菜叶是否有打卷、发黄、斑点、倒伏等情况。将观察记录下来。

2.查找病源:看看观察到的是何种病。针对病因找到治法。

3.进行实地防治:

(1)整叶、整枝:去除老、残、病枝叶,可提高植株间光照度、空气通透性,增强植株长势,预防病害发生。注意:整枝时,应选择晴天的上午进行,要让伤口尽快干燥,可防止蔓枯病、疫病的发生。黄瓜要及时进行落蔓管理,将主蔓在地面盘绕,降低生长高度,利于管理与采摘。

(2)诱杀技术:使用黏虫板诱杀蚜虫、白粉虱、烟粉虱、斑潜蝇等;糖醋液等可诱杀夜蛾类和地老虎。

(3)用镊子将看得见的虫子除去。

四、交流实践感受,总结衍生

教师:在蔬菜病虫害防治方面有什么收获?

教师:菜园里的蔬菜需要人们精心管理,才会长得旺盛。劳动是光荣的,同时也是辛苦的,我们要珍惜劳动果实。对于阳台盆栽蔬菜,又要进行哪些日常管理呢?

阳台盆栽蔬菜日常的管理主要是浇水、施肥及适时采收等。

(1)浇水:盆栽植物与大田植物不同,盆土容易干燥,一般盆中表面基质变干、重量变轻时就要浇水了。浇水以盆底流出水为宜,浇水次数夏季要增多,而冬季要减少。

(2)施肥:当蔬菜生长过程中出现叶片发黄、新叶变小、生长变慢时,应追施一定的肥料。肥料以市场上出售的缓效肥料为宜,或购买每种蔬菜对应的营养液。

(3)适时搭架:有些蔬菜品种如番茄、黄瓜、辣椒、茄子等,由于生长营养面积较大,需要搭架引藤绑蔓。搭架时可选单杆、圆柱或三脚架,这些架均可从花鸟市场上购买。

(4)及时采收:家庭种植盆栽蔬菜以自食为主,从营养和新鲜的角度来说,在蔬菜成熟期采收是获得优质蔬菜的最佳时期。

中、高级班第7课时活动设计

（设计者:沈丽萍）

课　题　自制农药

教学(活动)时间　1课时

教学(活动)目标

1.了解农药污染的情况及废旧农药瓶丢弃现状。使学生意识到自己在保护生态环境方面应尽的责任。

2.学会一些简单的自制农药的方法。

教学(活动)内容

了解化学农药的危害;自制农药的方法;实际操作配制农药。

课(活动)前准备

教师:收集化学农药危害的知识、制作多媒体课件、准备自制农药所用的材料。

学生:准备自制农药所用的植物及瓶子。

教学(活动)过程设计

一、谈话导入

教师:上节实践课,我们走进了菜园,知道了常见蔬菜的日常管理方法。这节课,我们接着了解一下自制农药的几种简单方法。(板书课题)

二、了解农药的危害

1.对于农药你了解多少?

农药是一类特殊的化学品，它既能防治农林病虫害，也会对人畜产生危害。因此，农药的使用一方面造福于人类,另一方面也给人类赖以生存的环境带来危害。(出示课件)

据文献报道,农药利用率一般为10%,约90%残留在环境中,造成污染。大量散失的农药挥发到空气中,流入水中,沉降聚集在土壤中,污染农、畜、渔、果产品,并通过食物链的富集作用转移到人体,对人体产生危害。农药可以间接地对人体造成危害。间接途径就是农药对环境的污染,经食物链的逐步富集,最后进入人体,引起慢性中毒。高效剧毒的农药毒性大,且在环境中残留的时间长,当人畜食用了含有残留农药的食物时,会造成积累性中毒。

2.课件图片赏析——农药的危害。

3.过渡。

用化学农药防治花卉病虫害,不仅污染环境,而且耗费大。改用自制的土农药防治病虫害,不仅原料易得、配制方便、经济省时,而且无污染、无公害,防治效果也较好。

三、自制农药

自制农药有哪些方法呢?(出示课件:植物性农药的优点)这节课我们就来了解植物自制农药的小知识。

1.各类叶子。

蓖麻叶:将干蓖麻叶碾成细粉,按一定比例拌入土杂肥撒施到地里,可防治蛴螬、蝼蛄和地老虎等地下害虫。按1千克蓖麻叶粉加16—20千克水浸泡,用水壶灌注,可治葱、韭菜、大蒜、萝卜、白菜的地蛆、菜青虫、食虫蛹等。也可将蓖麻叶粉制成浸出液,洒到厕所、猪圈、粪坑等处,对杀死蚊子幼虫及蝇蛆有明显效果。

马尾松:用5千克马尾松加5千克开水,密闭浸泡2小时,过滤喷洒,可防治稻叶蝉、稻飞虱。松针的30倍水浸液可抑制马铃薯晚疫病孢子发芽。

侧柏叶:将侧柏叶捣碎,加等量的水揉搓,榨出原液,再加2倍的水喷洒,可防治棉蚜和螟虫。侧柏叶10倍水浸液对防治小麦锈病效果显著。

垂柳叶:将垂柳叶捣烂,加3倍的水浸泡1天或煮半小时,过滤喷洒,可防治菜青虫、蚜虫、螟虫等。柳叶5倍水浸液可抑制小麦锈病。

桑叶:加5倍的水煮成原液,每0.5千克原液加水2千克,或用桑叶10倍水浸液喷洒,可防治棉蚜和红蜘蛛。桑叶15倍水浸液能抑制小麦锈病菌夏孢子发芽。

烟草:取烟叶50克(如用烟梗、烟筋、纸烟需加加一倍),加清水1500克,浸泡一昼夜。在浸泡过程中,揉搓数次后捞出过滤。在滤液中再加入0.1%中性洗衣粉,搅拌均匀即可喷洒。烟草水可以防治蚜虫、红蜘蛛、粉虱、叶蝉、蓟马、蜻象、卷叶蛾等害虫。杀虫的主要成分是烟碱。

2.各类蔬菜。

(1)黄瓜藤:黄瓜藤1.25千克加水0.5千克,捣烂去渣,得原液0.4千克,1千克加水6千克,用来防治菜青虫、菜螟等蔬菜害虫,药效可达90%以上。

(2)番茄:番茄加少量清水捣烂,去渣,取其原液,以3份原液加2份清水混匀,再加少量肥皂液喷洒,用来防治红蜘蛛,可达100%效果。

(3)丝瓜:丝瓜加少量清水捣烂,去渣,取原液,用7份原液与13份清水混合,加少量肥皂液搅匀喷雾;用丝瓜叶0.75千克加水0.5千克捣烂去渣,取原液,防治菜青虫、红蜘蛛、棉蚜、菜螟等,防效可达90%以上。

(4)南瓜:南瓜叶加少量水捣烂,榨取原液,以2份原液加3份清水混合,加少量肥皂液,搅匀后喷雾,防治蚜虫,效果达90%以上。

(5)芝麻：芝麻叶掺少量清水捣烂，榨取原液，以3份原液与7份清水混合，加少量肥皂液，搅匀后喷雾，防治各种蚜虫效果良好。

(6)葱：1千克葱加0.4千克水，捣烂，取汁0.9千克，1千克汁加6千克水，搅匀，喷雾，可防治多种害虫。

四、实际操作配制农药，总结

植物性农药的优点是无污染、无公害，可以就地取材，制作简便，成本低廉。不足之处是药效较低，持效期短，用药量大。由于上述植物性农药在制作方法、使用倍数、防治对象等方面大多缺乏规范化，因此在施用时应注意通过实践不断总结经验，加以改进和完善。

中、高级班第8课时活动设计

（设计者：沈丽萍）

课　题　制作堆肥

教学(活动)时间　1课时

教学(活动)目标

1.通过对家庭生活垃圾的调查活动，了解垃圾产生的过程及危害，初步形成关注并参与社会生活的意识。

2.通过介绍垃圾的分类，知道垃圾是再生资源的原料，从小树立环境保护意识、资源意识。

3.从自我做起，关注人们生存的环境，培养学生的使命感和社会责任感。

4.初步知道堆肥的一些常见做法，会制作简单的堆肥。

教学(活动)内容

了解垃圾的危害，知道常见垃圾的分类；了解垃圾的处理，学习制作堆肥。

课(活动)前准备

教师：收集各种有关垃圾分类及处理的资料；制作多媒体课件。

学生：课前通过上网、实地察看、访问等方式，了解有关垃圾分类及处理的相关知识。

教学(活动)过程设计

一、导入新课，了解垃圾的危害

同学们，我们每天都会产生生活垃圾，与日俱增的生活垃圾已经严重地影响了我们的生活。

一个家庭产生的生活垃圾看起来不多，但是我们一个班级 30 多个家庭产生的生活垃圾就很多了。一个社区、一个城市产生的垃圾就更多了。据有关资料统计，全球每年产生的生活垃圾达 100 亿吨，平均每人近 2 吨，这是多么惊人的数字啊！

这么多的生活垃圾，如果不能及时清理，就会严重影响我们的生活。

（出示图片）

那么，生活垃圾都有哪些危害呢？请同学们把查找的资料进行展示，我们共同学习。

学生展示交流。（出示课件）

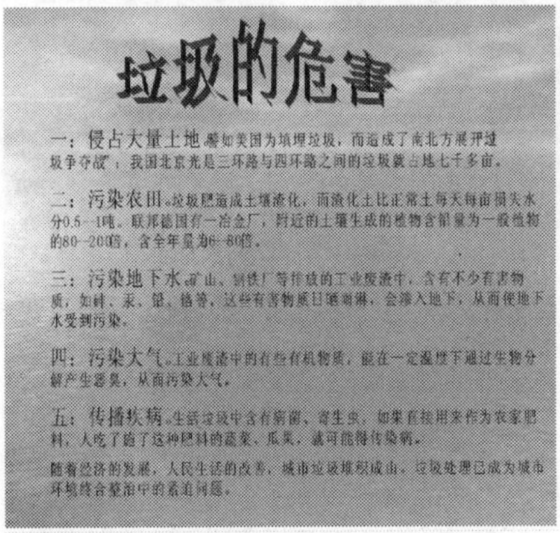

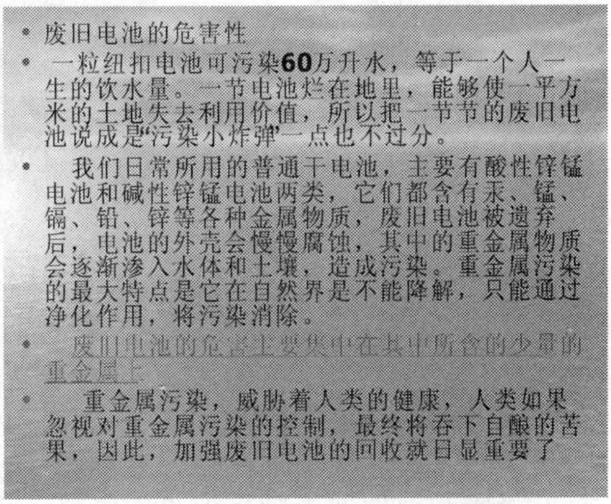

怎样有效防止这种现象呢？

学生：垃圾扔到垃圾池里；垃圾要及时清理；垃圾要分类。

二、垃圾分类及处理

（一）垃圾分类

同学们，生活垃圾虽然很多，但是我们可以先把它们进行分类。你知道有哪几类生活垃圾吗？

学生展示资料，进行介绍。

教师展示资料，使学生初步了解生活垃圾的分类。

1. 可回收垃圾：如纸制品、塑料制品、金属制品、玻璃制品等。

2. 厨余垃圾：如剩饭剩菜、蛋壳果皮、菜叶等。

3. 有害垃圾（不可回收垃圾）：如废电池、日光灯管、盛有毒物质的瓶罐、废水银温度计、过期药品等。

4. 其他垃圾：如砖瓦陶瓷、灰土、烟头、废旧衣服等。

教师展示垃圾分类的宣传图片：

师生总结：垃圾分类可以保护环境，还可以减少环卫工人的工作量。我们要学会垃圾分类。

（二）垃圾处理

1. 学生交流有关垃圾处理的资料。（教师适时点评）

2. 投影和课件展示师生搜集的资料。

（1）垃圾分解。

垃圾产生很容易，但垃圾的分解却是一个漫长的过程。下面是一些常见垃圾的分解周期。（出示课件）

种类	烟头	尼龙织物	皮革	易拉罐	塑料	玻璃
分解时间	1—5 年	30—40 年	50 年	80—100 年	100—200 年	1000 年

师生评论：垃圾分解得这么慢，如果我们不对垃圾进行处理的话，以后地球上就到处都是垃圾了。

(2)生活垃圾的处理方法。

A. 卫生填埋法：是目前世界上处理垃圾量最大的方法之一，也是垃圾处理的最终手段。

优点：投资少，处理费用低，处理量大，操作简便。

缺点：浪费大量土地资源，填埋场的渗出液容易污染周围的土壤和水体。

B. 焚烧法：在焚烧炉中焚烧垃圾，采用的是一种热化学处理方法。这种方法利用高温破坏、改变垃圾的组成和结构，使垃圾的体积减小，并使之无害，同时利用产生的热量发电。生活垃圾经焚烧处理后，体积一般可减少80%—90%，有害物质和病菌基本被除去。

优点：占地少，能大大减少排放量，垃圾焚烧后的体积仅为焚烧前体积的5%—15%；焚烧温度高，能彻底消灭病原体；产生的热量可用于城市供暖、发电。

缺点：投资大，产生有害气体和某些致癌物，如二噁英。二噁英能溶于人体脂肪内并长期积累，即使是微量，长期摄入也会引起癌症、胎儿畸形和影响机体免疫功能等危害。(出示图片)

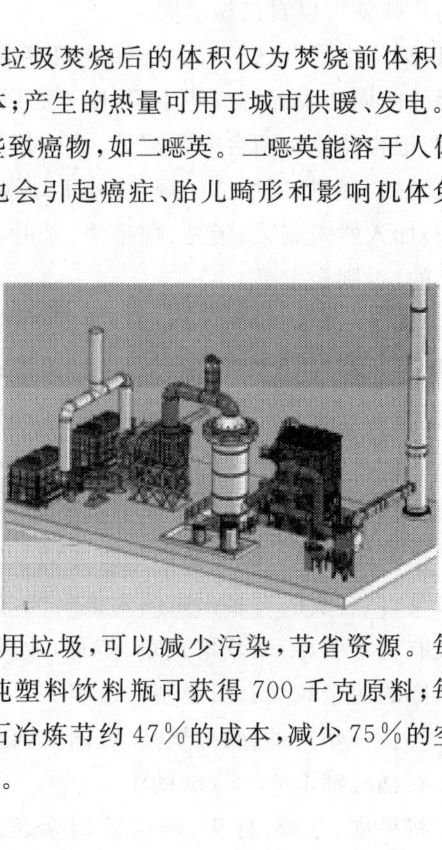

C. 综合利用：通过综合处理回收利用垃圾，可以减少污染，节省资源。每回收1吨废纸可造好纸850千克；每回收1吨塑料饮料瓶可获得700千克原料；每回收1吨废钢铁可炼好钢900千克，比用矿石冶炼节约47%的成本，减少75%的空气污染，减少97%的水污染和固体废物污染。

三、学习堆肥

1. 堆肥的概念。

堆肥法：利用自然界的微生物对垃圾中的有机物进行分解，使之形成肥料，作为农作物的营养，从而达到处理垃圾，净化城市环境，又提高土地生产力的目的。它适用于可生物降解的有机物含量大于40%的垃圾处理。这种垃圾处理技术必须以垃圾分类为前提。

缺点：堆肥中的重金属有可能对土壤造成污染。

2. 了解堆肥的历史。

堆肥是一个古老的研究与实践领域。根据资料记载，中国在南宋就已建立起科学的堆肥方法，早于西方850余年。南宋时期中国水稻亩产已达到350余公斤，可以自豪地说，正是依赖堆肥及有机肥的长期投入，中国的粮食产量以及农业才数千年保持长盛不衰，中国传统农业的伟绩也在《四千年的农民》《农业圣典》等经典著作中得到推崇。

3. 制作阳台堆肥。

在中国，住在城里的家庭一般都没有地可以种植或做大规模的堆肥。蚯蚓堆肥是很适合阳台堆肥的方法，做起来也非常简单，只需要一个蚯蚓堆肥容器，按照下面的步骤就可以自己做堆肥。

(1)买一个或自己做一个蚯蚓堆肥容器。如果自己做的话，找一个塑料水桶，在水桶的四周和底部打一些小洞，便于通风透气。

(2)把容器放在阳台的阴凉处，放一层纸板在最底层(湿润的旧报纸就行)，然后放入蚯蚓。蚯蚓要用红蚯蚓，这种蚯蚓繁殖快，最适合做堆肥。

(3)加入残羹剩菜、蛋壳、咖啡渣、茶叶渣、水果皮、剪下的花枝树叶等等(但不能放荤的，否则会发臭)。

(4)加了一定的食物后再加一层湿润的报纸或泥土，重复上面的动作，直到把桶填满。过段时间(大约45天)，这些食物和报纸都变成黑黑的肥料了。

四、指导学生将垃圾带到学校，制作堆肥

如今厨余残渣占了垃圾总量的很大部分。以填埋方式处理，容易造成恶臭，且缩短填埋场使用寿命；若以焚化方式处理，又因其水量高、热值低的缘故，增加了戴奥辛产生的可能性。因此我们平日便应从减少厨余垃圾这一源头做起，不要煮过量的饭菜，但若真的有多出来的剩菜剩饭，该怎么处理呢？较好的利用方式便是将之制成有机堆肥，用来栽培花草、植物，改善居家生活环境。下面我就来介绍适合一般家庭的厨余垃圾有机肥制作过程：

1. 寻找一塑料桶，底部垫高(或铺上网)并打洞，制成简易的有机堆肥桶。

2. 在桶底铺上6—7 cm的土。

3. 将果皮、菜渣、骨头、剩饭等厨余垃圾，切成3—5 cm长，沥干后平铺在桶子里。

4. 在厨余垃圾上方铺土并压实，以避免臭味逸出。

5. 盖上桶盖并用重物将盖子压紧，隔绝空气及蚊蝇，并将堆肥桶置于阴暗处。

6. 重复步骤3,4,5，像三明治的做法一样。

7. 桶底的水龙头平时应关闭。约3—5天后，厨余垃圾分解产生水，将桶底水龙头打开，排出桶底累积的水，这些水是很好的液体肥料，可加水稀释20—50倍后，用来浇蔬菜。

8. 每隔 3 天，排去桶底积水一次，避免生虫。

9. 于最上层铺一层 7—8 cm 的土。

10. 3—6 个月后，这些厨余垃圾就变成黑褐色的有机肥料了；有机肥料与土壤以 1∶5 的比例混合，便可让你心爱的植物变得更加茂盛、美丽。

学生根据以上步骤，用自己带来的厨余垃圾及废旧矿泉水瓶或食用油桶制作简易的生态堆肥瓶。

中、高级班第 9 课时活动设计

（设计者：沈丽萍）

课　题　分享成果

教学（活动）时间　1 课时

教学（活动）目标

1. 交流种植感受，分享种植的快乐。

2. 了解蔬菜的分类及营养，懂得均衡膳食。

3. 懂得劳动最光荣。

教学（活动）内容

回顾蔬菜的基本知识；分享种植蔬菜过程中的快乐与辛苦。

课（活动）前准备

教师：设计学生主持稿，制作多媒体课件。

学生：准备好种植蔬菜过程中拍下的图片。

教学（活动）过程设计

主持人甲：敬爱的老师，亲爱的同学们，蔬菜是我们人类的好朋友，对我们的帮助可大啦。在这个学期里，我们通过认真调查，仔细探寻，亲自实践，发现蔬菜种类繁多，营养丰富，其种植学问也很大。

主持人乙：今天，我们将进行综合实践活动“蔬菜同乐会”的成果展示，让我们来共同分享大家的研究成果。

主持人甲：通过参加“快乐农场”综合实践活动，我们走进蔬菜王国。蔬菜都有哪些种类？为什么它们会有不同的颜色？

（指定一部分同学介绍种类，一部分同学介绍颜色）

主持人乙：蔬菜的王国里有很多成员。

主持人甲：刚才同学们介绍了蔬菜的分类和颜色。我们还从生活中以及网上了解了平时大家喜欢吃的几种蔬菜的营养。下面请同学们来给大家介绍介绍。

（学生以小组为单位合作、交流，讨论自己搜集的资料，每组派一位代表汇报）

主持人乙：原来蔬菜有这么多学问呀！每种蔬菜都有它的营养价值。同学们，如果我们只吃自己爱吃的蔬菜，这样好吗？

主持人甲：我们每个人都需要充足的营养，只有膳食合理才能长得又高又结实。

主持人乙：平时吃饭，有一部分同学挑三拣四，养成了挑食的坏习惯。

主持人甲：我们要有健康的身体，才能更好地学习和生活。所以我们不能挑食，不要浪费！

主持人乙：“锄禾日当午，汗滴禾下土。谁知盘中餐，粒粒皆辛苦。”农民伯伯辛辛苦苦种出了许多种蔬菜，有些同学不仅不浪费，而且还像模像样地种起了阳台蔬

菜。来看看同学们种的蔬菜。

（学生展示自己种的阳台蔬菜实物或照片）

主持人乙：我们不仅在自家阳台上种起了蔬菜，校园里也同样有我们勤劳的身影。（配乐播放图片）

主持人甲：从分土地、翻土、播种、浇水、捉虫、施肥、收获……同学们在种植蔬菜的过程中扮演着一个快乐农场主的角色，把蔬菜当作自己的宝宝一样呵护着，其中肯定有很多快乐与辛苦吧！能跟我们大家分享一下吗？

（学生展示自己的种植日记或体会）

主持人乙：听着同学们发自内心的感言，看着同学们一学期以来活动的掠影，种植过程中的点点滴滴浮现在眼前。

主持人甲：经过“快乐农场”的学习，你有什么收获？

主持人乙：一分耕耘，一分收获。这个学期的“快乐农场”综合实践活动就告一段落了，种植园绿油油的蔬菜上凝聚了我们的汗水和欢乐。带着这份特殊的劳动成果回家，一定会给爸爸妈妈别样的惊喜。

主持人合：综合实践“蔬菜同乐会”成果展示到此结束。

【实践反思】

“快乐农场”里的快乐成长

徐建青

一、课程背景

《综合实践课》《科学》这两门教科书里，都涉及一些有关蔬菜种植的教学，但由于条件的限制，教学时一般都是纸上谈兵，学生没有实践操作的机会。

现在的孩子都是独生子女，生活自理能力很差，而且大部分学生生活在城镇或者城郊，即使少数几个生活在农村的孩子，接触土地、体验农作生活的机会也很少，更别说参加劳动了。几乎所有的孩子都没有与土地“亲吻”的经历。因此，让我们的孩子了解自己每天食用的蔬菜经历了怎样的生长过程，知道蔬菜生长的基本要素很有必要。

学生的实践操作能力、合作探究能力、分析问题、解决问题的能力均存在一定的不足，希望在本次实践活动中能得到有效的锻炼，共同提高。

基于以上原因，我们项目组选择了“快乐农场”这一课程。积累劳动基地建设经验，打造“开心农场”综合实践活动布局，让学生体验劳动生活，了解农业基本常识，增强学生的生活乐趣，丰富成长和生活经历。践行学校理念行动系统，吸引每个孩子参与到“快乐农场”种植快乐中来，体验劳动的艰辛和快乐，促进学生全面、阳光、健康发展。

二、课程内容与目标

1. 课程内容：交流自己所了解的蔬菜的日常管理方法与知识，并实践尝试。

2. 课程目标：

(1)交流种植阳台盆栽蔬菜或种植园里的蔬菜需要哪些日常管理；

(2) 防治蔬菜病虫害；

(3)小组交流蔬菜的其他日常管理方法；

(4)到种植园实地查看，对所种蔬菜做简单的日常管理。

三、活动片段

(一)交流讨论,分享知识

1.上节课我们已经把我们的小伙伴——“菜苗儿”种下去了。怎样才能让它们健康快乐地成长呢?

2.班内交流。

学生1:我种的是白菜,我问过爷爷,他说:“白菜要长得好,要多浇水,勤施肥,还要把胖乎乎的青虫抓掉。”

教师:向有经验的老农请教,真好!

学生2:我种的是辣椒,我从网上了解到辣椒苗容易发生猝倒病(植株茎部早期像被水淹过,呈暗绿色,时间一长就会引发幼苗成片倒伏)。我发现我的几株幼苗也有这样的症状,怎么办?

教师:建议采用以下几种方法防治:(1)对苗床土壤进行杀菌处理;(2)药剂防治。

学生3:我种的也是白菜,我从多种渠道了解到种白菜要多浇水,我就经常给它浇水,但前两天我阳台花盆里的白菜烂掉了,这是怎么回事?

学生4:可能你的水浇得太多了吧!

教师:你一天浇几次水?(学生:十几次吧!)确实是水浇得太多了。一般来说每天浇一次!一次浇透就行!

学生5:上次种植时我发现地里有很多昆虫,它们是有害还是有益的呢?

学生6:我觉得是有害的吧,它们都是要吃植物的。

学生7:我觉得不一定全部有害,总有一些有益的吧。

……

(二)结合讨论,布置任务

教师:同学们,你们了解到的这些知识真好,对我们今天要进行的蔬菜日常管理有很大的作用!今天我们的主要任务是为上周种下的蔬菜松土、除草、施肥、浇水,使它们茁壮成长。下面请各组组长安排好小组分工。

(三)动手实践

学生到种植园,根据了解到的知识进行蔬菜日常管理。

(四)小结,布置下周内容。

四、专题反思

第一次实施“快乐农场”这一微型课程,心里有些忐忑,但孩子们的热情或者说执着感染了我,使我真正喜欢上了这一片乐土。

有些孩子每天来上学时,常常会绕个弯,就为了用水壶里的水来浇自己种下的蔬菜。有的孩子几乎每节下课都要去看一下,期待它们快快长大!在课程中,他们不再是娇小姐、“宝贝疙瘩”，像五(5)班的宁珂，用小锄头挖地时，手都磨破了，一声也不吭！五(8)班的徐天生，原来天天迟到，现在为了看一下他的宝贝菜苗，每天一大早就到了学校。在参与种植中，孩子们亲身体验到如何播种、浇水、除草、施肥直至收获采摘。他们不仅仅收获了蔬菜，更从中收获到了快乐、责任和动手能力。他们从衣来伸手、饭来张口的公主、王子变成知道“粒粒皆辛苦”的实践者。

总之，这个微课程对学生来说还是收获挺多的。陶行知先生热情讴歌“真善美的祖国，真善美的世界，真善美的人生，真善美的创造”！儿童具有和自然亲近的本能，他们能够和大自然亲密地对话，能够以自身的感受体验自然的喜怒哀乐。同时利用种植这一“活教材”，丰富学生的生活，开阔学生的视野，陶冶学生的情操。我们的种植园地，让孩子飞进大自然，去寻觅丰富的食粮，与快乐相伴成长！

附：过程照片

个案2. “小小交警我来当”微型课程

（设计者：余科敏）

课程名称 小小交警我来当

课程编号 类别：基地服务 序列号：综0116

课程简介

在马路的中央，总能看到交警叔叔们在指挥交通，来往的车辆和行人都听他们的话，可神气了！他们可是城市里一道亮丽的风景线，有了他们的指挥，道路畅通无阻，交通井然有序。让我们也来当一回小交警，为自我安全保护加码，为城市交通文明加分吧！

适用年级 四、五年级

课程开设背景及意义

学校地处江山闹市区，为保障学生安全，提高学生交通安全意识和整体素质，同时为了把学校教育引向社会，让学生参与社会管理，在实践中养成安全观念，树立吃苦耐劳、服务社会、勇于奉献的精神，我校于1997年12月在校内成立了江山市少年交通警察学校。特聘请交警大队大队长为校长，城区交警队的干警为指导员，确立训练内容，制定了少年交通警察学校《交通安全教育》教学大纲，并开展丰富多彩的综合实践活动。

课程目标

参照《小学综合实践活动课程实施指南》，结合小交警活动的特点，本课程的目标侧重于自我展现、人际沟通、社会参与、安全防护、珍爱生命、分析问题等方面。

课程内容

本课程主要由九大板块内容，拟用25—28个课时完成，课程结合理论与实践，借力交警部门完成。

教学方式

坚持以发展每一位学生的优势潜能为出发点，注重因材施教，采用考察、查阅、制作、讨论、体验、模仿、反思等方法，以小组为单位进行合作，动手制作及实践活动，多采取队员互评的方式激励学生。

评价方式

1. 量化打分（主要以考官团考核时的打分为标准）。
2. 教师评价。
3. 学生互评。
4. 第三方评价（家长、其他教师）。
5. 学校层面的评价。

教学所需材料与设备

适合学习的室内和室外场地、小交警服、教学多媒体设施。

课程计划

第1课时：启动课

第2课时：走进交警大队

第 3—6 课时：交警手势操

活动 1：邀请交警叔叔教授手势操

活动 2：手势操展演

第 7—8 课时：交通安全我学习

第 9—12 课时：交通标志我识别

活动 1：制作交通常识小名片

活动 2：开展交通标志展示会

第 13—14 课时：交通安全我宣传

活动 1：制作交通安全宣传单

活动 2：上街发放自制宣传单

第 15—16 课时：交通安全知识竞赛

活动 1：自制交通安全知识竞赛试卷

活动 2：组织并开展竞赛活动

第 17—18 课时：我为交警叔叔送温暖（岗亭体验活动）

第 19—27 课时：小交警模拟上岗考核活动

启动课活动设计

（设计者：余科敏）

课　题　启动课

教学（活动）时间　1 课时

教学（活动）目标

1. 通过收集资料，了解交警一天的工作职责，并讨论小交警应该学会哪些本领，确定活动主题。

2. 引导学生制订活动小方案，学习开展问卷调查活动的具体方法。

3. 通过自行组队，小组合作，增强团队意识及与人合作的能力。

教学（活动）内容

确定活动主题，制订活动方案。

课（活动）前准备

教师：收集往届小交警的活动视频，制作 PPT。

学生：收集关于交警的所见所闻，做好课前准备。

教学(活动)过程设计

环节一:确定活动主题

(一)活动过程

1.围绕主题,全班交流讨论,交警一天的工作是怎么样的?如何才能了解交警一天的工作?

2.回顾上届小交警的活动视频和图片,激发学生的活动热情,并抛出问题:如何才能成为一个优秀的小交警?

(二)指导要点

1.创设情境,播放上届优秀小交警的活动视频,引导学生大胆发言,比如说说小交警的职责,小交警该学哪些本领,小交警的着装要求等。

2.引导学生采用问卷调查、小访谈等方法,确定活动主题,梳理活动内容。

环节二:明确活动任务

(一)活动过程

1.依据讨论结果,小组制订活动方案,初步明确活动任务。

2.互动交流,组建活动小组。

(二)指导要点

1.引导学生依据方案表来设计活动的内容。比如:我们想要学习的内容是什么?我们的分工是什么?

2.引导学生熟悉方案表,考虑活动的可行性,切勿天马行空。

3.组建小组时要根据能力、特长、活动的便利性等因素进行科学分组。

环节三:小组制订方案

(一)活动过程

1.依据方案表制订小组活动方案,填写有困难的地方提出来讨论。

2.组间交流,修改方案。

(二)指导要点

1.方案表中的“活动注意事项”一栏引导学生考虑周全,一些涉及校外的活动,教师要做好安全预案。

2.遵循活动“先走后导”指导原则,让学生发挥自主能力。

3.组织学生进行组间交流活动,修改完善方案。

环节四:交流活动方法

(一)活动过程

1.各小组提出具体解决问题的方法,全班讨论,确定方法的可行性和可能性。

2.交流讨论访谈、问卷调查等活动形式的具体操作方法。

（二）指导要点

1.引导学生依据小组设计的方案说说自己用什么方法来解决问题，获得答案。比如访谈、问卷调查、上网搜集等。

2.引导学生讨论小访谈时要注意的事，做问卷调查时要注意的事项。教师提供正确范本或开展现场模拟，使学生在具体操作时事半功倍。

3.引导学生再次明确方法的具体操作过程和要求。

环节五：活动小结预祝

（一）活动过程

1.明确个人具体分工，确定下次汇总时间。

2.预祝活动成功。

（二）指导要点

1.推选出小组的组长，组内自行讨论碰头时间。

2.引导各小组组长做好组内小结，凝聚团队力量。

“制作交通常识小名片”活动设计

（设计者：余科敏）

课　题　制作交通常识小名片

教学（活动）时间　1课时

教学（活动）目标

1.通过收集、查找和动手制作交通标志小名片的实践活动，学生能更直接地了解常用交通标志。通过抢答会的设计、组织和激烈的抢答体验，学生能对交通标志的识别印象更深刻。

2.通过小组合作、观察、对比、反思、动手、修改等系列活动，提高学生自主学习能力、团队合作能力以及增强交通安全意识。

3.提高队员组织活动的能力，加强集体荣誉感，培养语言表达能力，调动队员参加集体活动的积极性。

教学（活动）内容

制作交通常识小名片，策划交通标志抢答会。

课（活动）前准备

教师：课前收集一些交通标志给学生参考，彩色卡片若干。

学生：课前收集常见的交通标志。

教学(活动)过程设计

环节一:回顾导入,明确任务

(一)活动过程

1.通过回顾各小组制订的方案,确定活动内容。

2.明确任务:分小组制作交通标志小名片。

(二)指导要点

1.了解学生组员的具体特长,比如绘画能力;引导学生收集并筛选常见的交通标志。

2.引导学生思考怎样才能让小名片更加实用、美观,小名片的排版怎样才能更加合理。

环节二:设计交通标志小名片

(一)活动过程

1.确定要制作小名片的具体标志和展示内容。

2.组内互动,初次设计小名片。

3.确定名片的大小、格式、材质。

4.可进行一次名片展示会,分享各小组的作品。

(二)指导要点

1.引导学生多动手,可以动手画一画,写一写,贴一贴。

2.引导学生关注小组成员的配合能力,取长补短,让小名片实用且有特色。

3.策划小名片展示会,交流分享活动成果。建议每位小作者讲解自己的作品。

环节三:组间交流

(一)活动过程

1.小组汇报,其他小组注意倾听并提出优点与建议。

2.举行名片展示会,全班分享交流自己的作品。

(二)指导要点

1.小组展示会中建议用照片、录像等方式记录活动过程。

2.引导学生在欣赏别人作品时注意礼貌。

环节四:开展交通标志抢答会

(一)活动过程

1.策划抢答会,分工明确。确定活动时间和具体形式。

2.组内讨论,分工合作。

(二)指导要点

1.为抢答会做好充足的准备,引导学生做好复习,掌握更多的标志知识。

2.引导学生思考并做好活动准备，比如抢答会的场地、时间、标志牌、黑板、粉笔等。

3.引导学生做好人员分配：谁来当主持，谁来举标识牌，谁来计分等。

环节五：汇报与小结

（一）活动过程

1.小名片展示和抢答会结束后举行汇报总结。

2.师生小结，明确下一个活动。

（二）指导要点

1.引导学生利用多种形式进行汇报（可依据具体情况确定以个人还是以小组为单位），汇报的形式可以多元化，比如陈述、图片、文字、视频等。

2.教师创设轻松、真诚的交流汇报情景，引导学生说得多，说得真，可以展示自己的成果与收获，也可对活动中的某一片段或闪光点进行分享。

“小交警模拟上岗考核活动”活动设计

（设计者：余科敏）

课　题　小交警模拟上岗考核活动

教学(活动)时间　9课时

教学(活动)目标

通过小交警“模拟上岗”训练，了解各种交通指挥手势，认识常见的交通标志，学会正确运用交通手势，培养应对突发事件的处理能力，激发小交警崇高的使命感和责任感，培养作为小交警的荣誉感，获得成功体验，提高自我认可度，真正秉持“相信自己行，努力求成功”的校训。

教学(活动)内容

科目一：着装科。科目二：交通手势。

科目三：实践科。科目四：情况播报。

课(活动)前准备

教师：协助学生分小组完成各项考核准备工作。

学生：小交警分成考核对象和观摩对象两类，提前通知做好准备。

教学(活动)过程设计

一、活动内容

考核内容及要求分成两大板块、四个科目。

第一板块:单项考核。

科目一:着装标准。交警三件套:哨子、手套、服装(要求快速,整齐。此项为10分)。

科目二:交通手势抽查(要求评委随机抽查3个手势进行检查,如果全错便取消考试资格。此项为10分)。

第二板块:综合考核。

科目三:

1. 路队中执勤小交警仪态(要求执勤中对待同学、家长、老师热情微笑,自然大方。此项为10分)。

2. 在执勤的路段中正确运用停止、转弯等交通手势,使路队畅通无阻,并合理开具违规单(要求小交警能正确运用手势,保证交通畅通。此项为40分)。

3. 在考核过程中遇见突发事件,处理得当(此项为20分)。

科目四:第二天晨会小交警播报(反馈)路队情况(要求语言流畅,内容真实,对同学们能起到引导作用。此项为10分)。

二、活动过程

1. 进入考核状态:参加考核的小交警带上交警三件套,准时到学校司令台集中,与考官见面。

2. 考核过程安排。

第一阶段:单项考核。

第二阶段:综合考核。

三、颁发结业证书和上岗证

1. 小交警学校校长致辞。

2. 大队辅导员宣读合格者名单。

3. 特邀评委颁发上岗证及聘书。

4. 学员代表发言。

5. 全体小交警学员合影。

四、活动评价

1. 以“模拟上岗”实践考核为主,定量与定性评价相结合。

2. 每位小交警“模拟上岗”考核时间为放晚学时段半小时。

3. 考核总成绩为100分,80分为合格,满分为优秀。合格、优秀的同学将被聘请为校园小交警,聘期为两年。

4. 通过岗前培训和模拟考试合格的小交警须履行以下职权。

(1)学校大门的早晚岗,迎接师生。

(2)在路队中行使职权，对所发生的各种危机行为进行劝阻、警示、开具罚单。

(3)一学期可以进班进行一次交通安全宣传活动。

(4)可参加市交警大队组织的实践活动。

(5)组织被扣分同学的期末交通安全辅导课。

5.学员考核未通过给予补考一次，仍未通过，参加下期培训。

第三节　开发一得：微型课程目标的确定与表述

三源与三维　引领目标开发

胡玉荣

2014 年 7 月，经过每位教师的自愿填报，学校做全盘考虑、审度，确定了每位老师最终要开发的微型课程。开发微型课程，对于一线教师来说，是有一定的难度的。如何开发，从何入手，是摆在每位教师面前的难题。美国著名课程论专家博比特和查特斯就把教育目标分析作为课程开发的出发点和归宿。微型课程的开发，首要任务便是制定微型课程目标。

一、微型课程目标的来源

美国教育哲学家杜威早在 1898 年发表的《我的教育信条》中就已提纲挈领地论述了学生、社会、学科的关系。他在笃实的教育实验的基础上写出了《学校与社会》(1900)、《儿童与课程》(1902)两部旷世名著，在经验自然主义哲学(实用主义哲学)的基础上系统论述了教育与社会、儿童与科学的关系。泰勒在《课程与教学的基本原理》(1949)中用一种折中的态度把学习者的需要、当代社会生活的需要、学科的发展并列为课程目标的三个来源。课程是儿童(学习者)的课程，因而儿童的需要是课程与教学目标的基本来源之一；儿童不仅生活在学校之中，还生活于社会之中。儿童的成长是一个不断社会化的过程。人是社会的人，所以，当代社会的需要理应成为课程与教学目标的基本来源之一。人是一种文化的存在，儿童由自然人发展为文化人的基本途径就是通过学校课程学习学科知识，继承文化遗产。因此，学科知识及其发展成为课程与教学目标的基本来源之一。[①] 微型课程，作为一门课程，它的目标也应围绕以上三个来源来设定。

二、微型课程目标的拟定

微型课程因自身所具有的多种特性，既能适应不同学生的兴趣和需要，又可以

---

① 张华.课程与教学论.上海：上海教育出版社，2000：182.

及时反映社会和科技的发展，与生活实际联系密切，能增加学生学习选择机会，调动学生的积极性。

学校的微型课程是根据教师和学生的兴趣以及主体社会活动的经验、教师能力、社会发展的需要来编定，总目标应该是激发学生兴趣、增加学生知识、发展学生智力、促进学生身心健康发展。而具体目标则因每一个微型课程而异，在开发每一个微型课程时大致围绕以下两点来确定目标。

微型课程可根据所开发课程本身的特点以及学生的年龄层次来拟定目标。主要致力于促进学生的成长与发展，让学生产生积极主动学习与探究的兴趣和愿望。2001 年 6 月，教育部颁发的《基础教育课程改革纲要(试行)》针对课程与教学“过于强调接受学习、死记硬背、机械训练的现状”，提出了“知识与技能、过程与方法、情感态度与价值观”的三维目标，这些目标同样适用于微型课程，可以简明扼要地阐述学生的预期学习结果。此外，由于微型课程具有容量小、时间短、内容有限等特点，其拟定的目标不宜过多，应控制在 1—3 个目标之内。

三、微型课程目标的表述

对课程目标的准确表述，可以充分发挥课程目标在教学活动中的指向、评估和激励作用。

正确把握教学目标陈述的行为主体——学生，语言陈述力求准确、具体，能反映学习结果的层次性，强调系统性和发展性，围绕三维教学目标“知识与技能”“过程与方法”“情感态度与价值观”，一般可以采用行为性目标表述法、生成性目标表述法、表意性目标表述法这三种方法来正确表述教学目标。

比如在“快乐农场”这一微型课程中，从初级到高级，每个级别都设置了三个目标，以初级为例：

1. 引导学生认识各种蔬菜，了解小油菜、萝卜、西红柿等蔬菜生长周期，初步学会种植小油菜和萝卜。

2. 培养学生动手操作，初步掌握一些简单的种植实践技能。

3. 通过蔬菜种植活动，引导学生体验劳动的喜悦，感受“一分耕耘一分收获”的道理。

再到具体每课时的教学设计，以“制种与播种”一课的教学目标为例：

1. 在活动中，让学生初步学会制种与播种的方法。

2. 乐于与小组成员合作，并对自己的小组做出贡献。

3. 感受劳动的辛苦和不易，同时也体会种植的快乐。

以上两个目标紧紧围绕了“知识与技能”“过程与方法”“情感态度与价值观”三个维度。陈述中明确了行为主体是学生，是学习活动结束后学生应发生的变化。使用了“学会”“掌握”“感受”“乐于”“合作”“体会”等较为明确、具体的行为动词，为评价反馈提供了标准。

总之，教学目标指引着教学方向。根据课程特点，结合学生年龄特点，设置出合理的教学目标，并予以恰当的表述，让教学围绕着目标来开展与实施，让学生得到最大限度的进步与提升。

第四章　自然环保类微型课程

瞧:孩子们走进大自然,领略造物的妙处,描绘天人合一的美;投入校园的怀抱,寻找缤纷多彩的树叶,制作精美的标本和书签;捡起废弃的纸片,点石成金,化腐朽为神奇……自然之奇妙会让你兴趣盎然并流连忘返,环保之重要会让你有感而发并付之行动。

第一节　开发概况

一、开发背景

1.学校在《中山小学微型课程建设方案》总目标中提出:让每一位学生经历并体验真实的自身生活和社会实际,使学生在“做中学”,在自己感兴趣的学科或某一领域中不断探索与发展,不断获得生命美感体验的过程,从而建立起生命与自我、生命与他人、生命与社会、生命与自然的和谐关系。

2.环境的意义与现状。环境对开创人类文明和进步发挥着巨大作用。大气、水源、土地、草原等都是人类得以生存的物质基础,而森林、矿藏等资源又为人类的不断发展提供物质,创造出地球上高度的人类文明。人类在开发利用环境资源的同时,也产生了一系列环境问题。随着人口与经济的增长,环境污染日趋严重。如今,环境污染已成为人类面临的一大严重问题。

3.环保意识。自然环境与人类生活息息相关,唤起全民的环保意识,加强环境教育迫在眉睫。我国环保执法力度不断加强,浙江推行“五水共治”等环保举措,公民环保意识也呈现整体上扬趋势。以学科、实物为载体,借助观察、实践、操作等手段,培养小学生的环保意识,促进学生在了解自然、走近自然的同时,敬畏自然、保护自然。

二、开发目标

1.感受自然环境的美,了解环境问题的现状, 树立环保意识。

2.在观察与实践中,激发学习的兴趣,促进观察力、实践力与创造力的发展。

3.通过合作、交流,发展合作意识与能力,学会客观地评价自我和评价别人,提高审美情趣。

4. 拓展知识领域，将自然科学与美学、文学相结合，培养创新精神。

三、开发内容

人是自然的一部分，人离不开自然，人与自然需和谐共处。三年级以“认识自然”为主题，借“环境大描绘”这一内容，通过土地、河流、树木、山川、建筑等各种自然环境的变化，让学生在观察分析比较中，领略到自然的美，并借助绘画的方式来呈现，呼吁对环境的保护。四年级以“保护自然”为主题，在废物利用中善待自然，主要是以纸为媒材的各类废物利用开发实践，包括纸艺欣赏创意、制作实践，拼贴画欣赏、制作实践，立体造型欣赏、制作实践等形式多样的废物利用，在创作改编中，变废为宝。五年级以“和谐共处”为主题，让自然科学与文学相整合。通过以校园为课堂，以植物为载体的“植物标本”创作，让孩子们学会辨认校园里各种各样的植物，在亲近、了解植物的同时，指导学生进行植物标本的制作，并将实践过程整理成文，实现人与自然的和谐统一。

四、开发体系

年级	课程名称	内容	操作阐述
三	环境大描绘	第 1 课时：环境变化我赏析	通过有关环境图片欣赏，小组交流古今环境的变化、人类对城市规划的不同理念与风格，欣赏评述《清明上河图》、北京故宫整体结构图、不同国家环境布局图等。
		第 2 课时：河流变化我描绘	利用地理环境相关知识及具体的事例，小组讨论河流与人类生活的关系，解析河流治理的现实意义，了解相关人物。用绘画的形式描绘河流的优美姿态。
		第 3 课时：土地变化我描绘	利用地理环境相关知识及具体的事例，小组讨论土地与人类生活的关系，解析土地保护的现实意义，了解相关人物。用绘画的形式描绘在广阔土地上各种生命的生存状态。
		第 4 课时：树木变化我描绘	利用地理环境相关知识及具体的事例，小组讨论树木与人类生活的关系，解析植树造林的现实意义，了解相关人物。用绘画的形式描绘美丽的植物环境。
		第 5 课时：山川变化我描绘	利用地理环境相关知识及具体的事例，小组讨论山川与人类生活的关系，解析山川保护的现实意义，了解相关人物。用绘画的形式描绘山川的美丽姿态。
		第 6 课时：建筑变化我描绘	欣赏古今中外建筑的演变历史和风格特点，小组讨论建筑与人类生活的关系，了解著名建筑师。用绘画的形式设计未来的建筑。

续 表

年级	课程名称	内容	操作阐述
三	环境大描绘	第7课时： 作品创作大比拼	学期作业展评、赏析，评选优秀作品并进行表彰。
四	变废为宝	第1课时： 纸艺欣赏创意	欣赏废物纸艺，以教师讲解、示范为主，并逐步引导学生开始构思、寻找材料。在分工合作中主要以同班同学为一组，便于材料的准备。
		第2课时： 纸艺制作实践	分组实践操作，并进行个别辅导。
		第3课时： 拼贴画欣赏	欣赏废物拼贴画，以教师讲解、示范为主，并逐步引导学生开始构思、寻找材料。
		第4课时： 拼贴画制作实践	分组实践操作，并进行个别辅导。
		第5课时： 立体造型欣赏	欣赏废物拼贴画，以教师讲解、示范为主，并逐步引导学生开始构思、寻找材料。
		第6课时： 立体造型制作实践	分组实践操作，并进行个别辅导。
		第7课时： 立体造型综合展示	整体综合展现、评价、欣赏，可以采用学生自我介绍作品的方式，也可以进行同类的组合展示、故事创编。
五	植物标本	第1课时： 校园植物大搜索	学生分小组到校园里寻找、认识各种各样的植物，然后对植物进行分类。讨论时提出自己想了解的植物知识。
		第2课时： 植物标本尽欣赏	讨论制作植物标本的意义，通过图片、视频等方式欣赏美丽的植物标本，激发学生制作植物标本的愿望。
		第3课时： 学习制作植物标本	了解植物标本制作的步骤，小组讨论标本的采集方法、采集部位、压制方法。
		第4课时： 采集、压制植物标本	学生分小组到校园里采集适合制作标本的植物，做好记录，然后对植物叶子、花朵等进行整理、压制。
		第5课时： 巧手制作，留住美丽	小组合作将压制好的植物标本进行创意制作，可以做成书签、拼贴画等，要求每小组至少完成两件作品。
		第6课时： 精彩纷呈作品展	小组成员互相欣赏完成的作品，共同给作品取名、编故事，并在全班做展示。
		第7课时： 记录收获我最棒	将自己在植物标本制作过程中的点滴收获用文字记录下来，并在全班展示。

“自然环保类”这一课程主要关注土地、河流、树木、山川、建筑等各种自然环境的变化。它的内容还有很多，如关注气候、城市的变化等，今后可以根据需要进行开发调整。“变废为宝”主要是以纸为媒材的各类废物利用开发实践，本课程所涉及的内容广泛，可以根据学生实际、学校实际，就地取材，开发设计新的课程。“植物标本”重在辨认校园里各种各样的植物，若条件允许，还可以带孩子走出学校，走进更广阔的自然，寻找更丰富的植物标本。

五、实施策略

以研究性学习为切入点，开展综合实践活动的开发实践与研究。研究性学习是指学生在教师的指导下，从学校（包括教材、校园环境、生活），社会生活及自然界中，选择和确定研究对象，用科学研究的方法，去探究解决问题的途径与方法，最终找到接近科学结论的一种学习模式。

1. 转变学习方式。通过教师、学生、课程、环境不断交流和互动，从“接受性学习”向“研究性学习”转变，有助于提高学生的学习效能，也能促进教师专业的发展。

2. 倡导案例研究法。提倡人人“做”案例，在案例的积累中，不断反思、改进，让研究更具实效，更有说服力。

3. 从简入手开展研究。在老师带领下，先在课堂中试着开展研究，进而走出教室，走向大自然，走向社会，去发现问题，提出问题。可以先采用老师设定的几人小组组合，进而根据实际情况自由组合。

六、开发难点及注意事项

（一）开发难点

1. 资源内容较单一。由于课程的开发者经验不足，学校可利用的资源也较少，致使上课时所用的资料大部分都来源于网络，能呈现的也只是一些图片，缺少感染力。

2，学习目标难定位。学生层次悬殊，如“环境大描绘”这一课程，绘画水平的高低直接关系到环保内容的呈现。有些孩子想法非常好，但没有一定的绘画技能，就无法充分表现出来。课程是该重环保还是重绘画表现？重环保内容就无法得到优秀的绘画作品，重绘画表现环保内容就要减少分量。一节课完成一个内容时间还是比较紧张的。

3. 体验性活动待加强。体验性学习是综合实践活动课程重要的学习方式，但在实践过程中往往比较欠缺。如“环境大描绘”中，从图片欣赏到绘画创作之间虽然穿插了一个简单的交流环节，但活动仅浮于表面，如何设计问题，如何引导学生深入细致地分工，还有待加强。

（二）注意事项

1. 工具准备到位。如在制作标本时，工具的准备有些困难，像标本夹这个重要的工具自行制作不是很简单，购买成本也不低，若不是标本制作爱好者，也没有长期利用的价值。考虑到本课时需要的工具种类多，而且不容易准备，还是以小组合作的方式准备，若无标配，可用其他代替。

2. 家校联系畅通。本课程的实施若能得到家长的支持，无论是对学习材料的准备还是对学生学习兴趣的激发，都能起到较大的作用。如在“变废为宝”的教学中，有些学生将第一节课折的东西带回家，会被家长当垃圾处理掉，等第二节课要用时又得从头来过。为此，教师要提前做好与家长的沟通，对材料准备充分的孩子进行必要的鼓励与表扬，以让课程的开展更有序。

3. 激励评价跟进。因学生重新组合编班，学习习惯、学习基础参差不齐，差异显著，需要及时地建立激励评价机制。课堂上有些学生兴致始终高涨，而有些学生主动性较差，容易放弃，教师要善于选择方法鼓励学生调整其心态，保持实践的热情。部分学生还不太能够正确地看待自己和别人的成果与收获，教师要予以积极的引导，形成正确的评价。

第二节　个案点击

个案1.　“植物标本”微型课程

（设计者：张丽平）

课程名称　植物标本

课程编号　类别：自然环保类　序列号：04C03

课程简介

我校的植物资源非常丰富，品种繁多，数量也不少。大多数学生渴望认识身边常见的植物，向往亲自制作一件植物标本。“植物标本”课程恰好满足学生的需要，同时还能很好地激发学生探索生命现象的兴趣，培养学生动手能力、合作学习精神和创新精神，以及爱护环境、爱护校园的美好情感。

适用年级　五年级

课程开设背景及意义

学生对生命现象和生命规律的探索抱有强烈的好奇心，渴望通过亲身体验，亲近大自然，感受生物世界的生机和活力。本课程恰好满足学生需要，以校园为课堂，以植物为载体，遵循“走出课堂、亲近自然、学会动手”的原则，让学生在学业之外获得新鲜有趣的知识，使学生对植物世界产生一种亲近感，感受到貌似平淡的植物世界实则蕴藏着无限的生机与奥秘，从而激发学生的学习情趣和爱校情意，培养学生的调查能力和动手能力，提高审美情趣，树立环保意识，并让学生在观察、调查、搜集、整理材料的过程中学会更好地与人合作、交流，学会客观地评价自我和评价别人。同时，植物标本制作可以与春游和秋游相结合，配合"美化班级"，对校园和教室进行装饰。

课程目标

1. 在观察校园植物的过程中，能鉴别常见植物，对植物进行简单分类，掌握收集分析资料的方法。

2. 初步学会采集、制作植物标本的方法。

3. 能将压制的植物标本进行创意制作，如制作成书签、拼贴画等。

4. 培养学生的观察能力、动手能力和与人合作、交流的能力，提高审美情趣，树立环保意识，学会客观地评价自我和评价别人。

5. 对植物世界产生一种亲近感，激发学生的学习情趣和爱校情意。

课程内容

本课程计划 7 课时完成。以校园为课堂，以植物为载体，先让学生通过"校园植物大搜索"，认识、鉴别校园里各种各样的植物，产生亲手制作植物标本的愿望。然后让学生学习植物标本制作的方法，亲手采集、压制植物标本，并能将制作好的植物标本进行创意制作，在班里展示、交流。

教学方式

小组合作制，每组组长、副组长各一名，确定组名，并制定评比细则，主要凸显自主创新、合作分工。设置奖项："最佳倾听奖""最佳动手奖""最佳作品奖"，期末评选"最佳小组奖"。奖励：奖章＋奖品。

评价方式

1. 整体考查：小组评比。

2. 个体考查：作品展示。

教学所需材料与设备

电子白板，标本夹，剪刀，胶水，胶带，旧报纸，餐巾纸，针，线，玻璃纸、保鲜膜等。

课程计划

第 1 课时：校园植物大搜索

第 2 课时：植物标本尽欣赏

第3课时：学习制作植物标本

第4课时：采集、压制植物标本

第5课时：巧手制作，留住美丽

第6课时：精彩纷呈作品展

第7课时：记录收获我最棒

第1课时活动设计

（设计者：张丽平）

课　题　校园植物大搜索

教学（活动）时间　1课时

教学（活动）目标

1.认识校园中的植物，能鉴别常见植物。

2.对植物进行简单分类，掌握收集分析资料的方法。

3.对植物世界产生一种亲近感，培养学生的观察能力，激发学生的学习情趣和爱校情意。

教学（活动）内容

分小组到校园里寻找、认识各种各样的植物，然后对植物进行分类。讨论提出自己想了解的植物知识。

课（活动）前准备

教师：1.为学生进行分组，确定每组学生观察校园植物的范围，并进行安全教育；2.制作植物观察卡片，方便学生进行记录；3.对学生记录的植物进行汇总，总结所认识和不认识的植物。

学生：1.准备记录卡片，分小组进行讨论；2.分小组活动，把观察到的植物记录下来，描述它们的特点；3.小组内讨论总结观察到的植物。

教学（活动）过程设计

一、引入

1.我国是世界上植物资源最为丰富的国家之一，约有30000种植物，居世界第三位。同学们知道我们校园内有多少种人工种植的植物吗？各种植物都分别有什么特征呢？

认识下面这些植物吗？（幻灯片放映校园内常见植物，让学生辨认和观察。）

2.校园里还有哪些植物？我们校园里有多少种植物？让我们一起去调查。

二、设计调查方案

1. 教师：如何去调查呢？

2. 学生分组制订调查计划，汇报，教师点拨：

A. 像科学家那样，将校园分为几个区域分别进行调查

B. 要对校园生物展开全面调查，并做记录

C. 用绘画、拍照等方法记录不知名的植物

D. 既要记录植物名称，又要记录它们的生长地点

E. 在调查时可能会出现具有不同特征的同一种植物，比如开黄、白、红不同颜色的同一种花，可进行观察、比较，分别记录

三、开展校园动植物调查活动

将校园划分为几个区域，每个小组确定一个区域作为调查的重点，开展调查活动。边调查边记录，尽量不要漏掉校园中的任何一种植物。

注意事项：观察搜索时不能伤害植物，保持校园卫生。

四、汇报、分类

1. 总结搜索到的植物。

序号	植物名称	归属	地点	有何特点

2. 交流展示。

3. 学习给植物进行简单分类，如木本植物、草本植物、水生植物等。

五、课外延伸

对不知名的植物，回家查找资料。

第2课时活动设计

（设计者：张丽平）

课　题　植物标本尽欣赏

教学（活动）时间　1课时

教学（活动）目标

1. 讨论制作植物标本的意义。

2. 通过图片、视频等方式欣赏美丽的植物标本，激发学生制作植物标本的愿望。

3.提高审美情趣，树立环保意识。

教学(活动)内容

通过图片、视频等方式欣赏美丽的植物标本，讨论制作植物标本的意义。

课(活动)前准备

教师：1.准备植物标本图片、视频等资料；

2.每小组准备一两件植物标本成品。

学生：准备不同植物的图片或文字资料。

教学(活动)过程设计

一、导入

1.上节课，我们进行了一次校园植物大搜索，认识了校园里各种各样的植物，喜欢这些植物吗？

2.说说看，这些植物之间有哪些不同的地方呢？（叶子的形状、生长的地点、花朵颜色、粗壮情况等）

3.这些植物的叶子、花朵美吗？我们可以用什么办法留住这些美丽？

4.对，我们可以把这些美丽的叶子、花朵做成植物标本。看，这些就是科学组的同学制作的植物标本，我们一起来欣赏一下。

二、植物标本欣赏

1.播放各种植物标本的图片和视频资料。

2.小组内分享体验，比较不同标本的特点。

三、激发制作标本的愿望

1.你知道如何把植物制作成美丽的标本吗？把植物制作成标本有什么意义呢？

2.想不想亲手制作一份植物标本？下节课，我们将来学习植物标本制作的步骤，满足大家的愿望。

第3课时活动设计

（设计者：张丽平）

课　题　学习制作植物标本

教学(活动)时间　1课时

教学(活动)目标

1.初步学会采集、制作植物标本的方法。

2. 培养学生的观察能力和与别人合作、交流的能力。

教学(活动)内容

了解植物标本制作的步骤，小组讨论标本的采集方法、采集部位，压制方法。

课(活动)前准备

教师：1. 准备植物标本制作工具；

2. 准备植物标本制作视频；

3. 分步骤讲解植物标本制作过程。

学生：1. 准备标本制作卡片，分小组进行讨论；

2. 分小组活动，把制作植物标本的过程记录下来，描述它们的特点。

教学(活动)过程设计

一、导入新课

上节课，我们欣赏了美丽的植物标本，那么如何制作标本呢？今天这节课，我们就学习制作植物标本。(板书课题)

二、观看采集制作标本的视频

要求边看边思考制作标本分哪两步。

三、交流

制作标本分采集、压制两步。

四、讨论如何采集标本

1. 采集的部位可以是叶子、花朵、果实枝条等。

2. 采集时要选择新鲜、完整、易于压制的部分；采枝时，尽量选用背光一侧、中心较密集的枝条；限制采集数量，对于其他绿化植物不能乱采乱摘。

3. 采集时要注意保护植物，不要伤害植物，更要保持校园里的环境卫生。

五、讨论如何压制标本

1. 整理：尽量展开枝叶，无重叠。

2. 压制：如果无标本夹，则将植物放在报纸中间，用重物压制，勤换报纸，防止上霉，使用过的报纸可晒干后继续使用，也可以用素描画册代替标本夹。

3. 上台纸。

压干好的植物很脆，为了防止损坏，要把它放在一张很厚的纸上，这张纸叫台纸。把压干的植物放在台纸上的过程叫作上台纸。(板书：上台纸)上台纸要注意选择合适的台纸，不要损坏植物的各个部分；把植物放在台纸居中的位置上，并留出贴标签的位置。标本上台纸后，还要固定在台纸上。(板书：固定)常用的固定方法有：用针线固定，用胶条固定，用纸条固定。最后，固定好的标本应该贴上标签，

在标签上填写植物名称、采集时间、采集地点及采集人。（板书：贴标签）

六、总结

1. 让学生结合已有的知识，谈谈制作标本的方法和步骤，教师给予补充。得出步骤为：采集→整理→压制→上台纸→固定→贴标签。

2. 下节课，我们将到校园里亲手采集、压制自己喜欢的植物标本。

第4课时活动设计

（设计者：张丽平）

课　题　采集、压制植物标本

教学（活动）时间　1课时

教学（活动）目标

1. 学会采集、压制植物标本。

2. 培养学生的观察能力、动手能力和与人合作、交流的能力，提高审美情趣，树立环保意识。

教学（活动）内容

学生分小组、分片到校园里采集适合制作标本的植物，做好记录，然后对植物叶子、花朵等进行整理、压制。

课（活动）前准备

教师：确定每组学生采集植物的范围；小组分工确定每个同学的制作目标。

学生：1. 准备记录卡片，分小组进行讨论；

2. 采集标本用的剪刀，压制标本用的报纸、卡纸。

教学（活动）过程设计

一、回忆采集标本注意事项

1. 采集的部位可以是叶子、花朵、果实枝条等。

2. 采集时要选择新鲜、完整、易于压制的部分；采枝时，尽量选用背光一侧、中心较密集的枝条；限制采集数量，对于其他绿化植物不能乱采乱摘。

3. 采集时要注意保护植物，不要伤害植物，更要保持校园里的环境卫生。

二、分组、分片采集标本

三、整理标本

尽量展开枝叶，使之无重叠。

四、压制标本，贴好标签

1. 指导学生制作植物标本。

2. 汇报展示：把做好的植物标本雏形展示到实物投影上。

3. 评一评：谁做得好？为什么？

4. 小结：今天，同学们亲自制作了植物标本，很多同学做得特别好，课后可以用报纸继续压制，或把它保存起来。

五、课外延伸

今天，很多同学都独立制作了植物标本，并且掌握了制作植物标本的方法和步骤。回去以后，大家还可以利用这种方法继续制作你喜欢的标本。做好以后，可以拿来，我们进行一次展览，比一比谁做得最漂亮。

第5课时活动设计

（设计者：张丽平）

课　题　巧手制作，留住美丽

教学（活动）时间　1课时

教学（活动）目标

1. 知识与技能。

掌握树叶贴画的方法，能选择不同形状和颜色的树叶标本，拼贴、制作出自己喜爱的作品。

2. 过程与方法。

通过引导和指导学生用树叶拼贴作品，进一步培养学生的思维能力、创新能力和个性化艺术风格。

3. 情感态度与价值观。

培养学生浓厚的学习兴趣和高雅的审美情操，培养学生动手能力和与人合作、交流的能力，学会创作生活、美化生活。

教学（活动）内容

学生分小组合作，将压制好的植物标本进行创意制作，可以做成书签、拼贴画等，要求每小组至少完成两件作品。

课（活动）前准备

教师：标本拼贴画的作品及PPT。

学生：1. 准备好先前压制好的植物标本；

2. 胶水或胶带、卡纸、剪刀、水彩笔、彩带。

教学(活动)过程设计

一、导入激趣

1. 上节课,我们将自己亲手采集的树叶、花朵压制成了标本,是不是特别有成就感?想不想继续将这份美丽留住?老师用自己的方法留住了这份美丽(出示范作及各种树叶拼图),说说看是用什么做的?今天我们也来动动巧手,发挥自己的想象力与创造力,制作出一份属于自己的美丽,好吗?

2. 想想看,我们可以用这些标本制作哪些作品呢?(拼贴画、书签、贺卡……)

3. 下面我们来欣赏一组标本拼贴画作品。欣赏的时候注意:如果你看出拼贴的是什么图案,请说出图案的名字。

二、欣赏范作

1. 课件播放各种美丽的树叶标本拼贴画作品。给你印象最深的是哪幅作品?觉得这些作品怎么样?

2. 激趣:相信通过你们的巧手,也能制作出别具创意的作品。

三、讨论怎样制作拼贴画

1. 那么,怎样才能让平凡、普通的树叶变成一幅幅精美的画面呢?咱们得做哪些准备、经历哪些步骤呢?

2. 所需材料:胶水或胶带、卡纸、剪刀、水彩笔、彩带。

3. 步骤。

第一步:构思主题,勾画草稿。

构思设计画面主题,用铅笔先画出草稿,布局应注意均衡、大小适中、画面合理。

第二步:选择树叶,剪裁加工。

选择与主题相应的树叶,有的还可以进行修剪加工。根据情况,利用好树叶的背面及叶柄。

第三步:粘贴制作,完成作品。

首先,将胶水或双面胶均匀涂在叶片底面,先粘贴底层部分,再粘贴上层部分。

四、小组合作,创意制作

小组内组合成一个创意团队,根据现有的叶子,一起构思、拼摆、粘贴叶画,每小组至少完成两件作品。

温馨小提示:

★ 均匀涂抹乳胶,把叶子粘牢,然后抚平。

★ 假如乳胶涂多了,用纸擦干净。

★ 保持作品整洁,注意教室卫生。

第6课时活动设计

（设计者：张丽平）

课　题　精彩纷呈作品展

教学(活动)时间　1课时

教学(活动)目标

1.给上节课完成的创意制作配上诗词、格言、花边等加以美工，为作品取名、编故事，使之更具艺术化。

2.培养学生的思维能力、创新能力和个性化艺术风格，培养学生浓厚的学习兴趣和高雅的审美情操。

3.培养学生动手能力和与人合作、交流的能力，学会客观地评价自我和评价别人。

教学(活动)内容

学生分小组共同将上节课完成的创意制作加以美工，并在班里做展示。

课(活动)前准备

教师：1.展示作品的电子白板；2.搜集部分优秀作品。

学生：1.先前完成的创意制作；2.水彩笔、彩带。

教学(活动)过程设计

一、导入激趣

1.同学们，通过上节课的创意制作，老师发现你们的想象力非常丰富，创作很新颖。现在，把你们的作品拿出来，小组里面互相欣赏，也可以互相提意见，发现不足马上修正。

2.那怎样让这些作品更活灵活现、更生动、更具有收藏与保存的价值呢？

3.是的，可以加上花边、插图，让它变成一幅有意境的画。想想看，除此之外，还可以加上什么使作品更有内涵？(配上诗词、格言等)

4.完成后，我们还可以给作品取个名字，编个故事。待会儿，我们来个创意制作比赛，看看哪个团队的作品最优秀。

二、小组合作，美化作品

温馨小提示：

★ 注意发挥团队合作精神，选出最具竞争力的作品。

★ 保持作品整洁，注意教室卫生。

三、展示作品，交流评价

1. 小组派出代表展示、介绍自己的作品。

2. 指导学生评价。

你认为别人创意制作与你的有什么不同？你认为哪一组的作品更有创意？

评价的主要内容：作品制作的规范、整洁、美观，卡纸形状色彩的选择搭配，文字资料的书写，画面的意境、内涵等。

四、总结

1. 在这次实践过程中，同学们都得到了自我锻炼的机会，充分发挥了自己的想象力和创造力进行创意制作，提高了动手、创新能力，同时体验了学习中的交流与合作。

2. 我们可以把自己拼贴的作品装裱，装饰在教室里或家中，让我们可以时时看到、时时想起美丽的大自然，也可以把书签赠送给亲朋好友，让大家分享自己的劳动成果。

3. 在以后的生活中，可以利用你们的小小巧手去创作和美化我们的生活。

第7课时活动设计

（设计者：张丽平）

课　题　记录收获我最棒

教学（活动）时间　1课时

教学（活动）目标

1. 与同学交流自己在本次综合实践过程中的收获，并用文字记录下来。

2. 对植物世界产生一种亲近感，激发学生的学习情趣和爱校情意，增强环保意识。

3. 学会客观地评价自我和评价别人。

教学（活动）内容

学生将自己在植物标本制作过程中的点滴收获用文字记录下来，并在全班做交流。

课（活动）前准备

教师：1. 展示作品的电子白板；2. 活动过程中照片。

学生：1. 先前完成的创意制作；2. 笔、笔记本。

教学(活动)过程设计

一、回顾过程，引起回忆

1.植物标本制作综合实践课程就要结束了，在本次综合实践中，我们收获满满(播放活动过程中的照片)。回忆一下，你认识了哪些植物的叶子呢？它们的形状、颜色、结构又是怎么样的呢？你学会怎样制作植物标本了吗？你对亲手制作的标本进行了哪些创意制作呢？把你的收获跟组里的伙伴说一说吧。

2.组内交流自己的学习收获。

3.班内交流自己的学习收获。

4.你在活动中的心情是怎样的呢？你还有哪些体验要跟同学们交流呢？

二、激发写作愿望

同学们，你们的这些收获、心情、体验，都是珍贵的回忆，将给你的人生抹上绚丽的一笔。让我们拿起笔，把这份珍贵的记忆用文字记录下来吧。

三、记录收获

学生动笔用文字记录自己在综合实践中的收获、心情、体验。

四、交流收获

1.组内交流。

2.班内交流、评价。

【实践反思】

分享快乐，记录收获

——“植物标本制作”案例反思

张丽平

一、课程背景

学生对生命现象和生命规律的探索抱有强烈的好奇心，渴望通过亲身体验，去亲近大自然，感受生物世界的生机和活力。我校的生物资源十分丰富，尤其是植物资源，不仅品种繁多，数量也很丰富。大多数学生渴望认识身边常见的植物，向往亲自制作一件植物标本，本课程恰好能满足学生的需要，同时还能很好地激发学生探索生命现象的兴趣。

本课程计划7课时完成。以校园为课堂，以植物为载体，先让学生通过“校园植物大搜索”，认识、鉴别校园里各种各样的植物，产生亲手制作植物标本的愿望，然后让学生学习植物标本制作的方法，亲手采集、压制植物标本，并能将制作好的植物标本进行创意制作，在班里展示、交流。通过这一系列的活动，让学生对植物世界产生一种亲近感，培养学生的观察能力、动手能力和与人合作、交流的能力，提高审美情趣，树立环保意识，学会客观地评价自我和评价别人，激发学生的学习情趣和爱校情意。

在整个课程的实施过程中，学生参与的积极性都很高，全员参与、分工合作，搜索植物、制作标本、创意拼贴……让每一个课时的活动开展得有效而充实。学生们的收获也颇丰。在最后一节课“分享快乐，记录收获”时，学生纷纷畅谈：有的同学收获了许多有关植物的知识，激发了对科学的兴趣；有的同学收获了良好的习惯以及爱护环境的美好情感；有的同学的创新能力、动手能力和审美能力得到了提高；有的同学甚至觉得在活动中释放了自己的心情，收获了参与的快乐……

二、活动过程

（一）回顾过程，引起回忆

1. 植物标本制作综合实践课程就要结束了，在本次综合实践中，我们收获满满，下面我们跟随一组照片来回顾一下本次综合实践的整个过程。（在轻柔的音乐声中，播放活动过程中的照片。学生看到自己的照片激动不已，纷纷交流回忆自己当时的活动情景。）

2. 回忆一下，你认识了哪些植物的叶子呢？它们的形状、颜色、结构又是什么样呢？你学会怎样制作植物标本了吗？你对亲手制作的标本进行了哪些创意制作呢？把你的收获跟组里的伙伴说一说吧。（组内交流自己的学习收获）

3. 班内交流自己的学习收获。

（二）激发写作愿望

同学们，你们的这些收获、心情、体验，都是珍贵的回忆，将给你的人生抹上绚丽的一笔。让我们拿起笔，把这份珍贵的记忆用文字记录下来吧。

（三）记录收获

学生动笔用文字记录自己在综合实践中的收获、心情、体验。

（四）交流收获

三、案例反思

“植物标本”这一微型课程对我来说还是新生学科，积累的教学经验也不多，上这样的课不免有些心慌。在本次的综合实践活动中，我认为做得较好的地方主要有以下几点：

1. 激发了同学们的学习兴趣。植物王国是一个神秘而广阔的世界，有形态各异的叶子，有色彩缤纷的花朵，有各种各样的果实，能散发出与众不同的香味……

这一切，都让对生命现象有强烈好奇心和求知欲的学生产生了极大的兴趣。在活动伊始，我先出示一些校园里的植物的照片，让学生猜植物名称，当然有很多植物的学名学生是不知道的。接着，我问：“想知道它们的名字吗？想知道我们校园内有多少种人工种植的植物吗？各种植物都分别有什么特征呢？让我们在校园里来一次植物大搜索，寻找答案吧！”同学们听了都兴致勃勃，跃跃欲试。于是立即分工、分区域搜索起来。在“巧手制作，留住美丽”环节中，同学们的兴致也很高，不仅充分发挥自己的想象力与创造力，制作出一幅幅别具创意的作品，还给作品配上诗词，编上故事。在兴趣的指引下，学生的好奇心与求知欲得到了充分的满足，收获了许多知识与快乐，学生的各项能力也在有效而充实的活动中得到了锻炼与提高。所以，当教师呈现他们在整个活动过程中的照片时，他们是那样兴奋，如数家珍地向别人畅谈自己的活动收获。

2. 让学生的各项能力得到综合性的锻炼与提高。在活动中培养了学生的观察能力，与人合作、交流的能力，收集整理资料和动手的能力，提高了学生的审美情趣，树立了学生的环保意识，激发了学生的学习情趣和爱校情意。如在本节课的组内、班内交流自己的活动收获环节中，学生在交流时就很好地锻炼了他们的交流和口头表达能力，学会了客观地评价自我和评价别人。我们也不难看到，他们的审美情趣、爱校情意、环保意识等都得到了综合性的锻炼与提高，这是本课程的价值与意义所在。

3. 本次活动体现了学生的自主性、选择性和实践性。由学生自由组合小组，自行确定主题，为学生提供了开放的个性发展空间。

总之，这个微课程对学生来说还是收获挺多的。亲近植物、亲近大自然是学生喜欢的事情。校园植物大搜索、采集制作植物标本，满足了学生投入大自然的愿望。由于课程的开发者经验不足，学校可利用的资源也较少，致使上课时所用的资料大部分都来源于网络资源，能呈现的也只是一些图片，缺少了感染力。在活动过程中，学生之间存在差异，有些学生的兴致始终高涨，而有些学生主动性较差，容易放弃，需要老师用更好的办法鼓励学生及时调整心态，保持实践的热情。部分学生还不太能够正确地看待自己和别人的成果与收获，需要老师的引导，形成正确的评价。当然，我相信，随着课程的开发、完善，这些难题都会得到有效解决。

附：学生的作品

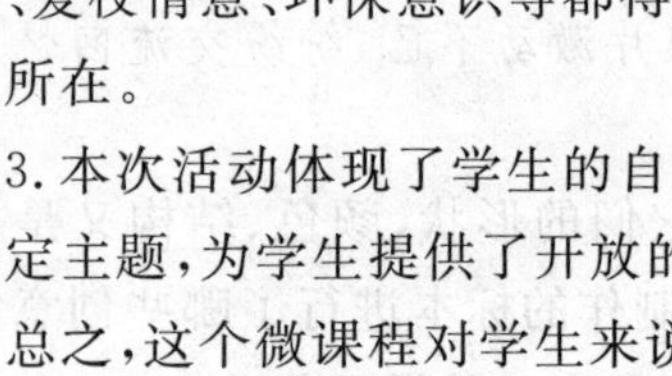

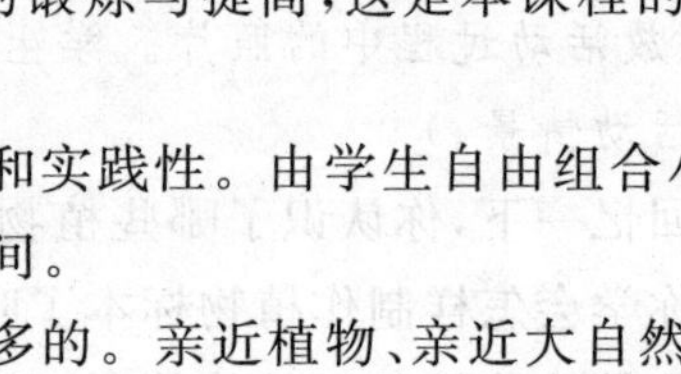

个案 2. “环境大描绘”微型课程

（设计者：姜云燕、周东华）

课程名称 环境大描绘

课程编号 类别：自然环保类 序列号：综 04C01

课程简介

自然环境与人类生活息息相关，环境是教育的一个重要组成部分。“环境大描绘”以自然环境的变化为载体，将自然知识与绘画艺术相结合。这种环境与美术的课程整合，既有助于唤起学生对环境保护的意识，养成良好的环保习惯，同时又促进学生绘画水平的提升，发展学生的审美能力。

适用年级 三年级

课程开设背景及意义

丰富的自然环境为人类提供赖以生存的物质基础，并对人类文明的开创和进步发挥着巨大作用。然而，人类在开发利用环境资源的同时，也产生了一系列环境问题。自然环境与人类生活息息相关，唤起全民的环保意识势在必行。通过让孩子们了解自然，走近自然，进而保护自然，树立环保意识。

绘画是孩子们比较喜欢的一种学习活动。他们喜欢描绘，喜欢用画来表达自己的想法与感受，哪怕画得不怎么样他们也很满足。

如何将环保内容与绘画形式有机结合？本课程以自然环境的变化为载体，将自然知识与绘画艺术相整合，不仅可以唤起学生对环境保护的意识，也有助于学生绘画水平的提升，既避免了讲授环保的枯燥，又在融入绘画的体验过程中使课程变得更加丰富有趣。这种环境美与美术美的课程整合，对发展学生的审美能力，树立环保意识起着重要的作用。

课程目标

1. 了解土地、河流、树木、山川、建筑等自然环境的变化情况。

2. 了解土地、河流、树木、山川、建筑等的绘画方法以及画面必须具备的构成要素。

3. 借助画笔，描绘变迁中的自然环境，逐步养成理性的思维品质和审美观点，树立环保意识。

课程内容

本课程计划 7 课时完成。以土地、河流、树木、山川、建筑等各种自然环境的变化为载体，学生在观察分析比较中，领略到自然的美，更体会到环境保护的紧迫感与强烈的主人翁意识，并借助绘画的方式将这种丰富的情感体验予以呈现。培养学生初步的观察能力与绘画水平，养成良好的行为习惯和审美能力，感受自然生态的美、保护环境的美、想象描绘的美。

教学方式

小组合作积分制，每组组长、助理各一名，确定组名，设计组旗等，并制定评比细则，主要凸显自主、创新、合作精神。平时设置三个奖项："倾听交流奖""色彩表现奖""想象创新奖"。期末评选"最佳小组奖"。奖励：奖章＋奖品。

评价方式

1. 整体考查与个体考查相结合

整体考查：将一学期每一小组积分进行汇总，按照积分的高低对各小组进行评比奖励。

个体考查：作品展示。

2. 过程评价与期末评价相结合

过程评价：在每次活动过程中重点考查各小组同学参与的态度、交流的能力、作品的质量等，采用学生自我评定、小组评定、老师评定相结合的方式。

期末评价：每位同学选取一份自己最满意的作品进行评比，同时对小组进行考核。

教学所需材料与设备

电脑、电子白板、绘画工具。

课程计划

第 1 课时：环境变化我赏析

第 2 课时：河流变化我描绘

第 3 课时：土地变化我描绘

第 4 课时：树木变化我描绘

第 5 课时：山川变化我描绘

第 6 课时：建筑变化我描绘

第 7 课时：作品创作大比拼

第2课时活动设计

（设计者：周东华）

课　题　河流变化我描绘

教学(活动)时间　1课时

教学(活动)目标

1. 培养学生保护河流的意识。

2. 了解河流的透视知识，运用透视、构图知识，画河流。

3. 通过观察、讨论与讲解，了解河流的绘画方法以及画面必须具备的构成要素。

教学(活动)内容

利用地理环境相关知识、具体的事例，小组讨论河流与人类生活的关系，解析河流治理的现实意义，了解相关人物。用绘画的形式描绘河流的优美姿态。

课(活动)前准备

教师：收集河流变化的相关资料图片，相关人物故事，完成PPT及范画。

学生：了解河流变化的信息，准备好画笔、颜料等工具。

教学(活动)过程设计

一、导入

1. 观看中国河流的相关影片或图片。

2. 讲大禹治水的故事。

二、讲授新课

1. 了解关于河流的历史知识。

　A. 大禹运用疏导的方法治理河水

　B. 李冰修建都江堰

　C. 长江三峡的宏大工程

2. 小组讨论河流与人类生活的关系。

3. 反馈交流，教师小结。

三、画河流

1. 欣赏美丽的河流绘画作品，说说这些作品美在哪儿。

2. 为自己的家乡设计一条美丽的河流，画种不限。

四、评价

1.介绍自己画的河流，说说自己作品的特色。

2.评选自己心目中最美的河流。

第6课时活动设计

（设计者：姜云燕）

课　题　建筑变化我描绘

教学(活动)时间　1课时

教学(活动)目标

1.了解古今中外建筑的演变历史和风格特点，了解一些著名建筑及建筑师。

2.通过观察、讨论，了解建筑物的绘画方法及画面必须具备的构成要素。

3.展开想象的翅膀，设计造型新、样式美、功能多的未来建筑。

教学(活动)内容

欣赏古今中外建筑的演变历史和风格特点，小组讨论建筑与人类生活的关系，了解著名建筑师。用绘画的形式设计未来的建筑。

课(活动)前准备

教师：收集古今中外一些典型建筑的资料、图片及中外著名建筑师的故事，完成PPT及范画。

学生：了解古今中外的建筑特点及著名建筑师的故事，准备好画笔、颜料等工具。

教学(活动)过程设计

一、了解中国著名的建筑师

1.你们知道中国近代有哪些著名的建筑设计师？他们的代表作分别是什么？

(1)齐康：建筑教育家、建筑学家、中国科学院院士。代表作：南京雨花台烈士陵园纪念馆、福建省历史博物院、沈阳“九一八”纪念馆扩建工程等。

(2)吴良镛：城市规划及建筑学家、教育家。为北京、桂林、三亚、深圳等城市的规划，特别是旧城区改造整治规划设计工作做出重要贡献。

(3)贝聿铭：美籍华人，世界著名的建筑设计师，设计了华盛顿市的美国国家美术馆东馆、法国巴黎罗浮宫扩建工程、中国银行香港分行大厦等作品，为世界建筑史留下经典杰作。

2.一起走进建筑，感受建筑的神奇。引入课题“建筑的变化”。

二、欣赏交流

1. 古今中外的建筑设计欣赏评析。

(1)中国传统建筑具有朴素淡雅的风格,主要以茅草、木材为建筑材料,以木架构为结构方式,按照结构需要的实际大小、形状和间距组合在一起。这些建筑结构方式反映了古代宗法社会清晰、有序和稳定的结构。由于木质材质制作的梁柱不易形成巨大的内部空间,古代建筑便巧妙地利用外埠自然空间组成庭院。庭院是建筑的基本单位。它既是封闭的,又是开放的;既是人工的,又是自然的。可以种植花草树木,仰观风云日月,成为古人"天人合一"观念的又一表现,也体现了中国人既含蓄内向,又开拓进取的民族性格。如北京故宫建筑群、拉萨布达拉宫等。

(2)中国近代建筑经历了以局部应用大屋顶为主要特征的复古风格时期、以国庆工程十大建筑为代表的社会主义建筑新风格时期、集现代设计方法和民族意蕴为一体的广州风格时期。自20世纪80年代以来,中国建筑逐步趋向开放、兼容。

(3)中国现代建筑开始向多元化发展,如上海环球金融中心、青岛海湾大桥等。

(4)世界著名建筑:埃菲尔铁塔、悉尼歌剧院、伦敦千年穹顶、悉尼奥林匹克体育场、纽约帝国大厦、吉隆坡国家石油双塔大厦、迪拜风中烛火大厦等。

2. 说说家乡的建筑。

廿八都的古建筑、彩虹桥、新城市建筑等。

3. 小组讨论建筑与人类生活的关系,全班反馈交流。

三、绘画建筑物

1. 欣赏美丽的建筑物绘画作品,说说这些作品美在哪里。

2. 描绘自己家乡的建筑物,画种不限。

四、评价交流

1. 小组介绍自己的画,说说自己作品满意的地方,并让同伴提出建议。

2. 评选自己心目中最美的绘画作品。

个案3. "变废为宝"微型课程

(设计者:陈何军)

课程名称 变废为宝

课程编号 类别:自然环保类 序列号:综04C02

课程简介

一次性筷子、塑料袋、纸巾盒等生活中被人们随手丢弃的垃圾,其实只要我们开动脑筋,只需一点点的创意改造,就能变身成为一件件精美的作品。我们的课题提倡生活处处皆艺术！旨在通过自己动手动脑将身边的废物利用起来，以纸为媒介为切入点，通过一些简单的办法，为他们找到合适的“出路”，化腐朽为神奇，把变废为宝的意识扩展延伸到身边其他的废物上！培养学生环保意识，提高学生观察、改造生活的能力！

适用年级 四年级

课程开设背景及意义

1.废物的创新利用是永恒的课题。

2.废物之所以称为废，是因为缺少了发现的眼睛。

3.废物可以通过改造、创意使之装点生活、化身艺术。

4.废物利用是一件化腐朽为神奇的创举。

5.造福人类是废物利用的最高层次。

6.废物怎么利用、如何利用使之价值最大化是废物利用法的立足点。

7.现代科技可助力废物利用。

课程目标

1.了解废物利用的作用和意义。

2.树立基本的环保意识，加深对废物利用的理解。

3.用纸媒实际操作进行实践训练，培养学生的创造思维能力和观察改造生活的能力。

4.能用变废为宝的理念和方法在生活中进行创意构思、设计制作。

课程内容

以纸为媒介的各类废物利用开发实践。

教学方式

1.以传递信息为主的方法：谈话法、讨论法。

2.以陶冶情操开拓思路为主：欣赏法、比较法。

3.以指导探究为主的方法：观察法、发现法。

4.以直接感知的教学方法：演示法。

评价方式

废物利用作品，小展览。

教学所需材料与设备

绘画工具、废弃物材料、课件、投影仪等。

课程计划

课时1:纸艺欣赏创意
课时2:纸艺制作实践
课时3:拼贴画欣赏
课时4:拼贴画制作实践
课时5:立体造型欣赏
课时6:立体造型制作实践
课时7:立体造型综合展示

第1课时活动设计

（设计者:陈何军）

课　题　纸艺欣赏创意

教学(活动)时间　1课时

教学(活动)目标

1.知识目标:(1)了解废物利用的作用和意义;(2)初步了解各种纸艺作品的工艺及其制作方法。

2.能力目标:在活动中学会设计,在合作中学习交流,在制作中培养学生探究意识。

3.情感目标:能够从我做起,惜纸、爱纸,初步形成环保意识;能有废物利用的意识,巧妙地改造使用一些家庭废物。

教学(活动)内容

以教师引导为主,并逐步引领学生开始探究、构思、寻找材料。在分工合作中主要以同班同学为一组,便于材料的准备。

课(活动)前准备

教师:收集课程内容所需的相关教材、故事,自行准备教学图板或PPT演示材料,自带相关教具。

教学(活动)过程设计

一、导入

教师:同学们,随着人们生活水平的提高,我们的衣食住行发生了很大的变化。几乎每家每户都开上了汽车,住上了楼房,我们的生活环境也随之发生了巨大的变化!风沙、雾霾、酸雨等恶劣天气对人的生活产生了巨大的危害。同时,我们的生活也遭受着垃圾的侵袭!我们经常能看到同学们随手乱丢的垃圾,你想过你一天丢了多少垃圾吗?设想如果每人丢一张纸,我们一个学校每天将会有多少纸被丢弃?也相当于是多少棵树被砍伐?那再延伸为江山市、衢州、浙江、中国、世界!那一天得产生多少垃圾?相反,如果我们把破烂废弃物再生成新的有用资源,那将会怎样呢?

二、了解目前环境问题

1. 工业环境污染。欣赏中国摄影师卢广获得荷赛长期拍摄题材三等奖的《开发与污染》摄影作品，教师进行适当讲解。中国的环境污染已严重影响了人们的生活和健康。

2. 生活环境污染。交流垃圾的产生，常见的垃圾有哪些？

三、了解废物利用情况

1. 了解古代废物处理的方法：厕所积肥、垃圾堆肥、埋坑覆土等。

2. 了解发达国家的废物利用政策和措施：垃圾分类再售、废物交换、韩国垃圾计量制等。

四、分组讨论

第一组：如果垃圾不处理，生活会变成什么样？

第二组：自己家里每天产生多少垃圾，多少是可以回收利用的？

第三组：国内与国外对待废物的方式有何不同，我们该怎样学习改进？

第四组：废物的再利用对环境有哪些影响？

反馈：

1. 小组间相互讨论交流总结。

2. 全班交流学习。

总结：我们应该“变废为宝”，从现在起，从我做起！以社会主人翁的态度刻不容缓地行动起来，引领身边的朋友、邻居、家长正确处理好身边的废物。

五、欣赏范作

课件播放各种美丽的纸艺作品。

设计意图：通过欣赏不同的纸艺，了解不同的风格和方法，感受纸艺的趣味性、实用性和创意性。

六、自主探究

1. 说说他们是怎么制作的？

2. 用的什么材料和方法？

3. 你还有不同的想法吗？

学生讨论交流，汇报。

七、交流创想

1. 确定小组作业形式和内容。

2. 构思主题，勾画草稿。构思设计主题，用铅笔先画出草稿。

3. 明确小组成员分工，课后搜集相关素材、负责携带相关工具材料。

【实践反思】

“变废为宝”微型课程实施中的思考

陈何军

这是个不一样的学期,应该说是一个自我转型、自我提升的学期吧。学校开展了周五综合实践活动课,在领导的关心下,在自己的努力下,我的项目——“变废为宝”课程取得了一些进展。考虑到生活中的废品种类很多,我主要想开发其中与学生生活密切相关的、以纸为媒材的项目,这个学期经过一些实践有了一些收获。

1.纸艺与德育相结合,走环保发展之路

在活动进行中我指导学生充分利用周边的可利用资源,因地制宜,变废为宝。例如我们发现校门口经常有人发放广告纸,这些广告纸都被人随手丢弃。我们就可以利用这一个现成的材料进行纸艺作品的创作,并结合学校的综合实践活动课,开展趣味纸艺活动,让学生在纸艺的实践活动中,掌握了折、剪的技能技巧。这样就充分利用身边的废纸资源,保护了环境,变废为宝。同时在纸艺活动过程中,不失时机地对学生进行德育教育,将德育寓于纸艺之中。以纸艺为主线,发展学生的特长,加入德育教育内容,提高审美情趣。

2.纸艺与生活相结合,美化生活实际

艺术来源于生活,废品来源于生活。将两者结合起来,最终让废品又回归生活,装饰生活。在课程中,我让学生利用日常生活中的废旧报纸、挂历纸、包装纸等材料,运用撕、剪、折、拼、贴等方法做成一幅幅人物、动植物及以风景为主体的美妙的拼贴画、立体造型等各种纸艺作品,最终成为生活中的装饰品,用来装点自己的生活,把我们的生活打扮得更加美丽、温馨。

3.纸艺与发展相结合,合作学习有效率

学生之间存在个性或能力上的差异,有的学生创意好但做不出来,有的学生性格随和但动手能力差。在课程过程中进行小组合作的方式,每人各司其职,有的负责剪贴,有的负责组合,使人人有事干,调动了学生的积极性,真正做到人尽其才,才尽其用。合作学习在纸艺课程中的应用,形成知识、技能等方面的互补,达到“人人教我,我教人人”的良好效果。以人为本,培养了学生的责任意识、自主意识、合作意识与竞争意识,发展了学生的交往能力,激发了学生的创作兴趣。

通过一个学期的摸索尝试,我们深深地体会到:实践活动无所谓好坏,只要实实在在。课程不仅是一种结果,也是一种过程,更是一种意识。我相信纸艺美术在学校微型课程开发实施中一定会让学生学有所获,学有所乐,学有所用。

第三节　开发一得：开发过程管理评价的动态跟进

在摸索中思考　在思考中前行

——“环境大描绘”阶段性反思

姜云燕

微型课程的开发管理贯穿微型课程开发、实施、评价的全过程，是微型课程品质的重要保障。与当前蓬勃开展的校本课程开发相比，管理评价这一块相对处于滞后的状态。如何在学校顶层管理评价的宏观引领下，进行自然环保类课程的管理评价，有效实施动态跟进？本组老师通过整体实施与个体反思相结合，在多维评价与分段跟进中实现过程管理。

一、课程开发管理过程

微型课程开发实施过程时间长，通过合理划分时段，并在每个时段设置清晰的管理点，可以让管理评价更有效。本微型课程的开发实施经历了以下阶段。

时间	阶段目标	实施内容	备注
6—7 月	课程开发内容规划	选择设计主题，确立目标。	
		课程内容开发申报，确立各年级课程开发的内容：三年级“环境大描绘”，四年级“变废为宝”，五年级“植物标本”。	
		课程纲要撰写：形成课程纲要文本。	
8 月	课程开发活动设计	活动设计，完成每个内容 7 课时初稿（含学生学习单）。	保证设计的原创
10—11 月或 11—12 月	课程开发首轮实施完善阶段	实施首轮活动设计，开展课堂实践，撰写活动设计与实施反思案例，收集活动音像资料、听（评）课记录、学生作品、访谈记录等。	
1 月	首轮课程开发实施小结	活动设计内容调整与修正，形成实施反思案例，以实现对前期活动设计与实施的超越与提升。	
3—4 月或 5—6 月	课程开发第二轮实施完善阶段	第二轮活动设计实施，在课堂实践中，撰写活动设计与实施反思案例。	前后稿对比
6 月底	课程开发整体反思	修正课程纲要，完善活动设计，收集活动资料，反思目标、内容、实施与评价主要环节之间的内在一致性。	

二、课程开发动态跟进

校本课程评价作为贯穿校本课程开发的重要环节，既是保证校本课程顺利开发的条件，也是提高校本课程开发质量的关键。微型课程开发评价追求的是在学校、项目组与教师个人合力下的自我完善、自我提高、自我发展，主要包括过程性评价、发展性评价、反思性评价。通过各时段明确细致的动态管理，实现课程开发实施的有效高质，达成“为每个孩子设计课程”的核心理念。现选取“环境大描绘”开发小组在第一轮实施后的阶段性反思与大家分享。

通过第一轮的实践，发现孩子们对“环境大描绘”这一课程还是比较喜欢的。他们对绘画有特别的偏爱，孩子们可以在绘画的过程中充分表达自己的感受，把自己的想法画在纸上，哪怕画得不怎么样，他们也很满足。教学中一个个环保故事及相关的例子也都深深吸引着孩子们，他们始终有问不完的为什么。但在实践过程中，也发现了不少问题。借“树木的变化”这一课谈谈本课程开发实践中的一些想法与改进措施。

（一）教学片断

1.引出问题。

教师：通过有关森林树木的图片欣赏及看到的这些数据，你有什么想法？你认为什么问题值得我们研究？

学生1：造成树木种类减少是什么原因？

学生2：有什么办法保护树木？

学生3：树木与我们的生活有什么关系？

教师：将同学们的问题整理一下，分为两大类：树木变化的原因及措施，树木与环境的关系。下面就针对上面的问题分组讨论。

2.分组讨论问题。

一至四组讨论问题1，五至八组讨论问题2。

3.全班交流汇报。

教师：哪组愿意将你们的想法与大家分享？

组1：我们组认为造成树木变化的原因是人类大量砍伐树木，用来赚钱。危害是会让森林资源不断遭到破坏，人类生活受到影响。

组2：造成树木变化的原因还有森林虫害。我们要保护树木，不要过度砍伐，要让森林更美。

组3：树木与我们的环境关系密切。如果不注意保护，环境受到严重破坏，会造成水土流失，会引发气候变化，会让很多动物灭绝。

教师：是的，树木与人类生活息息相关。就我国而言，长期以来存在着毁林开荒、森林火灾、更新跟不上采伐以及森林病虫害等问题，使得森林资源不断遭到破坏，森林覆盖率下降，生态系统日益脆弱退化，人类生活受到影响。如果不注意森林与树木的保护，环境会受到严重破坏，导致：涵养水源能力下降，引发洪水灾害；水土流失，引发土地沙化；调节能力下降，引发气候异常；野生动植物的栖息地丧失，引发生物多样性锐减。

我国实施了以“天然林保护”“退耕还林”为代表的中国林业发展的六大生态工程，开始了传统森林工业向生态林业的战略性转变，森林资源得到了有效保护。

你现在有什么感受？可以用画笔把自己的想法描绘下来。

(二)实践反思

1.肯定的方面：活动主题明确。

本课程的主题是环保，通过以自然环境的变化为载体，将自然知识与绘画艺术相整合，实现人与自然的对话。粗粗地看，整节课绘画比重较大。因为考虑到画画需要较多的时间，在简单地了解相关图片和问题后就进行作品创作，这样的设计与教学似乎更接近一节纯粹的美术课。实际上，我们是借画的形式向孩子们传递环境保护的意识，表达人与自然和谐共处的美好愿望。这门课程是有意义的、可行的，但为了课程的改进与提高，我们更需多反思存在的问题和不足之处。

2.存在的问题：综合实践课程的关键是体验与实践，研究性学习作为综合实践活动课程领域中的一种重要学习方法，其实质是基于课题的一种探究性、实践性的学习活动。而本课程在这方面比较欠缺，主要问题如下：

(1)资源局限性。

本课程的资源主要来源于文本，侧重网络资源。因为网络资源相对来说查找方便，内容丰富，有些也比较形象直观，但这样也导致资源仅停留在书面，形式单一，虽然可以给学生一定的感知，但学生的切身体验不够。

(2)体验性活动欠缺。

从图片欣赏到绘画创作之间虽然穿插了一个简单的交流环节，但这个活动仅浮于表面，未做深入细致的分工指导研究。

3.需要改进的地方：走进研究性学习。

(1)资源运用多样化。

在网络资源的基础上，增加一些更近距离的生活资源，将具体形象的活动资源融入抽象的文本资源中。比如“树木的变化”这一课，课前可以让孩子们自行了解一些关于树木方面的知识，自行了解与教师的直接介绍相比，会给孩子带来更多的触动，资源也会更丰富。同时在课中除了图片欣赏外，还可以让孩子结合实际谈谈切身感受。

(2)调查研究感性化。

小组活动是综合实践活动的基本组织形式，在引出问题之后，由研究小组自行分组讨论交流，确定研究问题——讨论研究方式——开展实践研究的步骤。教师事先准备一些学生可能会用到的材料。调查研究可从简单的表格式记录起步，逐步变得具体、丰富。

(3)成果展示个性化。

在成果展示环节，每课时一张画的形式比较单一，可以将“描绘”的范畴扩大，不仅仅是一幅简单的画，还可以是宣传画、连环画，还可采取画文结合的方式等等。

微型课程的开发管理于我们而言就像摸着石头过河，依托学校顶层的管理设计，聚项目组与教师之合力，动态管理，且行且思，在摸索中思考，在思考中前行！

第五章　身心健康类微型课程

小眼睛看安全、小游戏大氧吧、小身体大秘密……在游戏中畅游，在活动中实践，在表演中体验，人人争做身心健康娃，实现成长无忧愁。

第一节　开发概况

一、开发背景

能够正确处理好人与自身的关系是现代人健康发展的重要标志。从小就养成对自我身心发展方面问题有所关注的习惯，并能尝试调节自我的身心状况，保持乐观向上、积极主动的心态，这也是“主动发展教育”的重要要求。

1.学校的发展思路。学校秉承“相信自己行，努力求成功”的校训，以“积极主动、健康快乐、富有教养”为学生发展目标，不仅注重学生习惯养成教育，更注重学生的心理健康，希望孩子能够在快乐轻松中获得知识，提高学习能力，提高人际交往能力等，成为“积极主动、健康快乐、富有教养”的中小学子。

2.学生的实际需要。从学生的社会生活环境看，处处都有着不同程度的危险。如在自然灾害和事故灾害面前，学生往往缺乏有效防灾知识和自护自救的能力；随着年龄的增长，身体也渐渐发生着变化，然而现在一些孩子对身体的健康成长没有引起足够的重视；随着生理、心理的发育和发展及思维方式的变化，学生在学习、生活、人际交往和自我意识等方面，会遇到各种各样的心理困惑或问题。

在学生成长过程中，每个阶段都有可能遇到与成长相关的身体发展问题和心理成长问题，单独从人与自我身心发展维度为孩子开发一些成长性课程，有助于学生更好地了解自我的身体和心理的发展状况，能够从容应对可能出现的成长性问题。

二、开发目标

通过“自我保护——心理健康——认识身体”的体验与辅导，让每一位学生体验真实的自身生活和社会实际，使学生在“做中学”“学中觉”，提高全体学生的身心素质，充分开发学生的潜能，培养学生快乐、健康、自主、会学的心理品质，促进学生的健康发展。

三、开发内容

根据儿童的认知特点、发展规律以及学生的自我需要，梳理小学各阶段有可能出现的成长性问题，并依据这些问题进行主题设计，建构主题单元，从而开发形成相应的微型课程。现以在三至五年级分别开设的“小眼睛看安全”“小游戏大氧吧”“小身体大秘密”三门微型课程为例来说明。

三年级“小眼睛看安全”：从校园、家庭、社会、自然安全四个方面设置课时内容，旨在让学生在亲身体验中懂得防灾应急救护知识，锻炼自救自护能力，增强安全保护及防范意识，珍爱生命，远离危险！

四年级“小游戏大氧吧”：在特定的团体情境中，以心理学相关理论知识为基础，借助游戏活动这一载体，从竞争合作、自我意识、学习管理、人际交往、创新实践、心灵成长六个板块，把游戏的形式和心理教育的目标有机地融合成一个整体，内容涉及学习辅导、人际交往辅导、人格品质辅导、情绪情感调控、意志力培养等各个方面。通过游戏促进学生之间的互相交流与思考，让孩子在心理游戏中释放性情，感受积极的情绪体验，学会与他人交往合作，学会积极思考，快乐地成长。

五年级“小身体大秘密”：孩子进入青春期早期，通过认识身体，掌握一些健康小常识，并通过身体力行的实践，获得健康，愉快地度过人生美好而尚不成熟的阶段。设置了“我们和牙齿面对面”“我们的眼睛有话说”“到我们身体游一游”“健康常识我知道”“垃圾小食品大揭秘”“察痰观舌做中医”“我是健康小达人”7 个课时，旨在通过学习体验，让学生懂得身体保健知识，懂得自我保健，提升身体素质，开发学生潜能，促进学生的健康发展。

四、开发体系

从良好处理人与自身关系出发，开发实施身心健康类微型课程，主要是围绕各阶段可能出现的成长性问题，以学生乐于接受的形式展开学习活动，帮助学生顺利健康地度过各个成长时期，实现成长无忧。本类微型课程遵循学校顶层设计理念，面向三、四、五年级开设，立足“自救自护、心理发展、身体发展”三个目标，根据学生认知规律和身心发展水平，三年级围绕 “自救自护”，四年级围绕“心理发展”，五年级围绕“身体发展”来开发，力求让学生深入体验真实的自身生活和社会实际，通过“自我保护——心理健康——认识身体”的体验与辅导，人人争做身心健康的孩子。当然，后续项目组还会进一步完善，开发出更多适合孩子的课程，以更好地应对孩子的成长性问题，如一年级的幼小衔接，六年级的青春期教育类课程等。

身心健康类		
年　级	课程名称	大致内容
三年级	小眼睛看安全 （自救自护）	1.意外伤害我应对　2.生活中的陌生人 3.和溺水说再见　4.雷鸣电闪怎么办 5.闪耀红色危险大　6.地震知识知多少 7.一站到底来考核
四年级	小游戏大氧吧 （心理发展）	1.竞争合作篇——众人划桨开大船 2.自我意识篇——我认识自己吗？ 3.学习管理篇——高效记忆有诀窍 4.人际交往篇——与人沟通的艺术 5.创新实践篇——给思维换件新衣 6.心灵成长篇——寸草报得三春晖 7.总结评价篇——盘点收获，分享喜忧
五年级	小身体大秘密 （身体发展）	1.我们和牙齿面对面　2.我们的眼睛有话说 3.到我们身体游一游　4.健康小常识一点通 5.垃圾小食品大揭秘　6.察痰观舌做“中医” 7.争做“健康小达人”

五、实施策略

力求以儿童的生活为主线，以个体经验为载体，以活动为中介，以综合性、实践性、体验性为主旨，通过角色扮演、情境体验、经验分享、实际体验、影片赏析、游戏活动、专家互动等丰富多样的形式，使学生在“做中学”“学中觉”，拥抱健康，快乐生活。

六、开发难点及注意事项

（一）开发难点

1.身心健康类的内容资源非常丰富，作为一个7课时的微型课程，该如何进行内容筛选？

2.家长是学生的第一任老师，身心健康类内容的体验与辅导少不了家长的参与，如何加强课堂与学生生活的联系，加强学校和家庭之间的合作，是我们需要努力的方向。

3.身心健康类微型课程专业性强，涉及专业知识，这对任教老师是个挑战，教师亟须专业指导和培训。

（二）注意事项

1.创新授课模式，充分利用校内外资源，邀请家长或专业人士开展专题讲座、实战演练、实地考察等。

2.突出活动为主的特点，把身心健康教育的内容渗透于灵活多样、富有情趣的活动中，注重活动过程的教育作用。

第二节 个案点击

个案1. “小游戏 大氧吧”微型课程

（设计者：柴李萍、蒋丽霞）

课程名称 小游戏 大氧吧

课程编号 类别：身心健康类 序列号：综06F

课程简介

本课程是实施学校积极心理健康教育的活动性课程。在特定的团体情境中，借助游戏活动这一载体，从竞争合作、自我意识、学习管理、人际交往、创新实践、心灵成长六个板块，引导学生在心理游戏中释放性情，感受积极的情绪体验，学会合作，提高自信，快乐成长。

适用年级 四年级

课程开设背景及意义

一、课程开设背景

1. 严峻现实的呼唤。有资料表明，我国约有1/5的儿童、青少年存在不同程度的心理行为问题，如厌学、偷窃、说谎、自私、任性、耐挫力差、攻击、退缩、焦虑、抑郁等。

2. 社会发展的需要。时代要求培养创造型人才，这需要有敢于创新、善于合作的意识，有百折不挠、精益求精的精神，有热爱生活、工作、他人的美好情感。

3. 学校使命的召唤。我校以自主发展教育为核心，秉承“相信自己行，努力求成功”的校训，推行“学校教育要为人的终生发展，为人成为一个幸福的人服务”的教育理念，注重习惯养成教育，更注重心理健康，希望孩子能成为“积极主动、健康快乐、富有教养”的人。

4. 学生自我实现的需求。我们不仅要关注心理障碍和心理疾病患者，还应关注大多数人的心理健康，以预防为主，关注个体潜能的发挥和人格完善，满足学生自我实现的需要。

二、课程开设意义

1. 有利于学生身体的健康成长。小学生正处在心理机能迅速发育的时期，因此开展心理健康教育，让学生了解和掌握心理健康教育的内容，及时地、针对性地施以教育，对症下药，使学生保持心理健康，促进学生身体健康成长。

2.有利于学习效率的提高。一个心理健康、朝气蓬勃、开朗乐观的人，学习和工作就有劲，效率就高。而一个心理不健康的人常常心神不定，思虑过多，不能集中精力于学习和工作上，既影响生活效率，也大大妨碍创造才能的发挥。

3.有利于智力与个性的和谐发展。重视心理健康，可使大脑处于最佳状态，更好地发挥大脑功能，有利于开发智力，充分发挥各种能力，有利于个性的和谐发展。

4.有利于心理疾病的防治。心理疾病的发生，有一个从量变到质变的过程。重视学生的心理健康，就会防止和消除产生心理疾病的各种因素，以防止病变。

课程目标

一、总目标

通过开展校园心理游戏，培养学生积极的个性心理品质，使学生增强调控自我、承受挫折、适应环境的能力，提高学生的心理素质和心理健康水平，培养他们开朗、合群、乐学、自立的健康人格。

二、具体目标

1.通过游戏活动，让学生体验群策群力、团体合作的成功与快乐，形成合作互助意识，培养学生团队成员之间相互信任、协作、鼓励与支持的团队精神和坚持到底不服输的精神。

2.正确地认识自我。培养学生良好的自我概念、自我意识，提高自尊、自信水平及自我接纳程度，更有效地克服内心的惰性，进行自我协调、自我控制、自我激励和自我管理。

3.通过游戏活动，学习重组法、谐音法、联想法等高效的记忆方法，增强记忆效果。

4.培养学生交往意识，掌握一定的沟通技巧，学会正确处理交往中的摩擦及矛盾，使学生乐于交往、善于交往，消除人际交往障碍，建立一种和谐融洽的人际关系。

5.发展创造性思维。努力为学生创设情境，诱发学生的好奇心，鼓励大胆尝试，激发学生追求求异思维的兴趣，培养不同角度思维的能力，引导学生从小就学会创造性地学习。

6.引导学生用换位思考等方法理解妈妈，初步掌握化解亲子冲突的方法，培养感恩的意识，能用实际行动报答妈妈的养育之恩。

课程内容

“小游戏　大氧吧”校本课程是一项实施学校积极心理健康教育的活动性课程，在特定的团体情境中，以心理学相关理论知识为基础，借助游戏活动这一载体，从竞争合作、自我意识、学习管理、人际交往、创新实践、心灵成长六个板块，把游戏的形式和心理教育的目标有机地融合成一个整体，内容涉及学习辅导、人际交往辅导、人格品质辅导、情绪情感调控、意志力培养等各个方面。通过游戏促进学生之间的互相交流与思考，让孩子在心理游戏中释放性情，感受积极的情绪体验，学会与他人交往合作，学会积极思考，快乐地成长。

教学方式

根据各课时的辅导目标与内容，结合各种游戏、活动，选择有效的辅导策略与方法：

1. 开展心理游戏，启发体悟；
2. 利用典型案例，分析感悟；
3. 结合生活故事，模仿领悟；
4. 设置情景模拟，体验转化；
5. 通过心理测验，对症下药；
6. 诵读名言警句，强化感悟；
7. 引用理论知识，指导解释；
8. 实施家校联合，共同关注。

评价方式

本课程采用形成性激励评价方式，将平时考查与结业考查相结合，师评、生评、互评相结合，定性评价与定量评价相结合。具体方式有：

1. 课堂反馈表。每课时结束后由学生填写，学生对自己的表现与成果进行反思、评价。同时，直接或间接地对教师的教学效果、课程设计进行评价，以便教师据此调整活动策略。

2. 观测情景剧。师生通过观测心理情景剧，评价学生的心理素质及处理问题的方法、能力。

3. 学生互评。学生依据一定的标准互相评价，帮助学生尊重、欣赏他人，相互促进。

4. 教师评价。教师有计划、有目的地对学生表现出的情感、态度、能力、行为进行观察，根据学生的参与程度及活动进程中的表现给予相应的等级。

5. 作品分析。通过分析评定学生的作业，进而对其心理素质发展状况进行评价。

6. 心理测量。使用心理测验了解学生的心理素质以及在接受心理健康教育后的变化情况。

7. 结业考查。以本学期专题为背景资料，编制检测卷，对学生学习做出定量评价。

教学所需材料与设备

秒表4个、乒乓球4个、蒙眼罩2个、汽车轮胎2个、便利贴、白纸、篮球2个。

课程计划

第1课时：竞争合作篇——众人划桨开大船

第2课时：自我意识篇——我认识自己吗？

第3课时：学习管理篇——高效记忆有诀窍

第4课时：人际交往篇——与人沟通的艺术

第5课时：创新实践篇——给思维换件新衣

第6课时：心灵成长篇——寸草报得三春晖

第7课时：总结评价篇——盘点收获，分享喜忧

第1课时活动设计

（设计者：柴李萍、蒋丽霞）

课　题　竞争合作篇——众人划桨开大船

教学（活动）时间　1课时

教学（活动）目标

1. 通过自我介绍，初步认识班级成员。
2. 了解友好合作的重要性和必要性，体验合作带来的快乐，增强合作意识。
3. 学习如何进行团结合作，初步掌握高效合作的方法。

教学（活动）内容

一、游戏暖身：青蛙跳水

二、游戏切题："盲人"取球

三、游戏体验

1. 听音频：《五个手指的故事》。
2. 游戏"篮球传递"。
3. 游戏"同舟共济"。

四、快乐反馈

1. 齐唱《众人划桨开大船》。
2. 填写课堂反馈表。

课（活动）前准备

教师：1. 秒表4个，乒乓球4个，蒙眼罩2个，汽车轮胎2个，篮球2个。

2.准备歌曲《众人划桨开大船》。

3.制作PPT。

4.印制学生课堂反馈表。

学生:课前培训4个计时员准确操作秒表,明确记录要求。

教学(活动)过程设计

一、游戏暖身

玩“青蛙跳水”的游戏。“一只青蛙跳下水,呱;两只青蛙跳下水,呱,呱;三只青蛙跳下水,呱,呱,呱……”以此类推,组里同学每人说一个字,看看哪个小组数到的青蛙多。

二、游戏切题——“盲人”摸球

1.游戏规则:蒙上眼睛从教室后门走到教室前面,取到讲台桌上的小球,谁用时短,谁就获胜。

2.第一次游戏:两名选手蒙上眼睛自己去取球,请计时员计时。

3.第二次游戏:通过自主报名,同学推荐,给刚才两位选手选出两位合作伙伴。他们可以用语言进行提示,也可以搀扶,但不能直接抓住“盲人”的手去取球,并请计时员计时。

4.游戏结束,老师切入主题:大家刚才看到,第2次游戏明显比第1次快多了,原因就是我们不再是一个人,而是有了同伴的帮忙,有了相互合作。

三、游戏体验

1.听音频:《五个手指的故事》。

首先听音频《五个手指的故事》。故事梗概:五个指头是亲兄弟,本来很和气。因为各夸各的本领大而吵了起来。忽然远处跑来一个皮球,它着急地嚷道:“哎,哎,有谁能把我举起。”大拇指挺身而出。费了半天劲,累得满头大汗,也没能举起。其他四个兄弟也都没能把皮球举起。这时,皮球笑着说:“你们一起用劲试试看。”于是,五个指头一起用劲,一下子就把皮球举了起来。

听完后指名交流自己的感受,感悟到在学习生活中,只有团结合作,效率才会更高。

2.玩“篮球传递”的游戏。

(1)游戏规则。

①分组:全班分成4组,每组配有1个球。

②要求将球从第一位同学手里发出,最后按顺序回到第一位同学的手里。在传递的过程中,每一个人都必须碰到球,所花时间最少的获胜。

③若出现下列情况,成绩加10秒:球掉在地上或计时员报成绩时出现组员

喧哗。

④ 游戏中若违规，成绩取消。

(2)游戏过程。

第一次游戏后，小组成员商量，讨论出更好的方法传球，再进行第二、三次传球游戏。(可以围成一个圈，一个接一个地传递；可以小组靠拢站成一列，双手并拢，由高到低摆放，球从高处滚下来；还可以小组用手围成一个圆筒状，让球分别从每个人手臂上滑过等等。)

(3)游戏小结。

结合刚才的游戏及平时的合作经验，再请4个小组长组织同伴讨论成功合作需要的条件，写在便利贴上，并贴到黑板上，大家相互学习。

3. 玩“同舟共济”的游戏。

游戏规则：1. 小组的8个成员必须全都站到轮胎上。2. 在最短的时间内完成任务者为胜。

让学生初步掌握合作方法，在“同舟共济”游戏中，运用所学的方法进行实践，体验合作带来的快乐，感悟合作的魅力。

四、快乐反馈

1. 齐唱《众人划桨开大船》。

通过刚才的游戏，孩子们已经渐渐领悟到合作的重要性，体会到合作的快乐，小组成员共同努力登上了合作这艘大船，于是在《众人划桨开大船》这首歌中结束今天的游戏之旅。

2. 填写反馈表。

打开心窗说说话

请你打分(满分10分，最低0分)：

(1)今天的上课气氛________

(2)游戏能引导出主题________

(3)我了解了合作的重要性________

(4)我知道了应该如何与他人合作________

(5)今天的活动中，我喜欢的程度

A. 游戏“青蛙跳水”________

B. 游戏“盲人取球”________

C. 游戏“圆球传递”________

D. 游戏“同舟共济”________

E. 歌曲《众人划桨开大船》________

(6)我还想给老师的建议：______________________________

第2课时活动设计

（设计者：柴李萍、蒋丽霞）

课　题　自我意识篇——我认识自己吗？

教学（活动）时间　1课时

教学（活动）目标

1.了解自己的才能，了解如何在学习中通过自我努力来取长补短。

2.控制自己不为外界的诱惑所干扰，克服自己内心的惰性，提高自我控制的能力。

3.懂得要对自己有信心，知道“我是可以办到的！”这种力量不只是来自别人对自己的肯定，也可以靠自己完成一件身边的小小难事来获得。

课（活动）前准备

教师：1.印制自我挑战书；2.收集故事；3.制作PPT。

学生：准备空白小纸条3—5张。

教学（活动）过程设计

一、暖身活动

1.看图取名。

根据你所看到的，给这幅图取个名。

我们看到的是同一幅图，但取的名字却是千差万别。大家想一想，我们看到的是同一种事物，为什么想法却不同呢？

2.认识自己。

在小组内互相说说自己的兴趣爱好和优缺点，在全班交流。

3.新的突破。

（1）当别人称赞你时，你的感受是什么？

面对自己的才能不害羞，欣赏自己。

（2）你认为什么样的反应最合适？

得体地接受别人的欣赏，礼貌应对。要勇敢地告诉别人自己对自己满意的地方。

二、我能控制自己吗？

1.小故事大道理。

一只饥饿的小老鼠在四处觅食，突然，它掉进了一口米缸。小老鼠大喜过望，它大口地吃起米来，吃饱了就睡觉。就这样，时间一天天过去了，米缸里的米越来越少。小老鼠每天都想，今天吃完了，就马上跳出去，不然米缸空了自己就出不去了。可是，每一天吃完之后，它又贪恋香喷喷的大米，不肯出去，总是说："明天，明天一定出去。"直到最后，米终于吃完了，小老鼠发现自己再也跳不出去了，最后，它饿死在空空的米缸里。

说一说：你听了这个故事怎么想？

2. 知识库。

自制力是指能够完全自觉、灵活地控制自己的情绪和约束自己言行的意志品质。坚定的自制力不仅是想干什么就获得什么的那种本事，也是迫使自己在必要时放弃的本事。自制力较强对于形成自身健康的生理和心理机制有重要的意义。反之，缺乏自制力的人，是很难取得成功的。

3. 对号入座。

同学们，我们一起来寻找自己身上缺乏自制力的地方，你是否也有下面这些行为？在小纸条上写出自己存在哪些问题。

如：写作业时不能专心，总想吃零食或摆弄小玩具；自己这几天肚子不好，可看到别人吃冰棍，也忍不住吃，结果病情加重；双休日只顾玩，到晚上才想起没完成作业；和同学发生矛盾，忍不住大声吵闹……

4. 寻找药方。

拥有自控能力对我们的学习和生活都非常重要，怎样才能提高自制力呢？我们可以进行一些专门的训练。训练的方法有很多，在这里，我们来介绍两种比较简单易行的方法。

(1)游戏：留住我的心。

①练习注意力集中术：第一步在空中描绘出一个点，此时让心中唯存有此点，并凝想此点；第二步慢慢将此点延伸为一直线，继续凝想此直线，并将凝想的时间拉长；第三步描绘出较复杂的星形或涡形，并凝想该图形一段时间，继续将图形复杂化，并保持凝想，同时拉长凝想的时间。

②分享练习的感受，分享之后再练两次或三次。

(这是一套"视觉和听觉配合训练"，由瑞士洛山权精神医院中所设计出来，是一种十分有效的注意力集中术。只要我们每天坚持做练习，并且练习时尽量避免受到外在声音的干扰，那么我们的自制力就会大大提升。)

(2)许特尔图表法。

所谓许特尔图表就是在一张 20cm×20cm 的正方形卡片上画 25 个小方格，在每一个小方格内无顺序地填写上阿拉伯数字 1—25，要求按顺序找出 1—25 的数字，而且必须边读边指出。下面列举一组许特尔图表：

5	14	12	23	2
16	25	7	24	13
11	3	20	4	18
8	10	19	22	1
21	15	9	17	6

该图表可用来测量一个人的注意的稳定性水平。正常的7—8岁的儿童寻找一张图表上的数字所用的时间是30—50秒，平均40—50秒。正常成年人看一张图表的时间大约是25—30秒，有些人可以缩短到11—12秒，极个别的人只需要7—8秒。如果每天坚持练习一遍，那么你的注意力，包括速度、范围、辨别力，以及视觉定向搜索运动速度就会得到大大提高。

(3)其他小药方举例。

①做一件事情，把大目标分解成小目标，完成一个，可以奖励自己一下（如一块奶糖）。

②训练自己专心做一件事，从坚持五分钟，到十分钟，甚至更长。

③自己将要发怒时，紧闭嘴唇，不要让伤人的话说出口。

④建立一个小记录本，记录自己做到了哪些，没做到哪些，经常反省。

(4)将写着自己症状的纸条放在文具盒里，找到解决问题的办法并改正，就把纸条“销毁”，以示“药到病除”。

三、为自己加油

1.分享成功的经验。

在以往的学习生活中，也许在一念之间，你没能控制自己，放弃了，结果品尝了失败，但肯定也有一些事情是因为你自己想要做，而且投入了很多的时间和精力，最后终于收获了成功。

哪一次经验让你体验到了“我终于做到了!”这种感觉？请和大家分享那份得意!

我最得意的事情——游泳、骑车、弹琴……

(1)小组交流。

(2)选派一名代表全班交流。

教师小结:这些事情的完成，谈不上是什么伟大的成就，却都包含了一次又一次的坚持，这是成功者必须具备的条件，就让我们为自己这些小小的坚持再次喝彩!

2.不需要掌声的尝试。

在你身上，有一股力量，那就是对自己的信心，知道“我是可以办到的!”这种力量不只是来自别人对自己的肯定，也可以靠自己完成一件身边的小小难事来获得。你敢接受这种挑战吗？拿出刚才写的小纸条，请选择一项缺乏自制力的表现，写一份自我挑战书。

自我挑战书
这个挑战是：
我设定的目标是：
时间是自　年　月　日　至　年　月　日
我可能遇到的困难是：
这时，我会这样提醒自己：

3. 小结：这件事对别人来说不一定有价值，但是我愿意努力试一试，就是为了证明“我是可以办到的！”不为别人，就是为自己！

四、填写课堂反馈表

打开心窗说说话

这堂课我印象最深的地方是……	
我知道了……	
我要对老师说……	
我要对自己说……	
对这样的活动课，我的看法是……	

第3课时活动设计

（设计者：柴李萍、蒋丽霞）

课　题　学习管理篇——高效记忆有诀窍

教学(活动)时间　1课时

教学(活动)目标

1. 加强有意识记忆的培养，提高记忆效果。初步掌握理解法、复习法、组块记忆法、分割记忆法、形象联想法、谐音记忆法等高效的记忆方法，增强记忆效果，提高记忆力。

2. 体验运用高效记忆法所带来的轻松愉快的心情。

课(活动)前准备

教师：1. 收集相关故事，分享提高记忆的方法，制作PPT；2. 编制课堂回馈表。

学生：本子、笔。

教学(活动)过程设计

一、从表演看记忆术(观看视频)

熊亮曾看到一位记忆术专家的表演。这位专家请在座观众写了40个要记的项目,编上序号,然后交给他即刻记忆。尽管许多人写了很难记的材料,结果这位专家只用了30分钟就能熟记全部项目,当场顺背、倒背和由观众报序号点背。

其实,记忆专家们并没有过人的天赋,他们只是掌握了科学的、适合自己的记忆方法,并且训练有素罢了。任何智力正常的人都能学会这种记忆术,甚至还可以表现出过目不忘的本领。这节课我们就来寻找高效记忆的诀窍。

二、测测你的记忆力

1.方框中有两行数字,每行都是12个,请你任选一行,在1分钟内读完。然后,把记住的数字写在本子上。

73 19 64 83 41 27 62 29 38 93 74 97
57 29 32 47 94 86 14 67 75 28 79 24

能写下8—9个数字,记忆力为“优”,祝贺你!

能写下4—7个数字,说明你应加强记忆力的培养和锻炼。

只能写4个以下数字,说明你在记忆力方面不理想,要抓紧训练。

2.放投影片(如图),在一分钟时间记住图片内容,然后回答下列问题。(该项自测环节可视时间增减)

①小兔在谁上面?②小猪在谁下面?③牛的两边是谁?④马在哪一行哪一列?⑤谁能按从上到下、从左到右的顺序说出各种动物的位置?

三、教你几招

专家们通过研究指出，大脑可贮存5亿本书的信息。实践证明，记忆力的提高，只有一条途径，这就是训练。

(一)探索与体验一：有意识记很重要

1.听一个小故事。

一位教授正在大厅里演讲，听众正听得入神，突然闯进一个蒙面人，在大厅内开了三枪，叫嚣了几声，夺门而出。大厅里的听众乱成一片，不知所措。这时这位教授要求听众回答下列问题作为证词，以便向有关方面提出申诉。这几个问题是：这个蒙面人进来时开了几枪？这个蒙面人进来后说了几句话？这个蒙面人的身高、体形、衣着是怎样的？这个蒙面人在厅内停留了多少时间？结果，听众对这几个问题的回答是不一样的。

2.课堂讨论。

(1)对于这个故事，听众对几个问题的回答为什么不一样？这告诉我们什么？

(2)这个故事说明了什么？

(3)教师总结。听众对几个问题的回答不一样，是因为人们使用的是无意识记。因为人们对这突如其来的事件，事先没有一点准备(目的)，在整个事件的发生过程中，也没有特别注意，尤其是对事件的细节没有注意，这样事后要求人们回忆，当然就会错误百出。如果事先告诉大家将有一个实验，并要求大家记住一些内容，那么故事中的几个问题都能答得很好。这个故事告诉我们：有意识记优于无意识记，识记时首先要有明确的目的和任务。

记忆的第一个诀窍：要有明确的目的性。

3.事实验证。

(1)老师取下课前贴在黑板右侧的两组数字(57821　98034)，让学生回答。

(2)重新张贴数字卡，学生很快就能记住数字，再次验证了有意识记优于无意识记。

(二)探索与体验二：先理解，再记忆

1.牛刀小试。

第一组：分别记忆两个内容，说发现。

●华　市　东　学　六　重　省　点　中　一

●华　东　六　省　一　市　重　点　中　学

第二组：先看两遍下面第一行的字母，再看两遍第二行的汉字：

Ⅳ　Ⅲ　Ⅱ　Ⅰ　Ⅴ　H　r

木　林　森　大　天　夫　水　冰

请在本子上很快地默写下来。对照一下，哪一行的正确率高？

2.课堂讨论。

在这两个对比实验中,为什么我们大多没有记住前一条,而后一条都记住了?

记忆的第二个诀窍:先理解,再记忆。

(三)探索与体验三:及时复习,先密后疏

下面这个曲线图是著名的艾宾浩斯遗忘曲线,看了这个曲线,你得到了什么启发?

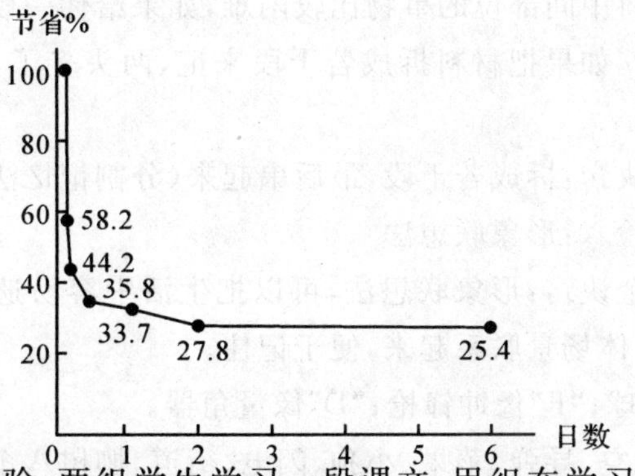

有人做过一个实验,两组学生学习一段课文,甲组在学习后不久进行一次复习,乙组不予复习,一天后甲组保持98%的记忆,乙组保持56%的记忆;一周后甲组保持83%的记忆,乙组保持33%的记忆。乙组的遗忘平均值比甲组高。

艾宾浩斯遗忘曲线:德国著名心理学家艾宾浩斯经过反复实验,发现遗忘是有规律的,即先快后慢,先多后少,识记过的事物,一天内被遗忘的最多,遗忘率达55%以上,一个月后的遗忘率为72%左右,自此以后就基本上不再遗忘了。

根据这条规律,我们当天所学的功课要当天及时复习,学好一个单元后进行复习,考试前再复习,这样就容易记住所学的知识了。

记忆的第三个诀窍:及时复习,先密后疏。

(四)探索与体验四:组块记忆法

1.下面这组数字,请你看一遍,看看能记住多少。

2,7,3,1,8,4,9,6,7,3,1,5

2.如果我们换一种方法记,会有什么效果?

将数字分成三个组块进行记忆:

2,7,3,1,8,4,9,6,7,3,1,5

3.心理小博士。

在短时间内要记住一列长数字并不容易,因为受短时记忆容量的限制,一般只能记7±2个单位。要想在短时间内增加记忆数量,可以通过组块方式来记,如上列数字分成三段记就容易多了。这就是组块记忆法。

记忆的第四个诀窍:组块记忆法。

(五)探索与体验五:分割记忆法

1.请快速阅读以下词语,然后检测。

娇媚　声波　大豆　学童　债主　魔方

仙人掌　鳗鱼　上衣　木夹　细菌　电缆

曾经沧海　皇帝　帐篷

发现:两头容易记忆,中间的材料不好记。

2.记忆处在材料中间部位的事物比较困难,如果给你一段很长的材料,怎样把所有的内容记牢呢?如果把材料拆成若干段来记,两头多了,记忆内容增加了,最后串起来效果更好。

记忆的第五个诀窍:拆成若干段,最后串起来(分割记忆法)。

(六)探索与体验六:形象联想法

1.记忆的第六个诀窍:形象联想法,可以把生活中容易遗忘的事物通过联想,使其与具体形象、具体场景联系起来,便于记住。

例如:"Q"像气球;"F"像冲锋枪;"D"像量角器。

2.记忆气球、天空、导弹、苹果、小狗、闪电、街道、柳树八个词,可以用此方法把它们联系在一起:我被气球吊上天空,骑在一颗飞来的导弹上,导弹射出了一个苹果,掉在小狗的头上,小狗受惊后像一道闪电似的奔跑,窜过街道,撞在柳树上,死了。这样就把八个毫不相干的词记住了。

3.牛刀小试:请在1分钟内用联想记忆法记住下列词语:

大风　电视　老鼠　石头　酸奶

F4　穷人　小说　画布　奔跑

一个穷人画家在他的石头房子里看电视,电视里正在播放F4出版小说的新闻。突然,大风吹开了房门,一只老鼠奔跑着进来,穿过画布,来偷吃他的酸奶。

(七)其他记忆方法

口诀记忆法、归类记忆法、图表记忆法、提纲记忆法、关键特征记忆法、谐音记忆法……

四、记忆注意点

要使自己的记忆力提高,除了一些记忆技巧之外,还要注意:

1.加强体质锻炼,积极参加体育活动。

2.保证充足的睡眠,以醒来感到精神饱满为宜。

3.生活要有规律,特别要按时作息。

4.识记时首先要有明确的目的和任务。

5.记忆方法是多种多样的,要根据记忆的内容、性质、数量及难易程度灵活运用。

五、课外作业

1. 每天早上有计划地读一些诗词或者名篇名句，训练自己的记忆力。

2. 从报纸或杂志上剪下 20 种日用品的图片，将其贴在一张白纸上，看 3 分钟后，将其收起来。然后在一张纸上，凭记忆一种一种地写出来。写的时候，不用依照次序。写完后检查。经常进行此练习，成绩会越来越好。

能够写出 16—20 种，记忆力属优；写出 13—15 种，记忆力属良；写出 10—12 种，记忆力一般。

六、填写回馈表

打开心窗说说话

请你打分(满分为 10 分，最低 0 分)：

1. 今天的上课气氛________

2. 游戏能引导出主题________

3. 我了解了有意记忆的重要性________

4. 我知道如何让自己的记忆效果更好________

5. 今天的活动中，我喜欢的程度

A. 故事________ B. 游戏________ C. 讨论________

6. 我还想给老师的建议：________________

第 4 课时活动设计

(设计者：柴李萍、蒋丽霞)

课　题　人际交往篇——与人沟通的艺术

教学(活动)时间　1 课时

教学(活动)目标

1. 了解不实信息传播所造成的危害，体验信息传播不当给他人带来的苦恼。

2. 学会如何恰当地传递信息，在日常生活中正确处理人际关系。

3. 学会正确处理交往中的摩擦以及矛盾，掌握一定的沟通技巧，提高沟通能力，加强人际交往能力。

课(活动)前准备

教师：1. 教师收集有关人际沟通的情景故事以及相关公益广告；2. 制作 PPT。

学生：请同学准备情境表演。

教学(活动)过程设计

一、暖身操:游戏活动"传递悄悄话"

规则:

1.将学生分成八组,由教师将写有同一句话如"东楼有扁担,西楼有板凳,你去借板凳,借来是扁担"的纸条发给每组的第一个同学看。

2.每组的第一个同学看后回到组里,分别向第二个同学悄悄复述老师的话,第二个同学再传给第三个同学……依次类推,直到最后一个同学,比赛哪个组速度快。

3.由最后一个人站起来向大家复述听到的内容,比赛哪一组传话最准确。

二、小故事大道理

1.看情境图片,听故事《谁是"小喇叭"》。

一天,小兰带了一本最新的科幻书到班级里向同学们炫耀,大家纷纷传阅着。中午,小兰突然发现科幻书找不到了。于是她焦急地四处寻找,小明也帮她找,可是还是找不到,焦急的小兰随口对小明说了一句:"可能是小强拿走了。"小明没有听清楚,回到教室,对同学们说小强偷走了小兰的书,于是,"小强是小偷"的消息在班级里传开了。

2.故事老师就先讲到这,请学生拿出准备好的笔,画一画你听到这个传言的表情。

(愤怒、焦虑、害怕、悲伤、厌恶、高兴、兴趣、放松、希望、惊奇)

3.交流各自的想法。谁能把自己画的表情向大家展示一下,说一说你心中的想法?

4. 大家都用图画表示了自己对这件事的看法，故事的结果到底怎样呢？继续听老师讲故事：下午，小兰被老师叫进了办公室，领回了中午放学时不小心掉在老师办公室里的科幻书。

5. 你说我说。

A. 故事到这就讲完了，现在请同学们交流一下，你认为谁是一个不负责任的“小喇叭”，理由是什么？（有人认为是小明，有人认为是小兰）

B. 大家继续想一想，这个不实的传言对小强的生活会有哪些影响呢？（小强会愤怒、害怕，会有压力等等）

C. 如果你是小兰，你会怎样做？如果你是小明，你又会怎样去做？

D. 小兰、小明错在哪里？（小兰不应该不负责任地就说小强拿走了书，小明不应该没听清楚就外传）他们应该怎么做才正确？（要先查证）

E. 教师小结：同学们，“小喇叭”只有嘴，没有头脑，任何消息一张嘴就传出去了，我们能做“小喇叭”吗？（不能）在生活中，我们一直与他人交往，沟通信息，如果对待信息的态度不负责任，那么就可能传播出不如实的信息，造成危害。我们该以什么样的态度来对待信息呢？请同学们看下面几个情境。

三、七嘴八舌

1. 说一说，下面同学的行为对吗？

A. 在小组讨论时，小明没有和小兰讨论，而是在写什么，小兰立刻举手向老师“告状”，说小明不肯讨论。（小明其实在写讨论内容）

B. 小兰悄悄告诉小强，小明在背后讲小强的坏话。

C. 小兰兴奋地对小花说明天要去秋游了。（消息不确定性）

D. 小鹏看见红领巾监督岗的大姐姐在和小林说话，就赶紧告诉老师小林扣分了，被大姐姐抓住了。

2. 小贴士：不做有嘴无脑的“小喇叭”。

(1)通过刚才的讨论我们应该记住：对于很多信息，我们要学会选择，学会辨别是非，查证事实，不能确定的话不要传，对人有伤害的话不要传。

(2)在生活中，你有没有碰到或传播过不如实的信息，能不能诚实勇敢地面对自己，告诉大家。

我们要学会辨别事实，不做有嘴无脑的“小喇叭”。

四、角色扮演

我们不仅不能做有嘴无脑的“小喇叭”，而且在与人交往中，还要特别注意语言沟通的艺术，语言表达得好不好会直接影响人际关系，下面我们来看一个场景。

1. 角色扮演 1。

下课铃响了，孙波有事快步走出教室，感觉手臂无意中碰了一下别人的桌子，因为走得急，他未加理会，更未察觉自己已经不小心碰掉了孙鲁放在桌子上的铅笔盒，盒里边的文具撒了一地。孙鲁捡起来一看，发现铅笔盒被摔得有些变形了，他心里很不高兴。过了一会儿，孙波又回到教室。

鲁：嘿！孙波，你这个人怎么搞的，没长眼睛呀！把我的铅笔盒摔到地上了！

波：你才没长眼睛呢！我又不是有意的，再说，是我碰掉的吗？可别诬陷好人哪！一个小小的铅笔盒，有什么大不了的？

鲁：怎么，摔了人家的东西，你还嘴硬，你这个……

波：你这个……

（两人动手打了起来）

2.角色扮演2。

同样是孙波把孙鲁的铅笔盒碰摔到了地上：

鲁：孙波，你把我的铅笔盒碰到地上摔坏了，这铅笔盒是昨天我姨妈刚送给我的，我心里很不高兴。

波：孙鲁，真是对不起，原来我碰掉了你的铅笔盒。这样吧，放学后我马上买一个新的赔你，好吗？

鲁：没关系，你不用赔，铅笔盒修一修还可以接着用，不过你以后走路不要太急，容易发生意外。

波：我知道了，今后我会注意的。我们一块看看铅笔盒怎么修吧。

3.头脑风暴。

(1)分析与比较，说说看完以上两个表演之后的感想。

(2)大家来想想办法，当自己与别人出现矛盾或冲突的时候，如何才能做到有效的沟通？（组内人自由讨论，用笔将沟通要点写在白纸上，各小组派代表上讲台前将白纸张贴起来，然后陈述本组意见。注意：不重复其他组意见，也不反对其他组意见。）

(3)教师在全班同学分享体验之后，简要概括小结（注意尽量使用学生讨论的原话）：

①尊重别人，态度平和，不乱发脾气；

②表情温和，注意说话语气；

③不斤斤计较，大事化小，小事化了；

④直接或间接地主动道歉；

⑤注意对对方的友好示意有积极的回应；

⑥及时展现你的微笑；

⑦必要的肢体接触（拉手、拍背、拥抱等）；

⑧传递友好信息（赠送小礼物、及时提供对方需要的帮助等）。

五、情景模拟

1. 下面是日常生活中关于沟通问题的小情景，如果是你，你会……

(1)你跟一些朋友在餐厅吃饭，你觉得点的菜和餐厅广告上所描述的不一样，当服务员说“请慢用”时，你会说……

(2)一个和你不是太亲密的朋友问你借了一支笔，在过了事先说好的归还日期后他还没有要还的意思，于是你会跟他说……

(3)你在一家很拥挤的超市买东西，你拿了一块橡皮，然后去排队付账。你很心急，因为你上课快迟到了。就在这时，一位叔叔推着满车的物品插队到你前面，你会说……

(4)今天你觉得自己穿的很不错，但你的朋友遇到你时却对你说：“你今天穿这样看起来怪怪的。”你会说……

(5)有位朋友问了你一连串的私人问题，让你觉得很不舒服，虽然你在回答时显得很不情愿，但他还是不断地发问，你会说……

2. 总结：说话也是一种艺术。对人尊重、说话得体，既是现代人的素养之一，也可以使交往愉悦、顺畅、和谐；传播不实信息、态度粗鲁或说话生硬，则会使人反感、厌烦，人际关系疏远。所以，我们要在现实生活中掌握沟通技巧，学会沟通。

六、填写课堂反馈表

这堂课我印象最深的地方是……	
我知道了……	
我要对老师说……	
我要对自己说……	
对这样的活动课，我的看法是……	

第5课时活动设计

(设计者：柴李萍、蒋丽霞)

课　　题　创新实践篇——给思维换件新衣

教学(活动)时间　1课时

教学(活动)目标

1. 初步引导学生进行思维换衣。

2. 在游戏活动中激发学生多角度思考问题的兴趣。

3. 通过活动进行思维训练，培养学生思维的灵活性、独创性等，感受由此带来的快乐和自信。

课(活动)前准备

教师：1.制作课件；2.印发课堂反馈表。

学生：便利贴。

教学(活动)过程设计

一、创设情境，导入主题

游戏：猫怕什么？

老师：请你把"老鼠"这个词迅速重复10遍。

学生：老鼠老鼠老鼠老鼠老鼠老鼠……(10遍)

老师：好，现在请你把"老鼠"倒过来，把"鼠老"这个词重复10遍。

学生：鼠老鼠老鼠老鼠老鼠老……(10遍)

老师：现在快速告诉我，猫怕什么？

学生(得意地大声)：老鼠！

老师：哈哈哈哈！

学生：……啊！哈哈哈哈！

请学生们谈谈为什么会这样？——不断重复导致了一种惯性思维。

二、感悟故事，分享回味

这种惯性思维固然有一定的作用(用解这一道题的思路去解类似的题目，形成一系列自动化程序，像每天早上起来后刷牙、洗脸、梳头一样)，但过分依赖惯性，也会缺乏创新，甚至闹出笑话或丧失机遇。让我们一起走进故事屋，去听听《跳蚤的故事》。

出示课件：心理学家将一只跳蚤放进没有盖子的杯子内，结果，跳蚤轻而易举地跳出杯子。紧接着，心理学家用一块玻璃盖住杯子，于是，跳蚤每次往上跳时，都因撞到这块玻璃而跳不出去。不久，心理学家把这块玻璃拿掉，结果，跳蚤再也不愿意跳了。

教师：听了这个故事，你想说什么？

学生：跳蚤怎么这么傻呀？只要它继续往上跳就跳出来了呀！

教师：是啊，那它为什么不继续跳了呢？结果会怎么样呢？

学生：因为它觉得会跳不出去。(这就是一种思维定式)结果会饿死在杯子里。

教师：正是这种思维定式让跳蚤丧了命。让我们再听另一个故事。

出示课件：历史上的刘墉以敢于直谏而著称于世，也正因为他敢于直谏才经常得罪皇帝。一次他得罪皇帝后，皇帝就要治他的罪，怎么治呢？皇帝想了一个办法，让刘墉抓阄并告诉他：现在有两个纸团，如果你抓住"死"就自行了断，如果抓住

“生”就把你无罪释放。刘墉凭着对皇帝的了解，知道这两个阄写的都是“死”字，皇帝就是想要他的命。命悬一线，他如何保住自己的性命？

教师：同学们，要是你是刘墉，会怎么做呢？

教师：那结果是不是这样呢？我们一起去看看。

出示课件后面的故事：情急之下，他抓了一个阄就吞了下去，等人把另一个阄打开看时，却是一个“死”字，那么被刘墉吞下的肯定就是“生”了。皇帝无奈，只好当庭将其无罪释放。

教师：你最想说什么？

教师：刘墉怎么做才能死里逃生？（吃阄）这种方法妙在哪里？抓阄变成了吞阄，吞下去后，人们关注的不再是他吞下的那个阄，而是剩下的阄。他正是给思维换了一件衣服，才想出了好办法，救了自己。所谓给思维换一件衣服呢，就是换一种新的思维方式，也许会得到不一样的结果。（板书：给思维换衣服）

三、游戏互动，潜力无限

这节课，我们就一起来做思维体操，让我们给思维换件衣服，用全新的思维来玩接下来的游戏。

1.（出示课件）如果煮一个鸡蛋需要3分钟。问题：现在要煮7个鸡蛋，至少需要几分钟？

教师：反应真快啊，能和大家说说你是怎么想的？

教师：哦，这道题就是数字7在迷惑人。遇到这样的问题时，咱们就可以问问自己：题目中有没有陷阱？我可别栽到这陷阱里去。好，奖励你为大家开启第二关。

2.（出示课件）有一位聋哑人，想买几枚钉子，就来到五金商店，对售货员做了这样一个手势：左手食指立在柜台上，右手握拳做出敲击的样子。售货员见状，先给他拿来一把锤子，聋哑人摇了摇头。于是售货员就明白了，他想买的是钉子。聋哑人买好钉子，刚走出商店，接着进来一位盲人。这位盲人想买一把剪刀，请问：盲人将会怎样做？

教师：4人小组先交流交流。

（全班交流）

小结：是啊，站在聋哑人的角度想，他需要做动作，站在盲人的角度想，他只要说就行了。遇到这样的问题，我们要问问自己：我能不能给思维换件衣服呢？或许就能柳暗花明又一村了。

四、思维换衣

1.在我们快乐的学习生活中，常常会碰到许多困难需要我们去想办法，比如说：

(1)自助餐厅的老板非常心疼客人浪费的食物，于是打了一条“凡浪费食物者罚款十元”的条幅，可是生意却一落千丈。怎么办？

(2)一个观光团去日本伊豆半岛旅游，路面坑坑洼洼、凹凸不平，旅客们每到这儿，情绪就一落千丈。导游该怎么办？

……

对于这些困难，你有什么好办法呢？我们一起继续做思维体操，给思维换件新衣，更好地解决生活中遇到的这些难题，相信同学们肯定会有所收获的。

2.请你选择其中的一个问题思考并在便利贴上写下你认为最佳的解决办法。

3.交流，学生回答后将便利贴张贴在黑板上。

(1)想要生意重新火爆起来，怎么办？

(打包回家；减少罚款金额……)

针对这个问题，餐厅老板也有了比较有效的解决方法：老板给菜品加价10元，然后再挂出一条“凡没有浪费食物者奖励10元”这样的横幅，生意就重新火爆起来了。

(2)路面坑坑洼洼，怎么样让旅客心情好起来？

(忍一时风平浪静啊；导游讲笑话，可以转移游客的注意力……)

为了提高游客的兴致，有位聪明的导游是这样说的：“先生女士们，现在我们走的这条路，正是赫赫有名的伊豆迷人的酒窝大道。”游客们听了，心情瞬间变好了。

你看，对同一种现象我们进行思维换衣来解决问题，就会收到不一样的收益。

五、学有所得，快乐分享

1.学到这儿，你找到打破思维定式的方法了吗？

2.教师小结：在困难和问题面前，在“山重水复疑无路”时，我们不妨问自己这样几个问题：

(1) 这个问题中的这些事物或数字之间有什么联系呢？

(2) 这个角度看不行，我可否换一个角度看一看呢？

(3) 这个题目的答案除了这个，还可以是什么呢？

多问几个为什么，给思维换件新衣，定会收获“柳暗花明又一村”的美丽景色！

六、填写课堂反馈表

这堂课我印象最深的地方是……	
我知道了……	
我要对老师说……	
我要对自己说……	
对这样的活动课，我的看法是……	

第6课时活动设计

（设计者：柴李萍、蒋丽霞）

课　题　心灵成长篇——寸草报得三春晖

教学（活动）时间　1课时

教学（活动）目标

1.通过活动，理解母亲的辛劳，体验亲情的无私和伟大。

2.学会关心妈妈，能用换位思考等方法理解妈妈，初步掌握化解亲子冲突的方法。

3.培养感恩的意识，能用实际行动报答妈妈的养育之恩。

课（活动）前准备

教师：1.制作课件；2.印发课堂反馈表。

学生：1.带装满书的双肩书包，来上综合实践课时就将书包背在胸前，不准拿下；2.两个学生排练情景剧“爱的冲突”。

教学（活动）过程设计

一、分享故事

地震中的母女

从前，有一位年轻的母亲正一边织毛衣，一边用脚踩着摇篮逗她仅五个月大的宝贝女儿。

忽然，四周一片漆黑，灯剧烈地摆动着，窗子“咔咔……”地响着，地面摇摇晃晃，大楼无助地摇晃着。啊，原来发生地震了。就在天崩地裂的一刹那，母女俩一起坠入黑暗无边的废墟，所幸的是母女俩都安然无恙。惊吓后的孩子在母亲怀里睡着了，醒来时哭啼不止。母亲知道她饿了，忙给她喂奶。一天一夜后，滴水未进的母亲奶水枯竭，孩子的哭声越来越弱。绝望的母亲在地上乱抓，忽然她的手指触到了毛衣针，心里猛地一动，用毛衣针刺破手指，塞进孩子嘴里。

一周以后，人们发现了这一对母女。孩子一息尚存，小嘴仍吮着母亲的手指头，母亲已经气绝。人们惊奇地发现，年轻母亲的个个手指头都破了一个洞，脸色像雪一样洁白。

年轻的母亲为孩子流尽了最后一滴血……

听了这些，你想说点什么？

这个真实的故事让我们有了一个最直接的感受——母爱的伟大，尤其是在大灾大难面前，母亲甚至愿意为了保护孩子而献出自己的生命，在生死攸关的那一刻做出这样的决定，多么让人感动！

二、体验母爱

在我们和母亲相处的过程中，一定也发生过很多让你感到温暖、感动的事情，哪怕是一些看似琐碎的小事，也一样孕育着伟大。

1. 回忆亲情故事。

请你们回忆并讲述发生在你身上的、关于自己母亲伟大而又平凡的亲情故事。

小结：母亲为我们付出了很多，通过同学们的讲述可以看出大家都有很真切的体会，大家说的这些是能够看到的，而母亲为我们做的有些事情我们却看不到。

2. 体验母爱的伟大。

(1)反背书包。

①反背书包——体验妈妈怀胎十月的艰辛。

一进教室，大家就把书包背在胸前了。下面按指令行动：起立；蹲下捡地上的本子；与同桌拥抱；做一节眼操……

②我问你答。

如果你觉得妈妈怀胎只是行动上有些不便，那就大错特错了。请看看这几个问题，你能做到吗？

A. 连续3个月每吃完一餐就会吐，吃什么吐什么(孕吐)，你受得了吗？

B. 5个月睡觉不能躺着睡，翻身时很缓慢，你能做到吗？

C. 10个月不能跑跳，更不能出游远行，你能做到吗？

D. 10个月不能喝冷饮、咖啡，你能做到吗？

E. 生孩子时得忍受皮鞭抽打般的疼痛，有时长达24小时，你能做到吗？

③谈感受，体验妈妈怀胎十月的艰辛。

这些我们大多数都不能做到，可是我们的母亲却都做到了。如果没有她的坚持，就不可能有我们的存在。

(2)分娩视频。

妈妈在分娩时会经历怎样的艰难？播放《十月怀胎，一朝分娩》视频。

(3)冥想活动"穿越时空说爱你"。

妈妈创造了我们的生命，这仅仅是一个开始，要把这小小的生命培养成一个真正的人还要历尽千辛万苦。让我们进入时光隧道，穿越时空，去看看吧。

①播放轻缓柔和的音乐，老师开始讲导语。

随着悦耳的音乐的响起，请闭上你的眼睛，以最舒服的姿态坐在椅子上，怎么舒服就怎么做。深深吸一口气，屏住，慢慢地呼出来。(重复三次)现在你感到很轻松，很温暖，很舒服。(约停5秒)

现在，你的面前出现了一个黑洞，黑洞把你吸进去了，于是，你进入了一条时光隧道。在隧道的尽头出现了亮光。接着，你来到了一个房间，听见一个女人正在惨痛地喊叫着，经过了一个多小时的挣扎，她产下了一个小婴儿。原来，这个婴儿就是你。看，那眉毛、眼睛、小嘴、小手、小脚丫，浑身上下，多么可爱。可爱的你躺在妈妈怀里，感觉非常安全、舒适……妈妈看着你，疲惫的脸上露出了无比幸福的笑容。为了照顾你，妈妈每隔两三个小时要给你喂奶，你经常在晚上哭闹，妈妈几乎没有睡上一天好觉。

当你开始学走路的时候，每次你多走一步，妈妈心里就自豪一次；当你牙牙学语的时候，只要发出类似“爸爸”“妈妈”的模糊声音，妈妈就会兴奋好长时间；当你生病的时候，妈妈冒雨把你送到了医院，并且守在你床前彻夜未眠；当你调皮捣蛋，挨了打后，看着你身上红红的痕迹，妈妈悄悄地流泪……这样一年一年过去了，你慢慢地长高了，变强壮了，而父母却渐渐衰老了，两鬓发白，背也弯了。一下子又过了十几年，你有了一个新的家，有了自己的生活，于是，渐渐把原来那个家淡忘了。妈妈却不曾对你有过任何抱怨，只是常常守着家里的电话，盼望着你的声音。终于有一天，你发现妈妈深深的皱纹写满岁月的痕迹，稀疏的白发铭刻着生活的艰辛。你突然醒悟了，决定好好地孝顺她。可是，你看见她背向你，越走越远，越走越远了。你想伸手去抱住妈妈，可是，太迟了，她已经消失了，你永远，永远也不能再见到她了……

请把思绪带回到现在，原来刚才你只是进行一项活动而已，原来你在课堂上，旁边坐着你的同学。你的妈妈还在家里，烧好饭等你回家呢。

请你带着记忆的碎片，慢慢地睁开眼睛，想一想，妈妈现在过得好吗？她身体好吗？过得快乐吗？你们相处得怎么样？现在心里有什么感受？你有话想对她说吗？

②请跟小组的同学说一说，在游戏中你看到了什么？现在最想对妈妈说什么？

三、回报母爱

邻居阿姨给了你一个篮球，你会感激不尽；同学帮你捡起掉在地上的书，你也会说谢谢。可是妈妈为我们做了那么多的事，给了我们那么多的爱，你说过一声谢谢吗？妈妈的养育之恩你回报了吗？

1. 亲情小测试。

口说无凭，现在来一个亲情小测试，看看你是否了解妈妈，对妈妈是否有一颗感恩的心。有信心接受挑战吗？

出示 8 个问题：

(1)妈妈今年多大了？

(2)给妈妈送过生日礼物吗？

(3)妈妈穿多少码的鞋子？

(4)妈妈喜欢吃什么水果？

(5)妈妈的身体健康状况好吗？

(6)妈妈有空时喜欢做什么？

(7)你对妈妈说过谢谢吗？

(8)你为妈妈做过什么事？

如果有3个问题不知道答案，那说明你对妈妈还不够关心，不够了解。

2.爱的冲突。

是呀，我们总是会忘记或忽略妈妈为我们做过的事情，没能够很好地理解妈妈，这就容易造成我们与家长的误会和冲突。接下来让我们进入“爱的冲突”环节。

(1)学生表演：情景A剧。（两位学生课前排练）

下面我们来欣赏情景剧“爱的冲突”，在看的过程中，请大家尝试站在父母的角度去思考。

李伟正在上网查找资料，完成老师布置的作业，这时候妈妈下班回来了。

妈妈：小伟，你怎么又在玩电脑，快去做作业！（妈妈顺手关了电脑。）

李伟（生气）：真讨厌！我不用你管！

妈妈：你这是什么态度？我还不是为了你好！

李伟：什么都说为我好，你都不知道我在用电脑干什么。（李伟气鼓鼓地走进了房间，“砰”一声，用力关上了门）

(2)讨论辨析，化解冲突。

我们来思考一下：假如你是妈妈，遇到类似的情境，你会有什么感受？你会怎么做？

要站在家长的角度去看问题，当我们与家长发生冲突的时候，也能采取这种换位思考的方式，那么冲突是不是就容易化解多了？除了这种方法，同学们有没有想到其他化解冲突的方法？

老师对学生提出的方法进行总结和补充。

(3)小组合作，表演B剧。

刚才大家一起讨论出很多可以化解冲突的好方法，下面请小组合作，两人分别扮演李伟和妈妈，用恰当的方法化解刚才情境剧中李伟与妈妈的冲突。另两人当评委，进行点评。

刚才同学们总结了不少化解冲突的方法。希望在现实生活中，你也能成为化解冲突的高手。

3.爱的行动。

面对妈妈如海般深沉的爱，我们应该怎么做才能表达我们的感激呢？怎样才能回报这份爱呢？前面的“亲情小测试”和情景剧表演，对你有启发吗？

小组交流，全班分享。

（给妈妈写一封感谢信，把感激的话说给她听；多陪妈妈聊聊；劝妈妈注意身体健康；多做点家务；帮妈妈洗脚，为妈妈捶背；吃的、喝的先想到妈妈；给妈妈做一张贺卡或送一件小礼物；好好学习，听妈妈的话，不让妈妈操心……）

四、总结提升

1. 点题。

诗人孟郊带着对妈妈深深的感激和愧疚，留下了“谁言寸草心，报得三春晖？”这千古名句，认为小草怎能报答得了三春阳光给它的养育之恩。请问各位同学，你们能报答母亲的养育之恩吗？我们把孟郊的诗句改一改，作为今天这堂课的标题。（引导学生回答：寸草报得三春晖）

2. 作业。

妈妈的爱是无私的、伟大的，让我们把心中最想对妈妈说的话写在爱心卡上，送给妈妈。当然，我们更要用自己的行动回报妈妈的爱！

①播放歌曲《烛光里的妈妈》，在音乐气氛中写爱心卡。

②课后推荐阅读《娘啊，我的疯子娘》。

五、填写课堂反馈表

这堂课我印象最深的地方是……	
我知道了……	
我要对老师说……	
我要对自己说……	
对这样的活动课，我的看法是……	

板书设计：

第7课时活动设计

（设计者：柴李萍、蒋丽霞）

课　题　总结评价篇——盘点收获，分享喜忧

教学（活动）时间　1课时

教学（活动）目标

1. 通过答试卷、演情景剧，学生盘点学习本课程的收获。

2. 针对学生填写的课程评价表，教师改进课程设计。

课（活动）前准备

教师：1. 编印"小游戏　大氧吧"检测卷、课程评价表；2. 确定情景剧内容，制作抽签纸条，制定评比细则；3. 制作PPT。

学生：笔、本子。

教学（活动）过程设计

一、明确任务：盘点收获

时间过得真快，转眼间"小游戏　大氧吧"综合实践课就要结束了。在过去的6节课里，我们一起追求阳光的心态、和谐的自我，一起从"心"开始。在今天这最后一节课里，我们要一起回顾和总结，盘点我们的收获。

二、心理健康小测验

1. 每人单独完成测试卷。（测试卷见附件1）

2. 当堂讲解试题，同桌互换批改。

三、心理情景剧表演

1. 明确要求。

在前面6节课，我们欣赏或表演了一些情景剧，今天我们要来一个全体总动员，来一场心理情景剧大赛。先来看看比赛规则吧。

（1）排演任务：以小组为单位抽签，根据所抽内容，排演3分钟心理情景剧。

（2）排演步骤：①讨论、编排剧本。②分配角色。③开始排练。

（3）排演要求：①由小组长组织，所有成员都得参与讨论和表演。②可适当准备一些道具。③音乐响起，排练结束。

（4）评比细则。（见附件2）

2. 抽签排练。（情景剧内容及考查重点见附件3）

3. 小组展示，全员评价。

四、填写课程评价表

"小游戏　大氧吧"课程评价表

班级：________　姓名：________

评价内容	我的感受
我对本课程的整体感觉	很喜欢(　　)　喜欢(　　)　一般(　　)　不喜欢(　　)
我对授课老师的感觉	很喜欢(　　)　喜欢(　　)　一般(　　)　不喜欢(　　)
我对自己的表现	满意(　　)　还行(　　)　不满意(　　)
我特别喜欢的是	
我不喜欢的是	
我的收获	
我的建议	

附件 1

小游戏大氧吧　破译健康密码

姓名________　成绩________

一、判断题：下面同学的想法或做法对吗，请你判断一下。（错的打×，对的打√）（40 分）

1. 小明学习成绩比较差，他总是偷偷地掉眼泪，心想：我怎么这么笨啊？（　　）
2. 小冰认为只要掌握了联想法、谐音法、歌诀法等科学的记忆方法，并且训练有素，就能提高记忆力，甚至拥有过目不忘的本领。（　　）
3. 同学在背地里说我的坏话，气死我了，我要收拾他。（　　）
4. 在这次接力赛中，由于小刚在接棒时没接好，比赛输了，同学们都埋怨他。（　　）
5. 课本上学过的知识要经常复习，特别是当天学的知识，当天就要复习。（　　）
6. 小林觉得自己还小，而且每天读书太忙太累，所以不用做家务。（　　）
7. 小洋做完作业，刚打开电脑，妈妈下班回来以为他一直玩游戏，不看书，就骂了小洋，小洋很生气，开始大哭大闹，说妈妈冤枉他了。（　　）
8. 小辉与同学发生了矛盾，他先与同学沟通，想谈话解决，解决不了再找老师。（　　）

二、选择题：当与别人合作时，你会怎么做？在括号里打"√"。（24 分）

1. 乐于奉献，善于宽容。（　　）
2. 相互适应，相互鼓励。（　　）
3. 害怕做错，不知所措。（　　）
4. 寻找借口，为自己开脱。（　　）

5.积极沟通，有商有量。（　　）
6.勇于自责，取长补短。（　　）
7.遇到困难，干脆放弃。（　　）
8.怨天尤人，畏缩不前。（　　）

三、简答题(36分)

1.在《我认识自己吗?》一课中，大家选择自己缺乏自制力的一项表现，写了一份自我挑战书，挑战自我。你完成这个挑战了吗？请填写下表。(16分)

挑战的内容(5分)	
设定的目标(5分)	
挑战的结果(6分)	

2.奇思妙想智慧多，当你看到“○”时你能想到什么？至少写出十种。(20分)

____

____

附件2

心理情景剧大赛评比细则

评分项目	具体内容	得分	总分
节目编排(5分)	编排合理，主题积极向上，给人启迪。		
表演技巧(3分)	演员举止大方，表演投入，动作到位，语言清晰。		
团队合作(2分)	团队合作好，角色间配合默契，应变灵活。		

附件3

心理情景剧内容及考查重点

(1)小强和爸爸约好周末一起去钓鱼，可爸爸因为单位临时有事，去不了了，小强很生气。如果你们是小强，会怎么想，怎么做？

考查重点：当我们与家长发生冲突的时候，要站在家长的角度去看问题，能采取换位思考的方式，化解亲子冲突。

(2)下课的时候，小光被两个追逐打闹的同学撞倒在地上，他爬起来，朝其中一个人挥拳打去。小林在旁边看到了这一幕。如果你是小林，会怎么做？

考查重点：能运用一定的沟通技巧，正确处理交往中的摩擦以及矛盾。

(3)上学要迟到了，小章急匆匆冲进教室，却撞到了端着一叠本子的小周，本子撒了一地。如果你是小章、小周或是班里的其他同学，会怎么说，怎么做？

考查重点：能运用一定的沟通技巧，正确处理交往中的摩擦以及矛盾。

(4)小雨在帮老师发书,她看到一本书有破损,就悄悄放到自己的书桌上,小文远远地看见小雨往自己的桌上放了一本书,就马上翻看自己的书查找毛病,结果发现有一点脏,就怪声怪气地说:“真是近水楼台先得月!”假如你是小雨,你会怎么说,怎么做?

考查重点:每个人都有被误解的时候,有时,我们也会无意当中误解别人。其实很多事情换一个角度、换一种心态来思考,就会有不同的结果。世间能少一些误解,多一些理解,那样我们的世界将会多么的美好!

(5)班里要举行跳绳接力比赛,四人小组为一个团队,前面一个人跳满100个后,第二个人接着跳……跳完400个用时最短的小组获胜。在练习时,小组其他三个成员跳得很好,只有小青速度很慢,总是出差错。如果这事发生在你们小组,你们会怎么做?

考查重点:明白友好合作的重要性和必要性,在合作中乐于奉献、相互适应、相互鼓励、取长补短、勇于自责、善于宽容、善于交谈……初步掌握高效合作的方法。

【实践反思】

点亮心灯　扬帆远航

——王某缺乏人际交往能力的转化教育

蒋丽霞

一、不良行为寻根源

办公室里时不时地听到这样的叹息:现在的孩子真是奇怪,都不知道如何与人相处,动不动就打人,我都不知道跟他说过多少遍了,可他就是不听。确实如此,现在的孩子时常因为一点小事就动手,有时甚至打得头破血流。孩子是祖国的花朵,但透过这丛丛的鲜花,我们常常会听到许多不谐之音。

镜头一:某个周五下午,当我刚走到教室门口,不可思议的一幕呈现在我的面前:王某和陈某扯在一起打得难解难分,四周围满了男生,有几个还试图用力把他们扯开。我快速地走上前去,大声喊道:“你们在干吗?”一连几遍,而王某的手始终紧紧地抓着陈某的头发……

镜头二:某个星期五放学,我带着路队顺着楼梯往下走,突然身后传来了学生的尖叫声:“啊!磊流鼻血了!王某打的!”孩子们还告诉我,磊说了王某一句,王某就拿起饮水瓶狠狠地打在磊的鼻子上。我四处找王某的身影,他已溜得不知去向。

……

据王某老师讲,该生自从一年级进校以来,行为表现就与别的孩子不一样,不知道如何与人交往。在课堂上，不但不认真听讲，还经常通过语言或行为干扰边上的同学，甚至发出怪叫声扰乱课堂秩序；课间和同学们一起玩时，总有人被他欺负，班里大部分同学都不敢与他玩，甚至讨厌他。每次被批评时，总是一副吊儿郎当的样子，根本不把老师的话当一回事。

现在的孩子，家庭条件优越，衣来伸手，饭来张口，在家就是个小霸王，明显缺乏与人交往的能力。帕金斯认为："家庭是制造性格的工厂。"到底是怎样的家庭环境造就了这样的孩子呢？从他一、二年级的老师那了解到，王某家境还算不错，从小家长就非常溺爱。家长自认为家庭条件挺好，孩子很聪明，孩子想要什么就满足什么，而且很想培养孩子的个性，不想把孩子管得太死……或许这就是"病根"所在。

二、家校合力，齐抓共管

俗话说："千穿万穿，马屁不穿。"这话听起来不雅，但话糙理不糙。根据自己的实践经验，面对家长，这招特管用。只要多表扬他们，他们对教育孩子的劲头就更足了。

苏霍姆林斯基说过："只有家庭教育却没有学校教育，都不能完成培养人这极其细致、复杂的任务，良好的学校教育是建立在良好家庭教育的基础上。"而家访是架起家校之间的一座桥梁。我每月定时去家访，实事求是地反映孩子的在校表现，和家长一起分析原因，同时介绍其他家庭的做法。努力让家长意识到孩子缺乏与人交往的能力不利于其健康成长，并与他们共同探讨孩子出现问题的根源。经过多次沟通，孩子父母深刻意识到自己在教育方面的失误与不足。

经过一个阶段的努力，王某的行为稍微有点起色，与人交往时不再随意伸出拳头。我就及时进行奖励，有时当着全班同学进行表扬，有时奖励一个拥抱……同时让他家人也适当地进行物质奖励。我再郑重其事地找他谈话，告诉他这样做是因为他在进步。

三、善用鼓励，树立信心

在综合实践课堂里，我对王某始终保持一颗宽容的心，捕捉他细微的闪光点，淡化他在同学心目中原有的形象，让他获得同学的尊重，帮他扬起自信的风帆。

周五综合实践课上，同学们兴趣盎然，唯独王某神游四海。只见他一会儿玩弄桌子上的铅笔和尺子，一会儿手指上蘸点口水在桌子上画画，并时不时地请同桌"欣赏"他的"作品"，见同桌不理他，就开始用胳膊肘撞人家，同桌只好把椅子拉倒在通道上，离他远远的。他也只好无奈地趴在桌子上翻看课外书。我刚想走过去批评他，忽然意识到：此时批评了他，除了发泄心中的怒火，又能收获什么呢？只会让他在同学面前显得更加一无是处。

课后，我和王某面对面坐下来交流："我发现你很喜欢看课外书哦，有时下课了你一个人还在聚精会神地看呢！听妈妈说，在家里，你也是个爱看书的孩子，对吗？”见我表扬他是个爱看书的孩子，王某惊讶极了，心中的激动在脸上藏也藏不住，嘴角咧得都要碰到耳朵了。我抚摸着他的头说：“老师最喜欢爱看书的孩子了，今天，老师要送你一份礼物。”说着，我拿出事先准备好的《100 个好习惯故事》送给王某，并告诉他，君子动口不都手，相信他肯定能成为我们班最棒的孩子。看着王某自信满满地走出教室，我相信今天对他迟到的评价是对的。

每次与王某交谈时，我不是以“权威”的姿态居高临下地出现在他面前，而是以朋友的身份，“蹲下去”与他建立平等的关系，从而拉近与他情感上的距离，让他敞开心扉、畅所欲言，最终收到意想不到的效果。

四、游戏引领，学会交往

心理学家研究发现，一个人长期缺乏与人积极的交往，缺乏稳定而良好的人际关系，这个人往往就有明显的性格缺陷。而我则把更多的关注留给了王某，通过生动有趣的故事、游戏教给他人际交往的技巧和技能，从而增强了他在处理人际关系的协调能力。

去年 12 月份，我们班同学特别喜欢玩“植物大战僵尸”的游戏，而王某总是故意捣乱，同学们都撅着小嘴躲着他。有一次，我看他一个人并着双腿一跳一跳地扮演起了僵尸，突然心生一计！“僵尸，僵尸，你今天怎么会碰上我呢？那你可惨了！我是威力无穷的樱桃炸弹！哈哈！”我一脸夸张的表情跑到他面前对他说。他没想到还有人愿意和他一起玩这个游戏，而且还是全班同学最敬爱的老师，他脸上的表情由惊讶到激动，最后兴奋地跑起来，大声喊道：“哦，不，救命啊！救命啊！”很快，很多同学加入了我们的游戏。看着王某与同伴一同制定游戏规则，一起开心地玩着，一股幸福感顿时涌上心头。

课间休息时，我更是有意组织同学们走棋闯关活动、拔河比赛、开心溜溜族大赛，学生的兴趣非常浓厚，而王某也在游戏中渐渐地学会了与同伴和谐交往，并收获了友谊。

五、担负责任，体验成功

德国诗人歌德说：“若要寻求自己的价值，就得给世界创造价值。”在教育的过程中，为了能让王某拥有责任感，我刻意安排了一些职务给他：电灯管理员、钥匙管理员等。让他感到最荣幸的要算给我当秘书一职，让王某真正体验到了成功的喜悦。

今年开学初，我就在班里宣布聘请王某做我的秘书，帮我一起管理班级。看到不文明行为要马上制止，好的行为要加分表扬，并在每个周五放学后向我汇报一周的工作。这一招还真管用。从那以后，几乎看不到王某的与人动手了，因为他要做我的“小秘书”帮我监督，当然要以身作则。

经过近一个学期的悉心教育，王某的行为已趋向成熟，基本上没有打架的行为，不再故意捉弄同学，也很少发脾气，还经常能看到他浇花、扫地的身影。课后，他经常与同伴在一起玩耍，同学们也都改变了对他的看法。有的同学在周记中写道：

"原来王某也是个挺不错的人。"

"我从来没有发现他有这么多的优点。"

"原来王某的课外知识这么丰富，我要向他学习，成为他的朋友。"

……

在王某所选的综合实践套餐之"快乐农场"活动中，大家纷纷自由成组活动。这时出现了感人的一幕，几个小组同时喊起来："王××，到我们这组来。""王××，加入我们小组吧。"大家的热情让王某的脸上绽放出了灿烂的笑容。王某已经用自己的实际行动赢得了友谊。

在对有暴力行为的王某的转化教育过程中，我看到了王某的进步，从前磨破了嘴皮子的说教没有一点效果，而一份关怀，一份尊重，却让他有了这样大的改变。真的教育是心心相印的活动，唯有从心里发出来，才能到达心的深处，让他们在成长道路上扬帆远航。

个案2. "小眼睛 看安全"微型课程

（设计者：毛水菊）

课程名称 小眼睛 看安全

课程编号 类别：身心健康类 序列号：综06F01

适用年级 三年级

课程开设背景及意义

从学生的社会生活环境看，处处都有着不同程度的危险。有不可抵抗的自然灾害，还有难以预料的人为危险。而如今的孩子们却并没有防范的意识，甚至他们的家长也很少对孩子进行安全教育。对于身边可能出现的危险事故，孩子们自救的经验也不足。孩子即使知道自己身边可能发生哪些危险，但由于缺乏一些常用知识和自救技能，当危险真正降临的时候，却不知道该怎么做。再加上现在的孩子心理素质普遍不高，对大人的依赖性较强，因此不能自如地应对危险。本课程的开发，旨在通过亲身体验，锻炼自护自救能力。让孩子们学会在突发事件和危害事件中懂得采取一些预防办法和应急措施，保护好自身安全，珍爱生命！

课程目标

情感态度目标：意识到社会生活中，不当行为会带来生命危险，树立自我保护的安全防范意识，激发学生珍爱生命、热爱生活的情感。

能力目标：掌握防范危险的基本方法，预见危险性，能做到自觉防范危险。

知识目标：树立自我保护意识，掌握自我救护的一些基本方法。

课程内容

从校园、家庭、社会、自然安全四个方面设置课程内容，包括："意外伤害我应对""生活中的陌生人""和溺水说再见""雷鸣电闪怎么办""闪耀红色危险大""地震知识知多少"。通过本课程学习，让学生通过亲身体验，懂得防灾应急救护知识，锻炼自救自护能力，增强安全保护及防范意识，珍爱生命，远离危险！

教学方式

1. 创设情境法：创设丰富多彩的活动情境，让学生参与活动，获得心理体验。

2. 角色演示法：让学生扮演情境中的人物，处理情境中的各种事情，体会情境中人物的喜怒哀乐等。

3. 实验操作法：让学生进行动手操作，在操作的过程中掌握技能技巧。

4. 讨论交流法：让学生对情境中的人和事，自由地发表自己的见解，提出自己的处理意见。

5. 体验学习教学法：学生亲自参与知识的建构，亲历过程并在过程中体验知识和情感。

评价方式

1. 平时考查：一般在一个活动结束后进行，主要有自评和互评（小组评价），或由老师提供调查表，学生通过填写问卷的形式对自己在活动中的所感、所做进行反思、评价，教师也可以根据学生的反思调整活动策略，激发并维持学生对活动的兴趣。平时考查侧重于自我反思性评价。

2. 期终考查：为现场展示，以小组为单位，通过制作 PPT 汇报、成果（作品）展示、活动（或研究）报告、操作演示、节目表演等方式进行。

课程计划

第 1 课时："意外伤害我应对"。通过学习，知道一些防止意外受伤的方法；掌握一些意外受伤之后的处理方法，有一定应变能力；培养一定的救护能力。

第 2 课时："生活中的陌生人"。通过活动，知道一些防骗的安全常识；掌握一些对付坏人的方法，有一定应变能力；培养相关的防范能力。

第 3 课时："和溺水说再见"。开展防溺水救护演练，通过亲身实践，掌握一系列的防溺水抢救知识与技能。

第 4 课时："雷鸣电闪怎么办"。知道雷电形成的原理，明确雷雨天气的危害，树立防雷电的安全意识；通过调查和收集资料，掌握预防雷击的方法；初步掌握遭遇雷击之后的紧急治疗方法和应急措施。

第 5 课时："闪耀红色危险大"。通过讨论、模拟表演等活动，让学生掌握一系列火灾自救逃生的方法和技能。

第 6 课时："地震知识知多少"。使学生了解并掌握必要的防震减灾知识；在突遇危急情况时能够进行一些有效的举措，保护自己不受伤害。

第 7 课时："一站到底来考核"。平时考查与期终考查相结合。

第 2 课时活动设计

（设计者：毛水菊、毛志勇）

课　题　防骗篇——生活中的陌生人

教学(活动)时间　1 课时

教学(活动)目标

1. 通过活动，知道一些防骗的安全常识。

2. 掌握一些对付坏人的方法，有一定应变能力。

3. 培养相关的防范能力。

教学(活动)内容

1. 以一个真实的事例动画导入新课，引出话题。

2. "骗术大揭穿"，课件展示形形色色的骗术，结合案例讲述跟学生相关的几个大骗术，学生结合自己亲身亲历的或看到的、听到的，大话骗术骗技。

3. 专家大讲坛、专家面对面，给学生解疑(专家的引入，教育意义更大，也更具有说服力)。

4. 课堂总结，提升，延伸。

课(活动)前准备

教师：1. 邀请在司法局或法院工作的家长客串课堂；2.《浙江法治在线》里下载视频《西游警纪系列》《让孩子远离危险——问路篇》，歌曲《我不上你的当》；3. 制作教学 PPT。

学生：搜集有关骗术资料。

教学(活动)过程设计

一、视频导入

1. 同学们，老师带来了一段视频，请认真看，待会儿有问题要考你们！（播放视频《让孩子远离危险——问路篇》）

2. 看得可真认真，有信心挑战老师的问题吗？

(1)刚才动画里讲了一件什么事情?

(2)当陌生人让你给他带路时你会怎么做?

(3)当坏人对娜娜进行人身侵害时,她是如何摆脱坏人的侵害的?

二、骗术大揭穿

1.刚才的视频中,骗子利用孩子的单纯、善良,采用让她带路的方法进行拐骗,这是很常见的骗术。同学们,在你的身上,有类似的事情发生吗?或者你听到过、看到过类似的事情吗?

(学生交流)

2.让我们观看《暗战记者检验小学生的防骗技能》,来看看他们的防骗技能。

3.骗术大揭发。分小组交流课前搜集的骗术资料。

4.结合案例讲述“三大最常见骗术”。

(1)假冒熟人法。

“我是你妈妈的朋友王阿姨呀,她有事来不了,让我来接你回家”“××,你小时候我还抱过你呢”……犯罪分子总会找些借口,冒充孩子的亲人或友人,跟孩子接茬,以骗取他们的信任,继而将他们拐走。

(2)物质利诱法。

哈尔滨曾发生过一个悲剧,犯罪分子只用了一句“你吃不吃火腿肠”,便将一个11岁的女孩拐走,将其杀害。犯罪分子往往会用糖果、玩具、电子设备或带孩子去游乐园场所玩等为诱饵,吸引小孩,最终达到拐骗目的。

(3)盗窃抢劫法。

趁着大人看管不严(比如爷爷在公园看下棋,孩子独自一人走在回家路上),将孩子偷走或拐走。还有直接从自行车后座或老人怀里将孩子抢走的情况发生。此外,有些骗子会利用孩子的单纯、善良,采用让他们带路的方法进行拐骗,这点也需小心。

三、防骗知识大讲坛

面对坏人的种种骗术,我们该如何应对与防范呢?下面让我们进入“防骗知识大讲坛”(半小时左右)。

四、与专家面对面

孩子们,你还有什么疑惑与问题,赶快向专家阿姨请教吧。

五、防骗知识记我心

1.你想了解更多的骗术吗?你知道如何揭穿它们吗?请看《西游警纪系列》。(播放视频)

2.我们应该牢记的警语:

小白兔，上学校，见生人，有礼貌。
不说话，笑一笑，蹦蹦跳跳快走掉。

——不要和陌生人说话

我家有个小花狗，生人接它它不走。
摇摇头呀摆摆手，见了妈妈我才走。

——放学回家的警语

一个人，上学校，问我什么不知道。
低下头，快点走，前面追上小朋友。

——路上碰见陌生人

3.（播放歌曲《我不上你的当》）今天的课堂里，你学到了什么？回家讲给爸爸妈妈等长辈听，让他们也知道一些防骗的安全常识，掌握一些对付坏人的方法，培养相关的防范能力。

个案3. “小身体　大秘密”微型课程

（设计者：林燕、毛香芬）

课程名称　小身体　大秘密

课程编号　类别：身心健康类　序列号：综06F

适用年级　五年级

课程开设背景及意义

学校不仅要关注孩子们的习惯养成教育，也要关注孩子们的身心健康，这也是最具人文关怀的教育。随着孩子年龄的增长，身体也渐渐发生变化。身体健康是他们最大的财富，然而现在一些孩子对身体的健康成长不够重视，对身体具体构造和功能也很陌生。牙齿的健康状况不容乐观，用眼卫生不讲究导致近视率大大增加。食品安全得不到保障，垃圾食品诱惑着孩子们，日积月累影响他们的身体健康。为了丰富孩子们的健康常识，激发学生珍爱生命、热爱生活的情感，开设了此门课程。本团队两位老师对身体、穴位、按摩都有较浓厚兴趣，并具备一些操作技能。

课程目标

通过“认识身体—自我保护”的学习与体验，每一位学生可以体验实际生活，使学生“在学中做”“做中学”，拓展学生的健康视野，懂得身体健康的重要性，知道用所学知识关爱身体，充分开发学生的潜能，促进学生的健康发展。

课程内容

本课程根据五年级学生认知规律和身心发展水平，设置了“我们和牙齿面对面”“我们的眼睛有话说”“到我们身体游一游”“健康常识我知道”“垃圾小食品大揭秘”“察痰观舌做中医”“我是健康小达人”7个课时，旨在通过学习体验，让学生懂得自我保健，提升身体素质，开发学生潜能，促进学生的健康发展。

教学方式

1. 课堂上，通过看视频、身体构造图等方式，让孩子们对身体构造有直观的认识。

2. 将学生分成四人小组，开展小组积分制评比（从纪律、听课、发言、合作、作业、创新等方面进行积分）。

3. 邀请中医来为孩子们进行专业的讲解，让孩子们学到最专业的实用本领。

4. 让孩子们扮演小按摩师、小医生的角色，运用、巩固知识，提高趣味性。

评价方式

1. 小组积分记录表作为优秀小组评选考查依据。

2. 通过同桌互相按摩，互评手艺。

3. 开展小组健康知识竞答。

4. 进行部分健康知识题的抽查评定。

教学所需材料与设备

1. 人体相关部位挂图、模具。

2. 多媒体课件。

3. 学生组员积分榜。

课程计划

第1课时："我们和牙齿面对面"。分小组，共同讨论组内分工合作，制定小组积分竞赛规则，并了解牙齿相关知识。

第2课时："我们的眼睛有话说"。了解眼睛相关知识，会正确做眼保健操。

第3课时："到我们的身体游一游"。初步了解人的身体结构。

第4课时："健康常识我知道"。交流自己知道的健康常识，了解其他健康小常识。

第5课时："垃圾小食品大揭秘"。了解食物相生相克的知识，懂得正确搭配食物。

第6课时："察痰观舌做中医"。懂得人体经络和穴位的知识，了解一些基本的按摩手法。

第7课时："我是健康小达人"。开展健康知识问答，巩固本学期的健康常识，提高珍爱生命的意识。

第3课时活动设计

（设计者：毛香芬、林　燕）

课　题　到我们的身体游一游

教学(活动)时间　1课时

教学(活动)目标

1. 了解人体各部分的组成及作用，认识人体的各种器官。

2. 激发探究自己身体的兴趣。

教学(活动)内容

了解人体各部分的组成及作用，认识人体的各种器官。

课(活动)前准备

教师：自制PPT课件，准备人体基本结构图，设计观察记录单。

学生：上网搜索人体构造及器官的相关知识，并查看相关图片。

教学(活动)过程设计

一、回顾旧知，导入课题

还记得我们学过的颈椎保健操吗？让我们一起跟着节奏来做操。

有没有发现，在刚才的保健操中，我们身体的哪些部位得到了活动？（学生回答）是呀，手指、手腕、胳膊、肩、腰、头、脖子等，都是我们身体的一部分。那你了解过我们身体的秘密吗？今天我们一起到身体里游一游。

二、活动探究，解决问题

1. 了解身体外形构造。

我们都非常熟悉身体，那你最想了解身体的哪些问题？

问题预设：

(1)身体内部有什么？是什么样子的？

(2)身体能不能分类，可以怎样分？

(3)肝脏有什么作用？

(4)我们吃下去的食物是怎样消化的？营养是怎样被吸收的？

……

同学们，你们能提出问题，就是迈出了科学探究的第一步。刚才有位同学提出要把我们的身体分分类，大家有什么想法？有没有好的建议？

大家的建议不错，那我们就接受刚才的建议，从外部把身体分分类怎么样？

活动一：四人小组合作，讨论人体结构如何划分。完成一张身体划分图，标上名称。

交流反馈。教师出示课件并总结。学生看着图摸一摸，感知各个部位。

2. 观察身体结构，了解各部分的功能。

同学们，刚才我们把身体从外部分成头、颈、躯干、四肢四部分。外部看得见的部分我们通过观察讨论已经解决，还有很多同学想知道身体内部有什么，是什么样子，哪位同学有好办法？（学生说办法）

接下来我们就用这些方法试试看，在小组内进行，我给大家准备了 1 号信封，请打开。这是一张记录单，希望对大家有帮助。好，开始吧。

小组合作，推测并完成记录预设；汇报交流，小组成员做补充；用《人体内部器官图》验证答案。

我们的猜测是否正确，答案即将揭晓。让我们一起到身体里游一游，我有一段医学家们解剖验证的材料，想看看吗？一起来看。（边看边介绍）

皮肤下面是肌肉，肌肉下面是骨骼，骨骼包着内部器官，在我们的胸腹部主要有肺、心、肝、胃、脾、肠等器官，血管和神经遍布全身。

开展“你指我猜”的游戏，巩固认识：接下来让我们来开展一个“你指我猜”的器官认识游戏，愿意参加吗？（学生互动）

归纳总结：我们对自己的身体还是有所了解的，不过我们也是用了一些方法的。一起回顾刚才的方法（总结方法并板书）看、摸、听，对，这是我们比较常用的一些推测方法。

3. 研究感觉器官的结构特点和功能。

在刚才的看、听、摸的活动中，什么器官发挥了重要作用？对，是我们的感觉器官发挥了重要作用，再认识一下（出示 PPT）它们有什么结构特点和功能呢？我们继续研究。请各小组选择自己感兴趣的器官来研究。有研究就要有记录哦，请打开我们的 2 号信封。

根据孩子的记录单进行活动体验，了解器官的作用。

活动一：用两只耳朵听，比用一只耳朵听更能辨别声源的方向和位置。

（请一学生站在教室正中间，背对声源，辨别声音的方向和位置。然后用棉花团和一只手紧紧捂住任意一只耳朵，同样背对声源，辨别声音的方向和位置。依次小组体验。）

同学们，现在我们发现，用上双耳听声源很清晰很容易！可是，当其中一只耳朵被堵住时，就难以辨别方向了。看样子，要正确辨别方向，人体的两只耳朵都有着不可或缺的作用。

活动二：睁眼和闭眼做“金鸡独立”，记录坚持的时间，感受眼睛和四肢平衡的联系。

（全体起立。做好计时准备。单脚站立，另一只脚抬起，开始计时！站立不稳，抬起的脚不得不碰到地面，计时结束！记下自己单脚站立的时间。同样的姿势，再来一次，但是这回得闭上眼睛，待到抬起的脚不得不碰到地面，计时结束！）

大家有什么感受？睁眼和闭眼，哪种情况下“金鸡独立”坚持的时间长？大家的双手又有什么样的变化？说说吧。（人体的平衡功能通过四肢来体现，不仅要靠大脑、小脑，还要靠视觉，闭上眼睛后，视力校对功能就弱了，身体就难以保持平衡了！）

活动三：让两位同学来跳绳。

跳绳是一项基本运动，请两位同学来试试，观察我们的哪些器官参与了活动？（学生观察并交流）是的，在简单的跳绳过程中，我们的手、脚、腿、胳膊、肺、脑、心脏都参与了活动。我们还有两只脚，两条腿，两只耳朵……大家可以在课下设计活动继续研究，你一定会有新的发现的。

三、回顾总结 激发情感

经过身体的畅游，你们对自己身体有所了解了吗？（学生回顾）其实当我们看到身体残缺的人，应该能够感受到他们生活的不便，所以我们要珍惜自己身体的每一部分，从小锻炼身体，养成良好的学习、生活习惯，使我们的身体更健康，让我们的生活更美好！

【实践反思】

奏响健康旋律，只为那阵阵回声

——“小身体　大秘密”综合实践活动教育叙事

林　燕

或许是自己一段时间内对中医养生、保健按摩很着迷吧，在上学期选择综合实践课程时我毅然选择了“身心健康”类别。我想自己能在语文学科之外与孩子们交流健康知识，或许是轻松而又具有别样趣味的。

果然在课程安排出炉后，我看到自己被排上了五年级的身心健康综合实践课程，最后又在课程组长的安排下框定了授课范围——保健按摩、健康常识类，我有种填上志愿被录取的兴奋。于是想着我一定要把让自己受益的一套颈椎保健操教给学生们，以缓解紧张学习带来的身体不适感。想着要好好研究家里那本穴位按摩保健小常识的书，让学生们成为自己的保健医生。我真为自己这股不带任何压力及功利目的的强大内驱力所震撼。

就这样搜集资料，精心备课，安排课程内容，终于开启了“身心健康”课程的大门。由于四五十个学生来自不同班级，加上高年级孩子个性较张扬，课堂秩序还真的向我发起了挑战，兴奋的孩子们总是肆无忌惮地抢话、议论不休，于是我使尽十八般“武艺”，倾尽每一周残留的余力与热情，尽量在提高他们学习兴趣的同时，让他们学会将自己的见解用合理的方式表达出来。渐渐地，课堂气氛也融洽了许多，孩子们时而做笔记，时而畅谈自己的生活认知，时而竞猜，时而分组讨论，时而动手操作学习技能。我从一些孩子兴奋的目光中感觉到他们在这门课程上还是有收获和期待的，而这种收效和成就感有时也会在不经意间出现。

那是一节我认为挺糟糕的课堂，上的是“世界卫生组织公布的十大垃圾食品”，这是和孩子们生活息息相关的话题。随着一张张介绍垃圾食品名称和原因的课件的出示，孩子们越来越兴奋，议论声也不绝于耳，当最后出现有关地沟油来源的画面时，班里立刻出现呕吐声，虽然是故作的夸张动作，但也使班里变得更加混乱，特别是一个胖胖的小男生，左胳膊吊着绷带，干脆站起来，一下捂着嘴，一下又和周边同学大声地谈论起来，前面几个女生也一边说着“不用再放了”，一边嬉笑着，整个场面完全失控。我能感觉到其实这种气氛是对课堂纪律的挑衅。我有些恼怒，又觉得可笑。几分钟后，哄闹声随着健康食品画面的出现而平静下来，而随后开展的知识竞答又掀起一股热潮，特别是那个能说会道的胖胖的小男孩，总是故意说些打趣的话来逗乐同学。总之，孩子们实在是兴奋过头了！一节课就这样热热闹闹地结束了。我一直在思考：这节课虽然信息量很大，也很贴近他们的生活实际，但会不会就像沸腾的水，蒸发了也就找不到什么影儿了呢？

放学后，我走在民声路上，突然一个熟悉的身影出现在我面前，胖胖的身子，圆圆脑袋，左手臂吊着绷带，背对着我坐在自行车后座上，是他，那个将课堂推向热闹高潮的小男生。果然，只听他正和骑着车的父亲谈论着我的这节课：“今天我们上课太好玩了，那些垃圾食品图片恶心得让我们想吐……”虽看不清正面，但可以想象与他那大嗓门相配的肯定是一张眉飞色舞的脸。我又依稀听到他还在滔滔不绝地讲述着这节课，似乎在讲述一个生动的有关垃圾食品的故事，我心里又一次想笑，原来几张图片竟然带给他那么强烈的视觉冲击，以至于成了他放学后与父亲迫不及待交流的谈资，而他讲述出来的有关垃圾食品的一些专业术语也是如此准确。课堂结束时自己觉得这是一节形式多于收效的课堂，如今想想还是有些欣慰。而后来一次无意的遇见，又让我倍添几分安慰。

那次是在二幢二楼综合办公室门口，我又一次看见这个胖得可爱的小男孩，我有一种遇见熟人的感觉，忍不住叫了一声：“还记得我吗？”“记得！”他回过头，先是一怔，转而堆满笑容，还是那么大方，让我不知再问什么。看他没有绑绷带，我笑着说："胳膊好啦！"他点点头。"现在会吃垃圾食品吗？"我的话题肯定离不开那节课。"好多了，我可不想变成垃圾，我们好几个同学都不敢吃啦！"说着，笑得眼睛快眯成一条缝了。本还想和他打趣，可时间来不及，就作罢了。我很庆幸今天的遇见，因为这位别具个性的小男孩，也因为他告诉我"好几个同学都不敢吃了"！

如今这个班的综合实践课已经结束了，可那节因图片带来热闹的课，那一张张正作呕吐状的面庞，却依稀在我脑海浮现，那一声声夸张的呕吐声和肆无忌惮的高谈阔论，如今也已不再那么刺耳。

本学期我的新一轮综合实践课已经开始，我希望能利用这小小的课堂带领又一批孩子走进健康大世界，如能再次听到像那位小男孩一样"健康的回声"，看到一个个健康的身影，便是最令我欣慰的了。

第三节　开发一得：微型课程内容的科学编排

对接成长性问题，开启幸福"小列车"

——"身心健康类"微型课程开发实施侧记

毛水菊

如果把"身心健康类"这门微型课程看作一列"动车"的话，学校的顶层设计已经为项目组铺好了"轨道"，指引了方向。有干劲的团队保障了"动车"持续前进的动力，那接下来要做的就是如何来打造"车厢生活"，让"乘客们"享受幸福旅程。于是怀着美好的憧憬，"身心健康类"项目组踏上了课程的开发之旅。

在憧憬中诞生

项目组的第一次会议，大家就"课程开设背景""课程目标"展开了讨论。大家翻阅了《新华词典》，找到了"身心健康"的定义，就是拥有健康的身体和健康的心理。于是，项目组初步把课程目标定为："身体发展和心理发展。"然后项目组对大家搜集来的资料进行比对、整合、筛选，发现自我保护能力是孩子们快乐健康成长的必备能力，而学生却很缺乏这样的能力，于是从孩子们现实需要出发，又派生出另一个目标——"自救自护"。最后，项目组达成一致共识：本课程就围绕"身体发展、自救自护、心理发展"这三大目标来建构课程内容，打造孩子们的"车厢生活"。

有了目标的指引，内容的设置就有了方向。项目组的第二次会议，组员们带着几天的思考探讨"课程内容设置"。大家畅所欲言，最后形成这样的框架：立足"身体发展、自救自护、心理发展"三个目标，根据学生年龄特点、心理发展特点，每个目标各开设两课时内容，循序渐进呈螺旋式上升，通过"认识身体——自我保护——心理健康"的体验与辅导，与健康"相约、相知、相伴"，人人争做身心健康的孩子。

身心健康类					
年级	实施者	课程名称	大致内容		
			身体发展	自救自护	心理发展
三年级	毛水菊 毛志勇	与健康相约	1.牙齿的秘密 2.眼睛的保护	3.防溺水及救护 4.防骗	5.认识自己的优缺点 6.有益的活动或游戏 7.总结评价
四年级	柴李萍 蒋丽霞	与健康为友	1.身体构造 2.健康小常识	3.防火灾 4.意外受伤及救护	5.思维训练 6.团队合作 7.总结评价
五年级	林　燕 毛香芬	与健康同行	1.健康饮食 2.按摩与保健	3.防地震 4.防雷防电	5.正确面对挫折 6.自我控制能力 7.总结评价

就这样，“身心健康类”微型课程在大家的憧憬下诞生了。暑假里，项目组成员根据《暑期“综合实践微型课程开发”备课建议》投入了备课。

在蹒跚中前行

可是好景不长，在备课过程中，项目组成员就碰到了一些问题。

首席教师柴李萍老师打来电话：“组长，我能不能自立门户，专项开发心理辅导？”理由是教师持有C证，对学生心理健康教育有浓厚兴趣，想专攻一个门类。这是个合理的请求，课程开发本来就应该发挥教师所长。

于是，项目组第三次集中让老师们发表见解。最后大家觉得：每个年级围绕三个目标各开设两课时，内容杂，不连贯，跳跃性大，不能很好地促进学生深入细致的学习。同时，对老师的要求也很高。

身心健康类			
年　级	实施者	课程名称	大致内容
三年级	毛水菊 毛志勇	与健康相约 （自救自护）	1.防溺水及救护　2.防骗　3.防火灾 4.意外受伤及救护　5.防地震　6.防雷防电 7.总结评价
四年级	柴李萍 蒋丽霞	玩转心理游戏 （心理发展）	1.竞争合作篇　2.自我意识篇　3.学习管理篇 4.人际交往篇　5.创新实践篇　6.心灵成长篇 7.总结评价篇
五年级	林　燕 毛香芬	与健康同行 （身体发展）	1.牙齿的秘密　2.眼睛的保护　3.身体构造 4.健康小常识　5.健康饮食　6.按摩与保健 7.总结评价

"那能不能一个年级就围绕一个目标来开发呢？"带着困惑，项目组请教了课程顶层设计的老师，他们很赞同我们的想法，并给予了指导。于是，项目组进行了第二次改进，即一门微课（一个年级）就围绕一个目标来开发实施，并根据学生认知规律和身心发展水平，三年级围绕"自救自护"开发，四年级围绕"心理发展"开发，五年级围绕"身体发展"开发，力求让学生深入体验真实的自身生活和社会实际。

在欣喜中坚定

理想是美好的，现实又会是怎样的呢？2014 年 10 月，学校 50 多门综合实践微型课程全面启动，"身心健康类"3 门小课程也将接受学生的"检验"与"拷问"。2015 年 1 月，微型课程第一轮教学结束，"身心健康类"项目组面向学生进行了问卷调查和召开学生代表座谈会。学生对课程给出了这样的评价：喜欢、轻松、有趣、好玩，学到了很多，还要选择这门课程。

孩子们的喜爱与肯定，让老师对课程的设置更自信；而提出的意见与建议更是推动了课程的进一步优化。因此，本学期第二轮教学开始，"身心健康类"微型课程有了第三次变脸（见下图）。

身心健康类		
年　级	课程名称	大致内容
三年级	小眼睛看安全 （自救自护）	1.意外伤害我应对　2.生活中的陌生人　3.和溺水说再见 4.雷鸣电闪怎么办　5.闪耀红色危险大　6.地震知识知多少 7."一站到底"来考核
四年级	小游戏大氧吧 （心理发展）	1.竞争合作篇——众人划桨开大船 2.自我意识篇——我认识自己吗？ 3.学习管理篇——高效记忆有诀窍 4.人际交往篇——与人沟通的艺术 5.创新实践篇——我的想法与众不同 6.心灵成长篇——寸草报得三春晖 7.总结评价篇——盘点收获，分享喜忧
五年级	小身体大秘密 （身体发展）	1.我们和牙齿面对面　2.我们的眼睛有话说 3.到我们身体游一游　4.健康小常识一点通 5.垃圾小食品大揭秘　6.查痰观舌做"中医" 7.争做"健康小达人"

课程名称更贴近学生，更富有意趣了，"车厢生活"也渐渐丰富了。

三年级"小眼睛看安全"：从校园、家庭、社会、自然安全四个方面设置了 7 个课时的内容，旨在让学生在亲身体验中，懂得防灾应急救护知识，锻炼自救自护能力，增强安全保护及防范意识，珍爱生命，远离危险！

四年级"小游戏大氧吧"：在特定的团体情境中，借助游戏活动这一载体，从竞争合作、自我意识、学习管理、人际交往、创新实践、心灵成长六个板块，引导学生在心理游戏中释放性情，感受积极的情绪体验，快乐成长。

五年级“小身体大秘密”：孩子进入青春期早期，通过认识身体，掌握一些健康小常识，并通过身体力行的实践，获得健康，愉快地度过人生美好而尚不成熟的阶段。

总之，项目组力求以儿童的生活为主线，以个体经验为载体，以活动为中介，以综合性、实践性、体验性为主旨，通过角色扮演、情境体验、经验分享、实际体验、影片赏析、游戏活动、专家互动等丰富多样的形式，使学生在“做中学”“学中觉”，拥抱健康，快乐生活。

后 记

微型课程作为校本课程实施的新形式，越来越受到中小学校和一线教师的青睐。在浙江省教育厅《关于深化义务教育课程改革的指导意见》出台之际，江山市中山小学全校性的微型课程开发实施的成果——《微型课程：多维设计与套餐实施》即将出版，令人欣慰。十分感谢浙江工商大学出版社，特别是编辑部的周敏燕女士，让我们的梦想变成现实。

全校性的微型课程开发是站在学校课程体系建构的高度，对校本课程开发进行顶层设计，运用微型课程这一特殊形式提升校本课程开发实施品质，是基于学校办学特色和教师实际水平做出的符合现实要求的大胆决断和全面创新。

回顾我们近三年走过的探索历程，可以用十六字来总结开发实施经验，即“多维设计、项目开发、套餐实施、动态管理”。探索历程充满艰辛，非言语可以形容。中山小学全体教师为之付出了努力。

全书分上下两篇，上篇总结学校微型课程开发实施的顶层设计，全面解读“理念提炼——多维设计——项目开发——套餐实施——动态评估”的一站式顶层设计的过程与要点，以期从理论角度把握学校微型课程开发。上篇第一、三、四章由毛伟琴撰写，第二、五章由徐建立完成。下篇分学科拓展类微型课程、休闲家政类微型课程、基地服务类微型课程、自然环保类微型课程、身心健康类微型课程五大类，提供具体可操作的案例。各大类负责人撰写了“开发概况”“开发一得”。第一章第一节撰写人为毛伟琴、朱玲娟，第二节为范光富，第三节为余科敏。第二章撰写人为徐秀娟，第三章为胡玉荣，第四章为姜云燕，第五章为毛水菊。上下两篇互为印证，可从整体上展现学校微型课程开发的全貌。

鉴于编著水平，本书尚有许多不当之处，敬请方家指正。如能引发读者对校本课程，特别是微型课程的一些思考和体悟，则于愿足矣。

热忱希望读者给予支持与指正。联系邮箱：jsmaoweiqin007@sina.com。

编　者

2015 年 12 月 15 日